2024—2025
中国数字出版产业年度报告

ANNUAL REPORT ON DIGITAL
PUBLISHING INDUSTRY IN CHINA:
2024—2025

主　编／崔海教
副主编／王　飚　李广宇

图书在版编目（CIP）数据

2024—2025 中国数字出版产业年度报告 / 崔海教主编；王飚，李广宇副主编． --北京：中国书籍出版社，2025.8． -- ISBN 978-7-5241-0476-6

Ⅰ．G237.6

中国国家版本馆 CIP 数据核字第 202516XN79 号

2024—2025 中国数字出版产业年度报告

崔海教　主　编
王　飚　李广宇　副主编

责任编辑	李　新
责任印制	孙马飞　马　芝
封面设计	楠竹文化
出版发行	中国书籍出版社
地　　址	北京市丰台区三路居路 97 号（邮编：100073）
电　　话	（010）52257143（总编室）　　（010）52257140（发行部）
电子邮箱	eo@chinabp.com.cn
经　　销	全国新华书店
印　　刷	北京九州迅驰传媒文化有限公司
开　　本	787 毫米×1092 毫米　1/16
印　　张	26
字　　数	452 千字
版　　次	2025 年 8 月第 1 版　2025 年 8 月第 1 次印刷
书　　号	ISBN 978-7-5241-0476-6
定　　价	158.00 元

版权所有　翻印必究

《2024—2025 中国数字出版产业年度报告》课题组

组　　　长　　崔海教

副　组　长　　王飚　李广宇

课题组成员　　毛文思　郝园园　刘玉柱　徐楚尧

　　　　　　　宋迪莹　孟晓明　薛　创　王　涛

《2024—2025 中国数字出版产业年度报告》撰稿人名单

撰稿人名单（按文序排列）

中国数字出版产业年度报告课题组

孙晓翠　　石　洋　　谢晓静　　蒋瑞康

吕晓峰　　李荣华　　孙之路　　陈楷文

王友平　　吴莹莹　　李广宇　　郝园园

张孝荣　　毛文思　　毛　芳　　唐世发

杨兴兵　　重庆华略数字文化研究院

陈　磊　　李　婧　　肖美玲　　张　博

彭世玲　　雷　灿　　余青青　　毕　雪

刘　钊　　林　青　　欧阳培敏　林　彤

马　凯　　王姿懿　　胡家慧　　司璟莼

袁华莉　　李建红　　石　昆

统　稿　王　飚　　李广宇

前　　言

《2024—2025中国数字出版产业年度报告》（以下简称"《报告》"）是自2005年以来的第17部《中国数字出版产业年度报告》。《报告》较之以往，既有内容上的继承与延续，又有根据产业实际发展情况进行的创新。

在研究方法上，《报告》依然采用数据实证分析与文本分析相结合的方式，且更侧重于前者。在《报告》撰写过程中，研究人员运用产业组织经济理论，着力从产业主体、产业行为、产业绩效等方面对数字出版产业进行了深入分析，主要通过对各领域从业企业规模、运营及盈利状况等方面大量一手数据的梳理、解析，用图表形式呈现，这恰恰是以往相关报告所缺乏的。同时，《报告》对我国数字出版产业的环境加以阐析，以求对我国数字出版产业的脉动进行深刻追溯。这些努力可能会有利于读者较好地把握我国数字出版产业现状，同时也能了解其发展的来龙去脉及其联系。

《报告》是中国新闻出版研究院的课题。中国新闻出版研究院副院长崔海教担任课题组组长、中国新闻出版研究院数字出版研究所所长王飚与副所长李广宇担任副组长，共同主持《报告》的撰写，并对主报告和有关分报告作了必要的把关及修改工作。中国新闻出版研究院数字出版研究所、同方知网、山东大学、中文在线、上海理工大学、重庆华略数字文化研究院、人民教育出版社人教研究院、高等教育出版社、北京深度科技研究院等机构的部分研究人员、业界专家共同参与了《报告》的撰写工作。

《报告》统稿工作由王飚、李广宇负责，毛文思协助完成；部分报告中的数据采集与分析、表格制作由徐楚尧完成。

为数字出版产业的规划和发展提供连续、可比的数据依据，是编写数字出版产业年度报告的一个重要思路。但鉴于我们的力量和水平还很有限，《报告》在专题设置、结构布局及数据获取上都有不尽如人意之处，有个别分报告还略显单薄，甚至难免会存在一些缺陷及错误，恳请广大读者见谅，并予以指正，以便我们在今后的编撰工作中不断改进，进一步提升《中国数字出版产业年度报告》的质量和价值。

《报告》在撰写过程中得到了多方面的帮助与支持，同方知网、北京深度科技研究院等企业提供了大量一手数据；同时，我们也参考了大量的相关论述及文献，虽然在《报告》中有所标注，但可能仍存在遗漏现象，在此我们一并致谢！

编 者

2025 年 7 月 26 日

目 录

主报告

培育新型生态的中国数字出版——2024—2025 中国数字出版产业年度报告
……………………………………中国数字出版产业年度报告课题组（3）
一、环境分析 ……………………………………………………（3）
二、中国数字出版产业规模分析 ………………………………（15）
三、中国数字出版产业态势分析 ………………………………（19）
四、加快中国数字出版产业发展的对策建议 …………………（31）
五、中国数字出版产业趋势分析 ………………………………（39）

分报告

2024—2025 中国电子图书出版产业年度报告
………………………………… 孙晓翠　石　洋　谢晓静　蒋瑞康（49）
一、电子图书出版产业概述 ……………………………………（49）
二、电子图书出版产业发展现状 ………………………………（52）
三、影响电子图书出版产业发展的年度重要事件 ……………（58）

四、电子图书出版产业发展趋势 …………………………………………（59）

2024—2025 中国数字报纸出版产业年度报告

………………………………………… 吕晓峰　李荣华　孙之路　陈楷文（62）

一、数字报纸出版产业概述 ………………………………………………（62）

二、数字报纸出版产业发展现状 …………………………………………（65）

三、数字报纸出版产业运营模式 …………………………………………（70）

四、影响数字报纸出版产业发展的年度重要事件 ………………………（72）

五、数字报纸出版产业发展趋势 …………………………………………（74）

2024—2025 中国互联网期刊出版产业年度报告

……………………………………………………… 王友平　吴莹莹　李广宇（76）

一、互联网期刊出版产业概述 ……………………………………………（76）

二、互联网期刊出版产业发展存在的问题与对策 ………………………（85）

三、影响互联网期刊出版产业发展的年度重要事件 ……………………（89）

四、互联网期刊出版产业发展趋势 ………………………………………（90）

2024—2025 中国网络游戏出版产业年度报告

………………………………………………………………………… 郝园园（94）

一、中国网络游戏市场规模和用户规模 …………………………………（94）

二、中国网络游戏产业分析 ………………………………………………（98）

三、影响游戏出版产业发展的年度重要事件 ……………………………（103）

四、总结与展望 ……………………………………………………………（105）

2024—2025 中国网络（数字）动漫出版产业年度报告

………………………………………………………………………… 郝园园（107）

一、网络（数字）动漫出版产业市场规模及基本情况 …………………（107）

二、网络（数字）动漫出版产业发展态势 ………………………………（109）

三、影响网络（数字）动漫出版产业发展的年度重要事件 ……………（113）

四、总结与展望 ……………………………………………………………（114）

2024—2025 中国网络社交媒体出版产业年度报告

·· 张孝荣（115）

一、2024 年中国网络社交媒体发展概况 ·································（115）

二、主要服务商发展情况 ···（121）

三、2024 年社交媒体行业发展特点 ··（129）

四、2024 年社交媒体重要事件 ···（135）

五、总结与展望 ··（136）

2024—2025 中国移动出版产业年度报告

·· 毛文思（141）

一、移动出版产业发展概述 ··（141）

二、移动出版产业发展现状 ··（148）

三、影响移动出版产业发展的年度重要事件 ·····························（154）

四、总结与展望 ··（155）

专题报告

中国数字出版产业发展指数年度报告

······ 中国新闻出版研究院数字出版研究所　重庆华略数字文化研究院（159）

一、数字出版产业发展指数概述 ··（159）

二、2024 年数字出版产业发展指数分析 ··································（160）

三、数字出版产业发展面临的挑战 ··（176）

四、数字出版产业发展对策建议 ··（179）

中国数字教育出版产业发展报告

·· 毛　芳　唐世发　杨兴兵（182）

一、数字教育出版产业发展状况 ··（182）

二、出版上市公司数字化发展状况 ··（190）

三、数字教育出版产业发展主要问题 ·······································（193）

· 3 ·

四、数字教育出版产业发展对策建议……………………………………（195）

中国数字出版标准化年度报告

………………………………………………………………… 陈　磊（199）

一、行业背景 …………………………………………………………（199）

二、数字出版标准化发展现状 ………………………………………（201）

三、存在的问题与相应对策 …………………………………………（209）

中国数字版权保护状况年度报告

……………………………………………………… 李　婧　肖美玲（211）

一、我国数字版权保护新进展 ………………………………………（211）

二、各省份版权保护状况统计分析 …………………………………（215）

三、数字版权保护技术发展状况 ……………………………………（217）

四、典型案例 …………………………………………………………（220）

五、数字版权保护存在的困境及应对措施 …………………………（222）

六、2025年数字版权保护展望 ………………………………………（226）

中国数字出版教育年度报告

………………………… 张　博　彭世玲　雷　灿　余青青　毕　雪（228）

一、中国数字出版教育的新进展 ……………………………………（228）

二、中国数字出版教育典型案例 ……………………………………（236）

三、中国数字出版教育发展的主要问题 ……………………………（238）

四、加快中国数字出版教育发展的对策 ……………………………（242）

中国出版产业基地（园区）研究报告

………………………………………………… 重庆华略数字文化研究院（245）

一、各地区出版产业基地（园区）发展特征 ………………………（245）

二、中国出版产业基地（园区）的发展态势 ………………………（266）

三、中国出版产业基地（园区）发展面临的挑战 …………………（267）

四、中国出版产业基地（园区）高质量发展的对策建议 …………（269）

中国"新闻出版+虚拟现实"产业融合发展报告

　　…………………………………………………………… 刘　钊（271）

一、2024年"新闻出版+虚拟现实"行业发展概况 …………（271）

二、"新闻出版+虚拟现实"融合发展困境 ……………………（276）

三、"新闻出版+虚拟现实"融合发展对策与路径 ……………（278）

四、总结与展望 ……………………………………………………（281）

中国数字主题出版产业研究报告

　　…………………………………… 重庆华略数字文化研究院（283）

一、数字主题出版产业发展态势 …………………………………（283）

二、数字主题出版产业发展问题与对策 …………………………（288）

三、数字主题出版产业发展趋势判断 ……………………………（291）

中国有声阅读产业年度报告

　　………………… 孙晓翠　林　青　欧阳培敏　林　彤　马　凯（296）

一、有声阅读产业概述 ……………………………………………（296）

二、有声阅读产业市场发展现状 …………………………………（300）

三、有声阅读产业发展趋势 ………………………………………（312）

中国西部地区数字内容产业发展报告

　　…………………………………… 重庆华略数字文化研究院（315）

一、西部地区数字内容产业发展新特征 …………………………（315）

二、西部地区数字内容产业发展挑战 ……………………………（320）

三、西部地区数字内容产业发展建议 ……………………………（321）

中国出版业科技创新年度报告

　　………………… 孙晓翠　石　洋　王姿懿　胡家慧　司璟莼（323）

一、出版业科技创新发展背景概述 ………………………………（323）

二、出版业科技创新发展现状 ……………………………………（325）

三、出版业科技创新发展趋势 ……………………………………（331）

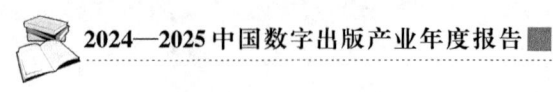

国家智慧教育公共服务平台发展报告

·· 袁华莉　李建红（335）

一、平台建设进展 ···（336）

二、平台发展的基本特征 ··（347）

三、发展趋势与展望 ···（351）

重庆市数字出版业发展报告

··· 重庆华略数字文化研究院（355）

一、重庆数字出版产业运行情况 ··（355）

二、重庆数字出版产业面临的挑战 ··（362）

三、重庆数字出版产业发展建议 ··（364）

附　录

2024年中国数字出版大事记

·· 石　昆　辑录（369）

一、电子图书 ··（369）

二、互联网期刊 ···（371）

三、数字报纸 ··（372）

四、网络游戏 ··（373）

五、网络动漫 ··（375）

六、视　频 ···（376）

七、数字版权 ··（377）

八、综　合 ···（381）

主 报 告

培育新型生态的中国数字出版
——2024—2025中国数字出版产业年度报告

中国数字出版产业年度报告课题组

一、环境分析

2024年是新中国成立75周年，是实现"十四五"规划目标任务的关键一年。过去一年来，全球出版业数字化进程持续加快。国际方面，大型出版商加速转型，经营状况良好；有声书发展潜力进一步释放，成为多国出版业增长的亮点；人工智能正加快融入出版领域；以TikTok为代表的社交媒体在拉动出版销售中持续发挥重要作用。国内方面，以习近平文化思想为指引，深化文化体制机制改革，释放创新创造活力；数字经济预期目标提前完成；加快发展新质生产力，新旧动能加速转换；人工智能技术加快更迭，全方位赋能产业数智化升级；数字阅读需求持续增长，文化消费场景更加丰富多元。

（一）国际环境

1. 大型出版商加速转型，经营状况良好

2024年，全球出版业在数字化浪潮与结构性调整中展现出强劲韧性。尽管面临通胀压力、供应链成本上升及部分地区市场波动，头部出版集团通过并购整合、数字化转型及内容创新实现逆势增长。企鹅兰登（PRH）上半年营收达22.76亿欧元，营业利润率提升至12.8%，得益于新书销售、有声书扩张（收购干草屋出版社贡献3 500万欧元）及经典IP持续发力；哈珀·柯林斯出版集团（Harper Collins Publishers LLC）凭借有声书销售额同比增长18%（第四季度达28%）及供应链优化，全年利润同比激增61%；阿歇特出版集团（Hachette Book Group）则通过收购巴诺书店出版部门、强化音频业务（销售额创纪录）及裁员降本，实现营收增长7%，息税前利润跃升35%。行业整体呈现明显数字驱动特征，三大集团合计贡献全球出版市场超过60%的增量收入。①

区域分化与战略转型成为关键变量。欧美市场呈现"传统萎缩与新兴增长"并行的格局。发达国家市场因通胀黏性与消费分级陷入存量博弈，而新兴市场凭借人口红利、供应链转移和政策红利成为增长引擎，区域分化加剧。例如，墨西哥通过"近岸化"战略承接美国产业转移，其出版业出口收入同比激增266%，本土作家作品占比突破11%，形成"文化反哺"效应；西班牙则依托欧盟复苏基金（Next Generation EU）推动平装书促销，实现9.8%的逆势增长，南欧国家整体增速超过欧元区平均水平。反观传统出版重镇北美，实体书店收入受消费降级冲击持续萎缩，独立书屋收入下降1.7%，有声书收入占哈珀·柯林斯客户收入的23%，重塑收入结构，呈现出"实体收缩、数字扩张"的双轨特征。②这种分化本质上是全球产业链重构在文化领域的投射——当欧美市场陷入"高成本+低增长"困局时，新兴市场正通过技术嫁接（如AI辅助创作）、文化融合（如拉美魔幻现实主义IP全球化）和渠道革新（TikTok短视频营销）构建新范式。

行业挑战与韧性并存。纸张与物流成本上涨倒逼出版商优化SKU。③ 行业已达成共识，出版业正经历"深度变革期"，头部集团通过战略敏捷性与内容护城河，持续巩固行业主导地位。一方面，技术赋能（如区块链版权管理、AI内容生成）与跨界融合（影视改编、教育课程联动）打开新增长空间；另一方面，加大供应链韧性建设和ESG④投入力度，如阿歇特设立多元化总监职位，打造长期竞争壁垒。

值得一提的是，意大利博洛尼亚童书展（BCBF）在推动出版跨界融合、助力出版业提升版权价值方面作出积极努力。该书展大力推动文化IP国际化表

---

① 中国出版传媒商报. 全球三大出版巨头净利润集体增长！[EB/OL]. (2024-11-05) [2025-06-25]. https://business.sohu.com/a/823795543_121418230.
② 中国出版传媒商报. 全球三大出版巨头净利润集体增长！[EB/OL]. (2024-11-05) [2025-06-25]. https://business.sohu.com/a/823795543_121418230.
③ SKU，即Stock Keeping Unit，库存管理的最小单位。
④ ESG是一种将环境Environmental、社会Social和公司治理Governance三大非财务因素纳入投资决策的理念与实践。

达、产业链协同及跨界融合（内容+科技+产业），针对非洲和中东等潜力市场进行深度挖掘，在此基础上构建"内容精品化、渠道全球化、技术智能化"的三维发展体系。继2024年设立影视版权中心后，博洛尼亚童书展（BCBF）进一步拓展产业边界，并与法兰克福书展合作推出全新游戏商务中心（Games Business Centre），旨在打通出版业与游戏行业之间的壁垒，该中心不仅是行业对话的枢纽，还通过设置"跨媒体版权开发""游戏叙事影响力"等前沿议题，聚焦儿童内容与全年龄段娱乐的跨形态开发潜力，为内容IP的多平台转化提供实践范式。影视版权中心则致力于推动出版界与影视行业的资源对接，重点孵化图书影视改编项目。该计划连续推行两年来，已举办超400场对接会，吸引全球电视制作人及BCBF参展出版商参与，促成内容跨媒介转化的实质性合作。此外，"遇见银幕"（Meet the Screen）专属商务空间为电视与电影行业从业者提供深度合作平台；"漫画角"（Comics Corner）作为漫画与图像小说的专业展示平台；"音频总部"（Audio HQ）则在有声内容开发领域深耕，总体形成覆盖内容孵化、版权交易、跨界协作的完整生态网络。

2. 有声书潜力持续释放

2024年，全球有声书市场迎来标志性转折点，收入规模与用户渗透率实现双重突破。美国出版商协会发布的数据显示，截至2024年11月，美国数字有声书收入达9.78亿美元，首次超越电子书收入（9.45亿美元），电子书和数字有声书的销量均有所增长，其中数字音频收入增幅高达25%。[①] 其大幅增长得益于多重因素：一方面，以Spotify为代表的流媒体平台通过订阅模式创新，如采取免费收听15小时畅销有声书的策略，推动用户付费习惯加速形成，其付费用户中有声书收听比例在2024年第四季度激增至28%；另一方面，AI技术深度融入内容生产，语音合成技术将制作成本压缩30%以上。同时，个性化推荐算法覆盖超50%的新内容供给，提升用户阅读体验。

区域市场呈现显著分化特征。北欧三国——瑞典、挪威、芬兰读者是有声书的"重度消费用户"，这三个国家购买有声书的读者比例，普遍高于购买电子书的读者比例或与之持平。其中，芬兰用户订阅服务年均消费达100—150欧元。这源于公共文化设施与商业模式的协同，政府通过"故事热线"（Story-

---

① 练小川．书业观察｜过去这一年，美国出版业的六个好消息［EB/OL］．(2025-01-26)［2025-05-12］．https：//www.thepaper.cn/newsDetail_forward_30029718．

tel)等平台推动有声书借阅量超实体书3倍，图书馆电子服务覆盖率近90%，并设立专项基金孵化播客与互动剧等新型内容。① 西班牙语有声书市场成为全球增长最快的区域之一，根据西班牙文化趋势咨询公司道斯杜赛（dosdoce.com）发布的数据，2023—2024年，在西语地区，有声内容生产相关企业从423家增长至750家，增长约77.3%。② 这一爆发源于政策与资本的双重驱动：西班牙政府拨款800万欧元补贴行业创新；墨西哥平台Beek通过低价订阅策略（月费约合70元人民币）实现付费用户18倍增长。

技术赋能与产业生态变革持续重塑行业格局。AI技术不仅降低了制作成本，还催生广播剧、AI复刻作者声线等创新形态。VR/AR技术则拓展沉浸式体验边界，如虚拟阅读空间互动功能使用户停留时长提升40%。与此同时，有声平台积极拓展市场版图，提升竞争力。瑞典在线音乐流媒体平台Spotify通过跨界合作获取70%畅销书版权，其在美国、英国、爱尔兰、澳大利亚和新西兰等母语为英语的国家提供有声书服务，2024年该平台有声书用户增长量已超越Apple Books；传统有声巨头Audible依托亚马逊生态全球化布局，覆盖38种语言，用户规模突破3 000万。Audible根据不同市场的文化偏好和基础设施条件，采取差异化策略。在欧美日澳等成熟市场，复用现有内容库，重点优化本地化体验。在日本，与本地出版商合作引入日语畅销书，并利用亚马逊品牌建立信任；通过高性价比会员订阅（如美国Gold/Platinum会员制）锁定核心用户。在新兴市场则使用低价策略，如印度定价仅为美国的1/5，推出免费订阅和多语言识别功能；与本地创作者合作，在巴西联合本土作家开发原创葡语内容，避免文化隔阂。然而，行业仍面临版权保护与盈利模式平衡的挑战，盗版问题导致电子书与有声书利润率损失超过15%，欧盟多国通过强化DRM技术及税收优惠（如数字书增值税降至0%）应对。

3. 人工智能技术正加速融入出版领域

近年来，人工智能技术正加速融入全球文化传媒领域，引发内容生态变

---

① 许惟一. 一年规模近翻番！西语有声市场将成下一蓝海？（附：2024全球有声市场四大趋势）[EB/OL].（2024-03-24）[2025-06-26]. https://mp.weixin.qq.com/s?__biz=MzkzMDQ4NzE3NA==&mid=2247538726&idx=1&sn=db57b663c15035370b536e6ca5666743&chksm=c36fe84de4d8c0eefb604fa78f61a1f29780583cb190c10aa581a7e0ec17f2834c68399f8713#rd.

② 国际出版周报. 2025开年，我们总结了海外做书值得关注的8大趋势[EB/OL].（2025-01-06）[2025-06-26]. https://www.im-pg.com/zbzx/11533.shtml.

革,推动出版业数智化转型。2024年以来,国际出版界围绕AI技术应用展开了一系列探索与实践,从内容生产、流程优化到市场传播,AI的赋能效应逐步显现。

AI驱动出版流程革新,数字化效率显著提升。目前,在欧美市场,AI技术已成为其出版流程革新的核心驱动力。美国一家初创公司Spines通过AI技术将传统出版周期从6—18个月缩短至2—3周,并计划在2025年推出8 000种AI辅助出版的书籍。其模式不仅涵盖自动校对、封面设计,还尝试利用合成语音技术制作个性化有声书,为行业效率提升提供了新范式。[①] 书籍销售数据研究公司Media Control与咨询及软件公司Bearing Point联合推出了一款名为"Demandsens"的人工智能预测工具,已为德国出版商所使用。利用该工具分析销售数据、消费者行为及季节性趋势,可以85%的准确率预测书籍销量,从而大大降低出版风险,这一工具的应用标志着数据驱动决策在出版业的持续深化。[②] 同时,利用AI让经典得以存续。法国国家出版商协会通过数字化技术再现了9.6万本绝版书籍,借助AI进行文本修复与多语言翻译,使这些作品重新进入全球读者的视野。[③]

大众出版逐渐扭转技术偏见,对AI从抵触转向接受。大型出版商之前对于AI公司一直抱有抵制态度,曾联合作者一起反对AI技术在大众出版领域的应用。在2024年,却出现"破冰"迹象。哈珀·柯林斯出版集团授权微软公司使用其海量内容资源训练AI模型。随着AI技术在创意和情感共鸣方面能力的提升,其将成为文学和非虚构类图书创作的重要辅助工具。

赋能学术出版,提升出版效能。相较于大众出版,学术出版商对于AI技术的态度更加积极。如励讯集团(RELX)推出的"Lexis + AI""Scopus AI"和"Clinical Key AI"三个AI工具,分别针对律师、研究人员和医疗工作者,助力科研全流程增效提速。爱思唯尔(Elsevier)开发的AI审稿人推荐工具"Reviewers"通过算法匹配稿件与审稿人专业领域,显著缩短了评审周期,同

[①] 李永博. 人工智能颠覆出版行业:Spines 计划2025年发布8000本书籍 [EB/OL]. (2024-11-26) [2025-05-16]. https://www.sohu.com/a/830592474_121798711.

[②] 阿德里安·洛布. 德媒:图书市场的人工智能革命从现在开始 [EB/OL]. 雨山, 译. (2024-12-31) [2025-05-16]. https://world.huanqiu.com/article/4KtvIgPUvXX.

[③] 光明网. 借"智"之力乘"数"而上——人工智能给出版业带来哪些动能 [EB/OL]. (2024-10-16) [2025-05-16]. https://www.mgcj.net/112486.html.

时结合人工监督确保学术诚信。① 德国出版商则利用 Grammarly、Pro Writing Aid 等工具进行多维度审校，甚至能在 90 秒内完成对 20 万字书稿的语法与逻辑检查。② 对于学术出版而言，AI 技术是把"双刃剑"，颠覆了内容创作中的"原创"属性，挑战学术诚信底线，却也可以作为监测消除学术不端、维护科研诚信的有力工具。2024 年，爱思唯尔通过 AI 检测工具筛查出数百万篇投稿中的剽窃与批量产物，并结合人工专家团队建立多层审核机制，以维护科研诚信。为维护科研诚信，施普林格·自然推出两款定制的 AI 工具——Geppetto 和 Snapp Shot，帮助识别论文中由 AI 生成的虚假内容和有问题的图片，以阻止虚假研究的发表。③ 国际学术界对 AI 伦理的共识逐步形成。爱思唯尔与中国科学技术信息研究所联合发布的《学术出版中 AIGC 使用边界指南》，明确要求生成内容需透明化标注并接受人工核查，为全球学术机构提供了参考框架。

4. TikTok 在持续拉动出版销量增长中发挥重要助力

作为 TikTok 上专注于书籍和文学的子社区，用户可以在 BookTok 中分享他们最喜欢的书籍。这种视频形式的分享在社交媒体平台上获得了大量关注，极大地推动了图书的传播与销售。据《出版人周刊》统计，截至 2024 年年底，BookTok 标签已拥有超过 4 200 万条帖子，为图书相关内容带来 2 000 亿次浏览量。BookTok 不仅让一些经典旧作重新畅销，也为一些新生代作者带来职业助力。图书市场调研机构 Circana Bookscan 认为，2024 年有大约 5 900 万册图书的销售可能与 BookTok 相关。④

在英国，TikTok 联合阅读机构开展阅读推广活动。如 TikTok 与英国全国读写素养基金会（National Literacy Trust）合作，在英国客流量大的年轻人聚集区和社区中心设立 BookTok 书架。TikTok 依托其庞大的用户基数，组建多个阅读小组，并专门设立了多个图书奖，如专为经典文学著作设立的"BookTok 最佳

---

① 劳拉·哈森克，渠竞帆. 学术出版：AI 时代科学发现催化剂［EB/OL］.（2025 - 02 - 11）［2025 - 05 - 16］. http：//m. techtoutiao. 1-cs. net/rd/2025/0211/22102. html.
② 曾非. 人工智能赋能图书出版流程数字化转型［EB/OL］.（2025 - 03 - 19）［2025 - 05 - 16］. https：//www. epuber. com/2025/03/19/49358/.
③ 孙自法. 助力科研诚信阻止论文造假 施普林格·自然推出 AI 检测新工具［EB/OL］.（2024 - 06 - 13）［2025 - 06 - 26］. https：//www. chinanews. com. cn/sh/2024/06 - 13/10233312. shtml.
④ 王鹏凯. 谁能取代 BookTok？谁来保护月球？［EB/OL］.（2025 - 01 - 25）［2025 - 06 - 26］. https：//news. sohu. com/a/853155612_313745.

复兴奖"。① BookTok 对读者阅读取向引导产生极大影响，讨论度较高的作品集中在幻想、科幻和恐怖等类别。如浪漫奇幻小说《第四翼》讲述了发生在龙骑士战争学院中的一场奇妙探险，该书通过在 BookTok 社区的分享而备受关注，销量很快突破 24 万册。②

在德国和法国，BookTok 带动图书畅销，越来越多的出版商根据榜单分析图书流行趋势，积极寻找适合的书稿进行出版。德国的 BookTok 畅销书榜单设有奥地利小说、瑞士小说、青少年小说和非小说类 4 个类别。法国的 BookTok 畅销书榜单覆盖爱情小说、奇幻小说、科幻小说、惊悚小说和儿童文学等类别。2024 年法兰克福书展增设青春文学馆，64 家参展商中 80% 通过 BookTok 内容引流。

在韩国，社交媒体平台上的"书单推荐"也成为年轻人接触文学书籍的重要途径之一。如 TikTok 上的一些主播会通过发布短视频、图片及列表等形式，分享阅读书单和读书心得。截至 2024 年 7 月，在 TikTok 上，独立书评和读书感悟相关标签的视频已有约 3 370 万条。有的博主在分享时，不仅会介绍书籍的内容，还会与粉丝一起讨论，这种互动型阅读方式让书籍为双方架起沟通的桥梁。③

BookTok 已引发出版生态的深层变革。独立作者通过短视频展示写作过程，绕过传统出版机构。2024 年 BookTok 孵化的新书占比达 12%，《帝王》系列作者 Entangled 通过粉丝众筹提前锁定出版资源。消费端，小众题材借助算法突破圈层，实现更广泛的传播。

（二）国内环境

1. 以习近平文化思想为指引，深化改革释放发展活力

2024 年，以习近平文化思想为指引，出版业着眼强国建设、民族复兴的战

---

① 纪双城，刘皓然，任伊然，等. 在经典与时代之间架起桥梁，社交媒体让年轻人爱上文学［EB/OL］.（2025 - 02 - 10）［2025 - 06 - 26］. https：//world. huanqiu. com/article/4LQFjqjr4XI.
② 搜狐网. 浪漫奇幻小说销量激增，社交媒体助推英国图书市场新趋势［EB/OL］.（2025 - 02 - 13）［2025 - 06 - 26］. https：//www. sohu. com/a/858743176_122006510.
③ 纪双城，刘皓然，任伊然，等. 在经典与时代之间架起桥梁，社交媒体让年轻人爱上文学［EB/OL］.（2025 - 02 - 10）［2025 - 06 - 26］. http：//k. sina. com. cn/article_1686546714_6486a91a02002lv7y. html.

略高度，牢牢把握新时代的文化使命，赓续中华文脉、推动文化繁荣，发展壮大主流价值、主流舆论、主流文化，推动出版工作迈上新台阶。

2024年7月18日，党的二十届三中全会审议通过《中共中央关于进一步全面深化改革　推进中国式现代化的决定》（以下简称"《决定》"），对进一步全面深化改革作出系统部署，强调要构建高水平社会主义市场经济体制；健全推动经济高质量发展体制机制；构建支持全面创新体制机制；健全宏观经济治理体系。着眼文化强国建设，对深化文化体制机制改革作出系统部署，提出"构建适应全媒体生产传播工作机制和评价体系，推进主流媒体系统性变革"；"探索文化和科技融合的有效机制，加快发展新型文化业态"；"完善生成式人工智能发展和管理机制。加强网络空间法治建设"；"加快构建多渠道、立体式对外传播格局"。① 深化文化体制机制改革，是出版业推进深度融合发展、培育新质生产力的重要动力。肩负新的文化使命，改革是关键，要通过进一步深化改革破解深层次体制机制障碍，为推动出版业深度融合发展与创新，为推动文化繁荣、建设文化强国提供强大动力和制度保障。要遵循文化发展规律，坚持把社会效益放在首位、社会效益与经济效益相统一，将激发创新创造活力作为深化文化体制机制改革的中心环节，加快完善有利于激发产业创新创造活力的管理体制和生产经营机制，着力营造健康的产业生态、活力迸发的产业环境。②

2024年10月28日，二十届中央政治局就建设文化强国开展第十七次集体学习，习近平总书记强调站在党和国家事业全局的战略高度谋划部署文化强国建设，深刻阐明了文化强国建设的重大意义、总体要求。这为数字出版高质量发展提供了根本遵循。

2025年1月，国务院办公厅发布《关于推动文化高质量发展的若干经济政策》，从财政支持、税收优惠、金融服务、科技创新、用地保障、收入分配、转制企业支持等方面，推动文化高质量发展作出全面部署，为文化高质量发展提供更有力、更系统的支持。其中，明确提出要"探索文化和科技融合的有效机制"，支持以互联网思维和信息技术改进文化创作生产流程，"推动实现文化建设

---

① 孟东方. 坚持"双效统一"打造更多优秀文化作品[N]. 光明日报，2025-07-07（5）.
② 颜晓峰. 锚定建成文化强国战略目标　深化文化体制机制改革[EB/OL].（2024-11-08）[2025-05-08]. http：//theory.people.com.cn/n1/2024/1108/c40531-40356644.html.

数字化赋能、信息化转型",多措并举,为文化高质量发展提供了有力保障。

2. 数字经济预期目标提前完成,新旧动能加速转换

当前,我国经济发展正步入新旧动能加速转换的崭新阶段。面对全球经济的不确定性及国内经济转型升级的迫切需求,加快新旧动能转换,已成为推动经济高质量发展的核心战略。数字经济已逐渐成为发展新质生产力的核心驱动力。

《"十四五"数字经济发展规划》中提出,"到2025年,数字经济迈向全面扩展期,数字经济核心产业增加值占GDP比重达到10%"。国家数据局《数字中国发展报告(2024年)》显示,2024年中国数字经济核心产业规模稳步扩大,占国内生产总值比重达10%左右,数字产业重点监测的核心指标中九成以上实现同比提升。由此可见,我国数字经济预期目标已提前完成。①

2024年,作为数字经济的核心资源和发展引擎,我国数据规模持续较快增长。全国数据生产总量首次突破40ZB,达到41.06ZB,同比增长25%。② 全国数据市场交易规模预计超过1 600亿元,同比增长30%以上。其中,场内市场数据交易(含备案交易)规模预计超过300亿元,实现同比翻番。③

2024年,我国数字产业总体运行平稳,数字产业完成业务收入35万亿元,同比增长5.5%。其中,制造业和服务业部分分别增长3.8%和8.0%,占比分别为59.6%和40.4%。④

2024年,全国规模以上文化及相关产业企业实现营业收入14.15万亿元,比上年增长6.0%。其中,文化新业态特征较为明显的16个行业小类实现营业收入5.91万亿元,比上年增长9.8%,快于全部规模以上文化企业3.8个百分点。其中,内容创作生产、文化传播渠道分别增长6.9%和1.6%。⑤

---

① 国家数据局. 国家数据局发布《数字中国发展报告(2024年)》[EB/OL]. (2025-04-30)[2025-05-08]. https://www.szzg.gov.cn/2025/xwzx/qwfb/202504/t20250430_5012953.htm.
② 邱海峰. 在首次调查基础上,新增人工智能、大模型、低空经济等热点领域指标——数据资源"大摸底"[EB/OL]. (2025-05-28)[2025-06-08]. https://www.gov.cn/lianbo/bumen/202505/content_7025580.htm.
③ 严赋憬. 2024年全国数据市场交易规模预计超1600亿元[EB/OL]. (2025-01-10)[2025-05-08]. http://www.xinhuanet.com/fortune/20250110/0545608ebdd7402cbc050e135037d9c6/c.html.
④ 工业和信息化部网站. 2024年数字产业运行情况[EB/OL]. (2025-03-18)[2025-05-08]. https://www.gov.cn/lianbo/bumen/202503/content_7014148.htm.
⑤ 国家统计局网站 2024年全国规模以上文化及相关产业企业营业收入增长6.0%[EB/OL]. (2025-01-27)[2025-05-08]. https://www.gov.cn/lianbo/bumen/202501/content_7001381.htm.

2024 年，我国规模以上互联网和相关服务企业完成互联网业务收入18 049 亿元。其中，以信息服务为主的企业（包括新闻资讯、搜索、社交、游戏、音乐视频等）互联网业务收入同比增长 3.5%，增速较上年提高 3 个百分点。①

3. 人工智能技术快速迭代，全方位赋能产业创新升级

科技创新是推动新旧动能转换的核心动力。我国正加快布局突出前瞻性、战略性需求导向的基础研究和技术攻关项目，引导多元主体和多方资源向基础前沿领域聚集，实现更多从"0"到"1"、从"1"到"N"的突破。

2024 年，我国人工智能技术在多维度实现跨越式发展，为经济社会注入新动能。

算力基建提速，数智化基础更加牢固。算力基础设施方面，全国范围内投入使用的算力中心机架总量已突破 830 万标准机架，为人工智能、大型模型的应用提供了充足的有效承载。2024 年，全国算力总规模达到 280EFLOPS（每秒百亿亿次浮点运算），智能算力规模达 90EFLOPS，占比提升至 32%。②

政策支持与行业共同发力，自主研发能力显著增强。政策扶持层面，2024 年，"人工智能+"首次写入政府工作报告，提出深化大数据、人工智能（AI）等研发应用，开展"人工智能+"行动，打造具有国际竞争力的数字产业集群③。同时，通过科技激励机制大力促进人工智能核心技术创新，已有 11 个城市被批准建设国家人工智能创新应用先导区。国家和地方各级政府对 AI 大模型的创新发展给予了有力支持，如 2024 年 7 月，北京在全国率先发布《北京市推动"人工智能+"行动计划（2024—2025 年）》，拟从标杆应用、示范应用、商业应用等三个维度谋划推动人工智能应用；12 月，上海发布《关于人工智能"模塑申城"的实施方案》，强化基础底座赋能、加快关键生产力工具打造、推动重点垂直领域应用、加速创新应用生态构建，建设人工智能高地，着力打造人工智能世界级产业集群，加速人工智能赋能新质生产力。

企业层面持续加大研发投入，积极探索自主可控的 AI 技术路径，当前，

---

① 运行监测协调局. 2024 年互联网和相关服务业运行平稳［EB/OL］. （2025 - 01 - 27）［2025 - 05 - 08］. https：//finance. sina. com. cn/jjxw/2025 - 01 - 26/doc - inehhvfz9871585. shtml.

② 邱海峰. 在首次调查基础上，新增人工智能、大模型、低空经济等热点领域指标——数据资源"大摸底"［EB/OL］. （2025 - 05 - 28）［2025 - 05 - 30］. https：//www. gov. cn/lianbo/bumen/202505/content_7025580. htm.

③ 澎湃新闻·澎湃号·媒体. 首次被写入政府工作报告，"人工智能+"空间广阔［EB/OL］. （2025 - 03 - 12）［2025 - 05 - 23］. https：//www. thepaper. cn/newsDetail_forward_26653503.

国产 AI 芯片市场占有率约 40%，训练算力对进口 GPU 的依赖正在逐步缓解。2024 年，我国开发或应用人工智能的企业数量同比增长 36%。高端芯片、基础算法等关键领域的攻关持续推进。清华大学研发的类脑视觉芯片"天眸芯"以每秒万帧的感知能力赋能自动驾驶场景；中国科学院 Pb 级光存储技术则解决了海量数据存储难题。中国企业主导的 AI 国际标准制定数量增至 5 项，为中国在全球算力竞争中领先奠定坚实基础。2025 年上半年，生成式人工智能产品实现了从技术到应用的全方位突破，产品数量实现迅猛增长，应用场景持续拓展。截至 3 月，共计 346 款生成式人工智能服务在国家互联网信息办公室完成备案。①

AI 大模型成为企业布局人工智能产业的重点。底层架构、多模态融合、端云协同及开源等技术持续优化，为大模型快速发展提供了坚实的基础。可以看到，阿里云、百度智能云、腾讯等头部企业的研发重点从基础模型转向行业大模型。② 2024 年年初，字节跳动推出了生成视频模型即梦 AI，被业内视为国内最有潜力超越 Sora 的 AI 视频生成创作工具；5 月，阿里云发布通义千问 2.5，在 Open Compass 基准测试中，得分与 GPT-4 Turbo 齐平，在国产大模型中居领先水平；同月，字节跳动宣布旗下豆包大模型正式实施对外服务，开启商业化。③ AI 技术持续向垂直类应用场景深度渗透，人工智能技术的算法创新与场景应用深度融合，催生出 Robotaxi 运营、无人物流配送、智能道路基础设施建设运维等一系列新业态。

值得一提的是，DeepSeek 大模型的横空出世，不仅展示了我国在人工智能领域的创新能力，也降低了技术成本，释放了人工智能的应用价值，促进了数字经济的快速发展。2025 年 1 月 27 日，中国人工智能公司深度求索（DeepSeek）发布的 DeepSeek-R1 模型轰动全球科技界，冲上苹果中、美应用商店免费 App 下载排行榜榜首，掀起了一场新的热潮。开源是 DeepSeek 的一大特性。用户可以自行下载和部署模型。这一特性极大地降低了技术门槛和应用成本，促进 AI 技术的普及和应用，让更多企业，特别是初创企业和个人有机会参与

---

① 中国互联网络信息中心. 第 55 次中国互联网络发展状况统计报告［EB/OL］. （2025-01-17）［2025-07-25］. https：//www.cnnic.cn/NMediaFile/2025/0117/MAIN1737106895776721DFTGKEAD.pdf.
② 新浪财经. "2025 福布斯中国人工智能科技企业评选结果"解构中国 AI 产业格局［EB/OL］. （2025-06-04）［2025-06-11］. https：//news.yesky.com/hotnews/83/298583.shtml.
③ 读特新闻. 飞速发展，向新而生——2024 年中国十大 AI 大模型［EB/OL］. （2024-12-29）［2025-05-11］. https：//www.dutenews.com/n/article/8594441.

AI 应用的开发和创作，将为中国各行各业应用 AI 模型，推进数智化升级按下加速键。

4. 数字阅读需求进一步增长，文化消费更加丰富多元

2024 年，我国消费市场实现总体平稳增长，消费结构不断优化，新型消费蓬勃发展。特别是数字娱乐、在线教育、直播及短视频购物等新兴消费发展迅猛，带动通信服务类零售额实现两位数增长。2024 年，人均教育文化娱乐消费支出 3 189 元，增长 9.8%，占人均消费支出的比重为 11.3%。[①]

2024 年，服务消费成为我国消费市场扩容升级的重要抓手。8 月，国务院发布《关于促进服务消费高质量发展的意见》，明确提出"提升网络文学、网络表演、网络游戏、广播电视和网络视听质量"，"鼓励沉浸体验、剧本娱乐、数字艺术、线上演播等新业态发展"，"支持电子竞技、社交电商、直播电商等发展。加快建设和升级信息消费体验中心，推出一批新型信息消费项目"，为促进数字文化消费发展注入新动力。2024 年，全国居民人均服务性消费支出 13 016 元，同比增长 7.4%，高于居民人均消费支出增速 2.1 个百分点。服务零售额同比增长 6.2%，增速高于商品零售 3 个百分点。

中国互联网络信息中心（CNNIC）发布的《第 55 次中国互联网络发展状况统计报告》显示，截至 2024 年 12 月，我国网民规模达 11.08 亿人，手机网民规模达 11.05 亿人，占比为 99.7%。我国网民互联网应用使用率 TOP10 依次是：即时通信、网络视频（含短视频）、短视频、网络支付、网络购物、搜索引擎、网络直播、网络音乐、网络外卖和网络文学。其中，网络文学用户规模达到 5.75 亿人，网民使用率达到 51.9%，增长 10.5%。网络支付、网络购物也实现了超过 6% 的增长。网络视频的网民使用率为 96.6%，其中短视频网民使用率为 93.8%。[②]

中国成年国民阅读习惯正逐步向数字化转型，数字化阅读方式在全民阅读工作中的作用进一步提升，尤其以手机阅读和听书视频等新兴阅读方式增长最为显著。中国新闻出版研究院《第二十二次全国国民阅读调查成果》显示，

[①] 国家统计局. 2024 年居民收入和消费支出情况 [EB/OL]. (2025 – 01 – 17) [2025 – 06 – 27]. https：//www.stats.gov.cn/sj/zxfb/202501/t20250117_1958325.html.

[②] 中国互联网络信息中心. 第 55 次中国互联网络发展状况统计报告 [EB/OL]. (2025 – 01 – 17) [2025 – 06 – 27]. https：//www.cnnic.cn/NMediaFile/2025/0117/MAIN1737106895767 21DFTGKEAD.pdf.

2024年，我国成年国民的数字化阅读方式接触率达到80.6%，人均每天数字化媒介接触时长超过3小时。其中，手机在数字阅读中占比持续提高。78.7%的成年国民进行过手机阅读，成年国民人均每天手机接触时长达到108.76分钟。有38.5%的成年国民通过听书的方式阅读，较上一年增长2.2%。①

数字阅读市场稳步发展。2024年数字阅读用户规模为6.7亿人，同比增长17.52%。我国数字阅读市场总体营收规模达到661.41亿元，同比增长16.65%。数字阅读作品总量达到6 307.26万部，同比增长6.31%。其中，网络文学和电子书的数量占比约为67.55%，有声阅读作品数量占比约为32.45%。②

数字阅读形态日益多元，文化消费边界不断拓展。一方面，AI与多模态技术的深度融合重塑了内容生产与体验模式。例如，掌阅的"多模辅助阅读"覆盖选题策划、笔记生成等全链路，效率提升30%；北京城市图书馆推出的元宇宙阅读空间，让用户以虚拟形象沉浸式探索古籍场景，阅读转化率提升40%；另一方面，有声阅读凭借碎片化适配性成为主流，38.5%的成年国民通过移动有声App、微信公众号等渠道收听内容，未成年人有声阅读率也达到33.6%。与此同时，网络文学与影视、游戏等领域的联动效应显著。以《庆余年》为例，其改编剧集登陆"Disney+"后，带动原著电子书销量激增300%，衍生游戏与动漫收入占比超过40%。这种"内容+消费"的闭环模式，不仅提升了IP的商业价值，也推动了文化消费从线上向线下场景的融合延伸。

二、中国数字出版产业规模分析

2024年，我国数字出版产业以培育新质生产力为契机，践行高质量发展，推动高端化、智能化步伐，展现出较强的发展势头。产业整体收入规模全年达到17 485.36亿元，比上年增加8.07%。其中，互联网广告、网络游戏、在线

---

① 史竞男，邢拓，马晓媛. 文化新观察｜阅读率创新高！透视全国国民阅读调查新发现［EB/OL］.（2025 - 04 - 27）［2025 - 06 - 27］. http://www.xinhuanet.com/book/20250427/99fc0745c807495fbc430a803d1b4d31/c.html.
② 史竞男，马晓媛. 2024年我国数字阅读用户规模达6.7亿［EB/OL］.（2025 - 04 - 23）［2025 - 06 - 27］. https://www.thepaper.cn/newsDetail_forward_30704906.

教育、数字音乐依然排在收入榜前四位。

（一）整体收入规模持续增长

2024 年，在数字出版产业收入规模中，互联网期刊收入达 35.5 亿元，电子书达 80 亿元，数字报纸（不含手机报）达 5.5 亿元，博客类应用达 126.1 亿元，网络动漫达 418.63 亿元，移动出版（数据仅包括移动阅读）达 661.41 亿元，① 网络游戏达 3 257.83 亿元，在线教育达 3 256.69 亿元，互联网广告达 7 583.6 亿元，数字音乐（包括在线音乐、音乐短视频、音乐直播、在线 K 歌业务）达 2 060.1 亿元。详情见表 1。

表 1　2015—2024 年中国数字出版产业收入情况②

单位：亿元

分类 年份	2015	2016	2017	2018	2019	2020	2021	2022	2023	2024
互联网期刊	15.85	17.50	20.10	21.38	23.08	24.53	28.47	29.51	34.89	35.50
电子书	49.00	52.00	54.00	56.00	58.00	62.00	66.00	69.00	73.00	80.00
数字报纸	9.60（不含手机报）	9.00（不含手机报）	8.60（不含手机报）	8.30（不含手机报）	8.00（不含手机报）	7.50（不含手机报）	6.70（不含手机报）	6.40（不含手机报）	6.00（不含手机报）	5.50（不含手机报）
博客类应用	11.80	45.30	77.13	115.30	117.70	116.30	151.56	132.08	125.00	126.10
移动出版	1 055.90（未包括移动动漫）	1 399.50（未包括移动动漫）	1 796.30（未包括移动动漫）	2 007.40（未包括移动动漫）	2 314.82（未包括移动动漫）	2 448.36（未包括移动动漫和移动音乐）	415.70（仅包括移动阅读）	463.52（仅包括移动阅读）	567.02（仅包括移动阅读）	661.41③（仅包括移动阅读）
网络游戏	888.80	827.85	884.90	791.10	713.83	635.28	2 965.13	2 658.84	3 029.64	3 257.83
网络动漫	44.20	155.00	178.90	180.50	171.00	238.70	293.40	330.94	364.03	418.63

---

①　数据来源：中国音像与数字出版协会《2024 年度中国数字阅读报告》。
②　数据说明：因数字出版产业发展越来越快，产业间的融合趋势日益明显，边界趋向模糊，数据之间不可避免地存在交叉，且交叉部分不易厘清；又因早期数据计算方法接近，对数据进行简单相加汇总尚可体现出产业基本发展情况，但近年来数据计算方法多样，对数据进行简单汇总相加、计算占比已没有意义，故本报告 2024 年的合计数据仅供参考。
③　继 2020 年将移动音乐数据归于数字音乐、2022 年将移动游戏数据归入网络游戏模块计算后，移动出版模块数据主要由移动阅读数据进行体现。

续表

分类 年份	2015	2016	2017	2018	2019	2020	2021	2022	2023	2024
在线教育	180.00	251.00	1 010.00	1 330.00	2 010.00	2 573.00	2 610.00	2 620.00	2 882.00	3 256.69①
互联网广告	2 093.70	2 902.70	2 957.00	3 717.00	4 341.00	4 966.00	5 435.00	6 639.20	7 190.60	7 583.60②
数字音乐	55.00	61.00	85.00	103.50	124.00	710.00	790.68	637.50	1 907.50	2 060.10③
合计	4 403.85	5 720.85	7 071.93	8 330.78	9 881.43	11 781.67	12 762.64	13 586.99	16 179.68	17 485.36

由表1可见，互联网期刊收入规模从2023年的34.89亿元增长至2024年的35.5亿元，增长率为1.75%，已突破35亿元大关，但增长率较2023年的18.23%降幅明显。电子书收入规模2023年为73亿元，2024年达到80亿元，增长率为9.6%。电子书自2021年以来，增速逐年加快，至2024年平均增速约为6.60%，发展势头向好。

按照自2021年调整后的数字出版产业收入规模计算模块来看，2024年移动出版收入规模为661.41亿元，增长率为16.65%，高于2024年数字出版整体收入增长率。这表明移动出版产品的创新性与服务的适配性得到市场的进一步认可，仍具有较大的发展空间。

（二）书报刊数字化收入稳中有进

电子书、数字报纸、互联网期刊作为数字出版的早期产品形态发展至今，一直肩负坚守意识形态主阵地的重要任务与历史使命，保持着稳定的发展态势。2024年，数字书报刊三种产品形态在人工智能等技术的加持赋能下，数字化、智能化、数据化特征日益提升，为满足人民群众的阅读需要与精神需求提供了有力支持。

从表1可以看出，2024年互联网期刊、电子书、数字报纸的总收入为121亿元，相较于2023年的113.89亿元，增幅为6.24%。表明这三种产品形态，

---

① 数据来源：格隆汇. 中国在线教育市场未来发展前景分析报告（2025）[EB/OL]. (2025 - 07 - 06) [2025 - 07 - 20]. https://m.gelonghui.com/p/2444386.

② QuestMobile营销洞察研究院. 2024年中国营销市场年度报告市场篇 [EB/OL]. (2025 - 04 - 18) [2025 - 08 - 01]. https://www.thepaper.cn/newsDetail_forward_30542290.

③ 数据来源：中国音像与数字出版协会提供。

经过多年的探索，对内容资源价值深度挖掘的水平不断提升，对新兴科技应用能力不断提高，发展能力得到新提升。

（三）新兴板块发展势头依然强劲

2024年，国家战略与地方政策双轮驱动，推动产业生态向新转向。《关于加快推进教育数字化的意见》的发布、推动游戏行业发展政策措施的引导与助力、"中国经典民间故事动漫创作出版工程"的持续推进以及支持动漫产业高质量发展的若干举措等地方性政策的出台，推动政策环境持续优化，加速释放产业发展活力。人工智能和技术创新走向深入。AI赋能产业全链条，重塑生产范式，构建智能化生产与传播体系，提升用户体验。内容创新力度加大，传统文化以数字化形态活化，构建全环境应用场景；多模态内容开发，打造立体化产品体系，推动内容资源由满足单一产品生产转向生态化IP开发利用。

数据显示，2024年，网络游戏收入规模为3 257.83亿元，在线教育收入规模为3 256.69亿元，网络动漫收入规模为418.63亿元。这三个板块增幅明显。首款国产3A游戏《黑神话：悟空》将传统文化与现代技术深度融合，成为中国游戏产业发展的标志性产品。国家各产业升级推动技能培训需求激增，职业教育刚需旺盛；终身学习理念深入人心，成人教育需求更加多元化；DeepSeek等大模型、学伴机器人、数字孪生技术等深度赋能素质教育，强化了素质教育个性化特征，加速提升了学习效率；职业教育、成人教育和素质教育共同发力，为在线教育稳定发展提供了保障。网络动漫在2024年坚持走精品路线，发挥技术驱动作用，《剑来》粒子水墨画风的创新应用，显著提升了视觉表现力；注重传统文化融入现代流行元素，国潮国风成为创作方向，《落凡尘》《念无双》等动画片展现了中华美学的独有意境；推动内容创作"网文改编＋原创突围"双线并行，实现作品快速破圈；通过"线并全链开发"，深度挖掘价值，形成线上线下联动。

以技术为引擎、内容为根基、多维度创新为抓手，不仅可以加速推进可持续发展产业体系的构建，也将加速出版新型生态的打造。相信在"十四五"收官之年，这几个新兴板块将会展现出更大的发展活力。

三、中国数字出版产业态势分析

2024 年，中国数字出版产业以习近平文化思想为指引，积极发展新质生产力，向高质量发展持续迈进。社会价值引领作用更加突出，出版深度融合发展路径持续拓展，人工智能与出版业融合进一步深入，网络文学持续迈向精品化、生态化，数字教育保持高质量规范化发展，出版全媒体运营新生态逐步构建，国际传播效能持续增强，产业保障体系日臻健全，新型出版人才培育机制持续完善。2024 年以来，中国数字出版产业呈现以下发展态势。

（一）社会价值引领作用更加突出

过去一年来，以习近平文化思想为指引，数字出版持续强化精品建设，在壮大主流价值、主流舆论、主流文化方面展现积极作为，社会价值引领作用更加凸显。

主题出版全媒体呈现、多渠道传播的趋势日益明显，出版单位通过立体式开发融媒体主题出版物、有声读物、广播剧、视频课程等产品形态，着力构建主题出版产品矩阵，有效提升主题出版的传播力、影响力、感染力，推动主题出版实现社会效益和经济效益的有机统一。以文化为基，技术与美学为翼，通过典籍活化、跨界融合与国际表达，打造多种形态数字出版精品。在中央宣传部公布的 2024 年主题出版重点出版物选题中，由中国传媒大学出版社出版的《行走中国》双语数字出版物以"中国内容，国际表达"为基调，以"青春行走，看见中国"为主题，运用"地域 + 领域"的双线叙事手法，展现中国不同地域的自然风光、文化遗产、风土人情。[①] 国家开放大学音像出版社推出的《跟着院士去"追新"：科技创新驱动新质生产力发展》紧扣"高质量发展"重大部署，以院士访谈为主要内容，辅以动态字幕、二维动画、三维立体建模等多种创新技术手段，形成"可听、可视、可感"的影像资源，生动呈现我国

---

① 中传新闻传播学部. 喜报 ｜《行走中国》入选中宣部 2024 年主题出版重点出版物选题！［EB/OL］.（2024 - 10 - 16）［2025 - 05 - 27］. https：//www. bjnews. com. cn/detail/172907585919462. html.

取得的科技创新成果。①

数字出版物成为弘扬中华优秀传统文化的重要载体，在推动中华优秀传统文化赓续传承方面发挥积极作用。如地方出版集团对接国家文化数字化战略，汇集、整合区域特色文化资源，梳理地方文化脉络，积极推进地方特色文化数据库和文化平台建设，并与地方文化机构资源形成联动，通过跨领域合作与社会化运作模式，构建文化服务供给链。与此同时，越来越多的网络文学、游戏、动漫等网络出版产品以非物质文化遗产等中华优秀传统文化为主题或素材。新兴出版形态在弘扬社会主义核心价值观、发扬中华优秀传统文化方面发挥着日益重要的作用。动漫借助视听语言展现民族视觉风格与现代审美，以水墨意境、汉服元素、国风配乐构筑独特审美表达，将中华优秀传统文化核心价值自然融入创作底层逻辑与文化肌理，以创新形态引领国韵在数字世界绽放异彩。如上海城市动漫出版传媒有限公司推出的《中华文化寻源：诸子百家故事水墨国风微动画》将先贤诸子的故事与水墨丹青、国风动画巧妙结合，通过日常生活、四时风俗的展现，弘扬诸子百家讲仁爱、重民本、守诚信、崇正义、尚和合、求大同的价值追求。②游戏在玩法与世界观中植入东方美学与哲学，将神话传说、历史典故、传统技艺巧妙融入叙事背景与交互体验中。

（二）出版深度融合发展路径持续拓展

过去一年来，主管部门持续实施出版融合发展工程，推动出版业深度融合发展。2024年着重实施数字出版优质平台遴选推荐计划和出版融合发展优秀人才遴选培养计划。有16家平台入选"2024年度数字出版优质平台"。其中，中国工人出版社建设的"技能强国——全国产业工人学习社区"是面向产业工人思想引领和素质技能提升的网上平台，涵盖课程、直播、线上培训班、技能大赛专区、活动专区、答题闯关、电子书等重点板块，为产业工人提供丰富的思想引领学习资源和知识服务。2025年出版融合发展工程业已启动实施，重点面向行业组织推荐一批内容优质、技术领先、模式新颖的出版融合发展重点项

---

① 学习资源部，国家开放大学音像出版社. 国家开放大学精品资源项目入选中宣部主题出版重点出版物选题［EB/OL］.（2024－11－15）［2025－05－27］. https：//cms.pt.ouchn.cn/publish/sxw/zbxw/755a04ac990847dfa59785d9d6d9c255.htm.

② 上观新闻. 当中式美学遇见法式浪漫，新华文创书写中法文化交流新篇章［EB/OL］.（2024－11－05）［2025－05－27］. https：//export.shobserver.com/baijiahao/html/815352.html.

目，引导带动出版单位优化产品供给、构建精品体系，打造出版融合发展优质产品矩阵。

出版单位围绕产业数字化和数字产业化，持续加强出版融合发展的统筹部署，将出版融合发展提升到更高的战略位置，结合自身优势出版资源和优势业务板块，积极拓展融合发展路径模式，着力打造新支撑点和增长极。如凤凰出版传媒集团制定了《凤凰集团关于加快发展新质生产力的意见》等政策文件，在项目实施、技术应用、品牌打造、渠道构建、团队建设等方面，持续加快创新，凝聚新优势，构建起以内容创意为核心、数字技术为支撑，以"出版＋新业态"和"出版＋新质生产力"为动力的业务架构。浙江出版联合集团则成立集团数字融合技术委员会，统筹推进出版数字融合发展，构建数字融合有效保障体系。构建"出版＋"的多元化业务架构，实现产业链和价值链延伸，成为出版单位深度融合发展、培育新质生产力的重要途径。《黑神话：悟空》由浙江出版传媒集团数字传媒有限公司出版，为游戏的品质提供有力保障，而该游戏的成功也为该集团带来更多跨界融合的机会。①

出版业突破传统边界，以"出版＋"模式构建多元生态。教育领域，青岛出版集团"青知智教"项目整合教材、AI评测与个性化学习服务，注册用户近80万人；医疗领域，人民卫生出版社医学知识服务体系覆盖500所院校，用户超过880万人。黄山书社的"安徽典籍数字图书馆"活化古籍资源，成都时代出版社通过"纸质绘本＋数字服务"打造少儿阅读新场景。渠道侧，直播电商继续快速式增长，抖音电商图书销量超过4亿单，人民邮电出版社旗舰店年销近300万单，全域兴趣电商重塑销售生态。数字出版以网络文学、游戏为载体加速传播中国传统文化，《甲骨文动漫故事》通过生动叙事传播汉字文化，浙江出版传媒集团借《黑神话：悟空》技术实力推动传统文化推广，AI翻译与元宇宙技术降低跨文化传播门槛，构建全球合作新范式。

模式拓展方面，面对高质量发展需求，行业通过政策协同与机制创新夯实发展根基。人民卫生出版社"技能强国"平台、中国工人出版社知识服务系统等实践，将出版业深度嵌入社会治理链条；青岛出版集团"出版＋科技＋文化"融合模式，为行业提供了可复制的转型样本。AIGC的迭代、元宇宙场景

---

① 詹碧华．"黑神话：悟空"背后的央国企身影［EB/OL］．(2024-08-28)［2025-05-27］．https://www.thepaper.cn/newsDetail_forward_28552211．

的落地及全球化战略的深化，有助于数字出版进一步打破内容、技术与服务的边界，以社会效益与经济效益"双轮驱动"构建"内容为核、技术为翼、生态为基"的新发展格局，为数字中国与文化强国建设注入持续动能。

（三）人工智能与出版业融合更加深入

人工智能正在与出版业加速融合。一是促进内容生产提质增效，AI 正在重塑出版业的编辑审校流程，在编辑校对、内容审核、版式设计等方面，AI 已成为编辑人员的重要辅助工具，人机协同成为趋势，大大提升了出版效能。二是基于市场数据洞察，在选题策划、出版营销等方面，生成策划文案，提升精准策划水平。三是增强内容交互体验，生成式人工智能除了能生成文本内容外，还可以生成图片、音频、视频等多模态内容，为出版物提供更多的创作方式，能够极大地丰富出版物的内容形式。

2024 年，AI 模型如雨后春笋般涌现。部分出版单位率先在生成式人工智能和 AI 大模型领域展开探索与实践，涌现出一批通用 AI 模型、垂类出版 AI 模型以及 AI 工具。2024 年年初，北大方正发布面向出版行业的"星空大模型"，是通过结合通用大模型与专项能力模型，利用高质量的行业数据进行训练，专为出版领域打造，包含有"方正智能审校""方正 AI 编辑助手""方正魔方智能创作器""方正新媒体内容风控"等 AI 产品，具有"模型融合、数据积累、安全可控、智能应用、场景定制"等优势。目前，方正星空大模型已在出版领域的智能审校、辅助创作、内容风控、AIGC（人工智能生成内容）、多模态服务等多个场景中发挥重要作用，帮助出版单位提升工作效率和出版质量。数传集团基于其研发的出版大模型 BOOKSGPT，打造"AI 编辑工作室""出版融合云平台""书船"新媒体图书营销智能解决方案等三个核心 AIGC 产品服务，已为 100 多家出版单位所应用。

服务于垂直出版领域，也涌现了一批专用 AI 大模型和 AI 工具。2023 年 12 月，中华书局古联（北京）数字传媒科技有限公司与南京农业大学联合推出了首个古籍整理大模型——"荀子"古籍大语言模型，包含了"四库全书"在内的古籍文献超过 40 亿字大型语料库，能够实现自然语言理解、自动翻译、诗歌生成、自动标引等多项功能。上海辞书出版社与百度、鲸汤（上海）智能科技有限公司合作，利用《辞海》的内容数据和文心一言的大模型能力，发布智能知识审校系统"辞文",在知识溯源能力、多轮推理能力、知识更新机制和交互式审校流程等方面有出色表现,审校效率提高300%,错误识别准确率达到80%。① 在这些AI模型和产品赋能下,出版单位不仅实现了生产力的提升,并且提高了出版数字资源的管理水平,有效盘活数字资源,实现从静态知识存储到动态智能应用的跨越式升级。

(四) 网络文学持续向精品化、生态化发展

2024年,网络文学持续良好发展态势。网络文学营收规模为495.5亿元,同比增长29.37%;用户规模累计达6.38亿人,同比增长16%。截至2024年年底,中国网络文学作品数量达到4 210万部,增幅为11.19%。中国网络文学的创作队伍进一步壮大,平台驻站作者总数已达到3 030.1万人。②

过去一年来,中国网络文学在精品化、主流化、经典化进程中取得新突破,思想深度与文化价值进一步提升。2024年,网络文艺被首次纳入国家级精神文明建设的表彰体系,第十七届精神文明建设"五个一工程"奖中,10部网络文艺作品入选,其中包括《陶三圆的春夏秋冬》(麦苏)、《滨江警事(第1部)》(卓牧闲)和《我们生活在南京》(天瑞说符)三部网络文学作品。③ 2024年,81部网文作品入藏中国国家版本馆;《粤食记》入选2024年度"中国好书"。

网络文学迈入高质量发展新阶段,呈现出精品化、生态化鲜明特征。IP全链运营与模式创新释放巨大动能,内容输出支持多维度生态共建,推动网络文学成为承载时代精神、赋能文化产业、传播中华文化的重要力量。

过去一年来,现实题材与传统文化题材网络文学创作势头强劲。网络文学通过深入生活、扎根人民、传承文脉,涌现出更多反映时代气象、展现中国精神、蕴含文化厚度的优秀作品。第八届现实题材网络文学征文大

---

① 青山. 文心一言与辞海合作推出智能知识审校系统"辞文"[EB/OL]. (2024-12-30) [2025-05-27]. https://tech.huanqiu.com/article/4KrodUrUlEO.
② 中国音像与数字出版协会(微信公众号).《2024年度中国网络文学发展报告》发布[EB/OL]. (2025-07-18) [2025-07-20]. http://www.chinawriter.com.cn/n1/2025/0718/c404023-40524796.html.
③ 国家新闻出版署网站. 中共中央宣传部公布第十七届精神文明建设"五个一工程"获奖名单[EB/OL]. (2024-12-04) [2025-05-27]. https://www.nppa.gov.cn/xxfb/ywxx/202412/t20241204_876241.html.

赛吸引逾 30 万名作家参与，作品如《一路奔北》《剖天》巧妙融合现实、科技前沿与悬疑元素进行叙事创新，生动描绘了中国社会的发展图景与时代精神。传统文化元素深度融入作品创作，如《泼刀行》融汇近百项非遗技艺与中国武术文化，通过武侠故事激活非遗传承。① 现实题材类型更加细分，如聚焦女性成长，描绘女性职场、生活、情感成为女频网文作品的重要题材之一。

2024 年，网文科幻阅读持续保持增长态势，实现总营收达 35.1 亿元。② 科幻题材网文与科技发展同频，在题材深度、叙事广度和社会影响力等方面都实现了新突破。在传统的太空探索、外星文明、时间旅行等经典主题基础上，拓展至基因编辑、人工智能伦理、宇宙命运、多维空间等诸多前沿科学领域。③

过去一年来，网络文学向动漫、游戏、影视、文旅等领域的内容输送能力持续增强，网络文学版权链条持续延展。在 2024 年文化产业 IP 价值综合榜 TOP50 的 IP 中，原生类型为文学 IP 占据一半席位，其中 80% 来自网文 IP。④ 过去一年来，网络文学企业加大版权生态布局。如阅文集团在 2024 年完成了包括对腾讯动漫、国内卡牌公司 Hitcard、欧美卡牌公司 Crossing Media 以及 AI 互动陪伴平台筑梦岛等的收购和投资。通过资本运作等手段，实现了版权生态和商业版图的拓展。⑤

微短剧作为网文改编的新热点，相较于传统影视剧，具有制作周期短、成本低、传播快等特点，甚至已成为某些网文企业进行 IP 改编的首选方式。2024 年，网络文学向微短剧改编授权年新增超 1 600 部，增长幅度超过 80%。网络

---

① 高丹. 中国社科院：网文市场超 430 亿元，作者破 3 000 万人 [EB/OL]. (2025-05-10) [2025-05-26]. https://www.thepaper.cn/newsDetail_forward_30797486.

② 温竞华, 阳娜. 2024 年中国科幻产业总营收达 1 089.6 亿元 [EB/OL]. (2025-03-28) [2025-05-26]. http://www.xinhuanet.com/fortune/20250328/420b036948964308bbd0db589b6c98bd/c.html.

③ 丁培富. 从现实向未来望去——2024 年成都科幻文学报告 [EB/OL]. (2025-02-14) [2025-05-26]. https://sczjw.net.cn/news/detail/907439552194068480.html.

④ 东方网. 《中国文化产业 IP 影响力报告（2024）》发布，前 50 大 IP 网文占四成，影漫游改编市场潜力大 [EB/OL]. (2025-01-02) [2025-07-06]. https://travel.cnr.cn/hydt/20250102/t20250102_527028714.shtml.

⑤ 观点网. IP 衍生商业化之战 阅文连投 Hitcard、超级元气工厂背后 [EB/OL]. (2025-07-03) [2025-07-18]. https://finance.sina.com.cn/stock/estate/integration/2025-07-03/doc-infefnmc3662596.shtml.

文学平台企业纷纷加大微短剧布局。以番茄小说为例，作为字节跳动旗下短剧平台"红果短剧"的主要IP输出平台，番茄小说与红果短剧已经实现相互赋能。以番茄小说为核心，依托抖音、番茄听书、红果短剧等流量渠道，共同构建了IP传播矩阵，微短剧则成为字节跳动数字内容生态的重要组成部分。

网络文学IP与文旅融合，双向赋能。阅文集团陆续组织了"三清山""大黄山"等文旅主题征文活动，征集到4 500部相关作品。番茄小说也在2024年启动了"番茄读旅季"，推出"山河画卷 字里行间"网络文学乡村文旅创作扶持计划。[1] 以文为媒，网络文学成为展现大好河山、城乡文旅风光的推广者。

（五）数字教育高质量、规范化发展

着眼于推进教育现代化、建设教育强国，数字教育持续高质量、规范化发展。2024年6月，教育部办公厅发布《国家智慧教育平台数字教育资源内容审核规范》，明确了国家智慧教育资源平台数字教育资源内容审核工作的工作职责、要求、流程等，为数字教育资源建设提出更高要求，为数字化教育资源供给质量提供有力保障。《中共中央关于进一步全面深化改革 推进中国式现代化的决定》中提出"推进教育数字化，赋能学习型社会建设，加强终身教育保障"，并作出"开展基础教育扩优提质行动""制定实施教育强国建设规划纲要""大力提高职业教育质量"等具体部署。2025年1月，中共中央、国务院印发《教育强国建设规划纲要2024—2025年》，明确提出"加快推进教材数字化转型"，提出"实施国家教育数字化战略""开发新型数字教育资源"，促进人工智能助力教育变革，推动数字教育在各级各类教育中的广泛应用，为数字教育出版高质量发展提供重要指引。

数字教材是数字教育的根基与核心。出版单位践行"纸数融合"理念，加快构建以数字教材为核心的数字教育服务体系。2024年7月，教育部发布《2024年义务教育国家课程教学用书目录》，根据2022年版义务教育课程标准修订的教材于2024年秋季学期陆续投入使用，教材的更新推动了以新版教材为核心的数字教学资源和教育服务产品建设速度。如2024年人民教育出版社围绕新课标、新教材策划系列数字教育产品，着力构建符合教育现代化发展要

---

[1] 木胜玉，朱红霞. 网络文学化身乡村文旅"推荐官"［EB/OL］.（2024-10-18）［2025-05-26］. http://yn.people.com.cn/n2/2024/1018/c372453-41011855.html.

求的数字教育出版服务体系。高等教育出版社联合多方力量,搭建了包含数字教材的编辑、在线审核、上线发布和用户应用等完整的数字教材生态系统"云创"平台,从"创、编、用、管"四个方面构建数字教材运营体系。① 外研社聚焦家庭端服务与K12学段,通过推进线上线下分级阅读馆建设构建沉浸式阅读生态;以数字教材出版平台建设、数字课程实体化销售、数智化产品零售新模式等为路径,构建现代化教育服务体系。②

过去一年来,人工智能在教育出版领域得到更深度的应用。2024年3月,教育部启动了人工智能赋能教育行动;北京市教委7月发布《北京市推动"人工智能+"行动计划(2024—2025年)》;10月,《北京市教育领域人工智能应用指南》发布,明确提出人工智能在六大重点教育领域29个典型场景的应用规范。相关政策和规范的出台为人工智能赋能教育出版高质量发展提供了有力保障。教育出版单位纷纷加强人工智能探索应用,通过打造智能化的教学平台和数字教育产品,满足不同教学场景和个性化学习需求。

(六) 出版全媒体运营新生态逐步构建

以直播与短视频平台为代表的内容电商是仅次于平台电商的第二大图书销售渠道。从开卷数据来看,2024年我国图书销售渠道中,平台电商码洋比重为40.92%,内容电商保持正向增长态势,码洋比重为30.38%,远高于垂直及其他电商和实体店(分别为14.70%和13.99%)。③ 内容电商已成为众多出版单位自渠道营销的主阵地。

过去一年来,直播与短视频在释放用户消费潜力方面仍然有突出表现。这一新兴营销模式已形成"内容触发—即时决策—社交扩散"的闭环生态,其本质是技术赋能下用户消费习惯的数字化重构,通过即时互动机制或场景化内容生产实现图书核心价值的多维度解构,显著缩短了读者从内容感知到消费决策的路径周期。《2024抖音电商图书消费报告》显示,2024年,抖音

---

① 中国教育新闻网. 高等教育出版社:探索数字教材建设 重塑未来教育形态 [EB/OL]. (2024-12-31) [2025-05-26]. http://www.jyb.cn/rmtxwwyyq/jyxx1306/202412/t20241231_2111290399.html.

② 社办公室. 凝聚行业力量,共促融合发展:辽宁师范大学出版社、北京师范大学出版集团代表团到访外研社调研交流 [EB/OL]. (2025-07-03) [2025-07-04]. https://www.fltrp.com/c/2025-07-03/530579.shtml.

③ 魏小雯. 年度发布 | 2024年整体图书零售市场码洋小幅下降,规模恢复到2019年的88% [EB/OL]. (2024-12-31) [2025-05-26]. https://news.sohu.com/a/846334405_121124778.

图书相关直播累计观看超过 313 亿次,通过直播形式促成的图书成交额在整体图书成交额中占比达到 45%。抖音电商全年图书销量超过 7.3 亿单,购买图书的用户数量同比增长超过 130%,超过 50 家出版社的直播成交额同比翻番。①

越来越多的出版单位加大在直播和短视频渠道方面的投入力度,探索新的营销模式,并拉动业务新增长。过去一年来,出版单位对于直播与短视频布局已从初期试水升级为战略级投入,重新组建专注于直播和短视频营销的专业团队和机构,不断探索新媒体营销的新方式,如运用事件营销,与时事热点或热门话题结合,为出版产品带来关注度。

2024 年以来,出版单位纷纷开始发力小成本的品牌自播,加大自播营销力度,保持稳定的自播频率,通过抖音、小红书、视频号等渠道维护用户黏性。如浙江新华在 2024 年启动"千人主播"计划,鼓励一线员工运用多场景进行直播荐书,打造特色化直播。很多出版社在 2024 年开辟视频号、小红书等直播新渠道,通过不同平台的推流扩大自播营销的影响力。② 视频号成为出版单位布局流量新阵地,已经有越来越多出版单位在视频号上布局。与 2023 年上半年相比,2024 年图书类商家入驻增幅达 50%,图书行业成交金额增速达到 300%。③

(七) 国际传播力和影响力显著增强

过去一年来,数字出版成为我国文化"走出去"生力军,网络文学、网络游戏、短剧作为文化"出海"三驾马车的带动作用进一步凸显。

2024 年以来,网络文学全球化进程加速。一是网络文学海外生态圈逐步扩大。2024 年,网络文学海外新增注册用户 3 000 万人,活跃用户约 2 亿人;新增海外本土作者 12 万人,海外本土创作作品新增 50 万部。④ 亚洲、北美地区

---

① 刘峰. 抖音电商 2024 图书消费报告:总销量超 7.3 亿单 [EB/OL]. (2025-01-10) [2025-05-26]. https://www.pai.com.cn/p/01jh7jhj4qh96d8fmq42n794rs.

② 湖北省新华书店(集团)有限公司网站. 新局面下的多方求索:2024 年的出版营销与运营(一) [EB/OL]. (2025-05-19) [2025-05-26]. https://www.etjbooks.com.cn/post/157/74735.

③ 宋强. 出版业新媒体营销变局与应对 [EB/OL]. (2024-12-09) [2025-05-26]. https://it.sohu.com/a/835466329_121119368.

④ 王莲香. 2024 年中国网络文学海外活跃用户约 2 亿 [EB/OL]. (2025-06-17) [2025-07-15]. http://ent.people.com.cn/GB/n1/2025/0617/c1012-40502623.html.

的读者量位居前二，二者市场总额全球占比为八成左右。二是网络文学认可度提升。以《斗罗大陆》《天道图书馆》等为代表的 9 部优秀作品入藏意大利、英国等欧洲各地文化机构；继 2022 年《画春光》等 16 部作品后，《诡秘之主》《我们生活在南京》等 10 部作品再次被大英图书馆收藏。三是 IP 全球化打造能力进一步提升。由网文改编的《墨雨云间》《永夜星河》等网剧引发海外观众关注；《庆余年2》在"Disney＋"平台上的播放量位居中国大陆电视剧之首。

2024 年，游戏出海依然保持快速增长态势。中国游戏企业降本增效，深研海外市场，遏制连续两年中国自主研发游戏在海外收入下滑的趋势，实现 13.39% 的增长，实际销售收入达到 185.57 亿美元。[①] 美、英、德市场增长率都有所好转，其中美、英两国的市场增长率实现由负转正；其他市场的开拓也取得成效，中国游戏在沙特的收入已位居海外市场第十。中国游戏《黑神话：悟空》斩获英国"金摇杆"2024 年度最佳游戏大奖，并获得最佳视觉设计奖项，标志着中国游戏制作水平步入世界一流水准。

2024 年以来，短剧出海步伐加快。题材多元、剧情紧凑，以"短叙事"打破文化壁垒，使短剧广受海外用户的喜爱。为更好推动短剧"出海"，中国数字阅读企业纷纷发力，深化海外布局，积极转变发展模式，由"国内拍摄＋编译出海"向海外本土化拍摄模式转变，从创作源头开始，精准定位提升海外市场适配度，强化作品吸引力。目前，投放海外的微短剧应用已有 100 多款，触达 160 多个国家和地区，其中以北美、东南亚和中东居前。2024 年，海外微短剧累计下载量接近 5 500 万次，收入超过 1.7 亿美元。[②] 由中文在线旗下枫叶互动在海外推出的微短剧应用 Reel Short 被美国《时代》周刊评选为"全球 100 大最具影响力企业"之一。

（八）产业保障体系日臻健全

2024 年，标准建设与版权保护继续为出版业高质量发展保驾护航，不断加

[①] 潘俊强.《2024 年中国游戏产业报告》发布，海外市场收入再创新高［EB/OL］.（2024－12－15）［2025－07－15］. https：//www.peopleapp.com/column/30047703825－500005993115.

[②] 侯伟. 中国微短剧何以掀起"出海"热潮？［EB/OL］.（2025－07－09）［2025－07－15］. https：//finance.sina.com.cn/tech/roll/2025－07－09/doc－infevtfy1514216.shtml.

速发展。

标准化工作走向深入，产业高质量发展基础进一步夯实。一是服务国家文化发展战略，加快标准化建设，推动优质内容的创造性转化与创新性发展。为积极支持"中华思想文化术语传播工程""中华精品字库工程"等国家级学术出版工程的建设，全国新闻出版标准化技术委员会通过制定《新闻出版 知识服务 知识体系建设与应用》等国家标准，为传统文化的数字化传播构建知识服务框架；启动《网络文学内容审核基本流程》《网络文学内容基本要求》等3项行业标准立项工作，以便构建内容生产、审核、质量规范的全链条标准体系，从源头筑牢网络文学意识形态安全防线。二是聚焦科技融合，打造数字出版发展标准化引擎。为推动出版业与人工智能等技术深度融合，加大出版业向数字化、智能化、融合化转型力度，全国新闻出版标准化技术委员会立项《学术出版规范 使用生成式人工智能的标注与声明》行业标准、开展"出版数据治理与流通标准体系研究"科研课题、完成《新闻出版 知识服务 知识元提取与标引》等7项国家标准和《面向智能制造专业领域的多模态内容资源一致化知识标引》等6项行业标准的征求意见工作，形成了制定一批、实施一批、储备一批的良性循环。三是重要领域团体标准取得突破。中国音像与数字出版协会围绕数字出版、网络文学、教育出版数字化等新兴领域，发布了11项具有重要行业标杆示范性的团体标准，推动团体标准化工作不断向前沿技术规范化、垂直领域融合化、产业链条系统化的方向加速迈进。四是深化国际合作。全国新闻出版标准化技术委员会密切关注ISO、IEC等国际组织动态，深度参与ISO国际标准《唯一媒体标识符（UMID）》的研制；推动《新闻出版 知识服务 知识体系建设与应用》《无障碍音视频出版物通用技术规范》等国家标准的外文版建设工作，提高标准国际化水平。

多方力量协同深化数字版权保护工作。在立法层面，《中华人民共和国民事诉讼法》（2023年修正）的正式施行，使知识产权案件审理程序进一步完善，显著提升了司法保护效率；《促进和规范数据跨境流动规定》的发布，明确提出数据出境的规则与要求，保护了知识产权所有者的合法权益，有助于防止知识产权被非法利用。在司法保护方面，2024年，知识产权领域的刑事案件数量大幅上升。全国法院新收侵犯知识产权刑事一审案件9 120件，比2023年上升24.34%，其中新收侵犯著作权类刑事案件938件，同比上升49.6%，侵犯著作权类刑事案件仍然保持显著增幅。① 人民法院以 AI 技术手段提升著作权案件审判质效，上海、江苏、浙江等省（市）区域法院开展"版权 AI 智审"应用试点，实现"图片查重""创新参考""侵权比对"三大功能，切实降低了维权取证难度，有力打击权利滥用，有效防范虚假诉讼。在行政保护方面，"剑网2024"专项行动针对院线电影、短视频、微短剧、网络小说、电子书、有声书等重点领域开展专项整治，关闭侵权盗版网站 705 个，查处侵权盗版链接 362.82 万条，并强化对 3 029 家视频、文学、音乐、新闻网站平台的重点监管，有效规范网络版权秩序。

（九）新型出版人才培育机制持续完善

2024 年，新型出版人才作为推动行业高质量发展的核心力量，其培育机制持续完善。2024 年 4 月，人力资源和社会保障部等九部门联合印发《加快数字人才培育支撑数字经济发展行动方案（2024—2026 年）》，对加强数字化人才培育作出全面部署，为培养高素质出版融合发展人才、数字技能人才、创新型人才提供了重要指引。

2024 年出版融合发展工程实施"出版融合发展优秀人才遴选培养计划"，评选一批政治素质过硬、创新能力突出、业绩表现出色、成长潜力明显的出版融合发展复合型人才，并进行重点培养，通过开展集中培训、实践锻炼、项目历练，培育一批适合出版融合发展要求的拔尖人才。②

2023 年年底《关于推进出版学科专业共建工作的实施意见》出台，明确提出深化出版学科专业共建，建设中国特色的出版学科专业体系。中国工信出版传媒集团和中国社会科学院大学共建出版研究院，申报出版专业硕士点与博士点；同时，设立了工信传媒奖学金和奖教金，着力培养政治过硬、专业突出的融合出版人才队伍。该集团还建立产学研实习基地，开办高级研修班，计划用 5 年时间为行业培养2 000 名优秀人才。③ 该集团也与北京印刷学院共同建设

---

① 人民法院网. 中国法院知识产权司法保护状况（2024）[EB/OL].（2025－04－21）[2025－07－15]. https：//www. court. gov. cn/upload/file/2025/04/21/22/33/20250421223324_48280. pdf.
② 国家新闻出版署. 国家新闻出版署关于组织实施 2024 年度出版融合发展工程的通知[EB/OL].（2024－01－25）[2025－05－26]. https：//www. nppa. gov. cn/xxfb/tzgs/202401/t20240125_830215. html.
③ 国家新闻出版署. 以出版学科专业共建成果支撑出版强国建设[EB/OL].（2024－11－27）[2025－05－26]. https：//www. nppa. gov. cn/xxfb/ywdt/202411/t20241127_875364. html.

了"融合出版协同育人平台",通过校企深度协同,着力培养新时代融合出版专业人才,建设影响力和辐射作用明显的国家级人才培养基地。①

2024年,北京印刷学院获批新增博士学位授予单位和出版专业博士学位授权点资格,成立出版学交叉学科研究院,搭建出版学交叉学科平台,聚焦出版业内容生产、呈现、运营三大环节中的核心问题,联合行业企业和研发机构共同建设研发中心、实验室和智库,构建服务于行业深度融合发展的创新平台,打造"出版+"的学科交叉融合模式和"政产学研用"的协同发展模式。

过去一年来,出版单位对出版融合人才培育的重视程度不断加深,持续健全出版融合人才培养机制,特别是对员工的数字素养和技能的培养和提升。如凤凰出版传媒集团通过开展全员人工智能基本素养提升培训、实施新媒体人才培训、开展科技副总选聘等举措,培育数字人才队伍。重庆新华出版集团加快实施组织机制改革和人才储备工程,推动形成更加符合内容建设、数字化发展的组织结构体系和管理考核机制,健全人才培育集聚机制。

四、加快中国数字出版产业发展的对策建议

2025年是"十四五"收官之年,距离2035年基本实现社会主义现代化的目标仅有十年时间,文化强国建设使命任务更加紧迫。以AIGC为代表的新技术加速更迭,推动行业数字化升级,为数字出版高质量发展带来新的机遇挑战,数字出版作为出版业新质生产力,在推进文化强国、出版强国建设中的作用更加凸显。数字出版要重塑发展新定位、科学谋划发展新蓝图;健全数字内容精品创作生产体系,着力加强优质内容供给;持续健全出版深度融合发展机制,推动出版融合发展提质增效;把握科技发展前沿趋势,提高技术创新应用水平;提升出版数据管理与运用水平,培育发展出版数据资产;健全数字文化公共服务体系建设,优化数字文化服务供给;拓展"走出去"路径,提升国际传播效能;进一步深化新型出版人才发展机制。

---

① 跟着歌曲学英语. 培养融合出版人才 建设出版强国 走近市级产学研深度协同育人平台北京印刷学院—中国工信出版传媒集团融合出版协同育人平台[EB/OL]. (2024-04-07)[2025-05-26]. https://news.sohu.com/a/769505243_121124288.

（一）科学筹划新时期新蓝图

我国将通过三个五年的努力，到 2035 年基本实现社会主义现代化。"十五五"（2026—2030 年）是承上启下的关键五年，习近平总书记对"十五五"规划编制工作作出重要指示，强调坚持科学决策、民主决策、依法决策，高质量完成"十五五"规划编制工作。①

出版业"十五五"规划编制，必须坚持以习近平文化思想为指引，对"十四五"时期发展成果进行全方位盘点梳理，深刻剖析当前行业发展中存在的关键问题和主要短板，准确把握国内外产业环境面临的深刻变化，深入开展调查研究，把握出版业"十五五"时期的阶段性要求，科学确定出版业"十五五"的发展目标和战略重点，找准推动出版业高质量发展的关键抓手。

推动出版业深度融合发展，着力培育出版业新质生产力，是出版业"十五五"规划编制的重点内容。要充分总结以往特别是"十四五"时期，出版业融合发展取得的经验，深入分析存在的痛点问题和主要短板，谋划未来五年出版业深度融合发展举措。在进一步深化实施出版融合发展工程的基础上，研究制定更加行之有效、更有针对性的举措。具体来说，应聚焦出版业数字化基础设施建设、加强数字内容精品建设、发展"人工智能＋出版"、培育新兴出版业态、构建出版业数据要素市场、加强数字内容生态治理等层面，对"十五五"时期出版业深度融合与创新发展进行统筹谋划，并从政策制度、工程项目、扶持资金、技术平台支撑、培育人才等方面为出版业深度融合发展提供更有力的支持。

出版单位需要加快制定战略发展规划，把推动出版深度融合发展、培育新质生产力放在企业战略中更加重要的位置，深入剖析自身优势和不足，基于在深度融合与创新发展中积累的已有成果，谋划下阶段出版深度融合发展、培育新质生产力的总体思路和切实可行的行进路线。要重视规划实施的可操作性，结合企业实际发展，将目标细化为具体的任务和项目，明确时间节点和实施步骤。强化约束性和预期性结合，突出可监测、可评估、可考核，针对可能出现的风险和挑战，制定相应的应对措施，确保规划顺利实施。

---

① 求是网评论员. 如何理解谋划好"十五五"规划的部署和要求？［EB/OL］.（2025－06－20）［2025－06－26］. http：//www.qstheory.cn/20250620/0305882b92ea4498bfcae14fa6797e26/c.html.

（二）健全精品数字内容生产体系

习近平总书记强调，"要锚定 2035 年建成文化强国的战略目标，坚持马克思主义这一根本指导思想，植根博大精深的中华文明，顺应信息技术发展潮流，不断发展具有强大思想引领力、精神凝聚力、价值感召力、国际影响力的新时代中国特色社会主义文化，不断增强人民精神力量，筑牢强国建设、民族复兴的文化根基"。如何讲好中国故事、传播好中国声音，这不仅是时代命题，更是时代赋予数字出版的重要使命，是新时期数字出版高质量发展的应有之义。

数字出版作为数字化时代文化建设的重要新质生产力，要始终以习近平文化思想为指引，坚持马克思主义在意识形态领域的指导地位，把握正确的政治方向、舆论导向和价值取向，着眼于培养社会主义新人，推动提高全社会的思想、文化、道德水平，大力弘扬社会主义核心价值观，促进中华优秀传统文化的创造性转化与创新性发展。以精品供给构筑高质量发展根基，健全精品数字出版生产机制，推出更多反映时代新气象、讴歌人民新创造的精品，提升数字内容优质文化供给水平。一方面，要持续深入实施数字出版精品遴选推荐计划等重点精品出版工程项目，引导数字出版各领域加强精品建设，积极弘扬主旋律，强化数字出版主流价值引领，始终坚持用社会主义先进文化、主流价值、正面声音引领网络意识形态建设，加大优质内容供给；另一方面，要健全网络文学、动漫、游戏、网络视听等新兴领域制度和规范建设，健全网络内容生态治理体系，为数字出版健康高质量发展提供良好环境。

（三）加快健全出版深度融合发展机制

出版深度融合是流程、业务、管理、业态、人才等的系统重构，只有建立内容、技术、场景与应用的一体化布局，才能真正实现出版的价值延展。《中共中央关于进一步全面深化改革　推进中国式现代化的决定》中提出，要"健全促进实体经济和数字经济深度融合制度"，"加快产业模式和企业组织形态变革，健全提升优势产业领先地位体制机制"。

深化出版业体制机制改革，激发出版创新创造活力，是出版业高质量融合发展的重要基础保障。出版业要打破阻碍出版深度融合发展的壁垒，充分激发出版业深度融合与创新发展的内生动力。出版单位要通过优化组织架构和治理结构，从资源整合、出版流程、业务板块、品牌打造、管理体系、团队建设等方面入手，持续健全完善一体化发展机制；同时，出版单位要在工作理念、内容、形式、方法、手段等方面进行融合与创新，建立跨部门、跨专业的协同工作机制，形成推动融合发展的强大合力。一是要加大对出版深度融合发展的支持力度。出版单位要加大对出版深度融合发展的投入，在政策制度、资金保障、团队建设等方面加大支持力度，优化资源配置。建立健全出版深度融合发展专项资金机制。二是要健全数智化环境下一体化内容生产机制，深化内容、产品、服务供给侧结构性改革，通过理念、内容、形式、方法、手段等创新，优化产品结构，将内容优势转化为融合优势，提高出版供给质量。三是要健全数字化环境下一体化内容传播机制，创新内容传播形式，推出满足数字时代传播规律和用户需求的产品服务，提升优质内容的传播效果与影响。四是要充分发挥重点项目在出版深度融合发展与培育新质生产力方面的牵引作用，健全以项目推进出版深度融合发展的工作机制。强化项目统筹和执行，健全项目管理机制，强化项目进度跟进和效果评估机制，同时要构建起以创新价值以及综合效益为导向的出版融合项目质量评估体系。①五是要建立健全出版融合激励机制。把出版融合发展所取得的成效与企业内部的评奖评优活动、出版资源的配置形成紧密联动与挂钩关系，进一步激发出版单位在深度融合发展方面的主动性和积极性。

（四）持续提高技术创新应用水平

国务院办公厅印发的《关于推动文化高质量发展的若干经济政策》，要求"探索文化和科技融合的有效机制，支持利用互联网思维和信息技术改进文化创作生产流程，推动实现文化建设数字化赋能、信息化转型"；要"研究制定国家文化科技创新工程纲要""健全文化科技创新服务体系""推进文化数据标准化规范化建设""建设文化领域人工智能高质量数据集，支持文化领域大模型建设""提升文化贸易数字化水平，加强数字文化内容建设和国际化发展"。2025年4月，国家新闻出版署等部门共同印发《网络出版科技创新引领

---

① 李永强. 深化文化体制机制改革，推动出版事业高质量发展[J]. 出版发行研究，2025（02）：13-20.

计划》，要求"坚持系统推进、协同创新，坚持自主可控、开放合作，引导网络出版行业聚焦关键核心技术攻关，强化前沿引领技术研究，全面提升科技创新能力和水平"，围绕提升企业科技创新能力、优化科技创新政策环境、拓宽科技创新融资渠道、健全科技创新保障措施等方面作出全面部署。

以人工智能为代表的新一轮科技革命和产业变革正在重构全球创新版图、重塑全球经济结构。加强技术研判、提高创新应用水平是发展出版新质生产力、实现高质量发展的关键路径。出版业要进一步健全完善科技成果转化服务体系，搭建成果与需求的对接平台，解决出版科技成果转化供需双方信息不对等、衔接不畅的问题，让科技成果真正实现产业落地应用与转化推广。①

随着以 DeepSeek-R1 为代表的中国自主研发 AI 模型的普及及应用，人工智能在出版业的应用门槛大大降低。出版业要进一步加大对人工智能技术的研究探索力度，推进人工智能在出版流程、场景中的深度应用，优化出版流程，提升出版效率。一是推进出版垂类大模型构建与重点场景集成应用。面向出版智能化需求，立足全方位出版流程，研发适配包括教育、大众、专业和少儿等领域实践场景的垂类大模型，全面提升出版工作的智能化水平。二是构建出版 AI 智能体体系。面向出版业智能化转型需求，分别构建教育、大众、专业和少儿出版领域的集"内容生成—精准服务—深度交互—效能优化"于一体的 AI 智能体技术体系，推动出版服务从"内容供给"向"智能生态"升级。三是推动出版智能编校系统研发及应用，有效解决出版领域编辑校对工作量大、插图资源匹配难以及多模态内容加工效率低等问题，建立人机协同的内容管控体系。

（五）加快提升出版数据管理与运用水平

在数字经济与人工智能技术深度融合的背景下，出版行业正经历从传统出版向数智化出版的转型。其中，出版数据管理与运用水平是向数智化出版转型的基础。过去一年来，数据要素相关政策密集出台，数据管理和运用顶层设计进一步完善。特别是《关于促进数据产业高质量发展的指导意见》明确提出"提高数据资源开发利用水平"，要打造一批"数据要素×"典型场景，开发

---

① 马秀贞. 以科技成果转化赋能新质生产力生成 [EB/OL]. (2025-07-22) [2025-07-26]. https://news.gmw.cn/2025-07/22/content_38165684.htm.

高质量数据集，大力发展"数据即服务""知识即服务""模型即服务"等新业态；要"促进数据合规流通交易""建立健全数据交易规则，支持企业贴近市场需求，开发数据产品和服务"。

当前，出版数据管理与运用水平普遍偏低。一是数据标准缺失，数据集质量不高。二是数据共享壁垒高，跨平台数据接口不统一，导致出版上下游企业数据交互成本增加。三是大数据技术应用滞后，导致数据资源价值变现困难。四是复合型人才短缺，既懂出版业务又掌握数据分析技术的专业人才缺口大。

数据治理是指企业为了有效管理和利用数据资源所建立的一套系统化的管理机制。数据治理作为系统工程，需要出版单位依据自身的数据战略、资源以及目标来进行规划。鉴于出版单位的数据治理需求兼具业务实践性与数据资产化的特点，应以出版单位数字化转型建设为立足点，以组织架构、流程设计、技术支持为主线，结合国家数据相关法律法规的要求，有针对性地开展数据治理的规划、设计和实施工作。

在数据资产化之后，数据资产管理的重要性应当被提升至更为突出的位置，资源数据的采集、加工、挖掘与数据服务应成为出版单位的基础性、必要性工作。一方面，出版单位要进一步加强对数据资产的认识，不断健全数据管理体系；另一方面，要加速推进数据资产入表工作，厘清出版数据资产入表的逻辑和实施路径，确定数据资产价值实现路径，将数据资源有效转化为数据资产，进一步释放生产力，以数据赋能出版业务链、供给链、价值链。同时，要加快建立健全出版数据质量和数据价值评估机制，围绕数据产权、流通交易、收益分配、安全治理等，加快构建数据服务体系。

（六）不断提高公共数字文化服务水平

加快推进国家文化大数据体系建设是提升数字文化公共服务能力的重要基础。《关于推动文化高质量发展的若干经济政策》中提出，要"推进文化数据标准化规范化建设，鼓励文化企事业单位开展文化数据资源开发利用，搭建文化数据服务平台"。国家发展改革委、国家数据局陆续发布了《公共数据资源登记管理暂行办法》《公共数据资源授权运营实施规范（试行）》以及《关于建立公共数据资源授权运营价格形成机制的通知》三份公共数据资源的配套政策文件，三份配套政策文件分别从强化公共数据资源登记管理、规范公共数据资源授权运营实施和建立授权运营价格形成机制等方面，对公共数据资源开发利用特别是授权运营全流程进行指导和规范。由此公共数据资源开发利用政策体系初步形成，为开发利用公共数据资源，引领带动各类数据资源融合应用，为公共文化数据资源价值释放指明了方向，为公共文化服务体系建设提供了重要保障和工作指引。

一是增强公共数字文化服务供给的有效性，建好文化数据服务平台，优化服务模式，可开展"订单式""菜单式"服务，通过大数据分析等手段，掌握不同用户的文化偏好和消费习惯，加强用户反馈机制建设，提高公共数字文化服务的精准度。二是推进公共文化服务与科技、旅游等相关产业融合发展，以"文化+"盘活各类公共服务资源，为公共数字文化服务提供更多的应用场景，更好地满足人们多层次、多元化的精神文化需求。如利用虚拟现实和增强现实技术打造沉浸式文化体验项目，开发基于人工智能的智能文化推荐系统等。如故宫博物院通过高精度扫描、AI修复等先进技术，利用数字孪生技术实现古籍文献的立体化呈现。三是在全国范围内开展公共数字文化项目遴选工作，鼓励更多社会资本参与公共数字文化服务体系建设。四是加强文化数字化基础设施建设，特别是加强针对老年人、听障视障等人群的公共数字文化服务设施和内容建设。

（七）加快构建更有效力的国际出版传播体系

习近平总书记在致全球文明对话部长级会议的贺信中强调，"多样文明是世界的本色。历史昭示我们，文明的繁盛、人类的进步，都离不开文明的交流互鉴"，"需要以文明交流超越文明隔阂，以文明互鉴超越文明冲突"。[①]

面对变乱交织的国际形势，出版业在国际传播能力建设中要展现积极作为，加快构建中国话语和中国叙事体系，不断提高中国国际出版影响力、中华文化感召力、中国形象亲和力、中国话语说服力、国际舆论引导力，实现"中国故事，国际表达"。重点加强中国出版在"一带一路"共建国家和地区的影响力，建立区域数字出版运营中心。推进话语体系创新。提炼中华文明精神标识，构建对接世界的中国叙事框架。同时，积极参与数字贸易国际规则制定，

---

① 外交部网站. 习近平向全球文明对话部长级会议致贺信 [EB/OL]. (2025-07-10) [2025-07-11]. https://www.fmprc.gov.cn/web/wjdt_674879/gjldrhd_674881/202507/t20250710_11668739.shtml.

逐步增强全球规则制定话语权，参与构建国际数字信任体系。

从2024年大热的《黑神话：悟空》，到2025年初火爆出圈的《哪吒之魔童闹海》，中国的文化创新在世界舞台上取得的成就备受瞩目，国际传播力、影响力与日俱增，中国已具备打造世界级文化IP的实力。源远流长、底蕴深厚的中华优秀传统文化成为助力中国文化出海的资源宝库。网络文学、网络游戏、网剧等网络文化形态在讲述中国故事，跨文化、跨地域表达方面的优势凸显。要不断提高叙事水平，创新故事表达方式，打造更多享誉国际的数字文化IP。要顺应中外数字文化消费新需求，积极拓展新兴消费市场，布局文化出海新赛道。把握共建"一带一路"倡议、构建中国—东盟命运共同体等重大战略机遇，深化国际版权贸易合作机制，创新国际数字版贸合作模式，推进数字版权贸易，围绕数字版权的治理、开发、交易等，构建国际数字版贸交流合作平台。拓展国际传播渠道，建好国际传播平台，构建更有效力的国际传播体系。

（八）持续健全新型出版人才发展机制

人力资源是生产力发展的第一资源，健全人才发展机制是进一步全面深化改革、推进中国式现代化的重要抓手，培养一支规模宏大、结构合理、素质优良的拔尖创新人才队伍，是出版业高质量发展的重要支撑力量，是培育出版业新质生产力的关键因素。既要打造引领产业发展的领军人才，也要培育专业素养过硬的新型技能型人才。

出版业要加快健全与推进深度融合发展、培育新质生产力要求相适应的出版人才发展体系。主管部门需在实施"出版融合发展优秀人才遴选培养计划"的基础上，制定实施更加积极、行之有效的人才政策与举措，多措并举，做好人才需求摸底工作，聚焦人才的引、培、管、评等环节，健全与深度融合发展相适应的人才制度体系。出版单位应立足自身人才需求，持续完善企业"选、育、留、用"全链条人才工作机制，围绕培育高水平数字人才、融合人才、专业技能型出版人才，大力培育引进创新型、复合型、战略型等急需紧缺人才，研究实施多层次、全链条数字化人才培育计划，打造结构合理、梯次分明、素质过硬、活力迸发的新型出版人才队伍；在项目、资金、制度等方面加大对数字化人才和团队的投入支持力度，建立健全以项目锻造创新型人才和团队的良好机制；同时，构建工作业绩、创新能力、成果效益、产业贡献等多维度指标,加快完善数字人才评价体系和激励机制,建立更加公平、更加科学、更加灵活、具有吸引力的薪酬体系和激励机制。

要进一步深化产教融合。随着出版学科专业共建工作的推进,产教融合将持续迈向深入,数字企业、科研院所等机构之间的交流合作将日趋深入,加快构建政校企协同育人体系,可通过共建出版创新人才孵化平台和出版融合人才培训实践基地等手段,创新出版学科人才共建工作机制,持续探索产学研用培养模式,推动人才培养与产业实际需求的良好对接。

五、中国数字出版产业趋势分析

2025 年,"十四五"收官,"十五五"即将开启新篇章。在新的发展阶段,数字出版产业政策体系与制度保障将持续完善;出版深度融合发展步入新阶段;人工智能将持续驱动出版生态变革;出版数据资产服务体系加快构建;数智赋能将提升公共文化服务效能;数字内容治理体系趋向完备;数实融合迈向纵深,拓展文化体验新场景。具体而言,未来一年我们有望看到数字出版产业呈现以下发展趋势。

(一)政策体系与制度保障持续完善

习近平总书记强调,"制度是关系党和国家事业发展的根本性、全局性、稳定性、长期性问题"。《关于推动文化高质量发展的若干经济政策》出台并成为文化高质量发展的重要制度保障。该文件聚焦财政支持、税收优惠、金融服务、科技创新、用地保障、收入分配以及支持转制企业等维度,明确推动文化高质量发展的一系列政策措施,文化与科技融合、培育壮大数字文化新业态、文化建设数字化赋能与信息化转型被放在突出位置。着眼于文化高质量创新发展和发展文化新质生产力,《文化高质量发展规划纲要》等政策文件将陆续出台。围绕文化与科技深度融合、构建文化数据要素市场、培育"文化+"新业态、发展新兴文化消费等方面,制定出台系列配套政策,在扶持精品创作生产、全产业链生态构建、跨领域与跨地域协同、前沿技术应用、公共文化服务体系建设、文化出海、新型人才培养、市场环境治理等方面,制定相关举措,构建推动文化高质量发展"政策包",进一步夯实推进文化强国建设的制度体系。

出版业在编制出版业"十五五"规划的同时,将立足于建设文化强国的战略目标,着眼于建设出版强国,出台支撑出版业高质量发展的若干政策,而出版深度融合发展、数智化赋能、壮大数字出版新业态、出版数据资产发展等也将放在突出位置给予重点政策与资金扶持。

2025 年 4 月,《网络出版科技创新引领计划》出台,对新兴出版领域提升科技创新水平作出重要部署,指明方向路径。一方面,电子图书、有声读物、网络文学、在线教育课程、数字游戏等网络出版领域将以该文件为依据,研究出台相关细则及实施方案,鼓励网络出版领域提升自主创新能力;另一方面,也将对出版业整体提升科技创新水平提供重要指引,研究制定出版业科技创新引领计划的实施方案。

(二) 出版深度融合步入发展新阶段

自 2022 年 4 月中宣部发布《关于推动出版深度融合发展的实施意见》至今已三年,出版融合发展将进入成果检验和进一步深化阶段。三年来,出版业经过探索实践,对融合发展的认识不断深入,对依托自身优势资源探索融合发展路径有了更加清晰的方向。2025 年是"十四五"收官之年,也是为"十五五"开局打下良好基础的关键节点,出版业深度融合发展既要打好"收官战",更要谋好"开局篇"。

从 2025 年出版融合发展工程的实施重点可以看出,相较于以往注重对数字出版精品、平台、示范企业、优秀人才的遴选,2025 年的出版融合发展工程侧重于对出版融合项目的效果评估,并开展出版融合项目成果的推介推广。出版融合发展工程仍将是下一阶段推动出版业深度融合发展的重要抓手,同时,主管部门还将制定更有指引性、针对性且更切实有效的推动出版深度融合发展的举措。

出版单位也将对出版融合发展进行成果检验和进一步谋划。一方面,出版单位将进一步梳理现阶段在出版融合方面取得的成效,充分总结在出版融合与创新发展中取得的有效经验和实践探索中得到的教训。出版单位将立足优势,进一步深化对出版深度融合发展的认识,把握新阶段产业发展新趋势,重新明确自身定位，重新审视、谋划新阶段融合发展路径；另一方面，相较于"十四五"时期，步入"十五五"后，深度融合发展在出版单位中的战略地位将进一步提升，出版单位将进一步加大投入占比，聚焦拓展新业务、发展新业态、培育新质生产力，加强系统谋划，健全配套办法举措，健全发展机制，从制度、资金、资源、平台、人才等方面给予融合发展项目和团队更大的支持，持续打造"出圈"、更大影响、更高效益的出版融合精品。

（三）人工智能将持续驱动出版生态变革

人工智能，特别是 AI 模型成为出版业当前最为关注且投入最多的技术领域之一。目前，DeepSeek 在出版领域已得到初步应用。如 2025 年 2 月，方正鸿云已正式接入 DeepSeek-R1 模型，成为期刊行业内首个接入 DeepSeek 的技术服务平台，将推动学术期刊出版智能化发展，方正鸿云平台的部分用户已体验到 DeepSeek 提供的文章导读服务，这一创新提升了读者的阅读体验和学术文献检索研究效率。DeepSeek 在数字阅读、知识服务、在线教育、网络视听等领域都具有良好的应用前景，并已得到初步应用。如在数字阅读领域，阅文集团和中文在线均已引入 DeepSeek 模型。其中，阅文集团旗下产品——作家助手接入 DeepSeek 模型，可在描写润色方面帮助作者把握题材风格，协助作者厘清创作思路；中文在线也已在部分内部 AI 网文创作流程中部署 DeepSeek-R1，并着手研发训练"中文逍遥"模型升级。视觉中国接入 DeepSeek-R1 并完成本地化部署，并将其深度融入数字版权交易、音视频资源管理、创作社区等场景。

同时，在数智化时代，大模型训练的关键在于语料库的精准度，因此打造专业性强、准确度高的语料库，将成为出版单位应用 AI 模型的重要基础性工作，为大模型提高精准推理及决策能力提供有力支撑。

2025 年 7 月，数传集团推出面向出版行业的 AI 本地化部署解决方案——"书脉"，以"智能全链引擎"为出版单位提供系统性、专业化、本地化的智能化升级路径，重塑出版单位的岗位职能和业务流程，在编辑、营销、管理等岗位实现"人机协同"，有效提升出版全链条效率，向更加安全可控、协同高效迈进。[1]

---

[1] 中国日报网. 数传集团发布国内首个"出版行业 AI 本地化部署方案" [EB/OL]. (2025-07-24) [2025-07-25]. http://cn.chinadaily.com.cn/a/202507/24/WS6881f954a310028a84abf98e.html.

随着中国 AI 模型自主研发、普及应用与升级迭代，人工智能在出版业的应用将进入加速期。原生多模态、强逻辑推理、懂时空物理的大模型产品能力持续增强。空间智能大模型领域的突破创新，引领 AI 模型 3D 时空感知、推理能力显著增强。垂直出版领域 AI 模型和为出版不同场景服务的智能体开发将成为基础建设的重点，将重新定义出版业全产业链，推进出版业务模式的重构，进而为出版业深度融合与创新发展提供更有力的支撑，将为出版业乃至文化产业生态带来更加深远的变革。①

（四）出版数据资产服务体系加快构建步伐

2025 年年初，国家发展和改革委员会等部门印发《关于完善数据流通安全治理 更好促进数据要素市场化价值化的实施方案》的通知，明确企业数据流通安全规则、加强公共数据流通安全管理、强化个人数据流通保障、完善数据流通安全责任界定机制、加强数据流通安全技术应用、丰富数据流通安全服务供给、防范数据滥用风险等重点任务部署。数据要素相关政策体系的出台，将为促进数据的规范治理和安全有序有效的利用流通提供重要保障。

数据采集、加工、挖掘与数据服务在出版单位中将成为更加重要的基础性工作。深挖、释放数据价值，推动出版数据资产发展，是出版业高质量发展的重要动力，已成为业内共识。随着数据资产入表工作的深入推进，数据要素将深度融入出版业生产流通，同时，出版单位通过推进数据资产入表工作，深挖数据价值，明确数据资产价值实现路径，将进一步释放出版业的生产力，实现以数据赋能出版业务链、供给链、价值链，出版业将加速从"内容提供商"向"数据服务商"转型。②

（五）数智赋能将持续提升国际出版传播效能

习近平总书记强调，"开放是人类文明进步的重要动力，是世界繁荣发展的必由之路"，"要强化用文化同世界对话的理念，广泛开展形式多样的国际人

---

① 刘文强. 推动人工智能创新突破和跨越发展 [EB/OL]. (2025-07-21) [2025-07-26]. https://theory.gmw.cn/2025-07/21/content_38164356.htm.

② 章红雨. 独家策划 | 出版业数据资产宝藏亟须打开 [EB/OL]. (2025-03-31) [2025-06-26]. https://business.sohu.com/a/877718016_121124744.

文交流合作，推动更多富有历史文化底蕴、反映当代中国生活、具备国际文化视野的作品走出国门"。"文化出海"是"十五五"时期文化强国建设的重要内容。

经典 IP 释放出巨大的市场号召力和广泛的国际影响力，激发了中华文化"走出去"的新动能。2025 年年初，国产动画电影《哪吒之魔童闹海》以破百亿票房的成绩登顶全球动画电影票房榜，成功跻身全球票房榜第五名，成为现象级文化 IP，不仅通过电影票房创造了巨大的经济价值，还通过"哪吒宇宙"的构建，展现了文化 IP 的长线开发潜力。中国网络文学和微短剧风靡海外，中国文化创意产业在世界舞台上备受瞩目，展现出无限的潜力。

从出海模式来看，中国数字出版正在从作品出海、版权出海迈向"模式出海""业态出海"的升级，实现向"体系出海"的跨越。同时，在政策机制的支撑保障下，以头部文化企业和平台为引领，逐渐形成内容、技术、平台、资本等方面协同发展的出海合力。如中国网络文学已经从作品出海、版权改编输出，到海外平台搭建，进入全球共创 IP 的阶段。在潮玩领域，泡泡玛特通过拉布布（LABUBU）展现了 IP 的长线生命力，并实现了从海外市场反哺国内市场，已成为时下享誉海内外最火爆的流行 IP 符号，成功带动泡泡玛特四大 IP 在 2024 年实现超过 10 亿元创收，并与国际顶级奢饰品品牌并肩。拉布布这一 IP 形象已经有 10 年历史，与泡泡玛特签约也已有 6 年，真正引发全球轰动却是在 2025 年上半年火爆海外的社交媒体，其在 TikTok 的话题量超过百万。①

在数字技术赋能下，文化新模式、新形态、新业态不断涌现，包括数字出版在内的数字文化在国际传播能力建设中发挥着日益重要的作用，成为增进中国与世界其他国家文化互鉴的重要载体。出版与科技、传统文化等深度融合，将不断提升讲故事的本领，创新故事表达方式，让中国故事更有表达力、感染力。

与此同时，在虚拟现实、AI 生成等技术加持下，文化 IP 将突破传统媒介边界，在更大的空间内进行延展，实现海外传播的更高质量、更好效果、更大影响。当前，文化"出海"正从"单向传播"转向"双向共鸣"，更加强调双方的情感认同，中国出版业将以技术赋能文化解码以创新重构出版传播范式，

---

① 王一伊. 看世界｜拉布布靠什么"出圈"｜泡泡玛特 [EB/OL]. (2025-07-20) [2025-07-26]. https://finance.sina.com.cn/jjxw/2025-07-20/doc-infhcaar4353760.shtml.

让数字出版"走出去"既有文化厚度，也具传播效力，在数字化浪潮中助推新型国际传播体系建设，为人类文明进步贡献中国智慧。①

（六）数字内容治理体系将持续完备

数字内容治理是建设新时代数字文明所必然面临的关键课题。到2035年，我国要基本实现国家治理体系和治理能力现代化，数字内容体系是国家治理体系的重要组成部分，特别是在AIGC等技术发展下，构建数字内容治理框架，健全数字内容治理体系的重要性、必要性、紧迫性持续凸显。

健全数字内容治理体系已成为行业的普遍共识，正在加快进程。2025年3月，网信办等四部门共同印发《人工智能生成合成内容标识办法》，推动人工智能生成合成内容规范化；2025年，"技术滥用"成为有关部门清朗网络空间的重要领域；2025年4月，中国音像与数字出版协会联合全国16家重点网络文学企业发布"反洗稿自律公约"，其中对AI辅助创作提出要求，强调平台应建立AI辅助创作使用规范，明确技术应用需以尊重原创为前提。

AI模型在提升内容创造的数量规模和生产效率的同时，也在意识形态安全、虚假信息传播、数据泄露、数字版权侵权等方面带来风险，将加剧认知风险。传统的内容生态治理方式与工具的局限性日益凸显，已不能满足数字内容产业高质量发展要求，亟待探索新的治理策略和技术方法，数字内容生态治理体系将加快建设。

一方面，语料库的建设是关键。随着算法和算力的不断优化，对语料的需求量与日俱增，语料质量将直接影响AI模型的性能；另一方面，AI环境下数字内容审核流程将加快建立并持续优化，细化健全数字内容评价标准，在组织、制度、内容安全管理和数据安全管理等层面，数字内容审核与评价机制不断健全，推进数字内容治理体系建设。

（七）数实融合纵深拓展构建文化体验新场景

近两年，各类提供新形态沉浸式体验的文娱场所在全国如雨后春笋般涌

---

① 史金铭. 以数字化助推国际传播效能提升［EB/OL］.（2025-03-21）［2025-07-26］. https://theory.gmw.cn/2025-03/21/content_37919247.htm.

现，体验消费得以蓬勃发展。体验消费将更强调数实融合的沉浸感和交互感，更注重情感联结的温度感和真实感，追求可持续的价值认同，体验和情绪价值提供在消费场景中占据日益重要的位置。如一些模拟攀岩、探险类项目，游戏者佩戴VR眼镜，周围的环境瞬时变为悬崖峭壁，为玩家提供身临其境的体验。2025年6月，中国人民银行等六部门联合印发《关于金融支持提振和扩大消费的指导意见》，提出助力培育新型消费，支持发展体验消费、智能消费、定制消费等消费新模式。支持国际消费中心城市、消费新业态新模式新场景培育建设。体验消费成为数字消费新趋势，该意见为促进体验消费带来发展机遇，同时将促进以数字内容为连接的数实融合场景构建，加速带动文化与科技、旅游、文博等领域的深度融合，在文化娱乐、生活消费、公共服务等领域将催生一批"文化+"新业务、新模式、新业态，也为出版深度融合拓展了新空间。[1]如通过整合文化资源及多模态资料（文字、图片、视频等），融合文化艺术创作、线下展演以及线上的数智化平台传播等方式，并最终带动周边产业发展，从而实现文化IP化、IP资产化与数实融合的产业化，促进新的经济增长点。[2]

目前，科普出版领域对数实融合已经有了初步探索。如中信出版集团将其出版的一本有关曹操高陵考古发掘与研究的通识读物《此处葬曹操》的推荐活动办在曹操高陵遗址博物馆的复刻墓室展厅中，开办了微展览，围绕文物，运用数字技术进行深度解读。同时，中信开发了曹操数字人，数字人结合AI大语言模型，以H5页面为载体，让游客可以带着手机游览曹操高陵遗址博物馆，包括电子书、有声书、购买纸书、云游高陵、解读视频、智能问答、给曹操留言、送礼物等功能，可以让游客立体化感悟文物的魅力。[3]

（课题组组长：崔海教；副组长：王飚、李广宇；课题组成员：毛文思、刘玉柱、孟晓明、郝园园、宋迪莹、徐楚尧、薛创、王涛）

---

[1] 杨雪. 元宇宙：虚实融合打造消费新空间［EB/OL］.（2025-07-10）［2025-07-11］. http://www.xinhuanet.com/tech/20250311/e8133df00a394c6d97aa4bd84a25cea9/c.html.

[2] 刘照慧，周安斌. 文化IP化、IP数字化、数实产业化，数实融合激活文化体验新场景［EB/OL］.（2024-05-17）［2025-05-11］. https://it.sohu.com/a/779442687_467197.

[3] 王晴. 考古科普读物融合出版的思考与实践［EB/OL］.（2024-11-01）［2025-07-11］. http://www.cptoday.cn/news/detail/18672.

分 报 告

2024—2025 中国电子图书出版产业年度报告

孙晓翠　石　洋　谢晓静　蒋瑞康

随着国家《"十四五"时期发展规划》目标任务的稳步推进，2024 年我国进入了这一目标任务建设的关键阶段。在习近平文化思想引领下，中国电子图书出版产业也迎来高质量发展的重要窗口期。

一、电子图书出版产业概述

2024 年，中国电子图书出版产业受政策、经济、社会和技术等多重内外因素影响，呈现出独特的发展态势。

（一）政策环境

在 2024—2025 年度，电子图书行业发展的政策环境持续向好，为行业的稳健前行提供了有力支撑。

1. 出版融合发展工程向纵深拓展

2024 年 1 月，国家新闻出版署发布《关于组织实施 2024 年度出版融合发展工程的通知》（以下简称"《通知》"），强调要着重深入实施数字出版优质平台遴选推荐计划和出版融合发展优秀人才遴选培养计划。[①] 电子图书出版产业的数智化转型升级是出版深度融合的重要内容，《通知》的出台也为其品牌项

[①] 国家新闻出版署. 国家新闻出版署关于组织实施 2024 年度出版融合发展工程的通知［EB/OL］.（2024 - 01 - 25）［2024 - 06 - 28］. https：//www.nppa.gov.cn/xxfb/tzgs/202401/t20240125_830215.html.

目、优质平台、示范单位、优秀人才等方面加大了指导支持、培育建设、宣传推介力度。

2. 版权保护力度持续增强

2024 年，版权保护政策进一步强化。国家版权局联合多部门开展专项行动，严厉打击电子图书领域的侵权盗版行为，完善版权登记、监测与维权机制，利用区块链技术实现版权溯源，为行业营造公平有序的竞争环境。

（二）经济环境

2024 年，国民经济运行总体而言较为平稳，同时也在高质量发展方面取得了一些成果。在这样的大背景下，电子图书出版产业在变革中积极探索前行，展现出强大的适应能力与创新活力。

1. 数字文化消费市场稳健扩容

国家统计局发布的《2024 年国民经济和社会发展统计公报》指出，2024 年我国国内生产总值比上年增长 5.0%，其中第三产业增长 5.0%；全国居民人均可支配收入达到 41 314 元，比上年增长 5.3%。① 数据表明，2024 年我国国民经济稳中有进，全国居民人均可支配收入涨幅明显，为优质电子图书付费的意愿和能力明显增强。这为电子图书行业带来了更多的盈利机会，推动了行业商业模式的创新与发展。

2. 文化产业新业态引领行业高质量发展

据 2024 年国家统计局的相关调查报告显示，新闻信息服务行业营业收入实现较快增长。2025 年 4 月 23 日，中国音数协发布的《2024 年度中国数字阅读报告》显示，2024 年我国数字阅读用户规模为 6.7 亿人，市场总体营收规模为 661.41 亿元，同比增长 16.65%。② 相关数据在一定程度上反映了我国文化产业新业态发展稳步向好的总体态势，为电子图书出版产业的发展奠定了扎实的经济基础。

---

① 中国政府网. 中华人民共和国 2024 年国民经济和社会发展统计公报［EB/OL］.（2025－02－28）［2025－06－28］. https：//www.stats.gov.cn/sj/zxfb/202502/t20250228_1958817.html.

② 新华社. 用户规模已达 6.7 亿！《2024 年度中国数字阅读报告》发布［EB/OL］.（2025－04－23）［2025－04－23］. http：//sx.news.cn/20250423/25dff5091a4a4936aee20c9b36164aeb/c.html.

(三) 社会环境

2024年，电子图书应用场景极大拓展，数字阅读成为公众阅读的主要形式。《2024年度中国数字阅读报告》显示，2024年我国数字阅读作品总量为6307.26万部，同比增长6.31%。[①] 这表明，电子图书产业发展具备坚实的社会文化基础和稳定的用户群体。

1. 数字化社会建设稳步推进

2024年12月，国家数据局会同有关部门召开数字社会建设工作推进会议。[②] 会议提出，要深入学习和大力贯彻党的各项精神，加快数字社会建设。随着数字化社会建设的稳步推进，电子图书出版产业也要继续探索数字出版业态发展的新趋势，不断加强对相关政策的解读、对市场环境的分析和对新兴技术的应用，促进产业高质量发展。

2. 数字阅读市场活力持续激发

由于数字化社会建设的持续推进，社会环境呈现出数字化阅读习惯深化、技术赋能体验升级的特点。5G网络与人工智能技术的广泛应用，推动电子图书行业创新发展，如智能推荐系统提升了内容匹配效率，语音阅读、AR/VR沉浸式阅读等新技术丰富了阅读体验。此外，社会对知识付费的接受度不断提高，用户为优质内容付费的意愿增强，促使电子图书行业更加注重内容质量与个性化服务，知识付费模式逐渐从单一的图书购买向多元化拓展，如会员订阅、专题课程联动等，进一步激发了市场活力。

(四) 技术环境

1. 智能技术驱动内容与服务升级

在加快发展新质生产力的大环境下，人工智能技术在电子图书出版产业的应用愈发广泛，包括内容创作辅助、市场分析、智能推荐等方面。在新兴技

---

① 新华网. 用户规模已达6.7亿!《2024年度中国数字阅读报告》发布 [EB/OL]. (2025-04-23) [2025-04-23]. http://sx.news.cn/20250423/25dff5091a4a4936aee20c9b36164aeb/c.html.

② 今日头条. 数字社会建设工作推进会议在北京召开 [EB/OL]. (2024-12-19) [2025-07-09]. https://www.toutiao.com/article/7450087988467450405/?wid=1741686143604.

应用方面，部分平台尝试将 VR（虚拟现实）、AR（增强现实）技术融入电子图书，如通过 AR 实现立体绘本、虚拟角色互动，打造沉浸式阅读场景，尤其在儿童读物、科普教育等领域激发用户兴趣，为内容呈现提供新维度。

2. 硬件显示技术实现功能优化

电子纸技术以其接近纸质书的阅读感受、长时间续航及护眼特性，在电子图书阅读器领域受到欢迎。电子纸在显示静态内容时几乎不耗电，仅在内容更新时才会消耗少量电量，符合绿色环保的发展目标。随着电子纸技术的进一步成熟与成本不断降低，其有望进一步推动电子图书行业的发展。

二、电子图书出版产业发展现状

我国电子图书出版产业依托技术创新、内容日益丰富以及用户需求持续增长等因素，实现了稳健发展。2024 年，我国电子图书出版产业收入规模为 80 亿元，较 2023 年同比增长 6.67%（见图 1）。AIGC 技术赋能、版权需求旺盛等因素相互作用，带动市场规模进一步扩大，为行业发展注入更多活力与可能性。

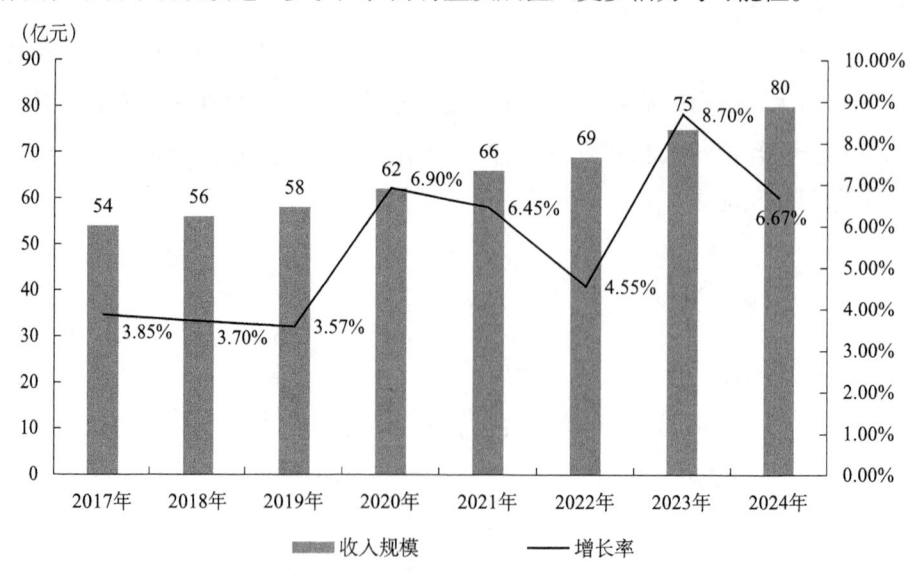

图 1　2017—2024 年我国电子图书出版产业市场规模

数据来源：据相关公开数据推算所得

（一）市场现状

1. 数字阅读市场稳步增长

随着移动互联网的全面普及与通信技术的迭代升级，用户借助手机、平板等移动设备能够实现"随需而读"，其数字阅读的体验感得到显著提升。此外，人工智能、大数据等技术的应用也提升了推荐算法的精准度，以智能化服务为用户提供个性化阅读推荐。据《2024年度中国数字阅读报告》显示，数字阅读用户规模为6.7亿，同比增长17.52%；数字阅读作品总量约为6 307.26万部，同比增长6.31%。[①] 数据表明，数字阅读市场前景广阔，电子图书已成为日常阅读的主流选择，行业规模持续扩容，电子图书的发展有着较好的用户基础。

随着用户阅读习惯的转变和数字阅读产品的不断丰富，数字阅读市场规模将持续扩张，市场竞争也日益激烈。国产数字阅读品牌探索的脚步并未停歇，适合国内用户使用习惯和阅读偏好的智能化新产品和配套服务层出不穷，[②] 推动着阅读体验发生革命性飞跃。纸电融合、纸电同步等新型模式通过整合内容资源、优化分发链路等方式，正成为出版业数字化转型的重要路径，助力出版行业在数字时代实现新突破。

2. 数字阅读内容类型多样化

电子图书的内容质量是吸引和留住读者的关键，各大平台纷纷加大内容投入，通过版权购买、自制内容等方式丰富内容库。如今，电子书平台和应用程序提供的内容广泛，涵盖文学、历史、科技、生活、娱乐、教育等各个领域，能够全面满足读者的个性化阅读需求。与此同时，平台之间的合作日益紧密，竞争日益激烈，如联合出版、资源共享等合作模式不断涌现。各平台还加强了对优质IP的开发与运营，提升IP的生命力和商业价值，从而提高版权收益。此外，当前出版商和相关企业在逐渐提升阅读产品的交互性与用户参与度，主流在线阅读App均设置了评论和交流功能模板。随着人工智能技术以及AR、

[①] 中国音像与数字出版协会. 2024年度中国数字阅读报告[EB/OL]. (2025-04-23) [2025-05-06]. https://mp.weixin.qq.com/s/A8DaYVsyCAcM-TMUWV1GIA.

[②] 靳艺昕. 破局增长，这4家数字阅读平台2024年抛出哪些"王炸"？[EB/OL]. (2025-01-17) [2025-01-22]. https://mp.weixin.qq.com/s/oKMSuX0nX48omaJ-ykkn4Q.

VR技术应用场景的延伸，沉浸式阅读体验将不断优化，进而为数字阅读行业带来新的增长点。

（二）用户现状

1. 用户规模持续扩大

中国互联网络信息中心发布的第55次《中国互联网络发展状况统计报告》显示，截至2024年12月，我国网民规模达11.08亿人，较2023年12月增长1 608万人，互联网普及率达78.6%。[①] 5G等高速网络技术的普及，为用户提供了稳定、快速的移动网络环境，使在线阅读体验更加流畅。移动设备屏幕显示技术的进步，如高分辨率屏幕、护眼模式等，提升了移动阅读的舒适度。移动阅读正逐渐成为用户阅读主流方式之一，电子图书阅读用户规模将持续增长。

数字阅读平台的内容生态日益丰富，提供的内容涵盖了轻量化与深度化等类型，满足了用户多样化的阅读需求。同时，平台通过个性化推荐、社交分享等功能，增强了用户的阅读黏性。在此背景下，移动阅读已渐渐融入用户的日常生活，对数字阅读行业的发展产生深远影响，用户阅读习惯也正从单一信息获取逐渐向追求多元化阅读体验转变。

2. 用户结构多元广泛

从用户区域分布来看，阅读群体覆盖城乡，阅读服务设施日趋完善。《第二十二次全国国民阅读调查报告》显示，有53.9%的城镇成年居民表示在居住的街道附近有图书馆、社区阅览室/社区书屋/城市书房、报刊栏、书店、绘本馆等至少一种阅读服务设施，较2023年的53.4%增长了0.5个百分点。[②] 与之形成对比的是，受数字技能不足、文化程度差异及硬件设备配置滞后等因素影响，农村数字阅读仍有较大提升空间。目前，农家书屋建设等举措正通过数字化手段，提升乡村公共文化服务水平，赋能乡村文化建设。

从用户年龄结构来看，数字阅读的用户群体广泛，涵盖各个年龄段。数据

[①] 中国互联网络信息中心. 第55次中国互联网络发展状况统计报告［EB/OL］．(2025－01－17)［2025－02－04］. https://www3.cnnic.cn/NMediaFile/2025/0117/MAIN1737106895776721DFTGKEAD.pdf.

[②] 全民阅读. 第22次全国国民阅读调查成果发布［EB/OL］．(2025－04－24)［2025－05－06］. https://www.nationalreading.gov.cn/wzzt/2025qmyddh/cgfb/202504/t20250424_892768.html.

显示,26 岁及以上用户比例四年内实现了翻倍增长,体现出数字阅读正在由以年轻人为主的结构向更加成熟的年龄层渗透。① 而针对未成年人而言,2024 年,我国 0—17 周岁未成年人图书阅读率为 86.6%,较 2023 年提高 0.4 个百分点,② 阅读规模逐步扩大。随着大数据、云计算、人工智能等新兴技术的不断涌现和应用,数字阅读的门槛将进一步降低,产品能满足各个年龄段的阅读需求。

3. 用户阅读个性化需求增长

个性化阅读需求的增长得益于人工智能、大数据等技术的应用。这些技术不仅能基于用户历史阅读数据构建精准的兴趣图谱,还能通过实时学习动态调整推荐策略,使阅读内容与个体需求的匹配度持续提升,进一步催化个性化阅读需求的爆发式增长。从开卷 2024 图书零售市场报告中也可看出,兴趣推送对用户图书购买的影响作用强势,③ 在图书市场中占据重要地位。

个性化阅读需求的增长促使数字阅读平台不断创新服务模式。例如,微信读书能够根据用户的阅读历史和兴趣爱好,精准推荐适合用户的书籍,还支持多设备同步阅读进度;番茄小说拥有阅读社区和评论功能,让用户在阅读过程中能够与其他用户互动交流,分享阅读心得;掌阅引入 AI 阅读助手,提供推荐书籍、快速解读、延伸阅读、解答疑问、读后总结等阅读辅助服务。这些平台通过技术赋能与服务创新的深度融合,既满足了用户日益多元的个性化阅读需求,也为数字阅读行业的可持续发展开辟了更广阔的空间。

(三) 企业现状

随着数字技术和人工智能技术的持续发展创新,图书出版行业的数字化转型也迎来了新的突破与变化。电子图书市场不仅有来自同行之间的竞争,还面临新兴媒体和娱乐方式的分流。即便如此,各大出版企业积极优化自身发展路径,努力寻找新的突破点。传统出版单位以及数字阅读企业纷纷发挥自身优

---

① 中国音像与数字出版协会. 2024 年度中国数字阅读报告[EB/OL]. (2025-04-23)[2025-05-06]. https://mp.weixin.qq.com/s/A8DaYVsyCAcM-TMUWV1GIA.
② 全民阅读网. 第 22 次全国国民阅读调查成果发布[EB/OL]. (2025-04-24)[2025-05-06]. https://www.nationalreading.gov.cn/wzzt/2025qmyddh/cgfb/202504/t20250424_892768.html.
③ 开卷数据. 2024 年整体图书零售市场码洋小幅下降,规模恢复到 2019 年的 88%[EB/OL]. (2025-01-07)[2025-02-04]. https://mp.weixin.qq.com/s/2C8CGi_c652ebwdWvARooQ.

势，加强对外合作，共同推动行业朝着良好的方向发展。

1. 传统出版单位聚焦发力，发展稳定

2024年，传统出版单位在推进融合出版、加速数字化转型升级的进程中，纷纷聚焦细分领域，制定并实施了各具特色的发展战略。在数字化浪潮下，凤凰传媒深入研究各大数字阅读平台，积极借助微博、微信、电商等数字化渠道，全力推进纸电联动，实现全媒体复合出版。此外，凤凰传媒还启动了古籍数字化开发工程和大运河文化数字传播工程等项目，均取得一定成效。时代出版同样注重内容创新和市场开拓，通过加强数字版权库建设、推出新型交互式沉浸阅读项目等措施，在数字出版及电子图书业务领域也取得了一定成绩。山东出版集团深耕文化建设，其选送的《历代诗咏齐鲁总汇数据库》成功入选"2024年数字阅读项目"；加速出版融合创新项目，建设"鲁科高数"资源库。

综合来看，虽然三家大型传统出版单位营业收入在大环境影响下有波动，但总体发展态势良好。近年来，随着全民阅读氛围的日益浓厚以及国家对文化产业的持续扶持，出版市场的潜在需求有望进一步释放。尤其是在数字技术不断革新的当下，人工智能、虚拟现实等前沿技术为电子图书出版行业带来了全新的发展契机。面对市场环境新变化和压力，出版机构纷纷发挥优势，借助雄厚资源，聚焦核心优势项目，力求进一步推动传统出版单位电子图书出版业务的发展。

2. 数字阅读企业两极分化，差异显著

当前，我国数字阅读行业的主要参与者涵盖内容提供方、数字阅读平台、电子阅读渠道以及读者用户，涉及企业数量众多，行业竞争愈发激烈。2024年，在数字阅读市场中，头部企业依旧占据着主导地位，且优势日益显著。以腾讯控股为例，其凭借强大的社交网络和流量优势，在2024年实现了8%的增长。[①]

然而，数字阅读企业发展呈现两极分化，差异明显。除少数表现突出的企业外，绝大多数数字阅读企业营收都呈现下降趋势。例如，读客文化2024年报告显示，营业收入为4.06亿元，同比下降6.61%。[②] 值得注意的是，

[①] 腾讯控股. 腾讯控股有限公司2024年年报[EB/OL]. (2025-04-08)[2025-05-06]. https://static.www.tencent.com/uploads/2025/04/08/0706a9085e70140122364ded872455ca.pdf.

[②] 读客文化. 读客文化股份有限公司2024年年度报告[EB/OL]. (2025-04-29)[2025-05-06]. https://static.cninfo.com.cn/finalpage/2025-04-29/1223371348.PDF.

2024年，数字阅读企业普遍加大了在技术层面的投入力度，但如何有效平衡成本支出与收益回报，并实现利润最大化，仍是众多企业亟待解决的核心课题。

（四）终端市场现状

2024年，国内电子阅读器市场格局发生了重要变化。随着亚马逊旗下阅读器产品Kindle正式宣布退出中国市场后，国产品牌不仅实现了市场替代，更主导了市场增长态势，成功扭转了此前国内阅读器销量持续下滑的趋势。洛图科技（RUNTO）数据显示，2024年中国电子纸平板市场的全渠道销量达到了183.4万台，同比增长49.1%（见图2）。其中阅读器销量为48.5万台，同比增长34.4%。①

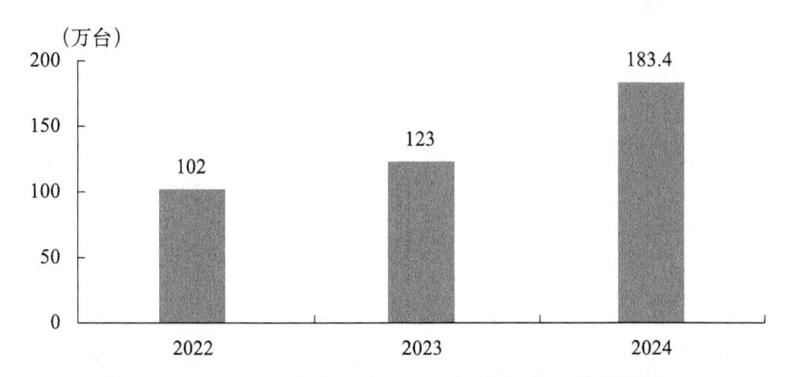

图2 2022—2024年中国电子纸平板市场全渠道销量情况

数据来源：洛图科技（RUNTO）

在显示技术上，电子阅读器取得彩色化发展的巨大进步，墨水屏技术的成熟和消费者对多样化内容的需求驱动电子阅读器市场规模持续扩大。洛图科技（RUNTO）线上监测数据显示，2024年，中国市场共计发布了60款新产品，其中彩色新品数量为21款，占比为35%。②

---

① 洛图数据.Q3全球电子纸模组市场规模近翻倍；前三季度标签、平板终端出货量增幅均超20%［EB/OL］.（2024-11-14）［2025-02-17］.https：//cx.comake.online/getNewsCon？key＝1732157799966064.

② 洛图数据.Q3全球电子纸模组市场规模近翻倍；前三季度标签、平板终端出货量增幅均超20%［EB/OL］.（2024-11-14）［2025-02-17］.https：//cx.comake.online/getNewsCon？key＝1732157799966064.

在应用场景上，电子阅读器逐渐向智能化发展，各企业均加快了产品和服务的升级步伐。如科大讯飞的 Air Pro，通过配备彩色墨水屏和讯飞星火写作功能，使其成为一款兼具阅读和办公的高效工具；文石科技的 Note X3 让墨水屏产品也能使用知乎、B 站、小红书等社交媒体，满足娱乐需求；京东推出的 JD Read 阅读器，不仅能实现多设备端文件传输，还可以与其他品牌，如 MEEBOOK、Bigme 等阅读器进行数据同步，打破品牌壁垒。

此外，人工智能技术的快速发展，为电子阅读终端发展注入了新活力。例如果麦文化发布的 AI 产品"麦麦知书"小程序，以数字人伴读的形式，提供定制化对话服务，构建起独特的阅读生态；微信读书上线"AI 问书"功能，通过搜索或者长按书籍正文，即可借助 AI 技术从书籍中获得解释和回答。技术的革新推动着各行各业跨领域协同合作，推动着终端数字阅读朝着更加智能化、个性化、多元化的方向发展。

三、影响电子图书出版产业发展的年度重要事件

（一）Kindle 中国电子书店停止云端下载服务

2024 年 6 月，Kindle 中国电子书店停止云端下载服务，Kindle 客户服务同步停止支持，但国产数字阅读品牌探索的脚步并未停歇。[①] 如微信读书用户数突破 2 亿，掌阅科技积极拥抱 AI 技术，等等。

（二）书天堂 AI 新阅读平台入选数字出版优质平台

2024 年下半年，国家新闻出版署公布 2024 年度出版融合发展工程数字出版优质平台入选名单，广西师范大学出版社集团的"书天堂 AI 新阅读平台"成功入选。[②] 该平台在自有传统阅读平台上创新性地应用图书垂类 AI 大语言模

[①] 靳艺昕. 数字阅读平台"撬动"版权新价值［N］. 中国出版传媒商报，2024 - 12 - 27（007）. DOI：10. 28804/n. cnki. ntssb. 2024. 000698.

[②] 广西师范大学.【喜报】出版社集团书天堂 AI 新阅读平台入选 2024 年度出版融合发展工程数字出版优质平台［EB/OL］.（2024 - 10 - 24）［2025 - 07 - 18］. http：//news. gxnu. edu. cn/2024/1024/c1330a300254/page. htm.

型，提供多模态内容呈现及智能化知识服务，上线了 AI 数字人伴读等功能，实现了纸电同销，还开展了线上线下阅读活动。①

（三）电子纸技术突破开启阅读硬件革命

2024 年 6 月，全球电子纸领导厂商 E Ink 元太科技与全球显示器件领导厂商友达光电签署"大型彩色电子纸策略伙伴合作备忘录"，为应对 2024 年以来电子纸市场内不断攀升的对大尺寸彩色产品的需求，双方合作推出了大型彩色电子纸显示器。② 2024 年 12 月，猿辅导小猿学练机彩墨版正式上市，该产品采用 Kaleido 3 彩色墨水屏，专为儿童设计健康护眼功能，③ 该品牌位居 2024 年中国大陆教育类电子纸平板线上市场销量第一。此外，业内其他企业如清越科技在 2024 年度战略规划中，将电子纸技术的应用场景拓展至智能家居等领域，推动行业应用边界持续拓宽。④

四、电子图书出版产业发展趋势

（一）社会价值导向态势整体增强

习近平总书记强调，"要在创造性转化和创新性发展中赓续中华文脉。高扬中华民族的文化主体性，把历经沧桑留下的中华文明瑰宝呵护好、弘扬好、发展好"，这为中国数字出版行业高质量发展指明了前进方向。

2024 年，包括电子图书在内的数字出版业社会辐射效应实现了新的突破。《2024 年度中国数字阅读报告》的各项数据表明，数字阅读在网民阅读中所占

---

① 毛文思，王飚. 2024 年中国数字出版发展态势盘点与 2025 年趋势展望［J］. 科技与出版，2025（03）：14－26. DOI：10. 16510/j. cnki. kjycb. 20250314. 003.
② 新浪财经. 元太与友达合作打造大型彩色电子纸显示器，用于零售等领域［EB/OL］.（2024－06－22）［2025－07－06］. https：//finance. sina. com. cn/tech/digi/2024－06－22/doc － inazraii7829907. shtml.
③ 今日头条. 小猿学练机彩墨版上市，引领儿童启蒙教育新趋势［EB/OL］.（2024－06－28）［2025－07－16］. https：//www. toutiao. com/article/7449950083371696679/.
④ 搜狐网. 清越科技 2024 年度电子纸领域新突破：拓展多元应用场景，激发市场潜力［EB/OL］.（2025－04－30）［2025－07－05］. https：//www. sohu. com/a/890942619_121956424.

的比重逐步上升，数字出版的社会辐射效应显著增强。①

在内容监管方面，政府始终坚持正确导向，加强对电子图书内容的审核管理。一是建立健全内容审核机制，严格审查电子图书内容，坚决杜绝违法违规信息传播，确保电子图书内容符合社会主义核心价值观，满足人民群众积极健康的精神文化需求。二是鼓励企业加强自律，提升内容质量，推出更多思想性、艺术性、可读性俱佳的电子图书作品。三是政府通过财政补贴、税收优惠等政策手段，支持电子图书行业发展。对优秀电子图书项目给予资金扶持，降低企业运营成本；助力企业做大做强，进而推动整个电子图书出版产业在良好政策环境下的蓬勃发展。

（二）人工智能技术为出版数据集新业态注入活力

2024年来，人工智能技术全面嵌入电子图书出版产业的数字化生产链条力度越来越大。一方面，智能写作辅助系统可以协助电子图书作者快速构建写作框架，并在此基础上对语言表达进行优化，使写作效率获得大幅提升；另一方面，智能校对工具系统可以精准识别文字中的语法及事实错误，使创作质量得到显著提高。值得关注的是，AIGC技术推动电子图书等在信息检索、知识生产、人机交互等层面实现重要进展和突破，未来也将持续催生该领域新产业模式与业态形式，成为电子图书等科技创新应用的核心聚焦点和行业变革的主要推动力。

2024年，随着人工智能技术在出版领域的进一步嵌入，电子图书出版产业的数据集业态将相继推出。这一新兴的出版业态带来的高质量数据集，在人工智能赋能电子图书出版产业中发挥着十分重要的基础语料作用。数据集在电子图书内容智能生成与优化、语义分析与理解等方面展现出显著优势，持续推动行业效能升级。南京农业大学联合中华书局古联公司推出了国内首个依托人工智能技术建设的古籍整理工具——"荀子"古籍大语言模型，依托其模型具有的超40亿字的大型语料库，该工具具备古籍整理、研究相关的多种功能。② 其中的大型语料库，实质上就是一个大型的电子古籍文献数据集。未来，随着人

---

① 新华网. 用户规模已达6.7亿！《2024年度中国数字阅读报告》发布［EB/OL］.（2025 - 04 - 23）[2025 - 07 - 02］. http：//sx. news. cn/20250423/25df5091a4a4936aee20c9b36164aeb/c. html.

② 新华日报. 南农研究团队发布国内首个"古籍版ChatGPT"［EB/OL］.（2023 - 12 - 13）[2025 - 07 - 09］. https：//xh. xhby. net/pc/con/202312/13/content_1274552. html.

工智能技术在数字出版产业的应用向纵深发展，电子图书数据集出版业态必将蓬勃发展。

（三）数字版权保护机制更加全面

在司法保障与行业自治的双重推动下，随着版权服务机构体系化建设及新职业岗位的落地，电子图书数字版权的生态体系不断优化，助力数字版权价值持续兑现。2024年，版权保护政策进一步强化，为电子图书行业营造了健康的发展环境，加大了对电子图书版权的保护力度以及对侵权盗版行为的惩处力度。相关部门还积极推动数字水印、区块链等技术在版权保护中的应用，以确保电子图书版权归属明确、交易安全可靠，这将有力保障创作者和出版机构的合法权益，进而激励更多优质内容的产出。

随着人工智能技术的飞速发展，数字版权问题层出不穷，相关治理难题迫使行业重新审视自身治理体系建设。随着人工智能技术的变革与创新，行业建设重心也逐渐转移至数字版权保护方面，相关研究不断推进，相关政策相继落实，并取得了一定的建设成果。2024年12月4日，中国文字著作权协会发布了《加强人工智能版权保护，促进产业高质量发展倡议书》，[1] 提出人工智能技术发展一方面要保护创作者、内容生产者的合法权益，另一方面也要激发全社会创新创造活力。以版权保护为基本准则，推进人工智能技术的规范化应用，特别要求生成式人工智能在其各项功能运行过程中确保数据合规。这些指引将助力电子图书行业提升治理效能，实现可持续、高质量发展。

（孙晓翠单位：山东大学出版学院；石洋、谢晓静、蒋瑞康单位：山东大学新闻传播学院）

---

[1] 东方财富网．文著协发布AI版权倡议：营利性使用版权作品应付权利人报酬［EB/OL］．(2024-12-19)［2025-07-06］. https://finance.eastmoney.com/a/202412093262743152.html.

2024—2025 中国数字报纸出版产业年度报告

吕晓峰　李荣华　孙之路　陈楷文

一、数字报纸出版产业概述

2024年是新中国成立75周年，是实现"十四五"规划目标任务的关键一年。这一年，数字报纸作为数字出版产业的细分领域之一，其发展是政治、经济、社会、技术等多方环境因素共同影响的结果。

（一）政策

1. 习近平文化思想引领行业高质量发展

自2023年10月全国宣传思想文化工作会议上首次提出习近平文化思想起，中国新闻业和出版业取得了众多卓越成果，各大主流媒体深入学习贯彻习近平文化思想。以习近平文化思想为指引，数字报纸行业坚持以"两个结合"为基本遵循，积极承担新的文化使命，走以人民为中心的文化发展道路，着力提升数字报纸的内容质量与传播效能，进一步满足人民群众日益增长的精神文化需求，推动新时代文化事业的高质量发展。

2. 党的二十届三中全会《中共中央关于进一步全面深化改革　推进中国式现代化的决定》吹响系统性变革号角

党的二十届三中全会《中共中央关于进一步全面深化改革　推进中国式现代化的决定》提出，"构建适应全媒体生产传播工作机制和评价体系，推进主流媒体系统性变革"①。随着主流媒体系统性变革，数字报纸行业在深入贯彻落实习近平总书记重要指示精神和党中央决策部署的基础上进一步优化布局，通过资源的整合重组实现长远发展。同时，持续推进网络综合治理体系建设，不仅为互联网时代数字报纸发展保驾护航，也对其在舆论引导和正能量传播方面提出了更高要求。在国际传播的浪潮之下，数字报纸的受众群体不断拓展至全球范围。这不仅为数字报纸提供了发展海外版的新路径，也为多元化发展提供了政策支持。

（二）经济环境

1. 数字经济稳中向好

2024年，数字产业完成业务收入35万亿元，同比增长5.5%；数字产业实现利润总额2.7万亿元，同比增长3.5%。② 2024年，全国规模以上文化及相关产业企业营业收入超14万亿元，同比增长6.0%。③ 规模以上文化企业中，数字内容服务等4个行业实现利润带动作用明显。④ 数字内容产业在行业内起到领跑作用，这为数字报纸提供了良好的发展环境与经验借鉴。

在数字经济快速发展的背景下，数字报纸作为传统媒体数字化转型的重要载体实现显著发展。数字出版产业市场规模的持续扩大，已经成为业界共识，不仅有力推动了数字化时代的到来，更成为促进互联网经济发展的重要引擎。随着消费者对个性化、便捷化信息服务需求的不断提升，在社会需求增长、经济支撑强化与技术赋能深化的多重利好下，数字报业作出了积极的探索。

2. 数据市场前景广阔

2023年，我国数据经济贡献度为2.05%，比2022年增长0.99个百分点，

---

① 中国政府网. 中共中央关于进一步全面深化改革 推进中国式现代化的决定［EB/OL］. (2024-07-21) ［2025-03-16］. https://www.gov.cn/zhengce/202407/content_6963770.htm?sid_for_share=80.

② 中国政府网. 2024年数字产业运行情况［EB/OL］. (2025-03-18) ［2025-06-13］. https://www.gov.cn/lianbo/bumen/202503/content_7014148.htm.

③ 国家统计局. 中华人民共和国2024年国民经济和社会发展统计公报［EB/OL］. (2025-02-28) ［2025-04-16］. https://www.stats.gov.cn/sj/zxfb/202502/t20250228_1958817.html.

④ 国家统计局. 国家统计局解读2024年全国规模以上文化及相关产业企业数据［EB/OL］. (2025-01-27) ［2025-05-16］. https://www.gov.cn/lianbo/bumen/202501/content_7001390.htm.

由此可见，数据驱动经济增长能力已经初步显现。① 中商产业研究院发布的《2025—2030 年中国数据要素市场调研及发展趋势预测报告》显示，2023 年中国数据要素市场规模为 1 332 亿元，较上年增长 26.48%。② 作为数字经济的核心驱动力，数据要素是国家的战略性基础资源，已经广泛运用于工厂生产、智能交通、健康护理、智慧城市等领域，深刻影响了生活方式、生产方式和社会治理方式。

作为文化产业的核心领域，出版业的发展同样受益于数据要素的广泛赋能效应，数据要素创新出版产品和服务、赋能优化出版流程和业务决策、赋能出版服务创新方向、驱动出版服务创新路径。③ 对于数字报纸而言，数据要素赋能数字报纸的内容生产、分发与消费模式，培育出版新质生产力，进一步优化数字报纸的发展模式，激发数字报纸业态创新。

（三）社会

1. 社会由数字化向数智化转向

社会在数字化浪潮下转向数智化发展，这一趋势在政府文件中已得到鲜明体现——"数智"概念正逐步取代"数字"表述，例如《医药工业数智化转型实施方案（2025—2030 年）》《数智德州三年行动计划（2024—2026 年）》等。数智化社会趋势给文化产业和媒体行业带来了机遇和挑战，倒逼主流媒体积极拥抱新技术，并重视技术在数字内容生产中的带动和驱动作用。中央网信办网络传播局副局长格桑达瓦提道，"要以新质生产力赋能媒体融合发展，推动信息内容、技术应用、平台终端、管理手段等共融互通，加速从'数字化'向'数智化'迈进"④。在数字化向数智化转型的大背景下，数字报纸可以更好地顺应时代潮流，与时俱进、开拓创新，形成独特的发展优势。

---

① 中国信息通信研究院. 数据价值化与数据要素市场发展报告（2024 年）[EB/OL].（2025 - 01 - 07）[2025 - 04 - 06]. https：//www.caict.ac.cn/kxyj/qwfb/ztbg/202409/t20240926_493876.html.
② 中商情报网. 2025 年中国数据要素行业市场前景预测研究报告（简版）[EB/OL].（2025 - 01 - 17）[2025 - 03 - 26]. https：//baijiahao.baidu.com/s? id =1821458569313374433&wfr = spider&for = pc.
③ 丛挺，奚心远. 数据要素驱动出版服务创新研究——基于《"数据要素 ×"三年行动计划（2024—2026 年）》分析. 中国编辑，2024，（08）：82 - 88.
④ 人民网. 2024（第九届）党媒网站发展论坛在京举行[EB/OL].（2024 - 12 - 19）[2025 - 04 - 13]. http：//yjy.people.com.cn/n1/2024/1219/c459732 - 40385755.html.

2. 数字化阅读深入国民生活

随着移动互联网及智能手机的普及与发展，使用移动媒体了解新闻资讯已成为不可逆转的时代趋势。数据显示，截至2024年12月，我国网民规模达11.08亿人，互联网普及率达78.6%，其中我国手机网民规模达11.05亿人，较2023年12月增长1 403万人，网民使用手机上网的比例为99.7%。[①] 网民数量的持续增长，实质上反映了数字阅读受众规模的不断扩大，为数字报纸的发展拓展了潜在用户群体。网民规模持续扩大，为数字报纸发展提供了持续动力。

（四）科技

2024年，AI技术的发展对新闻业产生了深远影响。在内容方面，AI技术被广泛应用于新闻采集、编辑和分发等环节，AI工具还能够快速识别虚假信息和敏感内容，提高新闻内容的准确性和可靠度。比如，《南方都市报》自研发布的"N+智绘平台"，集智能辅助生成、AI创意生产和媒资管理于一体，为创作者提供高效、智能的技术支持。除了文本外，AIGC在图像、音频和视频等内容创作方面相继取得新突破，中央广播电视总台、南方报业传媒集团、上海广播电视台、湖南广电等主流媒体均已成功应用AIGC技术生产新闻内容片段，这一创新实践不仅丰富了数字媒体的内容形态，更为数字报纸提供了新的发展可能。

除此之外，大模型技术、元宇宙技术和数字孪生技术的融合发展与多元运用，共塑文化传播新形态。大众报业集团推出"齐鲁文化模型"，利用数字孪生和场景复刻、光影融合、云渲染等元宇宙技术，实现了齐鲁文明在数字世界的重生、永生与共生。

二、数字报纸出版产业发展现状

2024年，在宏观政策、市场等多重因素共同作用下，我国数字报纸行业总

[①] 中国互联网络信息中心. 第55次中国互联网络发展状况统计报告［EB/OL］.（2025-01-17）［2025-02-04］. https：//www.cnnic.cn/NMediaFile/2025/0117/MAIN173710689576721DFTGKTGKEAD.pdf.

体发展态势平稳。随着科技的不断进步和用户需求的变化，数字报纸如能满足新需求，市场有望扩大。本报告从市场和用户两大视角切入，聚焦以党报、都市报和行业报为核心的细分领域，具体分析数字报纸的发展现状和运营模式。

（一）市场现状

1. 全国报纸出版量持续下滑，传统报纸经营保持基本稳定

《国家统计局国民经济和社会发展统计公报》相关数据显示，2024年我国出版各类报纸249亿份①，较2023年下降了约3.5%。据中国报业协会发布数据显示，2024年纳入调查范围的119家报社总用纸量约为67.6万吨，比上年实际用纸量69.7万吨减少2.1万吨，降幅为3%。② 2024年报业纸质出版量呈现略有下降的情况，这也说明纸质媒体的产能有所下降，传统媒体的生存空间日益萎缩。

随着传统报纸市场的持续萎缩和电子设备的大量普及，传统报纸行业更应该通过资源整合与数字化发展，借助当前的先进技术，找准时代定位。在这种背景下，数字报纸更应该在传统报纸的基础上，积极根据用户习惯调整功能，积极进行系统性变革，激发内生动力与活力，增强数字报纸新质生产力。

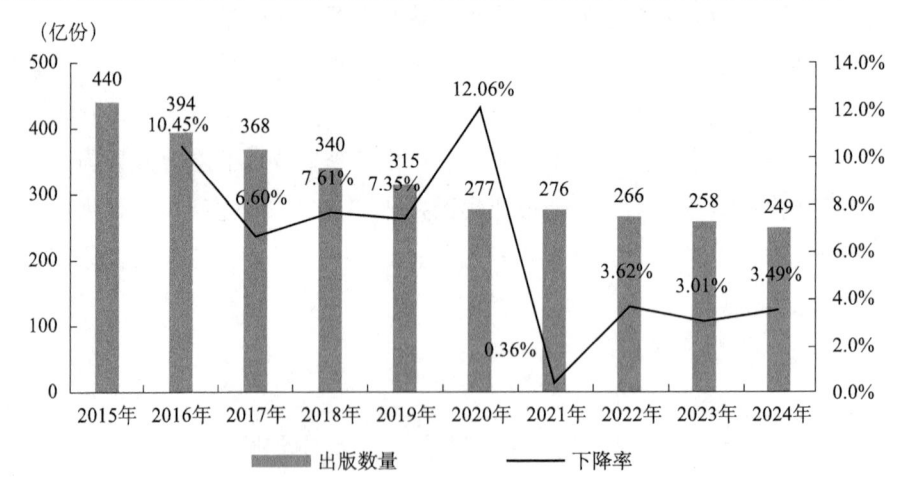

图1　2015—2024年全国各类报纸出版数量及下降率

数据来源：国家统计局国民经济和社会发展统计公报

---

① 国家统计局. 国家统计局国民经济和社会发展统计公报［R］. 2025.
② 国家新闻出版署，2024年报业新闻纸总用量预计约103.2万吨，供应量预计约105.9万吨——新闻纸市场供需基本平衡［EB/OL］.（2024－08－21）［2025－04－27］. https://www.nppa.gov.cn/xxfb/ywdt/202408/t20240821_859469.html.

报纸媒体的经营情况整体来说比较稳定，以省级党报为例，上半年经营同比增长的仅有20%左右，增幅不大；基本持平的约占30%。但是纸媒的经营仍然存在一定的困难，2024年上半年省级党报收入整体下滑的占50%，其中部分媒体收入锐减，降幅达到33%。① 总的来说，纸媒经营表现出稳定有序的发展态势。报业集团面对的各种问题不容忽视，仍然需要进行数字化发展，推动转型和调整。

2. 数字报纸市场规模持续下降，数智化发展加速

2024年，数字报纸产业市场规模呈现继续下降的趋势（见图2）。当前，互联网社交媒体平台进一步深化对用户的渗透，越来越多的用户将社交媒体、搜索引擎或聚合平台作为获取网络新闻的主要渠道。尤其是私信类应用程序和视频新闻等新业态的出现，使得传统业态下的数字报纸产业在流量变现方面面临更加严峻的挑战。

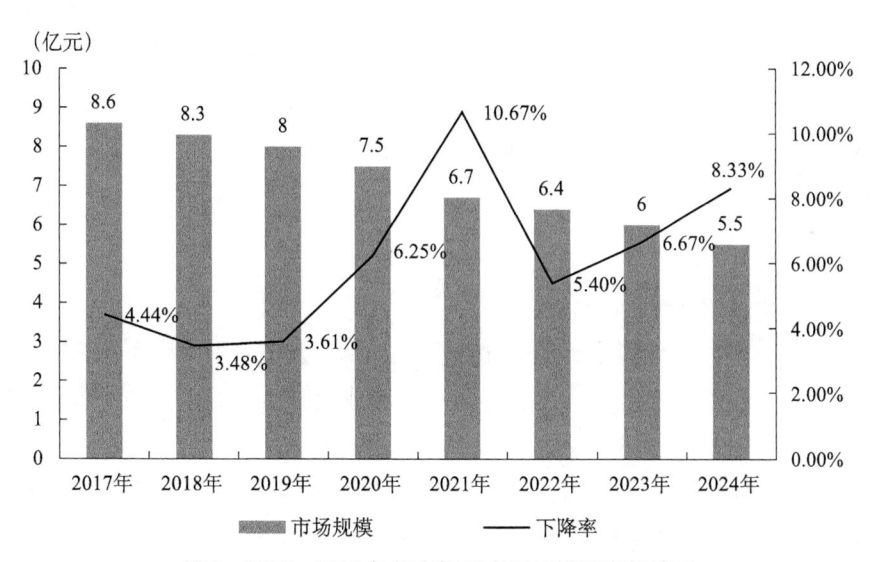

图2 2017—2024年数字报纸市场规模及变化情况

数据来源：根据相关公开数据分析推算所得

数智技术具有数字化与智能化的双重特征，以5G、人工智能和大数据为代表，不仅重塑了人们的日常生活方式，也为媒体融合化发展和数字报业的创

---

① 中国新闻出版广电网. 纸媒2024上半年经营状况数据解析反映行业现实[EB/OL].（2024-10-30）[2025-03-08]. https://www.chinaxwcb.com/2024/10/30/99850099.html.

新发展提供了技术条件。2024年，各大报业集团纷纷成立了AI工作室：洛报集团AIGC实验室、海南日报AIGC创新传播实验室揭牌、羊城晚报报业集团与腾讯科技（深圳）双方共同创设AI融媒体实验室、新华报业传媒集团"AIGC新媒体创意实验室"等。众多AIGC工作室已产出大量创新性成果，为媒体工作者提供了高效的内容生产辅助工具与技术支撑，有力推动了新闻行业的智能化进程。AIGC实验室及其各项成果，体现出报业集团与数字报业对人工智能领域的前沿探索，对促进媒体深度融合具有重要意义。

3. 数字报纸内部创新，更大范围满足用户需求

数字报纸的发展有两种形式：一种是将原版的纸质版报纸呈现在互联网上，坚持报纸版面的设计特色与布局特点；另一种是顺应时代发展，满足用户需求，根据网页端的特点进行调整。随着数字报纸的进一步发展，众多报业机构积极求变，通过内部创新举措，更大范围地满足用户需求，在升级服务的同时实现经济效益的增长，促进数字报纸的可持续发展。以《参考消息》数字报为例，紧扣国内外热点话题，精心策划"美国大选""AI前沿""巴以24小时"等专题，系统整合《参考消息》相关报道内容。用户无须翻阅往期报纸，只需单击进入相应专题页面，即可阅读该主题下《参考消息》近期发布的相关报道。

（二）用户现状

数字媒体用户持续增加，数字报纸受众基础更加广泛。随着移动互联网的迅速普及，人们获取新闻信息的方式发生了根本性改变。面对社交媒体和自媒体的崛起与普及，庞大的网络用户市场促使新闻媒体通过数字报纸等产品来优化信息结构，大力发展数字化服务，以此满足用户需求，探索付费阅读模式，积极应对互联网时代的转型和发展。

（三）细分领域现状

2024年，党报、都市报和行业报持续发展，在内容与形式上寻求数字浪潮中的平衡点与着力点。

1. 党报布局智能化技术创新，持续推进系统化变革

随着数智技术的快速迭代发展，其行业规范越来越明确，技术应用在新闻

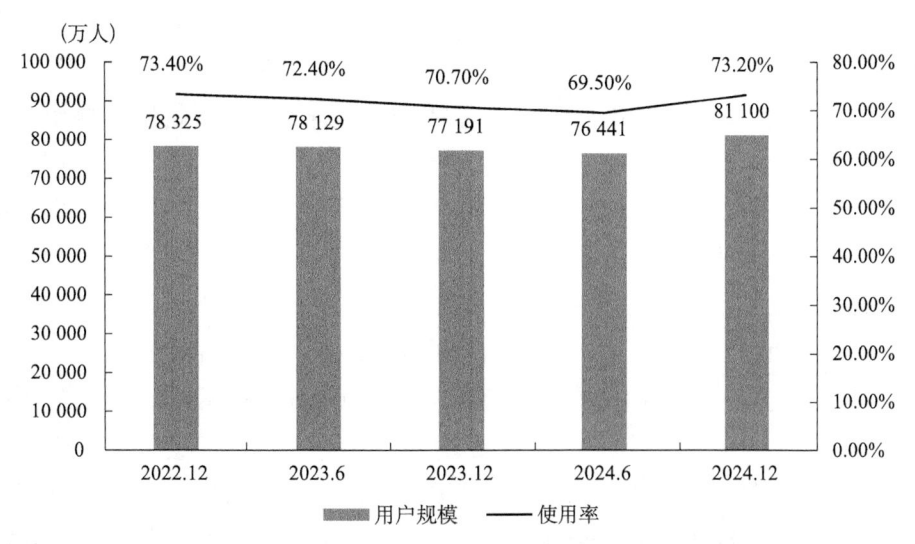

```
(万人)
100 000                                                                              80.00%
          73.40%      72.40%                              73.20%
 90 000                            70.70%     69.50%                                 70.00%
                                                          81 100
 80 000   78 325      78 129      77 191      76 441                                 60.00%
 70 000
                                                                                     50.00%
 60 000
 50 000                                                                              40.00%
 40 000                                                                              30.00%
 30 000
                                                                                     20.00%
 20 000
 10 000                                                                              10.00%
      0                                                                              0.00%
         2022.12    2023.6    2023.12    2024.6    2024.12
                         用户规模          使用率
```

图3 2022年12月—2024年12月网络新闻用户规模及使用率

数据来源：中国互联网络信息中心《中国互联网络发展状况统计报告》。

媒体领域也越来越标准化。数智技术引领下的数字报纸，在技术、形态等方面呈现新趋势、新变化。《中国妇女报》强化技术赋能，跟踪人工智能技术对新闻生产方式的深层影响，提升舆情态势感知能力，建设智媒创新工坊、新中国女性第一元宇宙馆，推出AI新闻主播、AI辅助创作，充分展现融合传播的魅力。①

《解放日报》在2024年世界人工智能大会特刊的封面设计中，将AIGC生成的图片作为主打视觉，同时列出"生图文本"，邀请读者沉浸式体验人工智能。这一新技术形式不仅提高了美编的工作效率，也打开了视觉创新的新窗口，展现了其在数字化转型道路上的积极探索和创新能力。党报作为党和人民群众的耳目喉舌，在传播党的理论和政策方面扮演着关键角色。在贯彻媒介融合和系统化变革的新要求下，智能化技术赋能党报发展，以内容为根本，持续推进主流媒体的高质量发展。

2. 都市报布局多元运营，数字化发展与国际交流齐头并进

都市报在主流媒体系统性变革的新要求下积极创新，发挥自身优势，布局多元运营。目前文旅成为众多省级党报、城市日报、都市报的共同亮点，南方

---

① 孙钱斌. 以内容创新为根本推进主流媒体系统性变革[J]. 新闻战线, 2024, (18): 7-9.

某都市报的文旅行业收入同比增长超200%。①《南方都市报》打造了一报两端融媒转型活力提升项目，基于《南方都市报》、N视频客户端、南都新闻客户端三大自主传播平台，开展一报两端一体化升级。全面激发创新创造能力，加强全媒体传播体系建设，塑造主流舆论新格局，创新生产传播体制和评价机制。在数字化发展过程中，都市报业激发内部活力，巩固平台建设，深耕形式创新，重视优质内容，实现多元运营。

国际传播一直是新闻媒体的重要任务之一。随着顶层设计的不断完善，都市报也承担起增强国际交流，讲好中国故事的重要任务。《海峡都市报》聚焦生成式人工智能，实施了"百万数字人计划"，成功打造出海星星数字人记者等应用场景，与各行业深入合作。其"AI到塞岛"项目与共建"一带一路"友好国家媒体塞浦路斯邮报达成深度合作，为其打造当地最重要的文化IP——阿芙洛狄忒女神数字人。AIGC技术为媒体数字化转型提供新动能，国际交流为媒体发展提供新思路。

3. 行业报纸重建组织结构，讲好行业故事

2024年，行业报纸紧扣主流媒体系统性变革趋势，灵活应对融媒体时代挑战，找准行业报纸角色和定位，充分发挥自身优势。其在融合新媒体特点的基础上保持行业媒体的特色和影响力，激发行业融媒新动能，反哺行业发展。行业报纸一方面重建组织结构，精简采写部门，优化资源配置，讲好行业故事；另一方面牢牢坚持内容为王、质量为本的发展理念，紧紧围绕行业热点，实现跨区域、跨行业发展，创作出一批典型报道，以促进自身内容精品化程度的提高。

三、数字报纸出版产业运营模式

（一）打造全媒体传播体系

10年间我国全媒体传播体系建设已经取得了显著成就。② 随着纸质报刊市

---

① 中国新闻出版广电网. 纸媒2024上半年经营状况数据解析反映行业现实［EB/OL］.（2024-10-30）［2025-03-08］. https：//www.chinaxwcb.com/2024/10/30/99850099.html.
② 王一. 融媒语境下全媒体传播体系建设探究——以人民日报2024年两会报道为例［J］. 融媒，2024，(11)：35-39.

场的萎缩和媒介融合的推进，全媒体传播体系的建立和推进可以增加传播效果。从纸质报刊，到数字报纸、网站和客户端，打造全媒体传播体系可以优化资源配置，推动内部体制机制变革、相互赋能，提升主流媒体的传播力和影响力。

《人民日报》社加快推进全媒体传播体系建设，已由原本的一份报纸，转变为同时拥有报纸、刊物、网络、客户端等数十种载体的全媒体传播体系。中国文化传媒集团构建了包括《中国文化报》等"一报一端两网八刊"在内的全媒体矩阵。2024年9月，《中国文化报》推出了"中国文化报·可视化报纸（VN）"，将报纸与AR技术创新性融合，赋能升级读报方式。2025年3月，《中国文化报》推出"数字人导览"，融合报纸与数字技术，利用先进的2.5D技术塑造具有真实感和互动性的《中国文化报》专属数字主播形象——仲小文、仲小梅。大众报业集团推出的新媒体大平台"大众"统筹国内宣传和国际传播两个场域，贯通省、市、县三级，建成大流量大平台、优服务大平台，主动塑造主流舆论新格局。① 在全媒体传播体系的建立与不断完善下，数字报纸也可以乘数智技术的东风，借成熟的传播通路进行创新性融合。这一发展路径不仅可满足用户的读报需求，还可以在"听、读、聊"方面打造智能化体验，优化服务过程，拓展服务群体，实现全媒体传播、全媒体运营。

（二）精准量化指引运营方向

与纸质报纸相比，数字报纸在阅读量统计和成本方面更占优势——可以通过调用后台数据，精准获取不同期数字报纸和同期不同版面数字报纸的浏览量、转发量等关键指标，以及掌握各项功能的使用情况。《人民日报》《参考消息》《环球时报》《人民政协报》等通过打造数字报纸，提供更加丰富的服务信息，在此基础上逐步探索收费阅读模式。除此之外，报业集团可以通过数字报纸、网站和客户端流量为企业量身定制精准广告投放方案和内容营销、原生广告等创新营销活动。部分报业集团以专业技术能力为支撑，构建科学客观的评价体系，包括数字报纸的销售数据、广告点击量等。

---

① 大众日报. 让你的声音传得更远［EB/OL］.（2024-02-02）［2025-03-28］. https://baijiahao. baidu. com/s? id=1789768064513822489&wfr=spider&for=pc.

（三） 内容品牌化凸显，侧重 IP 运营

对于新闻媒体来说，内容永远是核心动力和竞争力。在新媒体时代，大量的新媒体、自媒体以及各大视频平台纷纷涌入新闻行业，使得用户可以通过多个渠道获取信息。面对现状，报业集团重视品牌化发展和打造内部 IP 形象，提升运营力，打破"叫好不叫座"的传播困境，并以此为基点持续激发高质量作品的产出，实现其精准传播。

2023 年，《南方日报》、"南方+"客户端"珠三角观察"专栏改版升级，以"强信心"为主线，围绕粤港澳大湾区建设、制造业当家等重大政经主题，努力打造特色栏目 IP，建设运营大政经、智库型、网文化的融媒品牌专栏。① 除此之外，《中国日报》《广州日报》《新华日报》《长江日报》《宁波日报》等相继推出系列 IP 作品。由此可见，IP 化运营已经成为当前报业集团的重要路径，是实现媒体融合和系统性变革的重要举措。

各大媒体单位通过深挖创新点、打造记忆点，创新表达形式，深耕内容质量，不断提升品牌辨识度和 IP 形象影响力。同时，新技术赋能新闻业，尤其是 AI 技术不断赋能报业数字化品牌 IP 运营。例如，每日经济新闻借助 AI 技术，探索"AI+个人 IP"模式，通过打造个人 IP，将细分垂类内容做深、做透，塑造风格化 IP。②

四、影响数字报纸出版产业发展的年度重要事件

（一）《中国劳动保障报》（数字报）全新升级改版上线

5 月 1 日，《中国劳动保障报》（数字报）全新升级改版正式上线运行。本次改版共优化升级了八个方面的功能，主要功能变化包括：一是简化用户注

---

① 周欢. 融媒时代重大政经报道的 IP 化转型——以《南方日报》、"南方+""珠三角观察"专栏为例 [J]. 南方传媒研究，2024（01）：92-97.
② 曹月娟，曹凡. 2025 中国报业发展新趋势 [J]. 中国报业，2025，（01）：30-32.

册，可微信一键注册；二是简化登录方式，可微信登录、密码登录或验证码登录；三是优化用户权限，未注册用户可浏览概貌，注册登录用户可免费试读最新几期，订阅用户可下载高清PDF和转发海报；四是简化订阅流程，用户可直接输入阅读卡号和密码激活，也可通过微信支付进行在线订阅。同时，优化移动端样式和正文显示效果、优化搜索功能、简化个人中心，给读者带来全新的阅读和使用体验。

（二）第三届中国报业创新发展大会

9月2日，由国家新闻出版署主办的第三届中国报业创新发展大会在广西南宁召开，会上发布了《中国报业创新发展报告（2023年度）》。报告指出，未来的中国报业创新发展，将全面贯彻落实党的二十大和二十届二中、三中全会精神，深入学习贯彻习近平文化思想，坚持党管媒体，坚持守正创新，聚焦重点领域，破解关键难题，以全媒体传播体系建设为战略目标，加快适应信息技术迅速发展的新形势。

（三）2024中国报业技术年会

11月6日，2024中国报业技术年会在陕西西安开幕。来自中央、省、地市级党报及行业性媒体代表齐聚一堂，以"技术引领转型，AI赋能融合"为主题，聚焦人工智能、大模型和大数据技术的创新应用，分享人才培养与队伍建设的成功经验，展示深度融合、"新闻+服务"、全媒体传播及新媒体运营的新技术、新产品。

（四）《人民政协报》数字信息服务（数字报）上线

12月1日，《人民政协报》数字信息服务（数字报）上线运行。为了进一步优化服务，2024年12月1—31日，实行一分钱读报。为进一步提升阅读时效性，改善用户体验，扩大发行覆盖面，《人民政协报》在做好纸质发行的同时，定于2025年起开展数字发行，依托《人民政协报》客户端、人民政协网，为读者提供及时、便捷、优质、丰富的数字信息服务。

五、数字报纸出版产业发展趋势

(一) 深化媒体数字化转型

传统报纸的数字化转型已经取得阶段性的成功,以新媒体等为主导的经营模式已占据经营收入的45%以上,中国报业的数字化转型初见成效。[①] 在2025年两会的报道现场,一批批数智记者"持证上岗",协助记者完成报道任务,如长江云新闻的AI数智人楚音、中国少年报·未来网联合的数字人主播小青和子维等。

随着数字报纸的进一步发展,突破"数字报纸是纸质报纸的数字化刻板模式"至关重要。其需要在报业集团系统性变革的过程中将技术力、创新力更好地融入数字报纸的发展,与时俱进、守正创新,让数字报纸的"数字"不只体现在载体与媒介上,还体现在创作理念、表现形式与竞争优势上。

(二) 加强数字报纸版权保护服务

在大数据、人工智能等新技术的迅猛发展下,数字报纸所面临的不只有新质生产力和系统性变革带来的机遇,还有版权侵权的挑战。保护新闻版权,尤为重要的是在法律层面明确新闻报道的版权是受法律保护。在法律之外,必要的技术手段有助于加强对数字报纸的版权保护。随着系统平台的持续升级,各大报业集团在技术赋能下版权保护的意识也逐步增强,开展了一系列版权治理和创新经营策略,版权治理生态向智能化发展。

2024年上半年,超过30%的单位开展信息增值服务和版权保护业务,为融媒产品研发、制作和传播提供了多样化服务。[②] 在系统化、法治化和智能化的版权保护要求下,首先要完善版权治理的法律法规,厘清数字报纸版权纠纷

[①] 卜彦芳. 融合转型数智驱动:中国报业数字化变革的实践与前瞻. 新闻爱好者 [J], 2024, (07):4-8.

[②] 黑龙江新闻网. 2024年中国报业技术年会举行 黑龙江日报报业集团荣获多项大奖 [EB/OL]. (2024-11-11) [2025-03-29]. https://baijiahao.baidu.com/s?id=1815430096677947188&wfr=spider&for=pc.

与治理瓶颈问题中的边界问题；其次要通过区块链、NFT 技术进行技术升级，加强版权管理与运营，加速报纸的数字化进程。同时，各大报纸集团应该分享典型案例、优势互补，建立统一的版权治理标准，以促进版权管理的科学化与高效化。

（三）人工智能＋数字报纸，发展与治理并重

2024 年全国两会《政府工作报告》中首次提出开展"人工智能＋"行动，这意味着国家在顶层设计层面高度重视以人工智能为代表的新质生产力。人工智能技术与报纸生产深度融合已成为当前报业集团的典型业态——对于生产端来说，人工智能技术在智能选题策划、智能内容生产、内容智能编审等数字报纸各环节均发挥着重要的增效作用。

人工智能技术是一把"双刃剑"。随着人工智能技术的广泛应用，数字报纸在治理方面需要关注以下问题：首先，人工智能技术生成的新闻内容可能存在偏见或错误，甚至被用于制造虚假新闻；其次，人工智能技术进行个性化推荐和行为分析依赖海量数据采集与处理，这一过程可能侵犯用户隐私权；此外，由于人工智能模型与算法机制的复杂性，新闻推荐系统可能演化为"黑箱"，带来内容分发不透明与潜在歧视等问题。面对上述问题，数字报纸及其背后的报业集团需要建立 AI 生成内容的审核机制，开发高效的虚假新闻检测工具，避免虚假信息的传播。同时，严格遵守数据隐私相关法律法规，确保用户数据的合法使用，采用数据匿名化和加密技术等手段，保护用户隐私。同时，引入多样化的训练数据，提升推荐系统的公平性与包容性，确保新闻内容分发的公正与多元。

（作者单位：山东大学新闻传播学院）

2024—2025中国互联网期刊出版产业年度报告

王友平　吴莹莹　李广宇

一、互联网期刊出版产业概述

（一）传统期刊互联网出版商的最新进展

人工智能大模型技术展现出强大的语言理解和生成能力，深刻推动着内容生产方式变革。作为连接知识资源与知识信息用户的桥梁，互联网期刊出版机构具有利用大模型技术开展知识服务的天然优势。当前，人工智能技术的飞速进步为互联网期刊行业带来了显著的变革及跨越式的发展，知识增强技术、AI算法等创新技术，在互联网期刊的数据加工、增强检索等环节提高了互联网期刊的生产与传播效率，改善了服务方式，还丰富了期刊内容的多样性，提高了传播效率，改善了用户体验。互联网期刊行业借助人工智能技术不仅实现了高效的内容生产与传播，更有益于为人们提供更全面、多样化的知识和信息资源，并助力知识服务向多元化、跨领域方向发展，为互联网期刊出版带来新的机遇。在此背景下，各互联网期刊出版商抓住机遇、迎接挑战，利用新技术不断拓宽知识服务广度，延展知识服务深度，提高知识服务亮度，提升知识服务效度。

1. 同方知网新动作

面对生成式人工智能对数字出版和知识服务行业带来的巨大冲击，知网一方面升级产品做强传统业务，另一方面紧跟国家政策和技术前沿，及时调整研发方向，充分发挥海量高质量数据优势，积极布局人工智能产业，同时依托自身优势持续提升行业影响力。

产品升级做强传统业务。知网2024年依然聚焦"服务科技创新，促进学术传播，承担社会责任"的企业定位，不断提升产品开发专业化程度、提高知识服务水平。一是为保障读者、学生、老师及科研人员在寒假期间的学术需求，及时获取全球学术资讯，在全球范围内享有移动知识服务，中国知网于寒假期间开通全球学术快报的漫游服务，方便用户离开工作场所也能获取中国知网资源。① 二是CNKI作者服务平台上线"积分商城"和手机版，手机版的正式上线，使作者可以轻松使用手机访问平台，随时随地管理个人学术成果，便捷体验CNKI作者服务权益。② 三是涵盖更多应用场景，并支持检测英文文献的AIGC检测服务系统升级上线，能够无缝嵌入大学生毕业设计（论文）管理系统、课程学习全过程综合培养平台、大学生论文检测系统、学位论文学术不端行为检测系统、学位论文送审平台等人才培养全过程管理系统。③

知网布局人工智能赛道。一是知网加速人工智能领域研发进度，提升服务能力，华知大模型适用场景更全面，推理能力更强大，生成内容更可信，已成为首批通过"双备案"的央企大模型，并成功入选北京市经信局发布的"北京市通用人工智能产业创新伙伴计划"——"模型伙伴"；二是首页全新改版上线，发布AI整体解决方案，④ 针对首页、文献阅读、文献管理、核心功能跳转、AI增强检索、AI问答、AI辅助研读及AI辅助创作等进行了全方位的升级；三是推出了包括智能写作、智能PPT、AI知识管理助手、AI科技查新助手及AI学术研究助手等多款基于华知大模型的AI应用，不仅提升了文献利用效率，还为各行业提供了丰富的智能解决方案。

持续提升行业影响力。一是知网的中国科学文献计量评价研究中心依托知网的文献大数据、先进的数字出版与人工智能技术，通过定期发布评价报告、

---

① 同方知网. 在家也能看丨全球学术快报寒假期间开通漫游服务［EB/OL］.（2024-01-11）［2025-03-02］. https：//mp.weixin.qq.com/s/CQi-vlUC617gTNYd3q04tQ.

② CNKI知网. CNKI作者服务平台手机版上线！邀您参与"点亮知识火炬传播学术成果"活动［EB/OL］.（2024-07-30）［2025-03-04］. https：//mp.weixin.qq.com/s/WXKTr6MPSOZjsyaUnd15DQ.

③ CNKI知网. 知网上新丨知网AIGC检测服务系统、知网AI智能备课［EB/OL］.（2024-05-06）［2025-03-07］. https：//mp.weixin.qq.com/s/hQXR6qbK6xnfRks8dK7vyQ.

④ CNKI知网. 抢先用！知网首页全新改版，知网AI整体解决方案来袭！［EB/OL］.（2024-06-25）［2025-03-07］. https：//mp.weixin.qq.com/s/wTNvGDuFo2aXi1Mkg80qOw.

承担委托课题、研发评价工具等多种方式开展研究，提供的产品及服务得到出版单位及出版管理部门的普遍认可，成功入选国家新闻出版署"2024年度出版智库"，①相继发布的《"2024年中国知网高被引学者"研制报告》《中国学术期刊国际引证年报》《科技期刊世界影响力指数（WJCI）年报》《高学术影响力中国报纸评价报告》《高影响力学术辑刊评价报告》《高影响力学术会议论文集评价报告》《中国最具学术影响力出版社》等7项评价报告，树立了该智库在期刊、辑刊、报纸、图书、会议等不同类型资源领域的评价话语权，受到业界和社会的广泛关注。二是邀请全国各高校共同举办主题为"规范立己 诚信铸就"——大学生毕业季知网课堂校园行活动，活动包含毕业论文选题、开题、撰写、答辩的经验指导，科研规范与学术诚信、AI工具的合理应用等"科研成长"系列公益讲座，并提供人才就业发展服务等。②三是中国学术期刊网络首发论文数量突破百万篇，这不仅是学术期刊数字化转型进程的重要里程碑，更标志着中国学术期刊按篇出版业态初步形成，以及中国科研实力和创新能力的巨大飞跃。③

2. 万方数据新动作

万方数据积极把握人工智能、大模型发展机遇，持续发力新型基础设施建设、新型技术应用探索和新型服务体系构建，服务国家高水平科技自立自强，打造科技信息综合服务载体，促进新质生产力发展，并积极突破技术限制，提升服务品质，携手业内合作伙伴，推动科技信息服务行业迈向更高的发展阶段，组织各项行业活动，助力行业健康发展。④

发力新型技术，提升服务能力。万方数据为了满足用户对智能化、便捷化工具的迫切需求，在万方选题和万方灵析两个产品中，分别上线了AI拟题小助手和AI分析报告小助手，旨在为用户提供更高效、更智能的学术服务。通过"智能对话"技术，这两个小助手能够轻松理解并回答用户的中英文提问，

---

① CNKI知网．知网评价中心入选国家新闻出版署"2024年度出版智库"［EB/OL］．（2024-09-29）［2025-03-07］．https://mp.weixin.qq.com/s/3lbXQZfTfrO856VkvjLStQ．
② 同方知网．知网公益｜规范立己诚信铸就——大学生毕业季知网课堂校园行启动！［EB/OL］．（2024-03-13）［2025-03-07］．https://mp.weixin.qq.com/s/q4v-ICqsbuA7xsYQoTgoUA．
③ CNKI知网．中国学术期刊网络首发论文突破百万篇！［EB/OL］．（2025-07-24）［2025-03-07］．https://mp.weixin.qq.com/s/z1dTOH155gbvssrXHfY9-w．
④ 万方数据．科技赋能服务创新｜2024万方数据科技信息服务创新大会顺利召开［EB/OL］．（2024-04-11）［2025-03-07］．https://mp.weixin.qq.com/s/ZIbTj9ZkTvjMKYQiO4J1GQ．

无论是生成高质量的论文标题,还是提供深入的数据分析报告,都能一键搞定。万方数据表示,将继续致力于 AI 技术的研发与应用,开启智能化学术研究的新篇章。①

携手业内合作伙伴,推动科技信息服务行业发展。一是万方参与北京市档案局、市档案馆发起的"首都智慧档案联合创新实验室",联合实验室旨在汇聚各方智慧与力量,实现资源互补、聚智赋能、挖掘潜力、激发活力,共同探索行业创新发展路径,推动首都档案事业高质量、现代化发展。② 二是万方数据知识服务平台入藏中国国家版本馆,在中国国家版本馆第二批版本捐赠入藏大会上,万方数据捐赠的平台数据资源总文献约 3.2 亿篇/册,数据总量约 100TB。③ 三是在中国社会科学评价研究院、中国科学技术信息研究所及北京万方数据股份有限公司共同举办的数智赋能科研评价研讨会上,与中国社会科学评价研究院签署战略合作协议,共同探索数智技术在科研评价领域的应用与发展,深入探讨数智赋能背景下的科研评价发展,加强各方在科研评价领域的合作与交流。④

组织各项行业活动,助力行业健康发展。一是主办主题为"科技赋能服务创新"的万方数据科技信息服务创新大会,会议聚焦人工智能重大科学前沿问题,共同探讨领域最新科研成果、技术突破与未来趋势,探索科技信息服务过程中如何释放数据要素价值,促进新质生产力发展,助力数字中国建设。二是万方数据联合承办智能化时代科技信息服务创新发展大会暨图书馆新应用及信息检索能力提升培训班,聚焦图书馆智慧化发展趋势与创新服务,围绕"人工智能发展新趋势及在图书馆应用新场景""AI 加持下的信息检索技能提升""面向 AI 发展的图书馆创新服务能力提升"等内容开展培训与研讨。⑤ 三是共同主办主题为"数智引领 科创新质的培育新质生产力·推动产业创新发展研

---

① 万方数据:上线 AI 拟题助手、AI 分析报告助手 [EB/OL]. (2024 - 06 - 05) [2025 - 03 - 07]. https://field.10jqka.com.cn/20240605/c658553376.shtml.
② 万方数据. 首都智慧档案联合创新实验室揭牌仪式 [EB/OL]. (2024 - 12 - 27) [2025 - 03 - 07]. https://mp.weixin.qq.com/s/kDE - V0wN1K710lGDXFd - kw.
③ 万方数据. 万方数据知识服务平台入藏中国国家版本馆 [EB/OL]. (2024 - 05 - 23) [2025 - 03 - 08]. https://w.wanfangdata.com.cn/About/MallActivity/current-year.
④ 中国社会科学评价研究院. 中国社会科学评价研究院与万方数据通过战略合作签约,共同探索数智技术在科研评价领域的应用与发展 [EB/OL]. (2024 - 05 - 23) [2025 - 03 - 08]. http://casses.cssn.cn/xjdt/202405/t20240523_5754240.shtml.
⑤ 万方数据. 智能化时代科技信息服务创新发展大会 [EB/OL]. https://w.wanfangdata.com.cn/About/MallActivity/current - year.

讨会",会议以理论与实践相结合的方式展开交流,进一步推动培育新质生产力,促进产业创新发展。①

3. 维普资讯新动作

针对科研需求,提升产品功能。一是全面升级公共学习服务平台,以提升图书馆服务质量为核心,聚焦图书馆发展诉求,不断升级平台功能和体验,为公共图书馆量身打造在线学习平台,平台以学习支撑服务为核心,以精选专辑、刷题中心、资讯中心为主体,整合海量优质学习资源,引入精品视频课程,构建学练评一体化的精准服务模式。② 二是维普考研服务平台 2.1 焕新升级,整合考研科目与研究生学科资源,分类更精细、科学,覆盖数百个专业,提供课程视频、课程讲义、学习笔记、考研真题、复试资料及时政热点六大学习资源。③ 三是推出"党史知识智慧化服务",运用前沿数字化技术将党史的深厚底蕴转化为直观、生动的数字内容,打造既便捷易用又充满情感共鸣的地方党史空间。④

利用人工智能技术,开发新产品。一是维普资讯子公司维普智图为图书馆量身打造 AI 助手"问问",通过 AI 垂直大模型开创知识服务新模式,以智能问答形式将图书馆的传统业务和服务进行智能化改造,让 AI 真正落地到图书馆服务中提供全新的智慧服务。⑤ 二是维普考研服务平台正式推出"AI 择校分析"功能模板,该功能基于学生的学历背景、兴趣爱好、目标与规划等维度,结合各高校的录取趋势、专业优势和历年研究生招录数据,利用大数据分析为其提供个性化的择校建议。⑥ 二是全新发布维普智图应用服务平台——"苍穹",通过该平台即可为图书馆构建多终端适配、多场景覆盖的线上线下一体化的服务体系,以全新的服务模式创造优质体验,成为数智时代图书馆的应用

---

① 万方数据. 培育新质生产力·推动产业创新发展研讨会[EB/OL]. (2024-12-27)[2025-03-08]. https://mp.weixin.qq.com/s/kDE-V0wNlK710lGDXFd-kw.
② 维普信使. 全面升级 | 维普公共学习服务平台即将上线,功能抢先看[EB/OL]. (2024-05-27)[2025-03-07]. https://mp.weixin.qq.com/s/QC9dvhfiNLTfIBSjG8VIGA.
③ 维普信使. 焕新升级 | 维普考研服务平台,打造多场景、全周期、广维度的学习形态![EB/OL]. (2024-09-10)[2025-03-01]. https://mp.weixin.qq.com/s/_CmfcrzB_ssrnLJ-Ds60Sw.
④ 维普信使. 重庆维普资讯推出"党史知识智慧化服务"啦![EB/OL]. (2024-08-30)[2025-03-07]. https://mp.weixin.qq.com/s/hVvNIqqaGT4b0KzUKdcAUw.
⑤ 维普智图. AI 新品 |【问问】图书馆自己的 AI 智能助手[EB/OL]. (2024-10-16)[2025-03-07]. https://mp.weixin.qq.com/s/ZQbflLwN-IBfS5W6l35cXg.
⑥ 维普信使. 上新 | 维普考研服务平台【AI 择校分析】功能上线啦![EB/OL]. (2024-11-14)[2025-03-07]. https://mp.weixin.qq.com/s/X4OsSDteI_PMsnUoszdCeQ.

基础设施。[1]

(二) 互联网期刊出版市场状况分析

数字出版产业在 2024 年收入规模达到 17 485.36 亿元，互联网期刊出版收入规模有所增长，达到 35.5 亿元，占数字出版产业收入规模的 0.2%。与 2023 年相比，互联网期刊市场收入增加了 0.61 亿元，增长 1.75%（见表 1）。

表 1　2019—2024 年互联网期刊出版产业收入规模

年度	2019	2020	2021	2022	2023	2024
互联网期刊出版（亿元）	23.08	24.53	28.47	29.51	34.89	35.50
数字出版（亿元）	9 881.43	11 781.67	12 762.64	13 586.99	16 179.68	17 485.36
占比（%）	0.23	0.21	0.22	0.22	0.22	0.20

表 2　2019—2024 年互联网期刊出版产业收入增速对比

年度	2019	2020	2021	2022	2023	2024
互联网期刊增速（%）	7.95	6.28	16.06	3.65	18.23	1.75

(三) 互联网期刊出版产业数据资源建设现状

通过对各出版机构平台的调研发现，其数字资源分类具有高度一致性，主要为期刊文献、学位论文、会议论文、专利及标准等数据类别。

1. 期刊资源

知网《中国学术期刊（网络版）》合计收录近 1.1 万种期刊，其中中文期刊收录自 1915 年至今的出版物，部分期刊回溯至创刊，共计收录国内学术期刊 8 530 余种，全文文献总量达 6 410 余万篇；与全球 73 个国家及地区的 800 余家海外机构建立合作，收录英、法、德、日等语种的期刊、图书、会议论文、学位论文等资源的题录摘要信息，包含国际期刊 7.3 万余种，期刊最早回溯至 1665 年，覆盖 JCR 期刊的 94%，Scopus 期刊的 80%，文献内容 1.2 亿余条，涵盖理、工、农、医、人文社科、经管等学科领域（见表 3）。

---

[1]　维普智图. 全新发布 | 苍穹——智慧图书馆应用基础设施［EB/OL］.（2024 - 10 - 11）［2025 - 03 - 07］. https：//mp.weixin.qq.com/s/GktbY_mjWAoQT-WJNU3tow.

表 3 知网数据资源量

序号	资源种类		数量
1	学术期刊	中文	8 530 余种
			6 410 余万篇
		外文	73 000 余种
			12 000 万余条
2	学位论文	硕士	810 余家
			642 余万篇
		博士	540 余家
			61 余万篇
3	会议论文	—	387 余万篇
4	报纸	—	500 余种
5	年鉴	—	5 510 余种
			5 110 余万篇
6	图书	—	84 522 本
7	学术辑刊	—	1 300 余种
8	专利		中国境内 5 870 余万项
			中国境外 1.2 亿余项
9	标准	—	60 余万项

万方中国学术期刊数据库（China Online Journals，COJ），收录始于1998年，包含8 500余种期刊，其中包含北京大学、中国科学技术信息研究所、中国科学院文献情报中心、南京大学、中国社会科学院历年收录的核心期刊3 300余种，年增300万篇（见表4）。

表 4 万方数据资源建设情况

资源类型	期刊	学位论文	会议论文	专利	科技报告	科技成果	标准	法律法规
数量	8 500 余种	—	—	国内 4 700 万余条	—	—	—	—
	1.63 亿篇	697 万余篇	1 638 万余篇	国外专利 1.1 亿余条	10 万余份	66 余万项	260 余万条	162 万余条

维普中文科技期刊数据库（China Science And Technology Journal Database，CSTJ）收录中文学术期刊 15 000 余种，现刊 9 000 种，国内核心期刊（北大核心、CSSCI、CSCD）收录完整率达 90% 以上；文献 7 600 余万篇，年更新 250 余万篇，涵盖哲学、社会科学、自然科学、工程技术、医药卫生和农业科学等学科领域，是目前国内学术数据服务重要组成部分；国际期刊 7 万余种，覆盖 WOS（SCIE、SSCI、ESCI、A&HCI，含 JCR 期刊）、Scopus 期刊、EI 期刊及 PubMed 期刊，题录文献累计超过 1 亿条，最早可回溯至 19 世纪（见表5）。

表5　维普资讯资源建设情况

资源类型	期刊		学位论文		会议论文	专利	标准
	中文期刊	国际期刊	硕士	博士	—	—	—
数量	15 000 余种	7 万余种	—	—			
	7 600 余万篇	1 亿余条	946 万余篇	360 万余篇	1 171 万余篇	5 000 余万条	180 万余条

2. 学位论文

知网学位论文库包括中国博士学位论文全文数据库和中国优秀硕士学位论文全文数据库，出版 540 余家博士培养单位的博士学位论文 61 万余篇，810 余家硕士培养单位的硕士学位论文 642 余万篇，最早回溯至 1984 年，覆盖基础科学、工程技术、农业、医学、哲学、人文、社会科学等各个领域。

万方中国学位论文全文数据库（China Dissertations Database），收录始于 1980 年，年增 42 万余篇，目前合计 697 余万篇，涵盖基础科学、理学、工业技术、人文科学、社会科学、医药卫生、农业科学、交通运输、航空航天和环境科学等各学科领域。

维普学位论文库整合收录国内学位论文和国际学位论文，其中国内含上千所高校的硕士、博士学位论文，最早收录可追溯至 1990 年前，共计收录硕博学位论文 1 000 万余篇，涵盖哲学、社会科学、自然科学、工程技术、医药卫生和农业科学等各个学科领域。

3. 会议论文

知网会议论文库重点收录自 1999 年以来中国科协系统及国家二级以上的学会、协会、高校、科研院所、政府机关举办的重要会议以及在国内召开的国际会议上发表的论文，部分重点会议论文回溯至1953年，目前，已收录国内会议、国际会议论文集4万余本，累计论文总量387余万篇。

万方中国学术会议文献数据库（China Conference Proceedings Database），会议论文资源包括中文会议论文和外文会议论文，中文会议论文收录始于1982年，年收集约2 000个重要学术会议的相关论文，年增15万篇；外文会议论文主要来源于NSTL外文文献数据库，收录了1985年以来世界各主要学会协会发布或出版机构出版的学术会议论文共计1 100万篇全文（部分论文有少量回溯），每年增加论文20余万篇；目前共计1 638万余篇会议论文。

维普会议平台目前收录国内国际会议成果累计达到600余万条。会议成果主要涵盖教育科学、医药卫生、工程技术、农业科学、经济管理等内容，重点收录学会、协会、高校、科研院所、政府机关举办的重要会议的成果，目前共计1 171万余篇会议论文。

4. 专利

知网专利库包括中国专利和境外专利。中国专利收录了1985年以来在中国大陆申请的发明专利、外观设计专利、实用新型专利，共5 870万余项，每年新增专利约250万项；境外专利包含美国、日本、英国、德国、法国、瑞士、世界知识产权组织、欧洲专利局、俄罗斯、韩国、加拿大、澳大利亚、中国香港及中国台湾等十国两组织两地区的专利，共计收录从1970年至今专利1.2亿余项，每年新增专利约200万项。

万方中外专利数据库（Wanfang Patent Database，WFPD）涵盖1.6亿条国内外专利数据。其中，中国专利收录始于1985年，共收录4 700万余条专利全文，每年新增300万条；国外专利1.1亿余条。专利收录范围涉及中国、美国、日本、英国、德国、法国、瑞士、俄罗斯、韩国、加拿大、澳大利亚、世界知识产权组织、欧洲专利局等十一国两组织数据，每年新增300万余条。

维普专利文献库整合收录国内国际专利文献，提供专利信息检索服务，目前收录国内国际专利5 000余万条，专利成果涵盖医药卫生、工程技术等学科领域。

5. 标准

知网标准数据总库包括国家标准全文、行业标准全文以及国内外标准题录数据库，共计60余万项。其中国家标准全文数据库收录了由中国标准出版社出版的，国家标准化管理委员会发布的所有国家标准；行业标准全文数据库收录了现行、废止、被代替、即将实施的行业标准；国内外标准题录数据库收录了中国以及世界上先进国家、标准化组织制定与发布的标准题录数据，共计49余万项。

万方中外标准数据库（China Standards Database）收录了所有中国国家标准（GB）、中国行业标准（HB）以及中外标准题录摘要数据共计260余万条记录，其中中国国家标准全文数据内容来源于中国质检出版社，中国行业标准全文数据收录了机械、建材、地震、通信标准以及由中国质检出版社授权的部分行业标准。

维普标准文献库可查询国内外标准元数据资源180万余条，主要包括中国标准（国家标准、行业标准、地方标准等）、德国标准、日本标准、英国标准、法国标准、美国国家标准等数十个国家标准；其中国内现行有效的国家标准、行业标准"元数据"覆盖率达99.6%以上。

二、互联网期刊出版产业发展存在的问题与对策

（一）互联网期刊出版产业发展存在的问题

1. 著作权授权分离成为内容开发制约核心

大数据、人工智能等新信息技术迅速更迭，出版智能化进程加快，促推了出版生产方式变革、出版流程再造和知识服务创新。融合发展背景下，互联网期刊出版真正实现"一个内容、多个产品"的开发模式，实现一个内容多种创意、一个创意多次开发、一次开发多种产品、一种产品多个形态、一次销售多条渠道、一次投入多次产出、一次产出多次增值的生产服务方式，但著作权授权分离问题仍是痛点所在。[1][2] 在传统期刊出版模式中，稿件著作权往往由作者

---

[1] 李婧璇. 出版融合转型：六大成果和五大问题 [EB/OL]. (2019-06-17) [2025-06-30]. https://www.pac.org.cn/hangyedongtai/3601.html.

[2] 中国出版传媒商报. 五个痛点六大趋势！国内数字出版亟需新变现模式 [EB/OL]. (2022-09-30) [2025-06-15]. https://www.gdpg.com.cn/index.php?m=article&id=2280&cid=9.

或其所在单位所有，出版方通常仅拥有一定范围的出版权或使用权。互联网期刊出版缺少全版权运营权，或运营范围有限，无法实现真正的"落地生根"，造成资源浪费和效率低下，① 在内容资源的再开发、跨平台传播及商业化运营等方面存在诸多限制。这不仅削弱了内容价值的持续释放能力，也严重制约了出版单位在数字化、融合化发展背景下的转型升级与创新探索。

2. 数字技术应用带来内容质量与数字伦理风险

随着人工智能大模型技术的迅猛发展，其在互联网期刊出版中的应用范围不断扩大，为提升内容生产效率、拓展知识服务边界提供了强有力的技术支撑；然而，AIGC 的广泛应用也带来了内容质量与数字伦理方面的潜在风险与挑战。在内容质量方面，由于模型生成内容受限于训练数据的统计规律和语言模式，不可避免地导致生成作品在结构、逻辑和表达上趋于一致，尤其在科研写作中，容易出现不同作者提交的文章在框架设计、背景引用、研究脉络梳理及数据描述方面存在高度同质化的现象，影响学术创新性与可辨识度。② 此外，AIGC 输出的内容往往围绕某一专题，无法提供全面、系统的知识体系，从而加剧知识的碎片化，影响对知识的全面认知；AIGC 模型难以做到知识的及时更新，一方面是由于整个模型的重新训练成本很大；另一方面，知识更新也会带来知识遗忘的隐忧，导致 AIGC 输出内容落后于现实。③

在数字伦理方面，AIGC 模型的高效运行离不开对大量信息的收集和对这些数据的关联分析，从而挖掘更深层次的信息内容，这极易造成用户隐私泄露和数据安全；AIGC 的训练数据如果涉及民族、宗教、人权等存在价值观争议的内容，很容易生成具有偏见和攻击性的信息；对 AIGC 工具的利用还易产生学术不端等系列问题，如 AIGC 生成内容涉及各类受法律保护的数据，因而存在侵权的风险。

3. 前沿技术理解及应用滞后

近年来，数字技术快速发展，移动设备逐渐普及，网络用户不断涌现，互

---

① 李婧璇. 出版融合转型：六大成果和五大问题［EB/OL］.（2019-06-17）［2025-06-30］. https://www.pac.org.cn/hangyedongtai/3601.html.
② 尤凯，王雪，李新红. 生成式人工智能对学术期刊的影响与建议：以 ChatGPT 为例［J］. 出版广角，2024（06）：77-80+76.
③ 边雪. 行业专访｜ChatGPT 是在"用人类喜欢的方式回答"，AIGC 商业化应用前景光明［EB/OL］.（2023-02-08）［2025-04-05］. https://baijiahao.baidu.com/s?id=1757269212737562884&wfr=spider&for=pc.

联网出版市场不断发展壮大。① 在此过程中，技术平台已演变为互联网出版机构与用户交互的核心中枢，从内容创作、智能分发到精准营销和用户反馈的全链路体系都呈现出对技术平台的高度依赖。② 这一发展趋势要求互联网出版机构能够紧跟前沿技术，推动出版工作理念创新，强化融合思维、用户思维、底线思维。但当前互联网出版行业普遍存在对前沿技术的理解和认知不够深入、全面，缺乏应用能力等问题。③ 部分机构对人工智能、大数据、区块链等新兴技术的应用仍处于初级阶段，还没有将生成式 AI 技术纳入正式的工作流程，仍处于观望状态，仅仅是部分员工出于个人兴趣或需求进行探索和应用，④ 导致技术赋能效果有限，难以充分发挥技术对出版流程优化的支撑作用。这种技术理解与应用滞后的现象，已成为行业高质量发展的重要瓶颈。

（二）互联网期刊出版产业发展对策

1. 推动价值共创，构建合作共赢的著作权机制

价值共创理论源自经济学领域，该理论强调企业和消费者应从传统的买卖关系转变为合作共赢的伙伴关系。这一理论同样适用于互联网期刊出版领域。随着内容产品形态的不断拓展，互联网期刊出版机构不仅是知识内容的传播者，更是内容资源的整合者与运营者。在这一过程中，与作者建立稳定、合理的版权合作机制，成为推动内容持续开发与深度经营的关键。在版权合作中，首先应确保作者充分了解其著作权构成，并在自愿的基础上将部分财产权（如复制权、发行权、信息网络传播权等）授予期刊，以便开展网络传播和后续的版权再开发（包括再版、翻译、改编、索引、文本和数据挖掘、转授权等）。双方需在权利清晰划分的前提下，避免侵犯第三方著作权。⑤ 此外，在数据库、微信公众号等平台进行网络传播时，期刊与平台运营方亦需明确可被让渡或授

---

① 王茜. 数字出版背景下出版产业问题与对策探究——以凤凰传媒为例［J］. 西部广播电视，2023，44（18）：76-78.
② 国际数字出版产业调研报告课题组，林晓芳，王壮. 国际数字出版产业发展现状、问题及趋势［J］. 出版发行研究，2023（06）：72-82.
③ 张君成，李婧璇. 展现技术驱动数字出版的多面性［EB/OL］. https://wxb.xzdw.gov.cn/xxh/xxhgzdt/202306/t20230611_362617.html.
④ 肖谦，丁毅，郑汉. 出版行业应用生成式人工智能的现实困境与实践思路——基于对43家出版机构的访谈调查［J］. 编辑之友，2025（06）：49-56.
⑤ 张秀峰. 价值共创目标下科技期刊对作者著作权保护意识的培育［J］. 编辑学报，2024，36（03）：241-246.

权的财产权范围，确保传播活动具有合法合规基础。同时，还应特别注意对科学数据等特殊类型内容的合理使用与合法保护，避免数据滥用和隐私泄露等问题。① 通过建立清晰透明的著作权合作机制，互联网期刊出版单位可与作者共同实现内容价值的深度开发，真正实现出版生态的共建共享与价值共创。

2. 加强审核力度，健全人工智能技术使用规范

要想规范人工智能技术的应用，首先，应明确人工智能技术在学术创作中的使用边界。出版机构应制定相应规定，要求作者在稿件中如实说明人工智能参与的环节及使用方式，尤其是在文献综述、数据处理、图表生成等关键部分，需标注是否借助AIGC工具完成。这不仅有助于提升学术写作的透明度，也为审稿专家提供了更加客观的评审依据。其次，学术期刊应加大对内容质量和创新性的审查力度，建立严格的审查流程，对论文的研究方法、数据分析、结果结论等进行详细溯源。同时，应提升内容审查的技术能力与响应机制，出版单位应引入AIGC检测工具、可溯源系统等技术手段，增强对生成内容的识别能力，及时发现拼凑式写作、逻辑雷同、数据捏造等问题，防范"技术性学术不端"的扩散。同时，还应加强对作者、审稿人和编辑群体的学术诚信教育，强化其对人工智能技术的理解与伦理边界意识，引导其树立"规范使用、诚实写作"的基本理念。中国知网的探索为解决上述问题提供了具有参考价值的实践样本。针对AIGC引发的内容碎片化与学术不端风险，知网构建了可控生成机制、可信溯源系统和AIGC检测技术体系，在提升内容可验证性的同时，为出版环节提供了有效的风险识别与应对工具。

3. 顺应时代趋势，重视人才队伍建设

直面问题方能大步前行，互联网出版机构应从以下两方面积极应对。一是顺应互联网出版前沿技术发展，加强数据驱动与技术应用，提升响应速度，推动产业战略升级。应全面了解用户需求，及时提供与受众需求适配的内容或服务，在充分"利用内容"维度上进一步延展。例如，建构"数据+平台"服务模式，对接国内外重要期刊数据库、搜索引擎、知识发现平台、社交平台等，为用户提供涵盖文献检索、学术知识发现、富媒体阅读、精准推送、个性化定制等方面的全链条式数字出版服务。进一步结合用户需求及所处场景采取

---

① 张秀峰. 价值共创目标下科技期刊对作者著作权保护意识的培育［J］. 编辑学报，2024，36（03）：241-246.

差异化、个性化推送方式；提供符合学术内容传播所需的工具和服务，以满足受众不同场景的实际需求。二是积极应对，引导出版人才、互联网技术人才、交互设计人才、互联网运营人才、数据分析人才等互联网出版从业者及时调整能力和角色定位，强化互联网思维、互联网出版产品思维和创新意识。在配合国家战略的基础上，推动互联网出版行业技术应用的创新和发展。

三、影响互联网期刊出版产业发展的年度重要事件

在过去的一年中，互联网期刊出版产业经历了多个具有深远影响的事件。这些事件不仅反映了行业发展的新动态，也预示着未来可能的发展趋势。

（一）中宣部等14部门联合印发《关于推进老年阅读工作的指导意见》，为老年人提供更高质量的阅读产品和服务

《关于推进老年阅读工作的指导意见》提出，要以习近平新时代中国特色社会主义思想为指导，深入学习贯彻党的二十大精神，引导广大老年人爱读书、读好书、善读书，丰富老年人精神文化生活，让广大老年人共享改革发展成果、安享幸福晚年。力争到2027年，优质老年读物的供给能力显著增强，纸质读物、数字终端的适老化水平有效提高，老年阅读服务体系基本完善，老年阅读友好氛围更加浓厚。

（二）第十九届中国科技期刊发展论坛在北京举办

论坛以"平台支撑、集约发展——让更多一流期刊脱颖而出"为主题。与会专家围绕高质量期刊建设、出版集团和平台建设等重要议题开展深入研讨。论坛下设"建设一流科技期刊出版集团""AI环境下的科技期刊出版范式重构""科技期刊高质量发展策略研讨""期刊集群多样化发展探索"等4个专题论坛。

（三）中国出版协会第二届学术出版年会（2024）在四川成都举行

本届年会以"生成式人工智能环境下中国学术出版的机遇与挑战"为主

题，围绕学术出版目前存在的机遇与挑战，尤其是"人工智能环境下学术出版人和学术编辑的应对与挑战"展开深入研讨。

（四）第二届中国期刊高质量发展论坛在湖南长沙举办

与会专家表示，要深化改革创新，用互联网思维主导资源配置，实现期刊建设数字化赋能、信息化转型，做推进媒体融合发展的坚定践行者。要坚持落脚于人，全面加强人才梯队建设，健全全链条人才培养体系，做建设高水平期刊人才队伍的重要推动者。

（五）2024年科技期刊服务高质量创新发展案例发布会在京举办

发布会以"开放创新，聚力一流"为主题，邀请教育部和中国科协相关部门负责人、科学家、期刊行业专家以及各类科技期刊负责人，聚焦科技期刊建设，共话高质量发展。活动上发布了"国际开放获取期刊推荐名录"（OARL）、"中国开放阅读科技期刊目录"以及"2024年科技期刊服务高质量创新发展入选案例"三项成果，相关成果将为科技期刊开放共享、提升办刊水平、服务学术引领和科技创新提供指导参考。

四、互联网期刊出版产业发展趋势

互联网期刊出版产业作为传统出版向数智化转型的核心领域，近年来主要呈现融合路径纵深突破、人工智能深度赋能、数据治理体系加快构建、数实融合生态成型的多维创新演进特征，形成以融合服务为核心、智能生产为底座、数实交互为特征的新型出版范式。[1][2]

---

[1] 史竞男，萧海川. 新技术会带来哪些新改变？出版界聚焦"融合创新"[EB/OL]. (2021-07-16)[2025-04-16]. https：//www.xinhuanet.com/book/20210716/accd45b7c8984c9c9ae02af1ddde9525/c.html.

[2] 靳艺昕. 人工智能助力出版创新[EB/OL]. (2024-04-16)[2025-04-16]. https：//www.cbbr.com.cn/contents/500/92013.html.

（一）融合路径纵深突破

"以内容为根本，以技术为支撑"的出版融合发展政策导向是出版业科技创新的行动指南，通过"内容+技术"双轮驱动模式重构生产流程，打造特色鲜明的内容产品多元化、运营模式全媒体化的融合出版新格局，是实现我国出版高质量发展的必由之路。① 技术层面，通过构建涵盖全媒体策划、智能化加工、跨平台分发的融合体系，互联网期刊出版将突破传统出版形式，融合声音、文字、图片、视频等多媒体元素，提供更加生动、丰富的内容，以移动化、知识化、视频化和有声化适应年轻一代读者的阅读倾向。出版融合发展不仅体现在技术层面，还体现在内容与服务的整合上。互联网期刊出版行业需要提升优质内容资源获取能力，增强渠道资源的运用能力和整合能力，在技术迭代中坚守内容深度与专业性，实现多元资源的整合与高效融通是行业发展的核心驱动力。②

（二）技术进步推动产业发展

大数据、人工智能、区块链等技术的进步，为互联网期刊出版产业的发展提供了强大的支撑，深度赋能出版流程再造，实现内容策划、生产传播、用户服务的全产业链协同，推动行业向知识服务、精准传播的智能化服务化转型。③ 尤其是人工智能技术的产业赋能作用进一步凸显，已实现互联网期刊出版全流程、全产业链应用，促进了生产质量和效率全面提升。④

人工智能大模型是变革性的知识生产和信息获取工具，为互联网期刊出版行业带来颠覆性影响。作为业界领先的互联网期刊出版商，中国知网积极布局人工智能赛道，基于海量高质量知识数据与华为联合创建了华知大模型，并基

---

① 赵琳，宋亚鲁．"新发展阶段下的融合出版创新"高端论坛举办［EB/OL］．（2021-07-17）［2025-04-16］．https：//baijiahao．baidu．com/s？id=1705486618336419979&wfr=spider&for=pc．
② 宋志军．把握出版本质有效推进社科精品生产［EB/OL］．（2024-02-23）［2025-04-18］．https：//www．cssn．cn/skgz/bwyc/202402/t20240223_5734498．shtml．
③ 智研咨询．数字出版行业现状：技术进步为出版提供强大的支撑，行业规模保持增长［EB/OL］．（2024-12-24）［2025-04-18］．https：//baijiahao．baidu．com/s？id=1819302269158910915&wfr=spider&for=pc．
④ 中国数字出版产业年度报告课题组，崔海教，王飚，等．2023—2024年中国数字出版产业年度报告（摘要）［J］．出版发行研究，2024（11）：29-36．

于人工智能大模型技术，实现了从数字出版、加工标准到知识服务的全面升级，开发了学术研究助手、智能写作、智研助手、学术搜问、AIGC检测等原生产品和方案。① 以问答式增强检索、生成式知识服务等系列服务模式创新，重塑互联网期刊出版知识服务新业态。此外，华知大模型已在法治、医疗、企业等领域广泛推广，如应用于法治领域，打造服务法律咨询业务的律境大模型；应用于医疗领域，打造辅助诊疗大模型；应用于企业管理领域，打造财务大模型、制度大模型等。一系列落地的垂直行业大模型，通过深度学习海量专业知识，拓展了知识的深度、广度，为知识密集型行业提供了更加精准的专业内容服务。

当前互联网期刊出版行业对AIGC及其应用进行了初期探索，已有多家出版单位如中国知网一般将AIGC列为未来产业布局重点，让内容规模化生产成为可能，为数实融合环境下满足多层次、多场景文化需求奠定坚实基础。

（三）数据流通重塑发展态势

数实融合以数字技术为核心驱动，以数据要素为关键赋能，以数字生态治理为重要手段，协同推进数字产业化和产业数字化，激发经济增长新动能。② 当前，互联网期刊出版行业为提升数据管理运用水平，促进数据有效流通和使用，正加速迈入数据治理体系系统性建设新阶段，形成数据治理与数实融合协同发展新格局。

中国知网依托大数据、人工智能、区块链等新一代数字技术，建立起大规模数据标注工程服务能力和数据要素资产化综合服务能力，涵盖数据加工、治理、交易、流通等环节。其中，应用华知大模型后的数据治理平台，更实现了全流程、多维度、细粒度的多文种数据标注、自动分类、自动文摘、智能审读等，大幅提高了数据加工处理的效率和准确性。依托自身的大规模数据标注工程服务能力和数据要素资产化综合服务能力，同方知网将继续通过"AI+"的数据治理和数据要素资产化综合服务，赋能实体经济数据要素价值释放。

---

① 张宏伟. 人工智能大模型赋能文化数字化［EB/OL］.（2024 - 04 - 24）［2025 - 04 - 18］. https://www.mj.org.cn/m/kmsd/202404/t20240424_286132.htm.
② 环球网微信公众号. 加快数实深度融合赋能发展［EB/OL］.（2025 - 01 - 05）［2025 - 04 - 18］. https://yrd.huanqiu.com/article/4KXu2SNSbA7.

与此同时，中国知网在交易流通方面也积累了丰富的经验，并在此基础上和上海数据交易所联合建设了知识资源数据交易行业中心，开展知识类数据交易，让数据"供得出、流得动、用得好"。互联网期刊出版汇聚优质数据资源，促进数据有效流通，一方面有助于我国出版人工智能大模型的开发自主可控，另一方面有助于实体经济发展，通过数实交互实现人工智能大模型等技术对实体行业的深度赋能。加快完善数据治理体系，在实体经济领域持续拓展数实交互新场景，构建协同发展的数实融合生态系统，已成为推动数字经济高质量发展的必然路径。

［王友平、吴莹莹单位：同方知网（北京）技术有限公司；李广宇单位：中国新闻出版研究院］

2024—2025 中国网络游戏出版产业年度报告

郝园园

2024年是国家实现"十四五"时期发展规划目标任务的关键一年。我国文化企业实现营业收入已达到141 510亿元，比上年增长6.0%。其中，文化新业态特征较为明显的16个行业小类，实现营业收入59 082亿元，比上年增长9.8%。网络游戏产业作为文化产业的重要组成部分，践行习近平文化思想，追求高质量发展，在全球化发展浪潮中，把握机遇，应对挑战，展现出新兴产业的突出优势，自觉地创造和塑造新的文化价值，推动数字中国、文化强国建设。

一、中国网络游戏市场规模和用户规模

（一）市场规模

1. 全球游戏市场整体规模

2024年，全球游戏市场规模为12 163.35亿元，同比增长3.31%，市场持续回暖，呈现积极变化趋势。全球移动游戏市场规模为人民币6 355.69亿元，同比增长4.83%。按照发行商排名来看，2024年度全球手游发行商收入前十名依次为：腾讯（中国）、Scopely（美国）、动视暴雪（美国）、Playrix（俄罗斯，注册于爱尔兰）、网易（中国）、Supercell（芬兰）、Dream Games（土耳其）、Take-Two（美国）、Playtika（以色列）和米哈游（中国），中国企业上榜3家。全球跨平台游戏兴起，进一步推动市场扩张，并丰富了行业收入来源，

但同时也应注意到社会动荡、通货膨胀等不利因素给游戏产业发展带来的挑战。根据 Games Industry 数据显示，如果抛开中国市场的增长贡献，全球游戏市场已经陷入持续衰退态势——2024 年，Embracer Group、Unity 等游戏巨头均出现了大规模裁员。

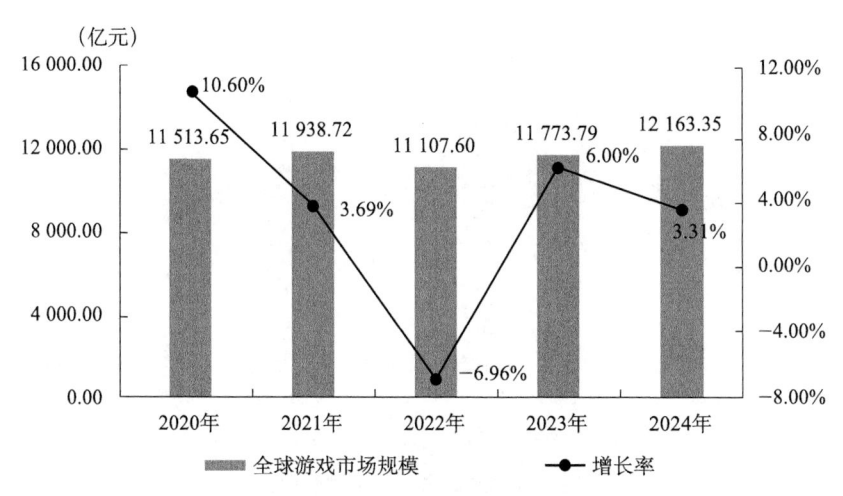

图 1　全球游戏市场规模

数据来源：中国音数协游戏工委

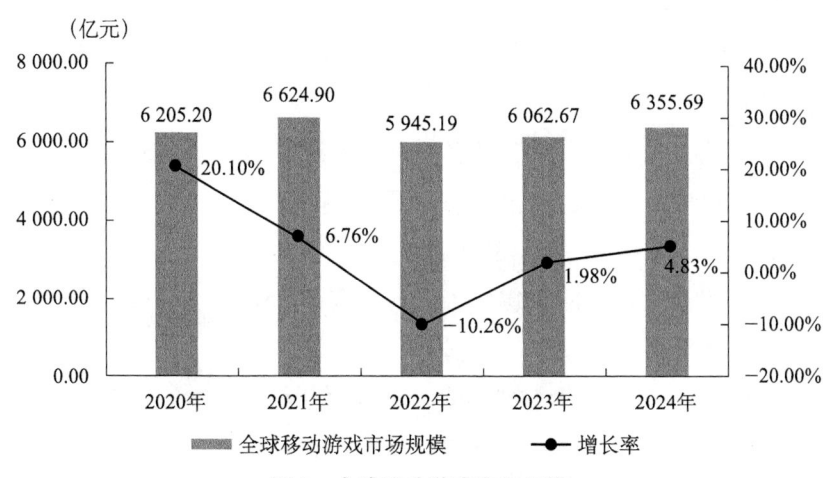

图 2　全球移动游戏市场规模

数据来源：中国音数协游戏工委

2. 国内游戏市场及用户规模

根据中国音数协游戏工委发布的《2024 年度中国游戏产业报告》显示，

2024年国内游戏市场实际销售收入为3 257.83亿元，同比增长7.53%，再创新高。2024年游戏用户规模为6.74亿人，同比增长0.94%，占中国总人口比例近40%，亦为历史新高点。

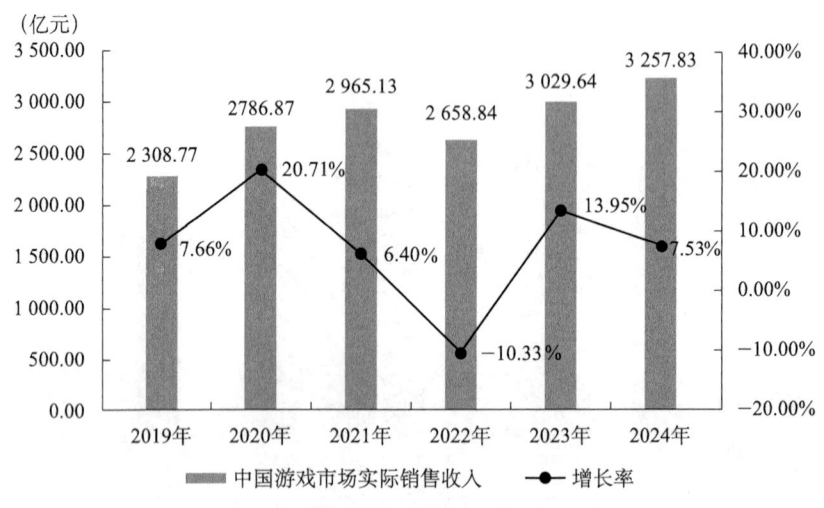

图3 中国游戏市场实际销售收入

数据来源：中国音数协游戏工委

3. 细分市场规模

2024年国内移动游戏实际销售收入为2 382.17亿元，占比为73.12%，仍稳居主导地位。

国内客户端游戏市场实际销售收入为679.81亿元，同比增长2.56%，客户端游戏实际销售收入占比20.87%。主要得益于头部具有强劲生命力的游戏表现稳定，以及多部移动游戏新品在PC端的同步发行。

国内网页游戏市场实际销售收入同比下降2.35%，整体规模为46.38亿元，已连续九年呈现下滑趋势，占整体游戏收入的1.42%。

国内主机游戏市场实际销售收入为44.88亿元，同比增长55.13%，其市场规模的显著扩张，主要得益于现象级新品的优异表现，受其影响，移动游戏、客户端游戏、网页游戏三者占比较上年均有所下降。

国内电子竞技游戏市场实际销售收入为1 429.45亿元，同比增长7.52%。主要归功于头部电竞游戏的长线运营，巩固了电竞市场基本盘。同时，多款不同品类的电竞游戏新品面市，也创造了可观的市场增量。

4. 突出品类规模

（1）二次元移动游戏

2024 年，我国二次元移动游戏市场实际销售收入为 293.48 亿元，同比下降 7.44%。

主要受到三种因素影响：一是上一年度该品类市场表现过于突出，使本年度业绩相对逊色；二是市场竞争加剧，二次元赛道的高热度吸引了大量厂商涌入（包括传统互联网龙头企业、垂直二次元公司及跨界玩家），但市场进入"存量竞争"阶段后，矛盾逐渐凸显，出现产品同质化严重、头部产品挤压生存空间等问题；三是用户需求升级，二次元用户群体（尤其是"Z 世代"）的需求已从"数量满足"转向"质量要求"，对内容深度、玩法创新及情感共鸣的需求显著提高，但市场供给未能同步跟进，用户消费意愿有所减弱。

（2）移动休闲游戏规模

2024 年，国内移动休闲游戏市场实际销售收入为 312.74 亿元，同比下降 1.78%，已连续三年下降，新品乏力、同质化竞争、用户分流至其他品类等因素是导致销售收入持续下滑的主因。

（3）小程序游戏规模

2024 年，国内小程序游戏市场收入 398.36 亿元，同比增长 99.18%，仍处于快速成长期。其中内购产生的市场实际销售收入为 273.64 亿元，占比 68.7%；广告变现收入为 124.72 亿元，占比 31.3%。

（二）中国自主研发游戏销售规模

1. 国内市场实际销售规模

2024 年，中国自主研发游戏国内市场实际销售收入为 2 607.36 亿元，同比增长 1.70%，增速有所放缓。主要是受到市场竞争加剧、研发及获客成本持续攀升的影响。

从收入上看，2024 年收入排名前 100 位的移动游戏中，多人在线战术竞技类、角色扮演类、射击类位居前三位；三者合计占比总收入 49.73%。

2. 国外市场实际销售规模

2024 年，中国自主研发游戏海外市场实际销售收入为 185.57 亿美元，同比增长 13.39%，其规模已连续五年超千亿元人民币，并再创新高。面对全球游戏市场增速放缓、竞争日趋激烈的国际环境，国内游戏企业积极应对，表现依然出色。

2024 年，自主研发移动游戏海外市场实际销售收入地区分布中，美国、日本、韩国依然是主要海外目标市场，合计占比 57.27%。

从收入份额来看，海外市场前五名的游戏类型分别为 4X SLG①、解谜类、角色扮演类 RPG、大型多人在线角色扮演游戏 MMO 和多人在线战术竞技游戏 MOBA。此外，棋牌游戏和社交棋牌游戏的收入份额也都超过了 5%。

我国在海外市场收入前 100 位的自研移动游戏中，策略类、射击类、角色扮演类三种产品类型已连续五年位居前三。

二、中国网络游戏产业分析

（一）政策环境优化，推动行业规范化与高质量发展

1. "属地化试点"审批加快，带来行业确定性的增量

自 2022 年起我国推行版号审核"属地化试点"，目前已覆盖海南、北京、上海、广东、浙江、江苏等重点地区，试点地区审核周期较以往约缩短三成，如广东省初审到终审完成全流程仅需 8 个月，这一举措通过简化审批流程、赋予地方更多自主权，推动游戏产业集聚发展。在"属地化试点"实施后，2024 年国家新闻出版署下发新游戏版号总计 1 416 个，其中，国产游戏版号 1 306 个，进口游戏版号 110 个。版号发放总数同比增长 32%，是 2022 年总量的 2.75 倍，已经回到了 2020 年的版号发放量水平。

2. 提升网络游戏质量写入《关于促进服务消费高质量发展的意见》，重塑游戏行业社会形象

国家将"提升网络游戏质量"写进《关于促进服务消费高质量发展的意

---

① 4X 在于 SLG：4X 要素是指探索（eXplore）、扩张（eXpand）、开发（eXploit）、征服（eXterminate），与传统 SLG 的区别在于强调长线策略与宏观决策，节奏较慢但策略深度高，与即时战略（RTS）形成对比。

见》，肯定了网络游戏作为服务消费的重要价值，标志着其从"争议性行业"向"文化消费新业态"的转型，倒逼游戏企业提升产品研发能力，推动产业从"野蛮生长"转向"精品化竞争"。网络游戏也有望从单一娱乐产品升级为兼具经济价值与社会效益的"数字文化新基建"，为服务消费高质量发展注入新动能。

3. 地方政策密集出台，形成"差异化扶持＋全链条覆盖"的格局

在国家政策的引导下，2024年地方政府围绕网络游戏产业升级、电竞场景、文化出海、技术融合等方向密集出台相关政策，这些政策不仅涵盖了专项资金扶持、减税降费等激励机制，还涉及完善产业配套设施、激发市场活力、吸引高端人才、完善科技支撑等多个方面，在电竞赛事落实、举办方式，以及电竞企业对落户城市的选择上，都呈现出新的趋势。

从政策内容来看，上海、广东、北京、四川等地对游戏产业的支持力度较大。

上海市在《上海市促进软件和信息服务业高质量发展的若干措施》中提到，"适时开展外资游戏企业在沪研发的游戏产品视同国产游戏的政策试点"。这意味着未来在沪外资企业也能走国产游戏版号的审批通道，利好程度不言而喻。上海发布《上海市支持电竞游戏产业健康发展三年行动方案（2024—2026）》，欲斥资80亿元耗费3年时间全方位打造"世界电竞中心"，设立专项资金支持本土赛事培育，对顶级国际赛事补贴最高至500万元。上海市促进文化创意产业发展，财政扶持资金、徐汇区文化发展专项资金均对游戏和电竞产品研发做出了较大支持。

广东省实施新政，启动无版号测试备案机制，允许未获版号的游戏在禁止内购前提下进行备案测试，大幅降低企业试错成本。该政策使《黑神话：悟空》等产品得以提前3个月收集玩家反馈。2024年广东游戏产业总营收达2 604.31亿元，约占全国八成，同比增长6.3%。

北京市2024年出台《关于培育新型文化业态大力发展文化新质生产力的若干措施》，通过政策创新推动游戏产业向"科技＋文化"双轮驱动升级，启动专项政策，缩短游戏审核周期，帮助企业降低合规成本。

四川强化政策支持，推动成都游戏企业"出圈、出彩、出海"，打造全球竞争力。策划扶持项目"COG（国产在线游戏）好游戏计划"从网络游戏属地

管理试点政策、出版发行、投融资服务等领域助力打造精品国产游戏，构建游戏产业高质量发展生态。

山东济南印发了《济南市促进电竞游戏产业发展行动计划（2024—2026年）》，将培育电竞游戏产业发展纳入推动数字先锋城市建设中，并设立具体目标和实现路径。此外武汉、重庆、江苏、成都、厦门、浙江等地先后出台各项游戏扶持政策，这一系列信号都表明，游戏行业即将迈入新阶段。

（二）游戏产品由"规模扩张"转向"价值创造"

2024年友谊时光的《浮生为卿歌》、叠纸网络的《奇迹暖暖》获评国家文化出口重点项目；《浮生为卿歌》入选文旅部"一带一路"文化产业和旅游产业国际合作重点项目。在政策环境优化、技术创新赋能、产品形态多元化、全球化战略深化等多重因素的协同作用下，2024年中国游戏产品呈现"百花齐放"的繁荣景象，从规模扩张转向价值创造。

首款国产3A游戏里程碑作品树立行业新标杆。作为中国首款真正意义上的3A游戏，《黑神话：悟空》证明了中国游戏团队有能力制作出与国际一流水平接轨的高质量游戏，为国产3A游戏的发展奠定了坚实基础。在游戏品质上，每小时开发成本超过1 500万元的《黑神话：悟空》以精美的画面、扎实的玩法、丰富的剧情和独特的战斗系统，为行业树立了新的标杆。游戏细节如人物建模、场景设计、动作捕捉等，都达到了世界领先水平，激励着其他游戏开发者不断提升游戏品质。同时，《黑神话：悟空》的成功吸引了大量资本和人才进入游戏行业，促进了游戏产业链的完善和发展，带动了游戏主机、电脑配件及新消费产品的周边销售，为整个游戏产业带来了新的增长点和活力，推动了中国游戏产业从"道具氪金"时代向"精品付费"时代的转变，为整个中国游戏产业生态带来变革和启示。同时，这款游戏的成功再次抬高了游戏产业在文化产业中的地位，向世人展现了游戏在文化传播传承方面的价值，它激发了更多人对中国传统文化的热爱和传承，也为中国文化在国际上的传播和交流提供了新的途径和方式。

精品游戏展现强大活力。从全球来看，游戏市场进入成熟期之后，市场的主要驱动力会来自那些已经获得大量用户的精品、IP系列、游戏平台，或者精品游戏进行平台化的运作。腾讯在2024年提出了"长青"战略，将其定义为

"经得住时间和市场检验的重要作品",评判标准为年流水超过 40 亿元,且季度平均日活超过 500 万的手游和日活超过 200 万的端游,意在培养并维持一系列具有长期生命力的游戏作品。腾讯提出"长青"标准,意味着规模大、质量好的新游戏将得到更多的投入,推向市场的每一款新游戏都有很大的可能性成为长青游戏。2024 年腾讯符合这一标准的游戏从上一年度的 12 款增加至 14 款。根据腾讯财报披露,《无畏契约》《火影忍者》《金铲铲之战》及《英雄联盟手游》等多款产品收入增长,《地下城与勇士:起源》与《三角洲行动》等新游的优异成绩,成为支撑腾讯本土游戏业务的中流砥柱。

(三)AI 技术在游戏产业多维度应用成效显著

AI 在游戏中的应用,由上一年度"可以使用的展望"进展到"多维度应用"。全球游戏开发者大会(GDC)在《2024 游戏行业现状报告》中提到,49% 的游戏开发者称生成式 AI 已应用于他们的工作场景。如在开发工具革新方面,AI 生成图像/视频、动画建模等技术提升了制作效率;在玩法创新方面,AI 驱动的 NPC 和生成式工具突破了传统限制;在行业协作方面,AI 的跨平台开发、高渲染技术应用推动了行业标准化进程。

在国际方面,2024 年英伟达推出用于语音和动画的 NVIDIA Avatar Cloud Engine(ACE)、用于语言的 NVIDIA NeMo 以及用于光线追踪渲染的 NVIDIA RTX 等;Unity 则推出 Unity Sentis、Unity Muse 等 AI 助手。此外,微软、育碧、Roblox 等行业头部公司,均应用 AI 在游戏制作、运营,包括降本增效、创造新玩法方面的革新做出探索,驱动股市游戏板块大幅上涨。

在国内方面,腾讯重组了 AI 团队,聚焦于快速的产品创新及深度的模型研发。网易伏羲发布自研美术服务平台"有灵天工",提供灵活用工的游戏美术服务,进一步完善开发生态。字节跳动在 AI 领域的资金投入攀升到 800 亿,接近 BAT 三家总和,加速辐射字节跳动游戏领域。

在游戏数字营销方面,人工智能的应用带来了比以往更高的投资回报率;AI 从效率工具变成创意本体,甚至是"投放决策者",为游戏企业大幅提效;智能代理渗透用户全流程,主动理解、推荐、执行用户需求;广告即内容,游戏广告不再是插入内容流的附件,而是自然、合理地融入 AI 生成的搜索结果,成为内容本身。

在游戏研发方面，网易伏羲实验室为《永劫无间》打造全球首款多模态语音 AI 队友，支持自然语言指挥战术，并具备情绪反馈能力。在《CS：GO》中网易还推出游戏回放的机器学习反作弊系统等。三七互娱依托 AI 技术对研发、推广、运营深度渗透，自主研发的"小七"大模型更是提升了美术设计与用户画像效率，实现了文化表达的精准化与创新性。字节跳动在《星球：重启》中应用到了多智能体增强的 3D 角色生成技术 ChatAvatar。巨人网络 GiantGPT 驱动 NPC 拥有自适应记忆与性格，在《征途》中提供了"陪伴型"情感交互。

AI 技术在游戏产业的应用已从内容生产自动化生成、全球运营精准触达发展到智能 NPC 情感代偿与玩家实时交互多模态对话，AI 正在游戏领域创造更长远的价值。

（四）游戏出海从"走出去"到"融进去"

游戏作为中国文化服务出口的重要类别，海外市场表现强劲，收入持续增长。《加快推进服务业扩大开放综合试点工作方案》明确提出，支持游戏出海，发展游戏出海业务，布局从 IP 打造到游戏制作、发行、海外运营的产业链条。这成为更多新生代游戏厂商加速崛起并不断拓展全球市场的契机，也预示着中国游戏产业全球化步伐加快。

游戏企业通过自研产品出海与全球化布局巩固行业地位。腾讯构建覆盖 200 多个国家和地区的全球发行网络，依托腾讯云遍布全球的加速节点和边缘安全加速平台 EdgeOne 以及多年沉淀的安全能力，《王者荣耀》（海外版）已经覆盖 160 多个国家和地区。三七互娱在全球 200 多个国家和地区发行 120 余款游戏，2024 年持续提升全球化发行能力，海外收入达 57.22 亿元，约占总营收的 1/3，重点布局中东、拉美等新兴市场，本土化运营经验丰富。此外，点点互动、柠檬微趣、Florere Game、叠纸、库洛、莉莉丝游戏和灵犀等企业也均有出海布局，将产品优势扩展到海外市场。值得一提的是，2024 年《黑神话：悟空》迅速成为 Steam、WeGame 等多个游戏平台销量榜首，这并非一次偶然的成功，而是游戏出海长期积累的结果。

事实上，游戏产品从"走出去"到"融进去"并非易事。这对本地运营和创新能力提出更高要求，游戏企业不仅需要深入了解目标市场文化背景和玩家偏好，还要重视本地化运营，不同地区的文化差异常常导致游戏内容在深度本地化的过程中存在意识形态等风险。比如一些国家、地区经历过独特的历史创伤（战争、殖民、压迫），相关符号或叙事极易引发强烈情绪，开发者如不了解或不敏感，可能会无意中在游戏里触碰到这些禁忌；依赖广泛传播但片面或过时的刻板印象来塑造角色或文化，也是重大的雷区之一；只做表面的、低成本的本地化改动，玩家觉得开发者不尊重他们的文化，只是为了赚钱。全球化的本质是本地化，这一过程是一个系统、长期的工程，不能一蹴而就。

三、影响游戏出版产业发展的年度重要事件

（一）《黑神话：悟空》是中国游戏工业的重要里程碑

《黑神话：悟空》于 2024 年 8 月 20 日全球发售，上线 3 天全球销量突破 1 000 万份，横扫 92 项年度最佳游戏大奖，在 Steam 半年的收入飙升至 9.44 亿美元。《黑神话：悟空》标志着中国本土游戏开发商有能力以中国文化内容，制作全球认可的 3A 大作，是中国游戏工业的重要里程碑。

传播力决定影响力，全球传播力是民族文化自信自强的重要体现。《黑神话：悟空》以数字技术赋能，巧妙地把民族文化同游戏场景融合，呈现了《西游记》叙事及其所蕴含的东方哲理，没有为了方便西方受众理解而刻意更改或大幅简化，反而以全新的方式将民族文化呈现给世界，成为民族文化出海的鲜亮名片。这正是坚守中华文化立场，善于提炼中华文明的精神标识和文化精髓，敢于向世界展示和传播民族文化的体现。

（二）《菇勇者传说》成为小游戏出海的标志性案例

游戏公司 4399 旗下 Joy Net Games 发行的游戏《菇勇者传说》上线后迅速攀升至日本、韩国各大畅销榜顶部，游戏早期月流水突破 4 亿。《菇勇者传说》是微信小游戏《冒险大作战》的海外版本，海外目前没有成体系的小游戏生态，对渴望更大增长空间的游戏厂商来说，通过选市场、选题材、选玩法，科学入局小游戏并转为 App 上线不同地区，触达更广泛的玩家群体，解锁更多增

长可能。根据 AppMagic 数据显示，《菇勇者传说》是 2024 年 3 月份海外收入增长最快的产品，首次跻身全球 IAP 流水前十，达到 5 460 万美元，约合人民币 3.93 亿元。出海小游戏的变现模式可细分为 In-App Purchase（IAP）、In-App Advertisement（IAA）及两者兼具的混合变现，它们特点、优势各异。《菇勇者传说》采用 IAP 模式，鼓励长时间在线，且存在大量随机元素，提供多元化的养成方向。

（三）乙女游戏撑起百亿市场，映射情感经济的缩影

乙女游戏是以女性为主人公，与多位男性角色展开一段段浪漫的恋爱故事，是年轻人在虚拟世界中寻找情感寄托的一种表征，在某些方面满足了现代年轻人多层次的心理需求，即无忧无虑地虚拟恋爱。数据显示，以《恋与深空》为代表的乙女游戏，已力压传统二次元游戏。据时代周报统计：《2024 年 1—11 月中国游戏出海黑马榜》位居榜首的《恋与深空》前 11 个月海外 iOS 端预估收入达到 6.2 亿美元（约为 43.42 亿元），移动应用市场研究机构 AppMagic 公布的 2024 年全球手游收入榜显示《恋与深空》位列第 25 名。

乙女游戏已从小众边缘走向主流，支撑起一个百亿市场，悄然重塑着游戏行业的价值逻辑。这不仅是技术驱动下情感商业的成功，更像一把标尺，精准丈量着当代女性的情感需求。它是现实社会中情感经济的缩影，酝酿着虚拟与现实交融下数字情感互动的新范式。当然，我国乙女游戏的发展仍面临诸多挑战，如何推动其健康长远发展，已成为行业亟待解决的重要课题。

（四）广东游戏营收规模占全国近八成

《2024 年广东游戏产业报告》显示，广东游戏产业 2024 年以 2 604.31 亿元营收、占全国比例为 79.94% 的成绩，交出了一份"文化＋科技"深度融合的高分答卷。2024 年广东省移动游戏营收规模为 1 967.82 亿元，较 2023 年上涨 6.5%，占全省游戏营收的 75.56%，占全国移动游戏营收的 82.61%。广东省打造的开发、运营、发行等游戏产业全链条和发达的数字经济基础，让游戏厂商们如鱼得水，将 AI、云计算、大模型等应用于游戏产业的工业化项目中。

（五）2024年度十大优秀游戏及相关企业奖项反映游戏产业发展成效

2024年12月，中国音数协游戏工委发布2024年度游戏十大优秀游戏及相关企业奖项，彰显了国内游戏产业的繁荣与创新。这些获奖作品和企业不仅代表了当前游戏市场的最高水平，也反映了中国游戏产业在技术创新、文化传承、社会价值等方面的积极探索和显著成效。

表1　2024游戏十强年度榜评选结果

具体奖项	获奖者
2024年度优秀游戏科技创新企业	腾讯
2024年度优秀"走出去"游戏企业	鹰角网络
2024年度优秀游戏研发团队	游戏科学
2024年度优秀游戏运营企业	莉莉丝游戏
2024年度客户端游戏类别的优秀作品	《黑神话：悟空》（游戏科学）
中华传统文化方面的杰出奖项	《黑神话：悟空》（游戏科学）
2024年度优秀移动游戏	《鸣潮》（库洛游戏）
2024年度游戏十强优秀社会价值游戏	《碳碳岛》（腾讯）
2024年度游戏十强优秀游戏音乐设计	《铃兰之剑》（心动网络）
2024年度游戏十强优秀游戏美术设计	《绝区零》（米哈游）

四、总结与展望

2024年，中国网络游戏产业以"科技筑基+赋能文旅+文化出海"为核心战略坐标，探路价值融合与跨界创新，推动形成了"中国文化，全球表达"的新格局。

同时，依据国家"十四五"时期发展规划关于推动数字技术与实体经济深度交融、催化产业生态革新的战略导向，游戏行业应当稳中求进、以进促稳、先立后破，以供给侧改革为核心引擎，一方面以数字技术嫁接赋能传统文娱形态转型，激活"游戏+"跨界融合新业态；另一方面引导资源配置从"堆叠资源"向培育创新土壤转变，扶持中小厂商建立差异化竞争壁垒，创造可持续发展的产业生态，鼓励创造有品质、有创新、有内涵的游戏作品，以游戏之手，书写当代文明。

（作者单位：中国新闻出版研究院）

2024—2025中国网络（数字）动漫出版产业年度报告

郝园园

2024年，为推进国家文化数字化战略落地，我国围绕推动数字经济与数字文化产业发展密集出台系列政策举措。在中央及国务院各层级、国家相关部委层面，全年累计发布政策文件达十项之多。这些政策立足国家全局与战略高度，系统覆盖了数据要素市场培育、技术创新突破、产业转型升级、就业潜力释放等多个重点领域，构建起综合性宏观政策体系，从顶层设计维度明确了文化产业数字化转型的必然路径与发展方向，充分彰显了国家对数字文化产业发展的重视程度与引领作用。作为数字文化产业中的重要组成部分，网络（数字）动漫出版坚持以习近平新时代中国特色社会主义思想为指导，在政策支持、技术创新与市场需求的多重驱动下，呈现出内容生态繁荣、技术赋能加速、IP开发深化、多领域价值探索及国际化探索深入等显著特征。

本报告通过分析2024年中国网络（数字）动漫的发展环境、重点领域发展态势以及发展趋势，以求掌握发展规律，为推动动漫产业健康发展贡献力量。

一、网络（数字）动漫出版产业市场规模及基本情况

网络（数字）动漫出版属于相对年轻的媒介，"80后""90后"已成为消费主力，下一代消费群体如"Z世代"（约1997—2012年出生者）、"Alpha世代"（约2013—2025年出生者）也正在动漫的陪伴下逐渐长大。动漫独特的审美体系使它具有代际消费群体的迭代与黏性特征。数据显示，中国"Z世代"

日均动漫内容接触时长超过2.3小时，其中68%的用户从6岁起持续接触动漫内容，形成跨年龄层的长期消费黏性。这一现象在美国、日本、中国均存在，美国动漫产业研究院2024年调研显示，83%的受访者在12岁前接触的动漫作品会持续影响其成年后的审美偏好，这种"首因效应"在二次元文化圈层尤为显著。因此，包括周边、播放、流媒体等各类形态在内的全球动漫市场，基本保持每年10%以上的增长率。

（一）市场规模

近年来，全球动漫产业发展较快。奕赫咨询数据发布的数据显示，2024年全球数字漫画市场规模约为4.6907亿美元。根据《参考消息》转载《日本经济新闻》报道的"2024年中国二次元相关市场规模约12万亿日元"信息来看，这与艾瑞数据给出的中国泛二次元及周边市场规模相当，相较于2019年泛二次元市场规模的2 983亿元，2024年已翻了一倍有余，提升至5 977亿元。综合多方因素推算，2024年中国网络动漫市场规模为418.63亿元。

（二）基本情况

根据国家广播电视总局发布的全国国产网络剧片发行许可情况，2024年全国广播电视主管部门颁发发行许可的网络动画片共659部7 893集，较2023年（472部6 851集）分别同比增长39.62%、15.21%。

在生产供给方面，网络动画片的主要生产模式，以传统手工艺与现代流程的融合为主，随着剧集类网络动画片在全球大火，日本、美国、中国，产能都严重供不应求，全球顶尖的工作室几乎没有空闲档期，等待顶尖工作室的排期的时间需要2—3年，如果从零开始制作一部动漫剧集，时间线很容易拉长至4—5年。这导致一个新的网络动漫项目投资很可能要五年后才能见成效。相较之下动漫短片和动画电影的制作周期更短。网络动漫供需之间存在巨大错位，导致全球产能集中在少数国家，且扩张速度缓慢。动漫行业的绝对供给仍受到人才、管理体制甚至技术的制约。

在市场份额方面，网络动画剧集市场的主要份额基本上被四大平台所占据，由于制作公司产能有限，各家平台的片单中长期存在"换汤不换药，老酒装新瓶"的现象，常常是一部作品在多年的片单中反复出现以拉高总量。

在作品类型上，网文改编的 3D 国风玄幻类作品占据绝大部分市场份额，各平台国产动画剧集的用户画像进一步趋同。

从作品播出周期来看，年番作品成为各平台争夺用以维护用户基本盘的利器，但受产能限制，季番作品依旧是行业主流。

二、网络（数字）动漫出版产业发展态势

（一）网络动画增长动能由量转质，规模化效益显著

随着互联网和移动设备的普及，以及用户对高质量动漫内容需求的增加，中国网络动漫市场近年来迅速增长。

2024 年中国网络动漫市场在内容创新与技术赋能的双重驱动下，展现出强劲的增长势头。一是产能持续释放。随着用户对高质量动漫内容需求的增加，2024 年新开播国产动画番剧达 112 部，其中视频平台主导出品占比达 93%（腾讯视频 35 部、哔哩哔哩 34 部、爱奇艺 19 部、优酷 16 部），头部平台通过 IP 储备与工业化制作能力巩固市场主导地位。二是播出数量增多。网络动画的播出市场主要由腾讯动漫、爱奇艺、优酷等大型互联网公司主导，这些平台通过购买版权、自主制作等方式，不断推出优质内容，吸引用户。以腾讯为例，在播年番数量突破 15 部，周更频率提升至 2—3 集/周，产能规模化效应显著，推动市场进入"提质增量"的新阶段。

平台发挥战略引领作用，积极布局。多年来，企业通过战略升级与内容创新，进一步巩固了其在国漫领域的领先地位。以腾讯视频动漫为例，平台推出的"S＋级"项目全网覆盖率从 2023 年的 75% 跃升至 2024 年的 90%，形成覆盖头部 IP 全生命周期的生态矩阵。平台既延续了《斗破苍穹》《完美世界》等经典 IP 的长线价值，又通过《镖人》《剑来》等风格化新作开辟增量市场，实现用户规模与内容影响力的双重突破。

平台集中发力，奋力原创。目前，平台国创动画储备丰富，原创力十足。以 B 站为例，其公布的国创动画作品储备中，原创作品占据了相当比例。其中，《中国奇谭2》《凸变英雄 X》《时光代理人·英都篇》等作品，凭借其独

特创意和精良制作，吸引了大量观众。2018年至今，B站累计播出国创作品642部，出品原创动画达78部，用户观看时长近6.6亿，互动总数超过2.5亿，用户规模约3.2亿。扶持动画创作者的专项计划"寻光"已与11所顶尖动画院校合作，为238部学生作品提供了资源、资金支持，扶持的衍生作品《胶囊计划》系列，已收获全球373项专业奖项。

（二）网络漫画生态链断裂，价值流失严重

近年来，中国网络漫画行业面临多重挑战，其发展空间受到内容生态失衡、商业模式单一及用户习惯变迁等多重因素挤压。从业者们多次声讨目前国产漫画行业低薪、过劳、缺乏保障、看不到出路，人才整体向动画、游戏倾斜。网络漫画主要面临的困境为以下几个方面。一是结构性矛盾，平台、创作者与市场的博弈。平台垄断与利益分配失衡。网络漫画头部平台主要为腾讯动漫、快看漫画、哔哩哔哩漫画，占整个市场份额的八成以上，中小平台月活低于50万即面临关停。平台与创作者的分成比例失衡，平台抽成达70%，新人单话稿费中位数800元，需月更80格才能达最低工资标准，无法支撑漫画家创作。即使是头部IP如《魔道祖师》手游月流水2.3亿元，原著作者分成仅50万元，创作者议价权缺失。二是内容同质化与创新乏力。在收入困境下，漫画公司更倾向创作一些市场效益好的作品，导致校园恋爱、古风玄幻、系统爽文占比近80%，现实题材不足5%，用户也因审美疲劳而流失，付费率更是低迷。2024年网络漫画付费率仅5.2%，ARPPU降至31元，远低于游戏、网文、网络动画。

在此背景下，网络漫画的出海收入也较低，占比仅2.7%，远低于韩国网漫的35%，东南亚市场点击转化率仅为本土作品的1/5。网络漫画并非失去发展空间，而是亟须打破"低质量内卷"与"平台霸权"的桎梏。网络漫画要从"流量依赖"转到"价值深耕"，从"短平快"的流量争夺转向"长线价值"构建。

（三）动画短片原创力量提升，展现当代化与国际性

动画短片形式多样，囊括了我国动画的原创力量。动画短片因其强烈的艺术风格表现力，成为青年动画创作者们展现才华的重要载体。动画的民族性并非静止概念，而是随时代流动的、具有当代性与国际视野的表达。从2024年

中国美术家协会启动的新时代青年美术人才培养计划"动画创作100"项目（2024）中可以看到，当代动画创作者们在深耕民族风格的同时，正主动将其融入现代叙事体系与技术框架，不仅从传统水墨、剪纸、戏曲等经典元素中汲取养分，更致力于挖掘属于这个时代的中国动画美学新符号。如《风雪山神庙》对京剧脸谱元素进行提炼简化，赋予角色设计新意；《万华镜》以装饰画风铺陈各民族服饰之美；数字技术加持的二维水墨短片《念念》借少年故事探索成长命题；《龟兹》则通过水彩风格调展现现代角色与传统绘画造型，以实验性手法开启现代街舞与千年龟兹舞蹈的跨时空对话，实现传统二维动画与AI技术的融合创新。从这些优秀的动画短片中，可以鲜明地感受到新一代青年动画创作者共同的目标追求：创作出具有个人特色风格、体现深厚华夏底蕴，又能被海内外观众广泛接受的原创动画精品。他们既坚守风格追求，也积极探索与主流商业动画项目的衔接路径，2024年上映的动画电影《落凡尘》就来自于一部由13名学生和一名老师共同完成的6分钟动画短片。

（四）人工智能赋能创作范式革新

目前运用人工智能创作的网络动漫公司主要分为三类。

一是传统派，将AI作为效率工具，强化现有流程。核心逻辑是在传统动画制作框架内引入AI技术，作为辅助工具提升效率，保留人工主导的创作核心。这类动漫创作的技术特征是局部使用AI自动化，将AI应用于分镜生成、角色绑定、场景渲染等环节，如玄机科技的AI群集系统就能实现群众角色自动生成动作。代表案例有央视联合上海AI实验室创造的作品《千秋诗颂》，动画作品由AI生成古诗词水墨动画场景，但整体叙事仍由人类导演主导。这类应用目前面临的棘手挑战为技术工具与创作意图的适配性不足，AI生成内容易陷入风格同质化，需人工调整细节。

二是颠覆拓展派，AI重构创作逻辑，挑战传统边界。核心逻辑是以AI为创作主体，打破传统动画的生产模式与美学标准，探索全新叙事形态。运用自然语言指令让AI生成一段动画，但需突破物理模拟与美学瓶颈。这类动漫创作的技术特征是全流程生成，包括从剧本到成片都由AI主导。代表案例为由中央广播电视总台与北京新影联影业、灌木文化、凌云光公司联合出品的AIGC动画电影《团圆令》，通过AI大模型的生成能力，实现AI全流程制作；

角色设计、建模、材质、骨骼绑定、场景渲染均依赖算法，实现从人力主导到智能驱动的转变。

　　三是折中派，人机协同模式，探索平衡点。核心逻辑是在传统创作框架中嵌入 AI 实验性应用，兼顾效率与艺术表达，形成差异化风格。这一类的技术特征是人机协同混合创作，AI 处理非核心环节（如背景生成），人类专注创意与情感表达，代表案例为由童画、陈刘芳等艺术家团队共同创作，中国传媒大学与 Ainimate Lab 联合出品的 AI 生成动画短片《致亲爱的自己》。在实践中，AI 绘图工具（如 Midjourney）生成效果不稳定，角色形象易出现偏差，需人工反复筛选和修正，AI 转绘线稿需要人工调整角色一致性。《致亲爱的自己》采用"AI 生成基础素材 + 人工艺术加工"模式，平衡效率与质量，为影视动画工业流程探索更可行的方案。

（五）"谷子经济"强势闯入主流叙事视野

　　随着我国经济步入高质量发展阶段，消费主张逐渐从实用价值转向情感价值。文化消费在居民日常生活中扮演着越来越重要的角色。随着泛二次元用户规模的增长，曾经的小众爱好逐渐成为大众需求。泛二次元产业成为年轻群体的消费新趋势。在此背景下，2024 年"谷子经济"带着和它相关的一系列"黑话"席卷了中国文化娱乐市场，映射出年轻群体对二次元文化及其周边产业的强烈追捧。"谷子"一词，源自日语中的グッズ，其英文对应词为 goods，意为货物或商品，与我们日常所知的"动漫周边"紧密相关，简单来说，"谷子"就是将人们喜爱的人物角色与日常工业制品相结合，创造出别具一格的商品。根据《二次元文化对大学生的消费行为的影响》中对中国二次元用户付费意愿的调研显示，60% 的用户会购买周边。因此，大学生、初高中生甚至小学生热衷于购买谷子（俗称"吃谷"）成为新的消费现象。据相关报告数据显示，2024 年中国"谷子经济"市场规模达 1 689 亿元，较 2023 年增长超 40%。众多城市开始制定政策扩大"二次元"衍生品的新兴消费，推动数字文创产业融合发展。一些老旧的商场因"吃谷人"的涌入而焕发出勃勃生机。这一现象不仅反映了年轻人对动漫、游戏等文化的热爱，更揭示了二次元经济在年轻人中的广泛影响。二次元经济也带动网络动漫向"全产业链"和"全年龄段"发展。

三、影响网络（数字）动漫出版产业发展的年度重要事件

（一）《未成年人网络保护条例》正式施行

《未成年人网络保护条例》（以下简称"《条例》"）于2024年1月1日正式施行。《条例》对未成年人网络素养促进、网络信息内容规范、个人信息网络保护、网络沉迷防治、法律责任等方面进行了规定。

（二）广电总局关于印发《广播电视和网络视听统计数据质量管理办法》的通知

2024年1月9日，广电总局发布关于印发《广播电视和网络视听统计数据质量管理办法》的通知。管理办法适用于广播电视主管部门依法调查、搜集、整理、研究和提供广播电视、网络视听节目服务统计资料（包括大数据统计资料）的广播电视和网络视听行业统计活动。

（三）生数科技与清华大学联合推出视频大模型Vidu，中国首个Sora级视频大模型发布

Vidu是北京生数科技有限公司联合清华大学发布的中国首个长时长、高一致性、高动态性Sora级视频大模型，于2024年4月27日在中关村论坛年会未来人工智能先锋论坛上发布，2024年7月30日，Vidu上线。该模型采用团队原创的Diffusion与Transformer融合的架构U-ViT，支持一键生成长达16秒、分辨率达1 080P的高清视频内容。

（四）新"动"力——中国原创动画扶持计划启动

新"动"力——中国原创动画扶持计划是由国家广播电视总局联合教育部高等学校动画与数字媒体专业教学指导委员会主办，旨在通过公开征集、评选优秀动画作品，推动新时代动画高质量发展的国家级项目。该计划将通过公开

征集的方式，推出一批艺术水准精湛、引发情感共鸣、引领时代潮流的优秀动画短片、动画 IP 设计和动画剧本。

（五）国家广播电视总局印发《关于丰富电视大屏内容 进一步满足人民群众文化需求的意见（试行）》

2024 年 8 月 2 日，国家广播电视总局印发《关于丰富电视大屏内容 进一步满足人民群众文化需求的意见（试行）》鼓励支持优秀网络剧、网络电影、网络纪录片、网络动画片、网络综艺文化节目资源进入电视大屏播出。这一政策为网络动画片提供了新的发展机遇和更广阔的发展空间，同时也对网络动漫内容创作、审核、管理等方面提出了更高要求。

四、总结与展望

党的二十大提出的"中国式现代化"可作为当下中国文明观的一个集中体现。网络（数字）动漫出版本身具有多元、包容和年轻化的特征，是讲好中国故事、挖掘中华文化、传播深层次价值观念的优质载体。

2024 年各部委及相关单位在推动网络动漫精品工程项目中成果不断，"原动力"中国原创动漫出版扶持计划的优秀作品在第二十届中国国际动漫节上亮相；在"中国经典民间故事动漫创作工程（网络动画片）""网络视听节目精品创作传播工程"中，积极鼓励好作品发挥示范引领作用，增强中华优秀传统文化的影响力、传播力，展示行业的创造力和大格局。

作为新时代下数字内容的重要媒介，网络动漫正通过"小叙事"的创新实践，记录中国式现代化的时代发展新姿。

（作者单位：中国新闻出版研究院）

2024—2025中国网络社交媒体出版产业年度报告

张孝荣

一、2024年中国网络社交媒体发展概况

2024年，中国网络社交媒体人口红利见顶。行业通过技术突破、内容创新与商业模式迭代，实现了从"流量争夺"到"价值深耕"的战略转型。短视频、直播电商、AI生成内容（AIGC）与社交电商的深度融合，推动行业整体用户规模突破11亿，市场渗透率达网民总量的99.3%以上，形成了"内容即服务、社交即交易"的新型数字生态。

用户结构发生显著分化，下沉市场（三线及以下城市）贡献超60%的新增用户；银发经济崛起，50岁以上用户日均使用时长突破3小时，微信适老化版本覆盖超1.2亿老年用户；"Z世代"（18—28岁）主导内容消费潮流，与中老年用户形成鲜明对比。

在平台选择上，"95后"日均使用QQ时长达到84分钟，远超微信，因其更倾向避开熟人社交压力，寻求"无长辈监督"的私密空间。而中老年用户则持续向微信视频号、抖音等大众化平台聚集，形成"数字断代"效应。

生成式AI正在改写社交媒体的内容规则。在网络音视频、博客类自媒体等文化娱乐产业，生成式AI技术加速应用融合到各业务场景中。一些创作者利用AI工具快速生成不同平台风格的文案，满足多平台分发需求。在内容审核环节，生成式AI可以自动识别和分类潜在的违规内容，如暴力、色情、仇恨言论等，减轻人工审核工作量，提高审核效率和准确性。同时，它还能实时

监测平台内容，及时发现并预警潜在问题，避免不良影响扩散。生成式 AI 生成的内容容易推动内容传播。然而，这也带来了虚假信息传播等新问题，需要平台和创作者共同应对，以维护社交媒体生态的健康和秩序。

生成式 AI 迫使平台重构内容治理框架，监管收紧与技术伦理成为行业痛点。《中华人民共和国个人信息保护法》实施后，平台数据调用成本上升 30%，低质内容投诉量增长 50% 倒逼 AI 审核升级。中国《网络安全技术 生成式人工智能服务安全基本要求》设立严格的内容审查标准，要求模型输出前进行多级敏感词过滤，并通过题库测试确保政治正确。而技术伦理问题同样突出：AI 生成内容的版权归属、深度伪造对舆论的操纵风险，以及训练模型所需的巨量能耗与环境代价，均成为监管焦点。

（一）中国网络音视频行业发展概况

1. 网络视频行业概况

截至 2024 年 12 月，网络视频用户规模为 10.7 亿人，较 2023 年 12 月增长 346 万人，增长率为 0.3%，占网民整体的 96.6%。其中，短视频用户规模为 10.3 亿人，较 2023 年 12 月减少 1 377 万人，增长率下降 1.3%，占网民整体的 93.8%。

截至 2024 年 12 月，我国网络直播用户规模达 8.33 亿人，较 2023 年 12 月增长 1 737 万人，占网民整体的 75.2%。

2024 年，中国长视频行业正式步入"存量时代"。行业面临"产能过剩"困境，全年上线剧集超 500 部但爆款率不足 5%，豆瓣 9.4 分剧集市占率不足 2%，折射出优质内容稀缺的现状。平台尝试通过台网融合（《我的阿勒泰》登陆央视）、线下 IP 开发（爱奇艺 VR 剧场）拓展增量，但短期内难以改变"提质减量"主基调。面对同质化内容过剩（古装、悬疑剧占比超 70%），平台加速布局微短剧赛道，腾讯视频分账超 4 亿，芒果 TV 推出 292 部竖屏剧，试图通过"短带长"策略激活用户。爱奇艺等平台已停止公布会员数。存量竞争推动平台转向精细化运营，腾讯视频通过《庆余年 2》《玫瑰的故事》等爆款剧集实现付费会员同比增长 13%，而爱奇艺、优酷等平台会员收入同比下滑，行业呈现"强者愈强"的马太效应。

音视频平台通过生成式 AI 开拓业务新路，为内容创作、用户体验和商业模式带来变革。在内容创作上，生成式 AI 可自动生成视频脚本、特效、字幕等，降低创作门槛，激发创作者灵感，丰富平台内容生态。爱奇艺"星罗平台"实现自动化内容生成；腾讯视频开发了支持中文指令的动漫定制大模型，可完成线稿细化、分镜解析、图生视频等任务，极大提升了动漫制作效率；字节剪映（即梦 AI）创新首尾帧输入方式，增强视频生成的可控性，同时优化中文提示词适配，简化创作流程。

短视频行业已从爆发期进入成熟期，用户同比减少 1 377 万人，增长率下降 1.3%。市场格局趋于稳定，但技术、内容与商业模式的创新仍是增长核心动力。未来，行业将围绕"精品化""智能化""国际化"三大方向演进，头部平台需在内容质量、用户体验与合规经营之间找到平衡，中小平台则需通过垂直领域深耕实现差异化突围。

微短剧崛起。从短视频平台、传统影视公司、网络文学平台，再到长视频平台、电视台、电商平台等，众多类型平台纷纷跨界微短剧领域，试图让微短剧成为带动营收增长的亮点。截至 2024 年 12 月，微短剧用户规模达 6.62 亿人，网民使用率为 59.7%。国家广播电视总局协同各方力量，推动微短剧行业向精品化、创新化、规模化迈进。"跟着微短剧去旅行""微短剧里看中国""微短剧里看品牌"系列计划陆续启动，打造共生增长、开放包容的微短剧产业生态。

2. 网络音频行业概况

网络音乐行业出现微增长。据 CNNIC 第 55 次《中国互联网络发展状况统计报告》显示，截至 2024 年 12 月，我国网络音乐用户达 7.48 亿人，较 2023 年 12 月增加 3 331 万人，占网民整体的 67.5%。根据观研天下数据，2023 年中国网络音频市场规模为 250 亿元，2024 年增至 287 亿元，年增长率约为 14.8%，到 2028 年市场规模有望达到 428 亿元。

技术革新成为关键驱动力，生成式人工智能（AIGC）在音频内容生产中广泛应用。如喜马拉雅平台已利用 AIGC 创作 3.7 万部有声书专辑，AI 生成内容播放占比接近 5%，显著降低了生产成本并提升了效率。

据艾媒咨询数据显示，2024 年中国在线音频用户使用的音频 App 中，喜马拉雅、酷我畅听和蜻蜓 FM 位列前三，占比依次为 49.43%、32.06% 和 31.30%，懒人畅听（28.44%）和荔枝（24.81%）紧随其后。

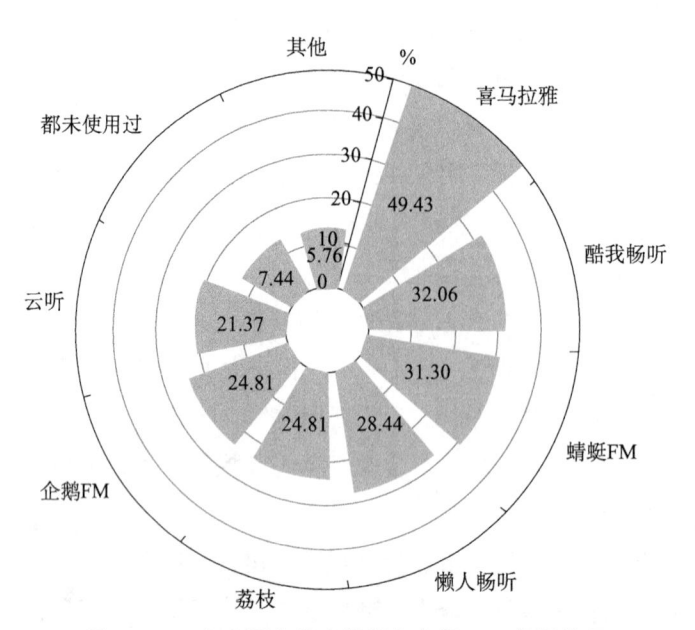

图 1 2024 年中国在线音频用户音频 App 使用情况

音频平台的内容丰富性显著增强了其吸引力，多样化的内容满足了不同用户的个性化需求，提升了用户黏性和活跃度。音频平台开通了会员收费模式，优质内容能吸引大量忠实听众付费，推动音频市场健康持续发展。

艾媒咨询数据显示，原创音乐为在线音频用户最喜欢的节目类型，占比达到 33.20%，其次为有声书（30.31%）、脱口秀（28.87%）与生活节目（28.87%）并列第三。

在线音频的使用场景多聚焦于用户长时间独处时段，如通勤、运动、家务时刻，这些场景往往伴随着一定的行动或静态活动，使得用户能够有较为完整的时间段来沉浸于音频内容。因此，单次收听时长普遍较长，通常在 1—2 小时，这既体现了音频内容陪伴性的特点，也反映了用户在特定场景下对深度聆听的需求。这种使用习惯进一步强化了音频平台作为日常生活重要组成部分的地位。

从市场格局来看，在音乐赛道上腾讯音乐、网易云音乐依然双雄争霸，两者合计市场份额一直保持在 90% 以上。这种态势在短期内没有改变。抖音和快手在音乐赛道上积极布局，推出了多款音乐产品。抖音内测了"听全曲"功能，并上线了音乐宣推一站式服务平台"炙热星河"，还推出了音乐流媒体产

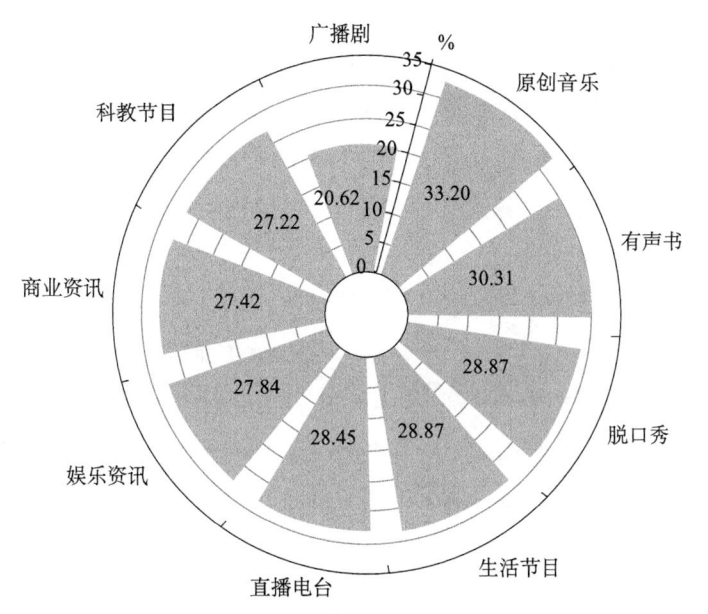

图 2　2024 年中国在线音频用户音频节目类型偏好占比

品"飞乐"和"汽水音乐"等。快手则推出了"小森唱片"App，并上线了 K 歌应用"回森"。这些产品丰富了用户的音乐体验，为平台在音乐市场的发展奠定了基础。

（二）博客类自媒体行业发展概况

2024 年，据 QuestMobile 数据显示，博客类自媒体用户规模达到 5.8 亿，同比增长 8%。这一增长反映出尽管在短视频蓬勃发展的大环境下，博客类内容依然具有一定的吸引力，持续吸纳新用户进入该领域。但不可忽视的是，用户日均使用时长从 2023 年的 38 分钟降至 32 分钟，短视频的分流效应十分显著。

在内容生态方面，2024 年呈现出垂类崛起和深度化发展的趋势。财经、健康、科技类博客内容阅读量增长 30%，反映出用户对专业性、实用性内容的强烈需求。这些专业人士通过类博客的形式，为用户提供了高质量、权威的内容，不仅提升了平台内容的专业性，也增强了用户对平台的信任度。

微信公众号方面，"付费图文"开通率超 40%，这表明博主们意识到深度内容的价值，并通过付费模式实现内容的商业变现，同时也反映出部分用户愿意为优质深度内容付费。

此外，AI 辅助创作在 2024 年得到了广泛应用。60% 的博主使用 AI 工具生成初稿或优化标题，大大提高了创作效率。AI 工具能够根据博主输入的关键词和主题，快速生成相关内容框架，为博主节省了大量时间和精力。但为了保证内容的真实性和原创性，各大平台要求 AI 生成内容必须强制标注来源，以维护内容生态的健康发展。

当前，博客类自媒体面临着流量获取成本激增的严峻挑战。微信公众号打开率从 2023 年的 1.8% 降至 1.2%，意味着公众号推送的类博客内容被用户看到的概率大幅降低。头部效应加剧，1% 的账号占据 70% 流量，腰部以下博主涨粉难度提升三倍。这是由于平台算法往往会优先推荐那些已经具有高人气和大量粉丝的账号，导致新博主和腰部以下博主难以获得足够的曝光机会，涨粉变得异常困难。

内容质量与效率失衡也是行业面临的一大问题。随着 AI 工具的广泛应用，洗稿、拼接式内容泛滥，同质化现象严重。大量低质量、重复性的内容不仅影响了用户体验，也降低了平台的内容价值。同时，深度内容变现难的问题也较为突出。万字长文形式的博客内容平均收益不足 200 元，知识付费课程（以类博客内容为主体）完课率仅 15%。这是因为深度内容的创作需要博主投入大量时间和精力，但由于用户付费意愿有限及竞争激烈等原因，导致深度内容难以实现与其创作成本相匹配的收益。

（三）收入规模

腾讯社交网络收入主要包括微信、QQ 等社交平台的增值服务及广告收入。2024 年收入未单独披露，但第四季度社交网络收入 298 亿元。根据 2024 年财报推算，社交网络全年收入规模大约为 1 200 亿元左右。

自媒体平台收入以微博为代表。微博 2024 年总营收约合 126.1 亿元（17.5 亿美元），与 2023 年的 17.6 亿美元持平。其中，广告及营销收入 15 亿美元，同比下降 2%；增值服务收入 2.56 亿美元，同比增长 13%。其他自媒体平台尚未单独披露相关收入情况。

爱奇艺 2024 年全年营收为 292.3 亿元，同比下降 8%，主要受广告收入下滑（全年广告收入 57.1 亿元，同比降 8%）及会员增长停滞的影响。

腾讯音乐全年营收 276 亿元，同比微增 3.2%；净利润 49 亿元，同比增长 8.9%。其中，社交娱乐服务收入 98 亿元，同比下降 14.6%，直播打赏收入持续萎缩，季度付费用户数降至 750 万（同比下降 22%）。

网易云音乐 2024 年总营收 79.5 亿元，同比微增 1.1%。全年归母净利润同比增长 113.2%，经调整净利润达 17 亿元，毛利率提升至 33.7%。

二、主要服务商发展情况

（一）主要网络视频服务提供商

1. 网络长视频典型平台

（1）腾讯视频

2025 年 3 月 19 日，腾讯控股发布 2024 年财报，截至 2024 年年底，腾讯视频付费会员数达 1.13 亿，同比增长约 3%，稳居长视频行业第一梯队。2024 年剧集市场 TOP5 热剧中，腾讯视频占据 80% 份额，头部内容竞争力显著。

在战略布局方面，腾讯视频全维升级，加强了生态协同。从内容储备与 IP 开发来看，发布的 2024 年百余部重点项目片单，覆盖古装、都市、悬疑、科幻等多元题材，如《长相思（第二季）》《流水迢迢》《藏海花》等。强化"白马型"（大 IP + 高投入）与"黑马型"（创新题材）项目双轨并行，例如《棋士》《人之初》等短剧尝试。

在技术创新与 AI 应用方面，腾讯视频通过混元大模型优化内容推荐算法，提升用户个性化体验。AI 技术应用于剧本评估、特效制作及广告投放，降低内容成本并提升效率（如《三体》特效制作）。

（2）爱奇艺

2025 年 2 月 18 日，爱奇艺发布截至 2024 年 12 月 31 日的全年财报。全年收入 292.3 亿元人民币，Non-GAAP（非通用会计准则）运营利润 23.6 亿元，Non-GAAP 运营利润率 8%，连续三年运营盈利。

2024 年爱奇艺会员服务收入达 177.6 亿元，在线广告服务收入为 57.1 亿元。全年内容发行收入总计 28.5 亿元，同比增长 16%，全年其他收入为 29.0

亿元。其中，第四季度，爱奇艺会员服务收入为41.0亿元，在线广告服务收入为14.3亿元，环比增长7%。内容发行和其他收入分别为4.1亿元和6.7亿元。

成本方面，2024年总成本为219.5亿元，作为总成本的重要组成部分，全年内容成本为157.1亿元。第四季度，爱奇艺总成本为49.9亿元。其中，内容成本为34.4亿元。

（3）哔哩哔哩（B站）

2025年2月20日，哔哩哔哩公布了截至2024年12月31日的第四季度和全年未经审计的财务报告。财报显示，2024年B站全年总营收达268.3亿元人民币，同比增长19%，其中第四季度总营收达77.3亿元，同比增长22%。第四季度实现单季度全面盈利，B站总营收同比增长22%，达77.3亿元。

2024年，游戏、知识、科技等品类，播放量同比增长均超20%。同时，消费类内容蓬勃发展，日均观看人数超过4 000万，其中，汽车品类播放量同比增长近40%，运动健身品类同比增长超30%，时尚品类播放量同比增长近30%，母婴亲子类播放量同比增长超70%。

B站投稿超过5年的创作者人数已突破200万。通过长期持续的内容产出，这些创作者的作品质量实现显著提升，粉丝基数保持稳定增长。截至2024年底，粉丝数超过10万的UP主数量同比增加近30%。优质内容的价值不断被用户认可，全年充电付费用户超过800万。

（4）优酷

2025年2月20日，阿里巴巴发布了截至2024年12月31日的2025财年第三财季财报，来自大文娱集团的营收为54.38亿元（约合7.45亿美元），同比增长8%。主要得益于优酷广告收入的显著增长。这表明优酷在内容商业化方面取得进展，广告变现能力增强。

尽管优酷在阿里体系内实现增长，但其收入规模（54.38亿元）仍显著低于腾讯视频、爱奇艺等头部平台。长期来看，视频平台的竞争核心在于内容投入与用户付费意愿。优酷若要保持增长，需在内容创新（如AI技术应用、差异化IP开发）和会员服务上持续发力。

阿里巴巴在财报中强调"AI驱动"战略，未来三年将加大对AI基础设施和应用的投入。优酷可能受益于AI技术，例如通过算法优化内容推荐、提升广告精准度，甚至探索 AI 生成内容（如虚拟主播、个性化视频剪辑）以降低成本并增强用户体验。

2. 短视频典型平台

（1）抖音

2024 年，抖音在国内市场面临增长瓶颈，但通过全球化扩张（TikTok）、电商生态优化（产业带与货架场景）、AI 技术投入等策略维持了整体增长。当前，抖音继续深化"短视频＋直播＋电商＋本地生活"的全链路生态，同时加码 AI 生成内容（AIGC）技术，降低创作门槛，巩固其行业领导地位。

第一，内容生态向垂直化与高质量转型。抖音持续强化内容深度。短剧内容爆发，抖音短剧渗透率达 66.1%，创作者类型多元化（涉及剧情、知识、健康等）。知识类内容崛起，抖音知识类短视频超 3.37 亿条，科技馆直播 1 400 场，播放量超 2 亿。2024 年 12 月公布的"月度精选创作者"中，非遗传承人、高校官方账号及实用技能类创作者占比显著提升。

第二，商业化模式探索多元化变现路径。抖音的电商业务在 2024 年双十一期间表现突出，通过提前 10 天启动大促、联动"抖店"和"抖音盒子"独立 App，其商品销售额同比增长超 25%，生鲜、数码品类占比达 40%。广告业务则转向"软性植入"，例如与商家合作开发故事性广告内容，减少对用户体验的干扰。此外，本地生活服务（如团购、旅游）通过"小风车跳转""私信卡片"等功能实现流量转化，2024 年相关 GMV 增速超 200%。

第三，技术迭代与产品矩阵扩展。2024 年 8 月，抖音推出独立搜索 App "抖音搜索"，整合短视频、图文及电商信息，日均搜索量突破 5 亿次。直播技术方面，平台上线"AI 虚拟主播"功能，支持品牌 24 小时不间断带货，2024 年双十一期间采销直播订单量同比增长 3.8 倍。数据工具亦持续升级，企业可通过"巨量算数""数说聚合"等分析品牌声量、用户画像及竞品动态，实现精细化运营。

（2）快手

2025 年 3 月 25 日，快手发布 2024 年全年及第四季度财报。财报显示，快手 2024 年全年营收达 1 269 亿元，同比增长 11.8%；经调整净利润为 177 亿元，同比大幅增长 72.5%，连续两年实现规模化盈利。其中，第四季度营收 354 亿元，同比增长 8.7%。

其中，线上营销服务（广告）贡献营收 724 亿元，占比 57.1%，同比增长 20.1%，成为增长核心动力。公司称，AI 优化广告投放效率与 AIGC（人工智能生成内容）素材生产效率提升是关键。电商业务带动其他服务收入增长 23.4% 至 174 亿元，全年 GMV 突破 1.39 万亿元，同比增长近 18%。双十一期间，中小商家 GMV 同比激增 156%，泛货架场景（如商城）用户渗透率显著提升。直播收入同比下降 5.1% 至 371 亿元，公司解释为"主动调整生态，追求长期健康增长"。

快手自研的可灵 AI 大模型聚焦文生视频领域，自 2024 年 6 月上线后快速迭代，已支持生成 3 分钟高质量视频。财报披露，该技术累计创收超 1 亿元，与小米、亚马逊云科技等企业达成合作。在广告场景中，AIGC 素材日均消耗超 3 000 万元，客户制作成本降低 60%—70%。公司宣布，未来三年将投入更多资源，将"磁力引擎"升级为"AI 智能商业引擎"，目标成为全球视频生成应用的商业化标杆。

（3）微信视频号

微信视频号总用户使用时长在 2024 年快速增长，第一季度用户时长同比增幅超 80%，全年保持强劲增长态势。2024 年第四季度视频号广告收入同比增长 60%，在全年广告收入中贡献显著，成为腾讯营销服务增长的主要驱动力。

视频号内容从早期情感、生活类主导，转向多元化发展。据 2024 年相关数据显示，新闻资讯类内容取代情感类成为用户最喜爱的内容类型，真实事件引发的情感共鸣成为流量密码。同时，平台严格规范内容创作，措施包括：禁止明星打投账号、限制低俗内容传播，并通过算法优化提升内容匹配效率。创作者生态方面，粉丝量过万的账号数量增长 308%，原创内容播放量提升 350%。典型案例如宇树科技创始人王兴兴通过视频号展示机器人技术，该条视频迅速引发广泛关注，印证了专业领域内容的巨大市场潜力。

视频号逐步完善底层工具。2024 年上线独立搜索功能，有效整合短视频、图文内容与商品信息，实现日均搜索量突破 5 亿次。在算法层面，通过优化推荐机制，平衡社交推荐与个性化分发，有效解决早期播放量波动问题。在生态协同方面，视频号与小程序、企业微信、支付系统实现深度融合，构建多场景联动的商业闭环。

3. 网络直播行业典型平台

（1）虎牙直播

2025 年 3 月 18 日，虎牙直播发布 2024 年财报，财报显示，虎牙公司在 2024 年取得了稳健的财务业绩，全年总收入为 60.8 亿元，同比下降 13.1%。

在业务发展方面，虎牙继续深化"AI＋直播"战略，推动直播行业向"技术驱动型"发展。公司通过合理把控内容成本、提升运营效率等措施，进一步改善了整体盈利能力。同时，虎牙还在游戏分发、广告业务和道具售卖方面取得了显著进展。通过与腾讯等游戏公司的深化合作，虎牙在游戏发行、广告服务收入以及游戏内物品销售收入方面实现了大幅增长。

在内容生态方面，虎牙继续重视为用户带来优质、多元化的平台内容。在电竞内容方面，虎牙对电竞内容的全面覆盖增强了用户在虎牙平台观看的偏好，推动虎牙在多项赛事中的市场份额进一步提升。同时，虎牙还推出了多档自制赛事及娱乐节目，丰富了平台内容生态，受到了用户的广泛欢迎。

（2）斗鱼直播

2025 年 3 月 14 日晚，斗鱼发布 2024 年第四季度及 2024 年全年未经审计财务报告。根据报告显示，斗鱼上年全年实现营收 42.71 亿元，同比下降 22.77%（2023 年为 55.3 亿元）；调整后净亏损收窄至 2.4 亿元（2023 年同期为 1.54 亿元净利润）。

斗鱼在收入多元化方面取得了显著进展，其创新业务、广告和其他收入实现季度及全年大幅增长。2024 年第四季度，斗鱼创新业务、广告和其他收入同比增长 47.2% 至 4.05 亿元，收入贡献达到 35.7%，而 2024 年全年，公司该部分收入达 12 亿元，同比大幅增长 63.6%，其中创新业务连续八个季度增长。这一成果的取得，一方面得益于斗鱼主动缩减低效投入；另一方面，公司依托游戏内容生态积极探索收入多元化途径，加大了对游戏相关服务及语音业务的推广力度。上述举措显现出积极效应，为平台的可持续发展奠定了基础。

在商业化层面，斗鱼推出分层付费产品，针对核心用户推广高权益的会员体系和游戏相关产品，提升付费频次；针对泛用户推广低门槛的小额营收产品，结合丰富的游戏内容和平台奖励提升活跃度，满足不同用户需求的同时，保持了整体的付费用户基数。

（3）YY 直播

2025 年 2 月 25 日，百度宣布以 21 亿美元收购欢聚集团旗下国内视频娱乐直播业务 YY Live，同时收回此前存入托管账户的 16 亿美元资金。这场始于 2020 年 11 月的收购案，交易金额从最初协议的 36 亿美元缩水 41.7%，折射出中国互联网行业从流量扩张向技术深耕的深层转型逻辑。

交易完成后，百度计划将释放的 16 亿美元资金投入云计算及人工智能基础设施建设，此举或标志着其战略重心从"流量变现"向"AI 原生生态"的彻底转向。

（二）主要的网络音频社交媒体

1. 网络电台

（1）喜马拉雅

2024 年，喜马拉雅在盈利稳定性和战略转型上取得进展，但面临用户增长瓶颈和行业天花板的挑战。未来需平衡降本与创新，通过 AI 技术赋能内容生态，并探索广告之外的商业化路径。若成功上市，其资金储备或为业务拓展提供支持。

（2）荔枝

2024 年 1 月 25 日，荔枝在纳斯达克上市的 ADR 股票代码从"LIZI"更改为"SOGP"。中国互联网协会发布《中国互联网企业综合实力指数（2024）》报告，荔枝集团连续六年入选百强名单。

尽管财务数据未公开，但荔枝集团在 2024 年持续推进技术研发与全球化布局，加速 AI 语音技术（如回声消除、降噪、变声等）在实时互动场景的落地，并推出 AI 聊天机器人等创新功能。

2. 在线音乐平台

（1）腾讯音乐

2025 年 3 月 19 日，腾讯音乐发布 2024 年第四季度及全年财报。财报显示，全年营收达 276 亿元，同比微增 3.2%；净利润为 49 亿元，同比增长 8.9%。其中，在线音乐服务收入为 178 亿元（占比 64.5%），同比增长 15.3%，主要受付费用户增长驱动。社交娱乐服务收入为 98 亿元，同比下降 14.6%，因直播行业竞争加剧及用户消费习惯转移。

在线音乐付费用户达 1.52 亿（同比增长 13.4%），付费率升至 17.2%；ARPPU（每付费用户收入）为 9.8 元，同比提升 1.6%。

（2）网易云音乐

2025 年 2 月 20 日，网易云音乐发布 2024 年业绩公告。2024 年总营收为 79.5 亿元，同比微增 1.1%。全年归母净利润同比增长 113.2%，经调整净利润达 17 亿元，毛利率提升至 33.7%。但这份成绩单背后，也暗藏业务收缩与竞争加剧的隐忧。

在线音乐服务成为主要驱动力。该板块收入为 53.5 亿元，同比增长 23.1%，占总营收比例提升至 67.3%。其中会员订阅收入达 44.6 亿元，用户付费意愿的提升（付费率未披露但 ARPPU 增长明显）和版权成本优化是关键。而社交娱乐服务收入同比下滑 26.2%，公司主动收缩直播等非核心业务，以降低营销成本和管理费用。

网易云音乐的用户稳定。财报显示，其日活/月活比率稳定在 30% 以上，用户日均听歌时长同比提升，会员留存率高于行业平均水平。

（三）主要的自媒体类应用服务商发展概况

1. 新浪微博

2025 年 3 月 13 日，微博发布 2024 年第四季度及全年财报。四季度微博总营收达 4.568 亿美元，约合 33.05 亿元，四季度调整后运营利润达到 1.362 亿美元，约合 9.95 亿元，超华尔街预期；2024 年全年，微博总营收达到 17.5 亿美元，约合人民币 126.1 亿元，全年调整后运营利润达 5.841 亿美元，约合人民币 42.05 亿元。

用户方面，截至四季度末，微博的月活跃用户达到 5.9 亿，日活跃用户达到 2.6 亿。

在社交活跃方面，从 2024 年四季度起，微博开始推进各社交产品服务之间（包括超话、个人主页、粉丝群）的打通规划，明确社交的重点是"基于博主和粉丝之间形成的关系网络和社交行为"，保持各社交产品之间的目标一致。四季度，关系流中互动用户占比和千阅互动率同比得到提升。

2024 年微博在复杂市场环境中维持了营收稳定，增值服务成为新增长点，但广告业务承压及用户增长放缓仍是主要挑战。未来需通过垂直生态深化、技术驱动及投资优化实现可持续发展。2025年，微博将持续推进社交产品的整合服务和推荐体系的升级，尤其在AI技术上加大投入，对AI在搜索、社交互动、内容推荐、广告等方面的应用积极探索，旨在促进用户规模和活跃度的提升。

在内容生态方面，微博一方面通过加强热点运营获取用户和流量，同时继续支持行业垂直内容的建设，2024年全年行业垂直的金橙V规模、流量、互动人数较上年明显提升；另一方面，微博对平台的垂直运营体系做出转型，尝试以兴趣点为核心的生产指引，初步验证了兴趣垂直运营新模式的可行性。

在行业垂直生态建设方面，微博将提升行业垂直金V规模和影响力，提升金橙V账号变现能力，进一步实现行业内容生态和商业生态的相辅相成，形成良性循环。兴趣垂直运营体系的转型也将持续推进，以支撑首页推荐信息流用户规模和黏性的提升，促进垂直生态的长远发展。

2. 今日头条

今日头条日活跃用户数达到4亿，在新闻资讯类应用中保持领先地位，用户吸引力和平台黏性较强，国内广告收入是其营收基本盘，今日头条作为重要产品，贡献较大。头条用户规模趋稳，业务重心转移，今日头条的日活跃用户（DAU）在2024年保持稳定，但增长空间有限，核心用户群体以中青年为主。平台已从独立的图文资讯平台逐渐转型为抖音生态的流量入口，用户可在头条内直接观看抖音短视频、参与直播购物，无需跳转至抖音App。

平台基于用户创作、互动数据生成的"个性化头条形象"标签（如"社交显眼包""爆款收割机"），在抖音和头条端内话题曝光量超10亿次。注册创作者超77万人，原创内容播放量破亿案例同比增加40%。例如，生僻字科普视频《孑孑孓孓》单条播放量达150万，带动文化类内容广告溢价提升。

"年度挚友"功能上线后，用户日均互动频次提升25%，头部创作者单日互动量高达2.4万次，形成"内容消费—情感连接—二次创作"的闭环。

头条正在向AI、本地生活和跨平台三个方向转型。通过AI赋能内容生产，测试AIGC辅助工具，计划推出虚拟主播、智能摘要等功能，平衡算法推荐与内容调性。在本地生活服务方面做了内容延伸，试水"头条探店"功能，打通从内容种草到线下消费的闭环。同时，加强与抖音的跨平台协同，与抖音共享数据中台，优化广告主的跨平台投放效率。

3. 微信公众号

2024年，微信公众号用户规模已突破10亿，日均活跃用户达8亿，但用户结构和行为发生了显著变化。微信公众号内容被接入腾讯自研的混元大模型和第三方模型（如DeepSeek-R1），通过微信搜一搜提升内容分发效率，覆盖超过90%的问答类搜索需求。微信公众号作为微信生态的核心内容平台，与视频号、小程序形成互补，提供多元化的内容消费场景。2024财报虽未单独披露公众号收入，但强调其作为优质信息源的重要性。

数据显示，公众号核心用户群体仍以高收入、高学历人群为主，尤其在新一线及二线城市渗透率较高，而年轻用户（30岁以下）加速向视频号迁移。内容生产方面，全年累计发布文章4.44亿篇，较2023年略有下降，原创"10万+"文章达11.87万篇，日均超324篇，较2023年增长32.8%。其中，非虚构类、AI生成内容（如双胞胎龙宝宝）等新兴题材崭露头角，情感类内容占比下降，剧情类内容占比提升至6%。公众号与视频号联动加强，视频号内容通过公众号图文导流，形成生态内流量互补。

时事、情感类内容仍占传播主导地位，但以"中国铁路""山东宣传"为代表的官方账号在严肃新闻方面传播力正持续提升，结合视频号直播、短剧等新形式，形成"图文+视频"立体化输出体系。

微信推出的"小绿书"功能（短图文模式）吸引大量新创作者，单篇千字内的轻量化内容日均产出超30万篇，个人运营者通过短图文带货单日收入可达1 600元。

三、2024年社交媒体行业发展特点

（一）网络视频行业发展特点

1. 网络长视频行业特点

2024年，网络长视频行业在挑战中寻求突破，通过内容精品化、技术创新和大屏端拓展等策略，逐步构建多元化的发展格局。

其中，平台分化加剧。爱奇艺、腾讯视频月活分别达 3.94 亿和 3.86 亿，芒果 TV 以 2.68 亿位居第三，而优酷（1.99 亿）被显著拉开差距。哔哩哔哩用户增长强劲，月活达 2.19 亿，显示出年轻用户群体的强劲需求。

用户黏性增强。单机单日有效时长达 80 分钟，晚间和周末观看时长显著增加，反映出用户对优质内容的深度投入。同时，互动需求升级，弹幕、评论区成为用户参与内容讨论的重要场景，定制化推荐系统则成为平台提升用户留存的关键工具。

从市场竞争格局来看，头部集中，增长承压。2024 年，网络长视频市场集中度进一步提升，五大平台（爱奇艺、腾讯视频、芒果 TV、优酷、哔哩哔哩）占据近九成的市场份额。然而，在表面繁荣之下，行业面临两大核心挑战：一是会员增长瓶颈。腾讯视频上半年会员数达 1.17 亿，但第三季度环比下降 3%，回落至 1.16 亿。爱奇艺虽未公开具体数据，但会员收入连续 4 个季度下降，日均订阅用户数据连续一年缺失，折射出付费用户增长的乏力。二是广告市场承压。上半年互联网广告花费同比下降 20.5%，长视频平台广告收入受到显著冲击。尽管腾讯视频依靠《庆余年 2》等头部剧集招商，二季度广告同比增速达 30%，但整体广告市场增长乏力，平台需探索更多元化的盈利模式。

从内容与制作趋势来看，微短剧创新突围，"提质减量"成效显著。2024 年上半年，剧集上线数量减少（网络剧从 100 部降至 84 部），但热剧集中度提升。《繁花》《庆余年 2》《我的阿勒泰》等 IP 改编作品口碑与热度双赢，豆瓣评分均超 8 分。题材融合创新成为突破点，如《柳舟记》（古装＋轻喜剧）、《永夜星河》（穿书＋系统），突破传统套路，赢得观众青睐。

微短剧爆发式增长。市场规模达 504.4 亿元，成为行业新蓝海。腾讯视频微短剧月活破亿，头部作品分账超 2 000 万元；芒果 TV "大芒剧场"上线 292 部竖屏剧，78 部自制剧单月开机峰值达 30 部。爱奇艺、优酷等平台加速布局，推出"微剧场"并调整分账规则，微短剧已成为长视频平台拓展用户覆盖、提升营收的重要方向。

技术革新与商业模式探索成为 2024 年行业发展的两大亮点。AI 技术深度应用。爱奇艺"星罗平台"实现 AI 自动化内容生产，腾讯视频"腾讯元宝"支持角色 AI 语音互动，优酷"AI 场景贴"提升广告与内容匹配度，芒果 TV 推出国内首个 AI 导演"爱芒"。AI 技术已渗透到内容生产、用户体验、广告营销等多个环节，成为推动行业降本增效的新质生产力。

2024年网络长视频行业在发展中仍面临诸多挑战。随着用户注意力向短视频平台迁移，长视频平台需通过"长＋短"策略（如引入微短剧）应对竞争。单一盈利模式有待突破，直播带货、电商引流等多元化探索尚未形成规模。

同时，行业中也蕴含着机遇。头部平台加速国际化进程，但需突破文化适配与全球竞争壁垒。AI、5G等技术将进一步优化用户体验，推动行业降本增效，为未来发展提供新的增长引擎。

2. 短视频行业特点

2024年网络短视频行业用户出现触顶拐点。短视频用户流失，市场进入存量竞争阶段。CNNIC报告显示，截至2024年12月，我国短视频用户规模为10.3亿人，较2023年12月减少1 377万人，增长率为－1.3%。

用户结构呈现"两端增长"特征，50岁以上银发群体占比提升至29.8%，10—19岁青少年用户占比达15.2%，而20—49岁主力消费群体活跃度下降。银发人群月活突破3.29亿，短视频占比超35%，成为增长新引擎。北方地区（如东三省、河南）及贵州、广西等地成为银发用户活跃重点区域。

2024年的短视频行业在规模见顶后，通过垂直人群深耕、技术赋能与政策引导，正从野蛮生长转向高质量发展。未来竞争将聚焦于银发经济、微短剧精品化与AI技术深度融合三大赛道

2024年微短剧市场规模达504.4亿元，首次超过电影票房（470亿元），用户规模为5.76亿。免费模式快速崛起，红果短剧月活突破1.4亿，拼多多、美团等电商平台通过IAA（应用内广告）模式入局，推动免费剧市场规模同比激增150%。投流成本占比高达65%，全年投入规模约330亿元，同时，内容生产向精品化转型，平均集数精简至26集。文旅融合成为新方向，《爱在炊烟袅袅时》《那个重逢的夜晚》等剧带动取景地旅游热度。

直播电商销售额为3 325亿元，同比增长54.6%，但头部主播频现塌房危机，中小商家成为主力增量。抖音自播商家增长165%，销售额达6 591亿元。广告模式从贴片转向场景化嵌入，保健品、美妆品牌深度定制剧情广告。免费短剧通过广告分账创造250亿元收入，预计2025年达350亿元。银发经济催生新赛道，智能家居、健康管理类应用用户增长超12%。

AI技术渗透全产业链。2024年初，Sora的诞生在视听领域掀起了一场智

能革命。目前，人工智能已广泛应用于短视频的创作、传播环节，大大提高了生产和传播效率。抖音、快手利用 AI 生成商品描述与特效内容，互动率提升 30%。智能推荐算法使广告点击率提高 40%，华为推出 AI 数字人主播降低商家运营成本。5G 推动 4K/8K 超高清内容普及，爱奇艺试水 VR 互动剧《唐朝诡事录·西行》。技术门槛降低激发创作活力，60 岁以上用户使用剪辑工具比例增长 18%。

行业监管层面，国家广播电视总局全年发布 4 项专项治理文件，重点整治"霸道总裁""中老年题材"等低俗内容乱象，下架违规短剧超 2 000 部。自 6 月起推行的备案审核制度，要求平台建立内容分级机制。在政策推动下，三十余部精品短剧登陆省级卫视，收视覆盖 5 亿户次，推动行业实现从"流量为王"向"优质内容供给＋合规运营"双轮驱动模式的转型升级。

3. 网络直播行业特点

2024 年网络直播行业展现出新变化。店播崛起成为主流。品牌自播正成为电商发展的新趋势，店家自播已悄然成为直播带货行业的中坚力量。2024 年，整体的直播电商行业，品牌和商家店播占比接近 52%。抖音电商数据显示，2024 年 2 月至 2025 年 1 月，超 1 000 个商家店播销售额过亿元，2.1 万个商家店播销售额超千万元，店播销售额同比增长 100% 的商家突破 16.2 万家。

头部主播影响力下降。长期以来占据直播带货关注度与讨论度的头部达人，带货能力不及往年，其销售额在直播电商中的占比逐渐下滑。如某头部直播间 2023 年前 3 季度直播销售额超过 20 亿元，2024 年同期仅超 10 亿元。以百万粉丝为头部达人的标准，大主播的 GMV 占比已下滑至 9%。

行业专业化分工细化。行业整体从"一人多能"转变为"专职专岗"。以美腕为例，直播现场运营由摄像、导播、导演等多个岗位专业人士构成，还设置了招商选品、合规质检等业务部门，分别制定详尽工作手册，辅以针对性培训课程，并积极组织行业交流，以保证团队专业性。

直播内容注重品质与真实。商家通过真实、真诚的直播内容来吸引消费者，如"农心农意专注蜜薯"创始人鞠全智的团队直播烤蜜薯，让观众直观地看到蜜薯的品质和口感，全程不使用滤镜或预设脚本。此类强调真实性与产品力的直播模式，逐渐成为店铺自播中的核心竞争手段。

合规与质量监管加强。行业自律是直播电商健康发展的基础，相关部门也在建立健全高标准的行业规范与监管机制。如上海市商务委等部门发布《上海市推动直播经济高质量发展三年行动计划（2024—2026年）》，明确要建立健全高标准的行业规范与监管机制，同时培育一批规模大、带动作用强、国内有影响力的主播服务机构，发挥头部示范效应。

（二）博客类自媒体行业发展特点

2024年图文博客类自媒体在用户规模上保持稳定，但流量增长面临结构性压力。创作者需通过垂直化、创新化及商业化策略突围，适应平台生态变化，尽管面临短视频的冲击，但其深度阅读价值和信息密度优势仍不可替代。

QuestMobile《2024新媒体生态》数据显示，截至10月份，全网用户基数庞大但增速放缓。截至2024年10月，抖音、快手等头部新媒体平台全网去重活跃用户规模达10.71亿，渗透率为85.7%。但用户增长呈现分化趋势，抖音月活用户同比增长8%，而快手、微博等平台增速相对平缓。

下沉市场潜力开始释放。三四线城市用户对本地化图文内容（如生活服务、地方文化）需求激增，地方美食、旅游攻略等内容吸引高黏性用户。但下沉市场仍以短视频平台为主，图文类内容需结合区域特色挖掘增量。

各大平台为加速商业化，优先扶持短视频和直播电商，导致图文内容流量分配减少。教育、财经、健康等深度内容通过知识付费模式突围，例如知乎盐选专栏、微信公众号付费阅读等，用户付费意愿呈现增强态势，且专注于单一领域或细分市场的创作趋势日益显著。例如，科技博客专注于电子产品评测、行业动态分析；时尚博客聚焦于服装搭配、美妆技巧分享等。这种垂直化创作能够更精准地满足特定用户群体的需求，提高用户黏性。

创作者需要具备专业知识和技能，以提供高质量、权威性的内容。比如，法律博客的运营者需具备专业的法律知识，能对法律条文进行准确解读，并提供相关案例分析；医学博客的作者要拥有医学专业背景，为读者提供科学、准确的健康知识和医疗建议。

内容呈现方式突破传统文字形式的单一局限，融合图文、音频、视频等多种表现形式。创作者会根据内容特点和用户需求，灵活运用不同的形式来呈现信息。例如，在介绍旅游景点时，除了文字描述和图片展示，还可能添加景点的视频介绍或当地的语音讲解，丰富用户的阅读体验。

自媒体的社交属性进一步增强，博客平台也在不断推出更多社交功能，如评论、点赞、分享、话题标签、小组讨论、私信、群聊等。创作者积极与粉丝互动，回复评论、参与讨论，建立更紧密的关系，增强用户黏性和自身影响力，同时用户之间的交流也变得更加频繁和深入。

（三）网络音频行业的发展特点

1. 网络电台

2024 年，中国网络电台用户收听场景高度碎片化，49% 的用户选择睡前收听，通勤、家务、运动等场景占比 29.56%，音频的伴随性和非视觉化特性使其成为填补碎片时间的首选。此外，智能终端设备（如智能音箱、车载系统）的普及进一步拓展了应用场景，推动音频内容向全场景渗透。

网络电台的内容形式从传统广播剧、有声书扩展到播客、知识付费、音频直播等。其中，广播剧（占 40.6%）形成稳定的利基市场；知识付费内容（如课程、有声书）因用户付费意愿提升而快速增长，2023 年 AIGC 生成的有声书专辑播放量增长 353%。平台通过引入 AI 技术降低内容生产成本，例如喜马拉雅已利用 AIGC 创作 3.7 万部有声书专辑。

订阅付费是主要收入来源（占 46.5%），其次是直播打赏（26.7%）和广告营销（17.7%）。例如，喜马拉雅通过会员订阅和精品内容分层收费，而猫耳 FM、漫播等平台通过音频直播吸引用户打赏。此外，AI 技术优化了广告投放精准度，提高了广告收入效率。

5G 和 AI 技术推动行业升级：5G 的低延迟特性优化了实时音频传输体验，AI 则用于个性化推荐、语音交互（如智能音箱的语音助手）和内容生产。硬件厂商（如智能家居品牌）与内容平台合作，构建"内容+终端"生态，例如车载音频市场成为新增长点。

行业集中度较低，喜马拉雅、猫耳 FM、蜻蜓 FM 等头部平台市场份额相近，尚未出现垄断企业。竞争焦点集中在内容版权（如独家 IP）、用户体验（如社区互动）和技术创新（如 AIGC 应用）上。

2. 在线音乐

2024 年，在线音乐行业集中度进一步提高，不仅市场规模持续扩大，用户基础也更加稳固。

市场集中度高，头部平台占据主导地位。中国在线音乐市场由腾讯音乐（QQ音乐、酷狗、酷我）和网易云音乐主导，两者合计占据超90%的市场份额。2023年全球音乐流媒体市场规模同比增长10%，中国在线增速达33%，腾讯音乐凭借版权库和生态整合（如与微信、游戏联动）维持龙头地位。

付费用户规模扩张与差异化定价策略深化。用户付费意愿增强，2023年中国在线音乐付费用户规模达1.2亿，付费率提升至15%。各平台积极实施分层定价策略，例如Spotify提供免费版、学生优惠和家庭套餐，腾讯音乐通过"SVIP"会员提供高音质、专属内容等增值服务。

社交化与社区化运营。网易云音乐以"歌单+评论"的社区文化吸引年轻用户，用户活跃度和黏性较高；QQ音乐则通过"扑通社区"强化粉丝互动。平台还引入虚拟偶像、线上演唱会等创新形式，增强用户参与感。

国际平台（如Spotify、AppleMusic）加速拓展亚洲市场，Spotify在印度用户增长显著；中国平台则通过投资海外版权（如腾讯收购环球音乐股权）和扶持本土音乐人（如网易云音乐的独立音乐人计划）平衡内容生态。

音频技术革新提升用户体验。AppleMusic推出空间音频和无损音质；网易云音乐利用AI算法优化个性化推荐，用户日均播放时长增长20%。此外，AI还被用于音乐创作（如AIGC生成伴奏）和版权管理。

四、2024年社交媒体重要事件

2024年1月1日起实施的《未成年人网络保护条例》，对未成年人网络素养促进、个人信息保护、网络沉迷防治以及网络信息内容规范等进行了规定，为短视频行业健康良性发展提供规则指引，划定底线红线。

2024年6月，广电总局等四部门联合发布《网络暴力信息治理规定》，通过明确网络信息内容管理主体责任、建立健全预防预警机制、规范网络暴力信息和账号处置、强化用户权益保护、加强监督管理、明确法律责任等手段，为加强网络暴力信息治理提供有力支撑。

2024年10月15日，2024中国新媒体大会在长沙召开。大会以"新使命新机制新变革"为主题,设置"1+6+4"活动框架,包括开幕式暨主论坛、6场平行论坛及4场主题活动,还启动了融创精品案例征集展示等活动。

2024年11月25日,国家网信办要求科技公司在三个月内改进其算法,重点解决导致"信息茧房"的问题,同时明确禁止平台继续使用诱导用户过度使用或形成依赖的技术手段。

五、总结与展望

(一)网络音视频行业总结与展望

2024年,中国音视频行业在狂飙突进中迎来关键转折点。用户规模趋于饱和、内容同质化痼疾难解、监管政策不断强化,这些挑战与AI技术、全球化机遇交织,让行业在"冰与火"的碰撞中寻找新出路。

流量红利终结后,社交媒体进入"价值创造"深水区。2024年的中国音视频行业,既有短剧狂潮下的虚假繁荣,也有AIGC引发的创作革命;既有用户增长停滞的焦虑,也有全球化出海的雄心。在这场"冰与火"的碰撞中,行业的未来将取决于能否做到三重平衡:技术效率与内容质量的平衡、规模扩张与合规成本的平衡、本土深耕与全球视野的平衡。

QuestMobile数据显示,2024年短视频用户增速已降至5%以下,长视频付费会员规模增长几乎停滞。行业不得不直面现实:增量红利终结,存量竞争成为主旋律。抖音、快手等头部平台开始将资源倾斜至用户黏性提升,例如抖音推出"刷剧模式",用户单次停留时长提升25%;腾讯视频则通过"Jump会员"捆绑游戏权益,拉动会员续费率增长8%。

AI技术的普及正在重塑内容生产链条。2024年,抖音AIGC视频占比超25%,腾讯音乐AI作曲歌曲进入热歌榜TOP50。技术降本增效的同时,也加剧了内容同质化危机。某影视公司制片人表示:"AI剧本工具让创作周期缩短30%,但套路化情节让观众产生审美疲劳,豆瓣8分以上剧集仍集中在头部制作团队。"

行业的应对策略开始分化:一方面,腾讯视频、爱奇艺加码"白金工室"，每年投入超 10 亿元孵化原创 IP；另一方面，B 站、小宇宙等内容社区押注垂类内容，知识类视频播放量同比增长 40%。这种"工业化生产 + 圈层化创新"的双轨模式，或将成为破局关键。

2024 年，《生成式人工智能服务管理暂行办法》正式实施，要求 AI 生成内容强制标注来源，短视频平台违规下架率同比提升 50%。与此同时，未成年人防沉迷系统日均启用率须达 90%，倒逼抖音、快手优化推荐算法。

监管的另一面是行业秩序重建。音乐版权领域，腾讯音乐终止独家协议后，网易云音乐市场份额回升至 35%，平台转向联合运营模式；短剧备案审核周期从 30 天缩短至 7 天，为优质内容开辟"绿色通道"。业内人士认为，政策虽短期增加合规成本，但长期将推动行业走向规范化竞争。

面对挑战，行业未来将呈现以下四大发展趋势。

第一，AI 驱动的内容生产革新。多模态大模型（文本、图像、音频协同）预计在 2025 年推动 AIGC 内容占比超 40%。腾讯已展示"混元大模型"生成 15 分钟连贯短剧的能力，抖音则测试 AI 虚拟主播 24 小时直播带货。技术突破可能重构内容生产的底层逻辑规则。

第二，加速国际化布局。TikTok 音乐流媒体在欧美上线首月用户破千万，腾讯视频 WeTV 东南亚付费用户超 1 500 万。不过，本土化仍是最大挑战——TikTok 为适应欧盟监管，数据存储成本增加 30%；快手在巴西推出葡语短剧，因文化差异导致用户留存率低于本土内容。

第三，虚实融合的商业化探索。元宇宙演唱会、AI 虚拟偶像等新形态正在商业化试水。B 站"虚拟歌手演唱会"门票收入破千万，腾讯视频与环球影城合作的《三体》沉浸式主题展吸引超 50 万游客。这类"线上引流 + 线下变现"模式，可能成为下一个增长引擎。

第四，合规化发展成常态。生成式 AI 内容版权确权系统将于 2025 年试点，区块链技术用于追踪内容创作链条；《中华人民共和国数据安全法》倒逼平台建立数据共享合规框架，行业或出现第三方数据托管平台。

（二）博客类自媒体的总结与展望

2024 年，中国图文自媒体行业在短视频与 AI 的双重夹击下，展开了一场关乎生存的突围战。一边是用户日均刷短视频时长突破 2 小时的流量黑洞，一边是 AI 生成内容对创作门槛的颠覆性冲击。在此背景下，专注于深度价值与专业内容的图文创作者群体，正在通过差异化定位重新确立优质内容的核心价值标准。

流量焦虑下的"图文复兴"。QuestMobile 数据显示，2024 年图文自媒体用户规模达 5.8 亿，同比增长 8%，但用户日均使用时长降至 32 分钟，仅为短视频的 1/4。这种"规模增长、时长萎缩"的悖论，折射出行业的深层矛盾：在短视频持续占据用户注意力资源的竞争环境下，图文内容的差异化价值面临严峻挑战。

行业破局方向逐渐明晰，垂直领域深度内容与专业价值成为关键突破口。微信公众号健康类账号阅读量增长 45%，知乎科技长文收藏量翻倍，用户对快餐式内容产生抗体，专业深度内容正成为新刚需。

繁荣背后，危机已然显现。微信公众号打开率从 1.8% 跌至 1.2%，小红书笔记平均曝光量下降 30%，腰部创作者涨粉成本飙升 3 倍。某财经自媒体主笔坦言："去年一篇深度分析能涨粉 2 万，现在连 2 000 都难。"

商业化路径的单一化加剧焦虑。行业调研显示，微信公众号单篇广告报价中位数从 5 000 元降至 3 000 元，知识付费课程完课率仅 15%，用户为深度内容付费的习惯尚未成型。更严峻的是，AI 工具导致洗稿成本骤降，知乎"相似答案"投诉量增长 50%，原创作者维权心力交瘁。

面对困局，头部玩家探索出三条突围路径。

第一，加速技术创新——微信公众号接入腾讯混元大模型，实现自动排版、摘要生成，创作者效率提升 40%；知乎用区块链存证技术下架 120 万篇侵权内容，为原创者筑起护城河。

第二，内容垂直化——汽车之家聚集 2 万专业作者，单篇商业合作报价超 10 万元；新榜推出"垂类竞争力指数"，帮助创作者精准定位母婴、宠物等细分市场。这种"专业主义"正在收获回报：医疗科普账号平均客单价达 300 元，是美妆类内容的 6 倍。

第三，商业生态重构——知识付费走向"订阅制+私域"双轮驱动。知乎"机构会员"服务吸引 2 000 家企业采购内容，小红书博主将 35% 平台流量导流至私域，推动客单价提升至公域渠道的 3 倍水平。更具突破性的是跨界融合创新实践：三联生活周刊联合喜马拉雅推出"图文+音频"专栏，用户复购率超 50%，证明混合内容形态的潜力。

展望新的一年，两个变量将重塑行业格局。

一是 AI 监管落地——2025 年起，国家四部门联合推行《人工智能生成合成内容标识办法》，要求所有 AI 生成图文必须嵌入数字水印，并对医疗、财经等专业领域实施更严格的资质审核。新规通过显性与隐性双重标识技术，使 AI 生成内容可追溯、可验证，彻底终结了依赖 AI 洗稿的低成本投机模式。显式标识（如"AI 生成"警示条）通过直观提醒可以有效降低虚假内容的传播率，隐式水印则为监管部门提供精准溯源依据。这场技术与制度的双重革新，正重塑内容产业格局：投机者因合规成本激增被迫离场，而深耕原创与专业领域的创作者，则迎来内容价值回归的黄金时代。随着数字水印与区块链技术的融合发展，一个更透明、更可信的创作生态正在加速形成。

二是 IP 资产化——2025 年 3 月，知乎正式启动"创作者数字护照"内测，通过区块链技术实现内容跨平台确权认证。该系统允许创作者将文章、视频等内容生成唯一数字凭证，支持跨平台迁移与版权追溯。首批入驻的头部博主已开始尝试将内容资产转化为自有品牌，如知识付费课程、数字藏品等衍生品开发。此举标志着内容产业从流量争夺转向 IP 资产运营的战略升级，预计将引发抖音、B 站等平台加速布局创作者数字资产管理体系，推动个人 IP 商业化进入新阶段。

参考文献与主要数据来源

《中国互联网络发展状况统计报告》第 55 次，2024 年 3 月，CNNIC

《中国短视频发展研究报告（2024）》，2024 年 12 月，广电视总局发展研究中心

《2024 微短剧行业生态洞察报告》，2025 年 1 月，中国网络视听协会等

《2024 社媒内容生态数据报告》，2025 年 2 月 6 日，新榜

《2024 新媒体生态盘点》，2024 年 12 月 24 日，QuestMobile

《2024 直播短视频电商产业白皮书》，2024 年 10 月，OFweek 行业研究中心

《2024AI 时代的社交媒体营销进化》，2024 年 9 月，微播易

《2024 中国社交媒体平台指南》，2024 年 9 月，KAWO 科握

《2024 年移动互联网年度大报告》，2025 年 3 月，QuestMobile

《2024快手直播生态报告》,2025年1月1日,快手大数据研究院

《2024抖音热点年度数据报告》,2024年12月29日,抖音

《抖音平台治理报告2024》,2025年1月26日,抖音

《2024视频号商业化趋势洞察研究报告》,2024年6月28日,微盟、百准

《2024年微信视频号发展背景与现状分析》,2024年12月,艾媒咨询

《中国在线音频行业大数据研究与消费行为调查》,2024年11月,艾媒咨询

爱奇艺2024年第四季度和全年财报,2025年2月18日

腾讯控股2024年第四季度及全年业绩报告,2025年3月19日

哔哩哔哩2024年第四季度和全年未经审计的财报,2025年2月20日

快手2024年第四季度及全年财报,2025年3月25日

微博2024年Q4及全年财报,2025年3月13日

虎牙2024财年第四季度财报及全年财报,2025年3月18日

斗鱼2024年第四季度财报,2025年3月14日

腾讯音乐2024年Q4及全年未经审计财务报告,2025年3月18日

网易云音乐2024年全年业绩,2025年2月20日

(作者单位:北京深度科技研究院)

2024—2025 中国移动出版产业年度报告

毛文思

2024年,在数字中国、文化强国建设背景下,技术发展日新月异,与文化的融合日益紧密,文化新形态、新模式、新业态不断涌现,带动中国移动出版在内容呈现、产品形态和服务模式方面持续创新,各方面取得长足进展。

一、移动出版产业发展概述

据市场调研机构IDC公布数据,2024年中国全年智能手机出货量约2.86亿台,同比增长5.6%,改变了连续两年下降的局面。从排名来看,出货量排名前五的智能手机品牌依次是vivo、华为、苹果、荣耀和OPPO,较2023年发生较大变化。中国智能手机品牌在进军高端市场方面表现出色,成功获得了更多国内用户的青睐,致使苹果手机的市场份额受到挤压,出货量下降明显,占15.6%,次于vivo和华为。vivo在2024年成为中国智能手机出货量最高的品牌,市场占有率达17.2%,较上年同比增长10.3%。[①] 同时,从2024年中国智能手机出货量排名前5名的品牌市场份额表现中可以看到,vivo和华为呈正增长,苹果、荣耀和OPPO则为负增长。这表明过去一年来,人们消费趋于理性和保守,对智能手机的消费选择更加集中。

据中国互联网络信息中心(CNNIC)发布的《第55次中国互联网络发展状况统计报告》显示,截至2024年12月,我国网民规模达11.08亿人,手机

---

① IDC. 2024年中国智能手机出货量同比增长5.6%[EB/OL]. (2025-02-27)[2025-05-20]. https://finance.sina.com.cn/tech/roll/2025-02-27/doc-inemvwyu7597050.shtml.

网民规模达 11.05 亿，网民中使用手机上网的比例持续上升。手机上网规模与整体网民之间的差距进一步缩短。

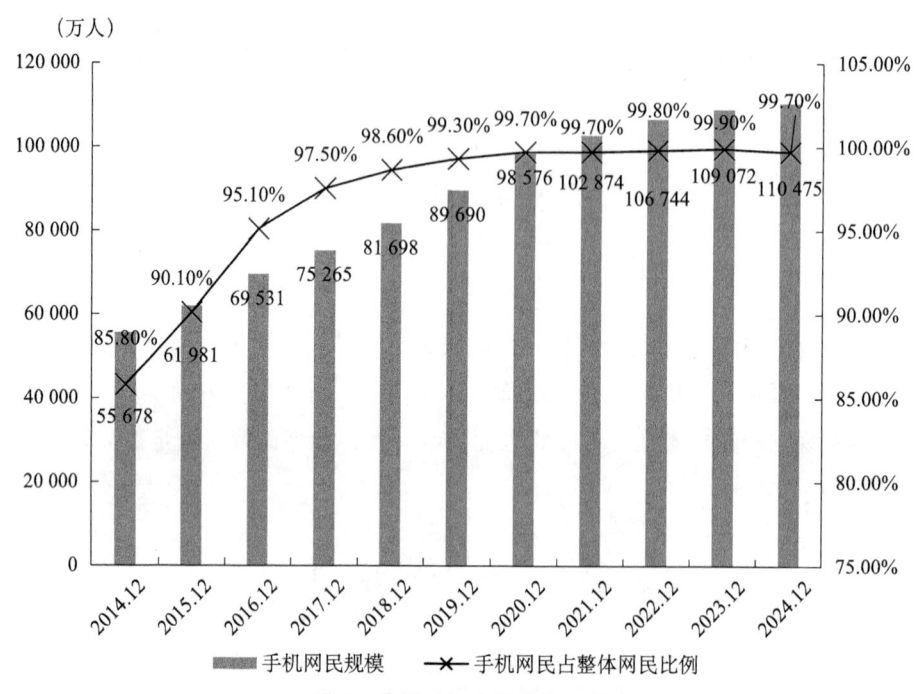

图 1 我国手机上网用户规模

2024 年，我国移动互联网持续发展。据工信部的统计公报显示，截至 2024 年 12 月底，我国移动电话用户总数 17.9 亿户，普及率为 127.1 部/百人。2024 年，我国 5G 网络在全球的领先优势进一步得到巩固。截至 2024 年底，全国移动电话基站总数达 1 265 万个，比上年末净增 102.6 万个。其中，5G 基站为 425.1 万个，占移动电话基站总数达 33.6%。[①]

2024 年，在建设数字中国总体部署下，移动互联网政策制度体系进一步完备。《关于推动未来产业创新发展的实施意见》中提出"做优信息服务产品"，要求"探索以区块链为核心技术、以数据为关键要素，构建下一代互联网创新应用和数字化生态""面向新一代移动信息网络、类脑智能等加快软件产品研发，鼓励新产品示范应用，激发信息服务潜能"，发展移动互联网是数字中国

---

① 工业和信息化部网站. 2024 年通信业统计公报［EB/OL］.（2025 - 01 - 27）［2025 - 05 - 20］. https：//www.gov.cn/lianbo/bumen/202501/content_7003010.htm.

建设的重要着力点。《网络反不正当竞争暂行规定》《关于推进移动物联网"万物智联"发展的通知》等政策文件的出台，为移动出版高质量发展提供了重要支撑。特别是2024年下半年以来，《国家数据标准体系建设指南》《关于加快公共数据资源开发利用的指导意见》《可信数据空间发展行动计划（2024—2028年）》《关于促进数据产业高质量发展的指导意见》等数据产业相关政策文件接连发布，为我国数据资源的开发利用、可信数据空间的系统布局、数据产业生态的繁荣发展等提供指引。其中，《国家数据标准体系建设指南》为加快推动国家数据标准体系建设、激活数据要素潜能、做强做优做大数字经济起到重要引领和规范作用；《关于促进数据产业高质量发展的指导意见》出台，从加强数据产业规划布局、培育多元经营主体、加快数据技术创新、提高数据资源开发利用水平、发展数据流通交易、强化基础设施支撑、提高数据领域动态安全保障能力、优化产业发展环境等方面对数据产业高质量发展作出全面部署；《关于促进企业数据资源开发利用的意见》为充分释放企业数据资源价值，构建以数据为关键要素的生产经营机制提供重要指引。[①]

我国移动互联网发展持续迈向健康规范发展。如2024年6月，国家网信办等部门联合公布《网络暴力信息治理规定》，确定涉未成年人网络暴力信息治理专门制度；2024年11月，《移动互联网未成年人模式建设指南》进一步提出移动互联网未成年人模式建设的整体方案。

2024年我国数字化建设全面推进，为移动互联网发展提供有力保障。在数字技术赋能下，移动出版的产品形态和服务模式持续创新，应用场景不断拓展，推动移动阅读、移动音视频等各细分领域持续发展。过去一年，我国移动出版主要呈现出以下发展态势。

（一）文化强国建设深入推进，国家文化数据战略加快实施

2024年是实现"十四五"规划目标任务的关键一年。2024年政府工作报告将"加快发展新质生产力"列为2024年政府工作任务的首位。移动出版作为数字出版的重要组成部分，是出版业转型升级的重要方向，是文化领域发展新质生产力的重要力量。

---

① 盘点2024年影响中国互联网行业发展的十件大事［EB/OL］.（2025-01-07）［2025-05-20］http://www.xinhuanet.com/info/20250107/15dd29e9d3304674b5583e12a6906787/c.html

过去一年来，以习近平文化思想为指引，文化强国建设持续深入推进。党的二十届三中全会提出"健全文化事业、文化产业发展体制机制，推动文化繁荣"。习近平总书记将这方面部署进一步细化、深化、实化，提出"把激发创新创造活力作为深化文化体制机制改革的中心环节"，进一步打通"部署"与"落实"。《产业结构调整指导目录（2024年本）》首次将国家文化专网及国家文化大数据体系建设列为鼓励类。这一举措有力推动文化产业的发展和创新。2024年10月28日，中共中央政治局就建设文化强国进行第十七次集体学习，习近平总书记强调，要着力激发全民族文化创新创造活力，要把激发创新创造活力作为深化文化体制机制改革的中心环节，加快完善文化管理体制和生产经营机制。构筑中华文化的新高峰，探索文化和科技融合的有效机制，实现文化建设数字化赋能、信息化转型，把文化资源优势转化为文化发展优势，为文化强国建设提供了重要指引。①

国家文化大数据体系加快建设。促进数字文化丰富多元发展被纳入2024年数字中国建设工作要点。2024年12月，《文化数据服务平台技术要求 文化数据确权系统》《文化数据服务平台技术要求 文化数据管理系统》国家文化大数据团体标准发布。

（二）精品建设持续加强，社会价值引领作用进一步提升

2024年以来，在管理部门积极引导下，移动出版进一步加强精品建设意识，出版质量持续提升。以移动阅读为例，"现实题材网络文学出版工程"等精品出版工程为引导，推进移动出版精品建设持续加强。2024年，精神文明建设"五个一工程"奖首次将"网络文艺"这一单项纳入"优秀作品奖"评选，《陶三圆的春夏秋冬》《滨江警事》（第1部）《我们生活在南京》三部网络文学作品入选，表明网络文学精品化进程取得了积极进展。②

---

① 新华社. 习近平在中共中央政治局第十七次集体学习时强调锚定建成文化强国战略目标 不断发展新时代中国特色社会主义文化 ［EB/OL］.（2024-10-29）［2025-05-20］http：//www.wenming.cn/20241028/b309432e72fd4bcbbf19cc7175a3b645/c.html.

② 中国作家协会.《2024中国网络文学发展研究报告》发布 AI、谷子、文旅+……网文吹来新风向 ［EB/OL］.（2024-10-29）［2025-05-20］http：//www.chinawriter.com.cn/n1/2025/0510/c404023-40476979.html.

有声书、融媒体电子书、视频课程等成为主题出版的重要形态，在"2024年数字阅读推荐作品（项目）"入选的作品（项目）中，包括《中国为什么能》、《新华通讯社 90 年 90 篇精品选》（有声版）、《写给青少年的党史》系列电子书和有声读物（汉语、维吾尔语、哈萨克语）《超级工程》系列、《改革开放四十年口述史》、《栉风沐雨一百年——中国生命科学历史回顾》、"学习党的二十大精神主题有声书"专辑项目等主题出版项目。其中，四川天地出版社有限公司和喜马拉雅联合推出的《中国为什么能》有声版以有声读物的方式重点呈现中国改革开放以来的重大战略决策，让更多人从战略角度了解到中国成功的深层逻辑和发展密码，凝聚强国建设民族复兴的强大精神力量。同时，数字出版也已成为传递社会主义核心价值观、弘扬中华优秀传统文化的重要途径。如故宫出版社的《我在故宫修文物：妙顶金龙——彩画之美》、湖北九通电子音像出版社的《湖北文物视听档案·荆楚文物说》等。① 入选作品和入选项目体现了数字出版在社会价值引领方面的突出成果，对行业高质量发展起到积极的示范带动作用。

2024 年，游戏在精品建设方面也表现出色。最值得一提的，当属《黑神话：悟空》，该游戏是由杭州游科互动科技有限公司开发，浙江出版集团数字传媒有限公司出版的西游题材单机动作角色扮演类游戏。出版集团为该游戏的品质提供了重要保障，游戏以《西游记》为背景，以全新、独特的视角对中华优秀传统文化进行深入挖掘的同时，对时代精神进行深刻展现，通过双结局的设计，巧妙地将经典故事融入了更符合当代价值理念的哲学思辨元素。2024 年，《黑神话：悟空》销售额突破 90 亿，在取得商业上的巨大成功的同时，也实现了文化输出，让很多外国玩家对《西游记》这部中国经典文学名著产生兴趣。更成为文旅融合的典型，吸引众多中外游客来到游戏的取景地打卡。②

---

① 界面新闻. "2024 年数字阅读推荐作品"结果公布，天地出版社、喜马拉雅融合出版作品入选！［EB/OL］.（2024 - 11 - 21）［2025 - 05 - 20］https：//cj. sina. com. cn/articles/view/5182171545/134e1a99902001ygn8.

② 中国新闻. 2024 国游销量榜《黑神话：悟空》领衔增长［EB/OL］.（2024 - 11 - 21）［2025 - 01 - 11］https：//news. china. com/socialgd/10000169/20250111/47855881. html.

（三）人工智能应用持续深入，科技赋能行业创新的作用更加凸显

2024，在加快建设数字中国、数字经济，大力发展新质生产力的背景下，技术对于行业创新发展的驱动力量进一步凸显。世界知识产权组织发布的《2024年全球创新指数报告》显示，中国在全球的创新力排名较去年上升一位至第11位，是10年来创新力上升最快的经济体之一。①

2024年，"人工智能+"首次被写入政府工作报告，提出"大力推进现代化产业体系建设，加快发展新质生产力""深化大数据、人工智能等研发应用"，以AI大模型为代表的人工智能已成为引领产业变革的核心驱动力，赋能千行百业，正在引发创造力革命。

过去一年，AI技术持续向垂直类应用场景深度渗透。其中，AI大模型成为企业布局人工智能产业的重点。大模型领域展现出多元发展趋势和格局。在政策层面，国家和地方各级政府对AI大模型的创新发展给予了有力支持，推动传统产业数字化转型；在技术层面，底层架构、多模态融合、端云协同及开源等技术持续优化，为大模型发展提供了坚实基础。②

可以看到，阿里云、百度智能云、腾讯等头部企业的研发重点从基础模型的研发转向行业大模型。③ 2024年5月，阿里云发布通义千问2.5，在Open-Compass基准测试中得分与GPT-4Turbo齐平，在国产大模型中领先。2024年初，字节跳动推出了生成视频模型——即梦AI，被业内视为国内最有潜力超越Sora的AI视频生成创作工具；2024年5月，字节跳动宣布旗下豆包大模型正式开启对外服务，开启商业化。④

---

① 人民日报. 世界知识产权组织《2024年全球创新指数报告》显示——中国创新能力稳步提升［EB/OL］.（2024-10-10）［2025-01-11］https：//capital. huanqiu. com/article/4JmPez9A1Ja.

② 潇栋.《2024人工智能大模型行业调查研究报告》发布：当前国内大模型发展面临哪些挑战？［EB/OL］.（2025-01-04）［2025-06-11］https：//www. cnii. com. cn/gxxwm/rmydb/202501/t20250104_629303. html.

③ 新浪财经. "2025福布斯中国人工智能科技企业评选结果"解构中国AI产业格局［EB/OL］.（2025-06-04）［2025-06-11］https：//news. yesky. com/hotnews/83/298583. shtml.

④ 读特新闻. 飞速发展，向新而生——2024年中国十大AI大模型［EB/OL］.（2024-12-29）［2025-05-11］https：//www. dutenews. com/n/article/8594442.

（四）行业规范体系日臻健全，构建移动出版良好发展秩序

随着移动互联网成为信息传播的主要载体，新技术赋能下，信息以更高效率、更多元形态、更多样的方式生产和传播。2024年，围绕互联网地图、未成年人保护、数据跨境流动等领域，相关部门出台多项制度。

2024年3月，国家网信办发布《促进和规范数据跨境流动规定》，围绕跨境数据提供与处理提出要求，确保跨境数据流动安全有序。6月，《网络暴力信息治理规定》出台，从总则、一般规范、预防预警、信息和账号处置、保护机制等方面提出要求，以治理网络暴力信息，营造良好网络生态，维护公民合法权益和社会秩序。2024年11月，国家网信办发布《移动互联网未成年人模式建设指南》，明确了移动智能终端、应用程序和应用程序分发平台在未成年人模式建设方面所需要履行的责任义务，从三方联动、便捷实用、分龄原则方面提出移动互联网未成年人模式建设的通用规范；同时，针对移动智能终端、移动应用程序、移动应用程序分发平台三类主体，提出各自在未成年人模式建设的具体要求。此外，还明确了在未成年人模式建设中的家长管理机制。

网络治理专项行动清朗网络空间。2024年3月，中央网信办开展"清朗·整治'自媒体'无底线博流量"专项行动，重点针对"自媒体"自导自演式造假、不择手段蹭炒社会热点、以偏概全设置话题、违背公序良俗制造人设、滥发"新黄色新闻"等问题进行整治，提出加强重点平台和重点环节管理、加强"自媒体"账号全流程管理、加强信息来源标注展示、完善流量管理措施等主要任务。8月，开展"清朗·网络直播领域虚假和低俗乱象整治"专项行动，重点整治网络直播中存在的编造虚假场景人设，无底线带货营销；"伪科普""伪知识"混淆视听；传播"软色情"信息；扰乱社会秩序，侵犯他人权益；欺骗消费者，销售假冒伪劣商品五方面突出问题，重点从加强网络主播规范管理、强化用户行为规范和优化推荐机制三个方面开展治理工作。10月，开展"清朗·规范网络语言文字使用"专项行动，聚焦部分网站平台在热搜榜单、首页首屏、发现精选等重点环节呈现的语言文字不规范、不文明现象，重点整治歪曲音、形、义，编造网络黑话烂梗，滥用隐晦表达等突出问题。

二、移动出版产业发展现状

2024年，人们线上消费需求持续增长。2024年，大多数移动互联网应用使用都实现了一定程度的增长，但增长幅度趋缓，部分应用呈下降态势。截至2024年12月，我国网民互联网应用使用率TOP10依次是：网络视频、即时通信（含短视频）、短视频、网络支付、网络购物、搜索引擎、网络直播、网络音乐、网络外卖和网络文学。其中，网络文学用户规模达到5.75亿，网民使用率达到51.9%，同比增长10.5%。网络支付、网络购物也实现了超过6%的同比增长。

表1 我国网民各类网络应用使用率

序号	网络应用	网民使用率（2023.12）	网民使用率（2024.12）	增长率
1	网络视频（含短视频）	97.7%	96.6%	0.3%
2	即时通信	97.0%	97.6%	2%
3	短视频	96.4%	93.8%	-1.3%
4	网络支付	87.3%	92.8%	7.9%
5	网络购物	83.8%	87.9%	6.5%
6	搜索引擎	75.7%	79.2%	6.2%
7	网络直播	74.7%	75.2%	2.1%
8	网络音乐	65.4%	67.5%	4.7%
9	网上外卖	49.9%	53.4%	4.5%
10	网络文学	47.6%	51.9%	10.5%

（一）移动阅读

2024年以来，网络文学、有声读物、知识付费等领域持续发展，带动移动阅读的良好发展。据中国新闻出版研究院第二十二次全国国民阅读调查报告显示，2024年，我国成年国民的数字化阅读方式接触率达到80.6%。其中，手机在数字阅读中占比持续提高。2024年，78.7%的成年国民进行过手机阅读，成年国民人均每天手机接触时长达到 108.76 分钟。①

2024 年，以移动阅读为核心构成的中国数字阅读市场规模达到 661.41 亿元；数字阅读用户规模达到 6.7 亿，同比增长 17.52%。2024 年，我国数字阅读作品总量约为 6 307.26 万部，同比增长 6.31%。其中，网络文学和电子书的数量占比约为 67.55%；有声阅读作品数量占比约为 32.45%。② 有声阅读作为数字阅读的重要领域，保持快速发展。有 38.5% 的成年国民在 2024 年通过听书的方式阅读。

2024 年，以网络文学为代表的移动阅读持续良好发展态势，市场竞争依然较为激烈。网络文学用户规模再创历史新高，达到 5.75 亿人，同比增长 10.58%，网民使用率为 51.9%。2024 年，网络文学国内市场规模进一步扩大。截至 2024 年底，中国网络文学作品数量达 4 165.1 万部，新增作品 378.6 万部；阅读市场规模达 430.6 亿元，同比增长 6.8%；网络文学 IP 市场规模接近 3 000 亿元，达到 2 985.6 亿元，同比增长 14.61%。③ 阅文集团 MPU（平均月付费用户数）创三年新高，达 910 万。字节跳动通过番茄小说、番茄听书、抖音、红果短剧等 App 构建了以网络文学为核心的数字内容生态体系，几个产品互为流量转化入口。如抖音上线"抖音故事"功能，支持视频挂载同款小说，可跳转至番茄小说的阅读界面，助其拓宽引流和变现渠道。2024 年 Q3 番茄小说的平均 MAU（月活用户）为 2.2 亿，超越小红书等热门应用。2024 年，番茄小说推出了 10 余项扶持计划，如面向长篇优质作品的"乘风计划"和"揽星计划"，针对短篇作者作品的"灵思计划"和长篇头部作品的"皓月计划"等，共发放 1.2 亿元额外奖金。④

短剧成为网络文学 IP 开发的重要领域。阅文、点众科技、中文在线、番茄小说等平台企业持续加大短剧领域布局。特别是番茄小说，与字节跳动旗下短剧平台红果短剧实现了相互赋能。在"番茄 IP 改编合作"的项目下，创作者

---

① 第二十二次全国国民阅读调查成果发布 [EB/OL]. (2025 - 04 - 24) [2025 - 05 - 20] https: //www. nationalreading. gov. cn/wzzt/2025qmyddh/cgfb/202504/t20250424_892768. html.

② 数字阅读用户规模达 5.70 亿《2024 年度中国数字阅读报告》重磅发布 [EB/OL]. (2025 - 04 - 24) [2025 - 05 - 20] https: //new. qq. com/rain/a/20240424A06NP800.

③ 2024 中国网络文学发展研究报告 [EB/OL]. (2025 - 05 - 13) [2025 - 05 - 20] https: //www. cssn. cn/wx/tbch/202505/t20250513_5873701. shtml.

④ 何已派. 免费霸总小说，撑起字节又一百亿诸侯 | 字节 [EB/OL]. (2025 - 04 - 24) [2025 - 05 - 20] https: //finance. sina. com. cn/roll/2024 - 12 - 16/doc - inczrrat5940073. shtml.

的优质番茄小说 IP 有机会改编成短剧。2024 年,番茄原创短剧改编了超过 500 部作品,孵化出如《好一个乖乖女》《老千》《云渺》等爆款短剧。① 相较于番茄小说在国内势头强劲,中文在线的短剧在海外市场风生水起。中文在线海外参股公司 Crazy Maple Studio 旗下的真人短剧平台 Reel Short 在美国 App Store 平台的娱乐应用免费榜排名保持在前 40 名,在美国双平台的下载量累计超过 2 500 万次。除了 Reel Short,中文在线还推出了"Sereal +"和 UniReel 等海外短剧应用,实现了矩阵化发展②。

(二)移动游戏

移动游戏实销收入增幅明显,呈回暖态势。据中国音像与数字出版协会游戏工委《2024 年中国游戏产业报告》显示,国内游戏市场实际销售收入 3 257.83 亿元,同比增长 7.53%。游戏用户规模 6.74 亿人,同比增长 0.94%,也创出历史新高点。2024 年中国移动游戏市场实际销售收入再创新高,达到 2 382.17 亿元,同比增长 5.01%。从类型上看,2024 年,在收入排名前 100 的移动游戏产品中,角色扮演类居首,占比 24%;卡牌类居次,占比 12%,同比上升一位。策略和棋牌类占比均为 8%。从细分领域的收入上看,2024 年收入排名前 100 的移动游戏中,多人在线战术竞技类占比 17.99%,位居首位;角色扮演类次之,占比 17.85%;第三位是射击类,占比 13.89%;三者合计占比总收入的 49.73%。③

2024 年全年获批新游戏版号 1 416 个,版号发放总数同比增长 32%,是 2022 年总量低谷期的 2.75 倍。其中,国产游戏版号 1 306 个,同比增长 33.67%。2024 年共计有 1 368 款移动游戏获得版号,其中国产游戏 1 286 款、进口游戏 85 款,相较于 2023 年 1 023 款整体增加了 26%,④ 占 2024 年过审游戏总数的 96.6%。

---

① 陈立涓. 站内短剧,会成为网文平台的新"赛点"吗?[EB/OL].(2025 - 06 - 26)[2025 - 06 - 27]https://www.thepaper.cn/newsDetail_forward_31041369.
② 面包财经. 中文在线:短剧平台 ReelShort 海外表现强势,一季度亏损 0.88 亿 [EB/OL].(2025 - 06 - 17)[2025 - 06 - 20]https://cj.sina.com.cn/articles/view/3182600947/bdb2a2f3001013zzg.
③ 中国音像与数字出版协会.《2024 年中国游戏产业报告》正式发布 [EB/OL].(2025 - 01 - 17)[2025 - 05 - 20]http://www.cadpa.org.cn/3277/202501/41718.html.
④ 新快报. 2024 年游戏版号审批报告:版号 1 416 个同比增 32%,多平台游戏增长 40% [EB/OL].(2024 - 12 - 30)[2025 - 05 - 20]https://cj.sina.com.cn/articles/view/1652484947/627eeb5302001ng1e.

2024年国产3A游戏《黑神话：悟空》全球爆火，截至2024年底，销量达到2 800万，销售额高达90亿元。《黑神话：悟空》凭借极高的制作质量和突出成绩受到国内外的高度关注，获国际游戏TGA"最佳动作游戏"和"玩家之声"两个重要奖项，并有效带动了文化输出与文旅融合。①

2024年移动游戏呈现轻量化趋势。依托小程序的小游戏实现快速发展，整体市场规模接近400亿元，同比增长99%。其中，国内市场收入达273.64亿元，占比68.7%。②

2024年，游戏持续发挥文化出海生力军作用，加速推动全球化进程。中国自主研发游戏海外市场实际销售收入185.57亿美元，同比增长13.39%，其规模已连续五年超千亿元人民币。2024年中国游戏海外市场收入实现了连续下降后的回升，表明中国游戏企业在探索出海路径方面取得了积极进展。从地区分布来看，美国、日本、韩国是中国游戏出海的主要目标市场，其中，美国占比31.06%，日本占比17.32%，韩国占比8.89%，三国合计占比57.27%。

（三）移动音乐

2024年中国移动音乐用户规模达7.07亿。③ 随着音乐版权保护体系的逐步完善，以及用户对高质量音乐内容需求日益增长，主要网络音乐平台的付费用户数量和付费比率均实现两位数的增长。

从平台发展来看，腾讯音乐和网易云音乐两家头部平台保持稳定发展。据两家公布的业绩状况来看，2024财年网易云音乐的净收入为80亿元人民币（11亿美元），尽管净收入微增，但却实现了净利润翻番。网易云音乐2024财年净利润17亿元，较2023年的8.19亿元增长107.7%，年内利润同比增长113.2%至15.65亿元。其中，网易云音乐2024年会员订阅收入达44.6亿元，同比增长22.2%，主要得益于会员规模扩大；在线音乐服务收入3.5亿元，同

---

① 吴旭颖.《黑神话：悟空》获TGA两项大奖｜黑神话：悟空［EB/OL］.（2024-12-14）［2025-05-20］https：//finance.sina.com.cn/jjxw/2024-12-14/doc-inczmiet8076642.shtml.
② 17173游戏网. 24年十大游戏圈事件：腰部做单机、头部做网游！一年共1 416个版号［EB/OL］.（2025-01-28）［2025-05-20］https：//cj.sina.com.cn/articles/view/1893762192/70e0849002001eqlu.
③ 京报网. QuestMobile：2024年中国移动互联网典型行业年度洞察［EB/OL］.（2025-03-04）［2025-05-20］https：//news.bjd.com.cn/2025/03/04/11085163.shtml.

比增长23.1%。① 2024年腾讯音乐全年总收入为284.0亿元，同比增长2.3%，调整后净利润为81.4亿元，同比增长30.7%。从收入构成来看，2024年腾讯音乐在线音乐订阅收入为152.3亿元，同比增长25.9%。过去一年来，腾讯音乐不断丰富扩大内容生态。例如，腾讯音乐与SM娱乐和Kakao娱乐续约，合作范畴拓展至优质音效、艺人演出及周边；为腾讯视频爆款剧集《九重紫》《大奉打更人》及院线电影《只此青绿》《浴火之路》制作主题曲及原声带。截至2024年12月底，腾讯音乐总计拥有超2.6亿首授权及共创音乐与音频曲目。②

抖音强势入局在线音乐领域。抖音平台为音乐增加曝光度和传播度，抖音"神曲"层出不穷，短视频音乐为用户提供了欣赏音乐的新方式。与此同时，受疫情影响，线上音乐演出大行其道，抖音则在这一赛道展现出巨大优势，并为音乐平台发展拓展了新路径。

（四）移动音频

2024年以来，"耳朵经济"持续良好发展。因其伴随性强和多场景共存的特点，音频已成为人们日常生活中文化休闲的重要方式。播客是音频领域的重要组成部分。2024年，喜马拉雅FM总用户数突破6亿，全场景月活用户达到3.18亿，用户渗透率达到77.8%。

过去一年，播客实现较快发展。2024年，小宇宙新增4.6万个播客节目、48.4万个单集，累计播放时长1 400万小时。在2024"年度新播客"中，有近一半的节目在一年内订阅量突破5万。2024年累计播放时长8.4亿分钟。③喜马拉雅发力布局车载全景声市场，被运用于众多优质的有声剧作品中，通过车载空间服务近1亿活跃车主。截至2024年底，喜马拉雅全景声内容已超3 300小时。④

---

① 快科技. 网易云音乐财报：2024年网易云音乐净收入80亿净利润暴增107.7%［EB/OL］. (2025-02-20)［2025-05-20］https://www.199it.com/archives/1741924.html.
② 新浪财经. 腾讯音乐2024年总收入为284亿元在线音乐付费用户持续攀升［EB/OL］. (2025-03-18)［2025-05-20］https://cj.sina.com.cn/articles/view/2311077472/89c03e6002002b6gii.
③ 李一帆. 超20家基金公司抢滩播客蓝海，声音经济能否破局"叫好易叫座难"？［EB/OL］. (2025-06-19)［2025-06-20］https://finance.sina.com.cn/jjxw/2025-06-19/doc-infaqrft3954717.shtml.
④ 消费日报网. 喜马拉雅高级副总裁傅海波：用声音构建AI时代下的新声活［EB/OL］. (2025-05-23)［2025-05-24］http://ex.chinadaily.com.cn/exchange/partners/82/rss/channel/cn/columns/snl9a7/stories/WS683028a0a310205377034aa5.html.

2024年，AI在音频领域得到进一步应用。喜马拉雅推出了其自主研发的AI大模型——珠峰AI音频多模态大模型，依托喜马拉雅超百万小时的自有版权音频数据进行深度学习与训练，具备情感输出、自然表达、语种互译、极速克隆等技术能力，为创作者提供AIGC音频和数智人服务。① 2025年1月，万兴科技发布音视频多媒体创作垂类大模型——万兴"天幕"。②

（五）移动视频

2024年以来，作为人们日常休闲娱乐的重要方式，我国网络视频持续迅猛发展。2024年12月，网络视频用户规模为10.70亿人，其中，短视频用户规模为10.40亿人。长视频也有所回暖，截至2024年12月，我国长视频用户规模为7.52亿人，创2018年以来新高。

过去一年来，网络视听领域主题主线宣传取得积极进展。在"中国梦 新征程"原创网络视听节目征集推选活动中，137部优秀网络视听节目入选，涵盖网络纪录片、网络综艺节目、网络动画片、网络剧、网络微短剧、网络电影、网络微电影、网络音频节目、短视频、网络公益短片等类型。③

在综合视频平台领域，"爱优腾芒"四大平台竞争持续激烈。各平台实施长短剧并行发展的路线。如爱奇艺与红果短剧达成合作；芒果TV在会员数量上实现较快增长，成功突破7 000万大关，2024年会员收入首次突破50亿，并推出短剧品牌"大芒剧场"；腾讯视频一方面先后播出《庆余年2》《繁花》《山花烂漫时》《玫瑰的故事》《永夜星河》《春色寄情人》等多部口碑和热度俱佳的长剧，另一方面持续发力精品短剧，优化平台短剧政策。在"2024全年上新剧集热播期热播集均有效播放量榜TOP20"中，腾讯视频占据七席，爱奇艺独播占据六席，优酷独播占据四席。排名前10的剧集中，腾讯独播占据四席，

---

① 网易新闻. 喜马拉雅音频大模型亮相，AI赋能内容创作者［EB/OL］. (2024-09-20)［2025-05-20］. https://finance.sina.com.cn/roll/2024-09-20/doc-incpumyq6242769.shtml?cref=cj.
② 万兴科技. 万兴科技重磅发布中国首个音视频多媒体大模型"天幕"开启大模型2.0时代［EB/OL］. (2025-01-31)［2025-05-20］. http://ori-www.wondershare.cn/new/details/id/1015.html.
③ 国家广播电视总局. 国家广播电视总局办公厅关于公布2024年"中国梦 新征程"原创网络视听节目推选结果及组织展播活动［EB/OL］. (2025-12-25)［2025-05-20］的通知 https://www.nrta.gov.cn/art/2024/12/25/art_113_69880.html.

表明腾讯视频在独播长剧领域占据领先优势。①

2024 年,微短剧持续快速发展。截至 2024 年 12 月,微短剧用户规模达 6.62 亿人。我国微短剧市场规模首次超过全年电影票房收入,达到 505 亿元,小程序和 App 平台上线微短剧数量超过 3.6 万部。②腾讯视频、芒果 TV、优酷等综合性平台和抖音、快手为代表的短视频平台纷纷布局短剧领域。值得一提的是,过去一年来,微短剧在传播主旋律、传递正能量方面展现出积极作为,涌现出一批展现乡村振兴新面貌、弘扬中华优秀传统文化的短剧作品。与此同时,短剧还成为文化出海的新生力量,成为多家网文企业布局海外市场的新途径。2024 年,在海外视听类应用收入规模 TOP100 中,中国(含港澳台)应用有 20 个,微短剧占据 8 席。据不完全统计,目前微短剧的海外应用已经突破 300 款,全球累计下载量超过 4.7 亿次。

三、影响移动出版产业发展的年度重要事件

(一)5G-A 的第一个标准版本冻结

2024 年 6 月,5G-A 的第一个标准版本 3GPP Rel-18 冻结,意味着 2024 年成为 5G-A 商用元年,也标志着 5G 技术进入新的发展阶段。

(二)国产 3A 游戏《黑神话:悟空》火爆全球

2024 年 8 月 20 日上午 10 时,国产游戏《黑神话:悟空》上线。该游戏 2024 年销量达 2 800 万,总销售额达 90 亿元。

(三)网络文学首次获得"五个一工程"优秀作品奖

第十七届精神文明建设"五个一工程"组织工作先进单位和优秀作品,授

---

① 新浪电视. 云合发布 2024 全年上新剧集热播期集均有效播放量榜~你追的剧上榜了吗?[EB/OL]. (2025-01-06)[2025-05-20] http://k.sina.com.cn/article_1642592432_61e7f8b00400169ey.html.
② 于晓风,孔玉瑶. 2024 微短剧:新时代呼唤新内涵,新变化折射新要求[EB/OL]. (2025-01-16)[2025-05-20] https://wenyi.gmw.cn/2025-01/16/content_37796916.htm.

予《滨江警事》(第1部)、《我们生活在南京》等10部网络文艺作品"优秀作品奖"。网络文艺首次作为独立的文艺门类纳入"五个一工程"进行评选表彰。

(四)《移动互联网未成年人模式建设指南》发布

2024年11月,国家互联网信息办公室发布《移动互联网未成年人模式建设指南》,提出未成年人模式建设的整体方案,细化了不同主体在参与未成年人模式建设中所承担的具体建设任务,为企业主体履行未成年人网络保护义务提供了重要指引。

(五) 世界互联网大会人工智能专业委员会成立

2024年11月20日,世界互联网大会人工智能专业委员会成立,该专委会是世界互联网大会设立的首个专业性、常态化分支机构,汇集了来自人工智能领域国际组织、知名智库、科研院所、专业协会及产业界的权威专家和专业人才,将积极参与国际治理进程,为全球人工智能健康发展提供建设性思路和创新方案,推动形成以人为本、智能向善的人工智能治理体系,为推动全球人工智能发展贡献力量。

四、总结与展望

(一) 健全政策体系,强化规范管理

"十四五"即将收官,党和国家对于文化强国建设将作出新的决策部署,聚焦重点领域、关键环节和重要场景,健全规范,推动移动出版规范发展。特别是以人工智能为代表的科学技术发展日新月异,催生新需求、新模式、新业态,同时也在意识形态、内容质量、版权保护等方面带来诸多考验。要把握数智化环境下信息传播新规律,加强对移动出版新领域、新形态的关注,强化政策引导,健全制度体系,在推动行业创新的同时,也进一步强化规范健康发

展。重点针对网络文学、在线教育、网络视听等领域，推进内容质量管理相关标准建设，健全移动出版质量管理体系。

（二）精品建设日益增强，向高质量发展加快迈进

习近平文化思想引领移动出版高质量发展，要求加强积极健康、向上向善的网络文化产品创作与传播，对移动出版发展提出了更高要求。移动出版要以习近平文化思想为指引，强化阵地建设，弘扬社会主义核心价值观和中华优秀传统文化，各领域实施精品出版工程，充分挖掘特色文化元素，加强优秀出版产品的评选和推广，打造优质移动出版品牌，扩大影响力。

（三）人工智能发展迅速，引发内容生态变革

2025年初，中国人工智能公司深度求索（DeepSeek）发布的DeepSeek-R1模型轰动科技界，双双登顶苹果中、美应用商店免费App下载排行榜榜首，是中国在AI领域取得的重大突破。其开源特性降低了技术门槛，将大幅降低AI模型的应用成本，AI模型在移动出版领域的普及和应用将进入加速期，持续引发内容生态变革，推动移动出版的形态创新、模式创新、业态创新。

（作者单位：中国新闻出版研究院）

专题报告

中国数字出版产业发展指数年度报告

中国新闻出版研究院数字出版研究所　重庆华略数字文化研究院

一、数字出版产业发展指数概述

数字出版是我国业界针对数字技术在出版领域应用后，生产方式、传播渠道和承载载体变化，业态创新后应用的名词，较早出现在原中国出版科学研究所数字出版研究室（现为中国新闻出版研究院数字出版研究所）在2006年正式发布的《2005—2006中国数字出版产业年度报告》（以下简称"《报告》"）中。《报告》称，"数字出版"是"用数字化（二进制）的技术手段从事的出版活动"。这个概念主要强调技术和出版活动两个要素，出版介质并不是区分传统出版与数字出版的依据。2010年8月，新闻出版总署发布《关于加快我国数字出版产业发展的若干意见》（以下简称"《意见》"），对数字出版的概念、特征、传播渠道进行了官方界定。《意见》指出："数字出版是指利用数字技术进行内容编辑加工，并通过网络传播数字内容产品的一种新型出版方式，其主要特征为内容生产数字化、管理过程数字化、产品形态数字化和传播渠道网络化。"

数字出版产业发展指数是科学、动态测度数字出版产业发展的整体水平、空间特征、运行效能及未来趋势的一个综合性量化评估体系。该指数并非单一指标，而是完整包含产业规模、技术应用、内容产出、市场活力以及政策环境支持等多维度的指标体系，通过统计建模进行系统集成，具有动态监测和持续追踪产业发展的功能和作用，服务于产业发展和决策参考。简而言之，数字出版产业发展指数是运用综合指标系统和统计方法，对数字出版产业业态整体发展状况进行全景式量化刻画和动态评估的核心工具，揭示了产业运行的内在逻辑与外部关联，是研判数字出版产业持续健康发展的重要方式。

基于数字出版相关概念辨析，观照产业经济学相关理论，对保障数字出版产业高效、健康运行各要素类型化处理后，形成数字出版产业发展指数结构图（图1），该图包括数字出版产业生产指数、数字出版产业消费指数、数字出版产业运营指数和数字出版产业支持指数四个部分，是一个有机统一的整体。其中，数字出版产业生产指数是衡量数字出版产业在一定时期内生产规模、产出能力和活跃程度的整体水平。旨在统计生产主体和相关机构提供的一系列可量化数据，反映数字出版产品和服务的生产总量、增长速度和创新活力。数字出版产业消费指数是衡量用户（消费者）、为生产主体提供展示以及为用户提供消费渠道相关机构等，在数字出版产品和服务消费方面的总体消费表现和消费潜力。数字出版产业运营指数是衡量数字出版产业对文化产业发展的实际贡献程度，考察产业资源整合效率、营收能力和发展韧性。数字出版产业支持指数是衡量政府部门、标准化部门、社会组织等对数字出版产品和服务的支撑力度和保障程度。

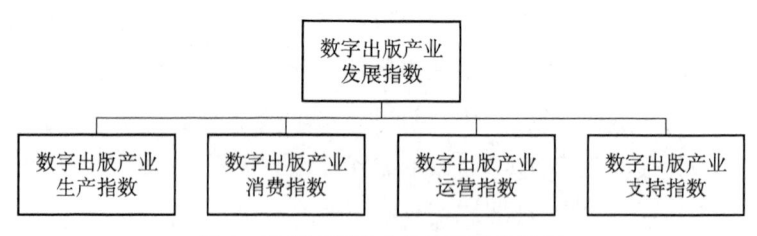

图1　数字出版产业发展指数结构图

二、2024年数字出版产业发展指数分析

（一）数字出版产业发展空间格局

我国31个省区市（未含港澳台地区）数字出版产业发展呈现出自西向东

渐次增强的特征，东部、中部、东北和西部四大地区[①]具有明显差异。

数字出版产业发展指数的地区差异。2024 年，数字出版产业发展指数具有明显的地区分异特征，四大地区的数字出版产业发展指数自东向西表现为梯度递减态势，依次为东部、中部、东北和西部地区（图 2）。

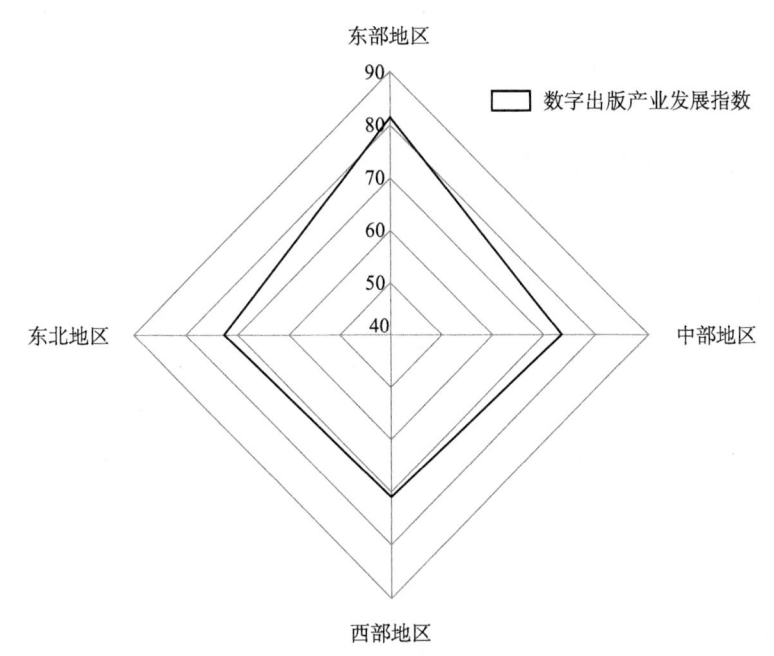

图 2 数字出版产业发展指数的地区差异图

分地区来看，东部地区的数字出版产业发展呈现出领先优势，中部、东北和西部地区的数字出版产业发展处于追赶状态。东部地区与中部、东北和西部地区的数字出版产业发展指数差距表现较为突出。东部地区与西部地区差距较大，相差 10.59；其次是东部地区与东北地区，相差 9.06；最后是东部地区与中部地区，差距为 8.43。这源于东部地区在数字出版全产业链条上的系统性竞争优势，实现集创意生产、消费升级、融合运营和深化支持于一体的贯通发展。中部地区以提高数字出版产业全要素生产率为主要目标，加速释放产业政策红利，推动产业消费场景打造和内容供给升级，数字出版产业发展指数处于

---

① 根据国家统计局对我国经济地带的统计划分标准，东部、中部、西部和东北四大地区的具体划分为：东部地区包括北京、天津、河北、上海、江苏、浙江、福建、山东、广东和海南 10 个省（直辖市）；中部地区包括山西、安徽、江西、河南、湖北和湖南 6 个省；西部地区包括内蒙古、广西、重庆、四川、贵州、云南、西藏、陕西、甘肃、青海、宁夏和新疆 12 个省（自治区、直辖市）；东北地区包括辽宁、吉林和黑龙江 3 个省。具体见：国家统计局 . 常见问题解答［EB/OL］. http：//www.stats.gov.cn/hd/cjwtjd/.

较高水平，仅次于东部地区。东北地区与中部地区的数字出版产业发展指数相当，二者差距较小，为0.63。主要原因是，东北地区持续发挥装备制造业优势，积极转化为数字出版产业装备制造生产力，以及对数字出版产业新业态、新场景和新模式的市场适配和政策激励不断加码。反观西部地区，数字出版产业指数相对较小，与中部地区的数字出版产业发展指数相差2.15，与东北地区相差1.53。表明西部地区的数字出版产业投入产出效率提升存在长周期性和复杂性。

四大地区数字出版产业发展指数的内部特征如下：2024年四大地区数字出版产业发展指数的内部差异较小，由高到低分别为数字出版产业消费指数、生产指数、运营指数和支持指数，数字出版产业消费指数与支持指数相差1.47。

分地区来看，东部地区的数字出版产业生产指数、消费指数、运营指数和支持指数分布较为均衡，数字出版产业运营指数具有比较优势。中部地区的数字出版产业生产指数表现较为突出，数字出版产业生产能力稳步提升，数字出版产业支持指数相对滞后。东北地区的数字出版产业支持指数明显高于消费指数、生产指数和运营指数，有助于促进该地区数字出版产业资源禀赋的进一步挖掘和利用。西部地区更加注重数字出版产业消费指数的提升，数字出版产业运营指数提升相对缓慢，数字出版产业支持指数提升相对滞后（图3）。

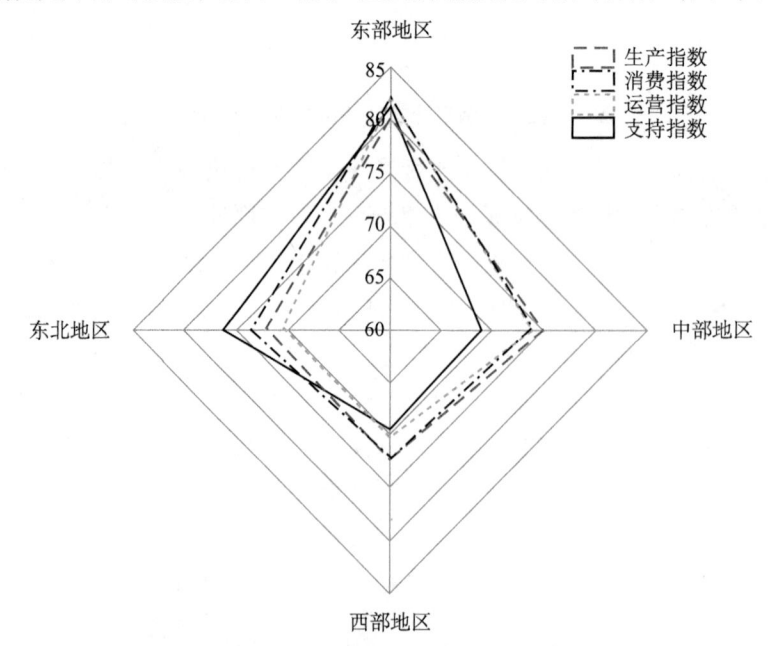

图3　分地区数字出版产业四大指数均值雷达图

数字出版产业生产指数、消费指数、运营指数和支持指数的地区差异。2024年，数字出版产业生产指数、消费指数、运营指数和支持指数的地区分布差异明显（图4）。

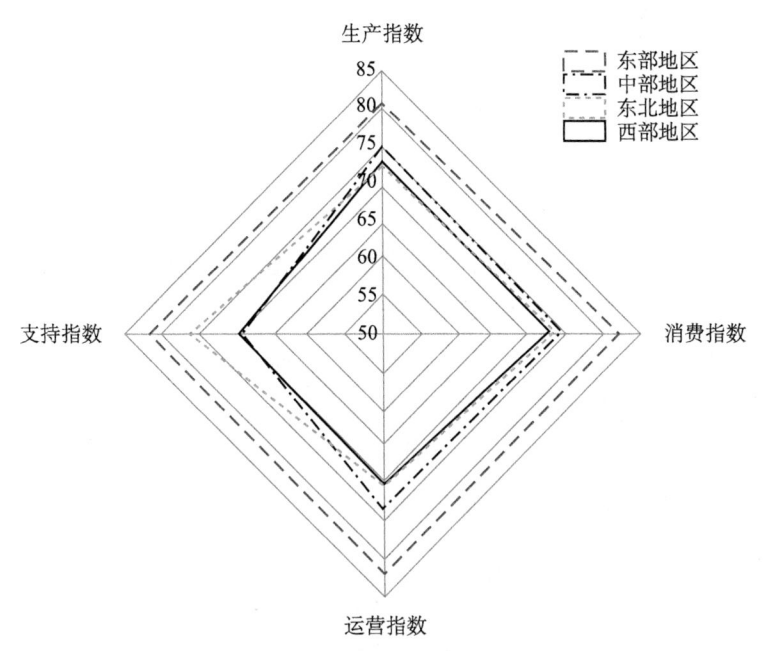

图4 数字出版产业四大指数的地区差异图

1. 数字出版产业生产指数方面

2024年，数字出版产业生产指数呈现出地区梯次分布特征，四大地区的表现由高到低依次为东部、中部、西部和东北地区，东部地区与东北地区的数字出版产业生产指数相差最大，为8.56，表明当前数字出版产业生产能力在地域上的不均衡格局。东部和中部地区历年来持续加强数字出版产业发展的生产效率和管理能力，在内容生产、平台运营、技术应用和新业态培育等方面展现出强劲动力，成为推动该地区数字出版产业良好发展的重要引擎，进一步巩固了其作为数字出版产业创新高地和产出中心的领先地位。西部与东北地区的数字出版产业生产指数相当，二者相差0.69，与东部和中部地区相比，均处于相对弱势位置。这两个地区拥有较好的发展基础和独特的文化资源禀赋，但数字出版产业发展的生产活力方面仍面临诸多挑战，制约数字出版产业发展指数的快速提升。

2. 数字出版产业消费指数方面

2024年,数字出版产业消费指数同样呈现出明显的地区差异,表现为东部、中部、东北和西部地区的清晰递减态势,东部地区与西部地区的数字出版产业消费指数相差最大,为9.49。表明不同地区在数字出版产业消费能力上的不均衡性仍比较突出。东部地区以显著的经济优势和庞大的高净值用户群体,高度发达的数字基础设施和普及率,以及成熟的数字出版产业生态和消费市场环境,促进其数字出版产业消费指数高位运行。中部地区的数字出版产业消费指数居于全国中位,主要依托数字出版产业既有业态持续发力,教育数字出版是主要的消费品类之一。县域教辅消费市场挖掘拓展数字出版产业消费空间,但在知识服务、IP衍生等高附加值消费品类开发方面较为薄弱,导致数字出版产业消费指数增长动能单一。东北和西部地区的数字出版产业消费指数大体相当,二者相差0.85,均落后于东部和中部地区,是激发数字出版产业消费潜能,弥合"数字鸿沟"的关键地区。未来要以技术创新降低投入成本,以出版深度融合扩大消费场景,持续释放消费潜能,提振消费信心。

3. 数字出版产业运营指数方面

2024年,数字出版产业运营指数呈现出一定的地区差异,表现为东部、中部、西部和东北地区的梯度递减态势,东部地区与东北地区的数字出版产业运营指数相差较大,为11.79,表明不同地区在数字出版产业运营能力上尚存不均衡性。东部地区的数字出版产业产值规模对地区经济发展的贡献相对较高,具有高运营能力的结构性优势,形成以京津冀、长三角、珠三角为核心的出版融合创新集群,头部企业示范带动效应明显,技术资本双密集型投入强度显著高于中部、东北和西部地区,促进该地区数字出版产业运营能力的显著提高。中部地区的数字出版产业运营能力处于持续优化状态,数字出版产业多业态布局尚未完成,大众阅读、专业数据库等高增长产品营收规模不足,技术转化和创新投入滞后于数字出版产业发展的迫切需求。西部地区与东北地区的数字出版产业运营指数相当,二者相差0.04,均落后于东部和中部地区。究其原因,东北地区主要影响因素包括数字业务投入保守、资源整合度低和人口结构失衡,西部地区主要受低运营能力的基础性条件制约。

4. 数字出版产业支持指数方面

2024年,数字出版产业支持指数呈现出显著的地区差异,表现为东部、东北、西部和中部地区的梯度差序结构，东部地区与中部地区的数字出版产业支持指数相差最大，为 12.57。东部地区已初具数字出版产业发展的制度性供给优势，上海以制度创新吸引优质版权资源集聚，四年间版权服务中心积极拓展政策覆盖面，完成作品快速登记近 8.5 万件。江苏自由贸易试验区实施提升战略三年行动方案（2023—2025 年），聚焦数字内容领域，大力发展数字贸易，促进数字出版公共服务平台建设。东部地区还在法治环境和智库环境方面持续发力，积极开展文化执法专项行动，社会组织和行业智库始终围绕出版中心工作建言献策。东北地区加强数字出版产业政策支持力度，数字出版产业支持指数异军突起，超过中部和西部地区居于第二位。这与地方政府在顶层设计、资源协同和产业创新上的系统性发力紧密相关。吉林搭建图书交易博览会交流合作平台，有效聚合了政策、资本、技术与内容等多维资源。吉林东北亚出版传媒集团与吉视传媒签署战略合作协议，共建"多阅网数字管理平台""三维学习中心"等项目。西部和中部地区数字出版产业支持指数相当，二者相差 0.84，均滞后于东部和东北地区。主要受政策扶持力度、公共服务平台建设、研发与平台服务等多方面因素制约。

（二）数字出版产业发展空间联动

根据我国 31 个省区市（未含港澳台地区）数字出版产业发展指数总体情况，以及其结构中生产指数、消费指数、运营指数、支持指数的各指标聚类分析结果，遵循类型划分唯一性和最优化原则，将数字出版产业发展指数划分为五个基础类型，分别为供给驱动型、消费拉动型、发展韧性型和服务促进型。同时，在四个基础类型中，将各指标均具有比较优势的类型，纳入全面发展型（图 5）。以此五个类型作为分析和考察数字出版产业发展空间联动的表征方式。全面发展型表现为地区经济实力较强，产品生产能力、技术研发能力、居民消费能力均处于领先水平。供给驱动型表现为地区更加注重提高生产效率，主要通过人才富集、生产机构群建设以及丰富产品品类的方式，实现了数字出版产业快速发展。消费拉动型表现为地区通过建设消费环境、刺激消费来拉动数字出版产业消费增长。发展韧性型表现为地区数字出版产业有较强的资源转换能力，产业发展对文化产业发展的贡献度较高。服务促进型表现为地区注重服务业发展，通过降低服务门槛，提高服务质量推动了数字出版产业快速增长。

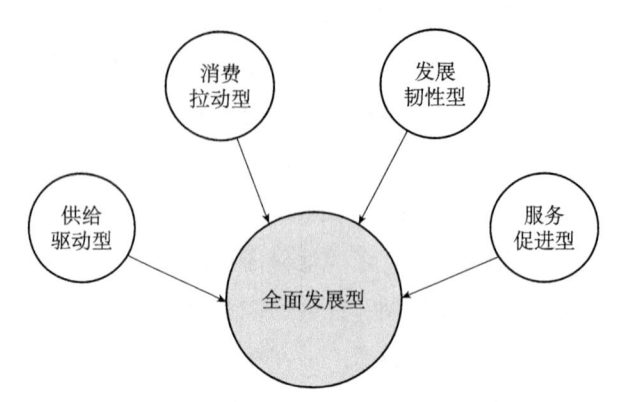

图 5　数字出版产业发展空间联动图

我国省域数字出版产业发展形成"一极四驱"发展模式。除全面发展型外，4个类型覆盖省份数量高度接近（为6—8个），且无单一主导类型，表明省域数字出版产业发展的顶层设计有效避免同质化竞争。通过政策、地区资源等方式调控使各省区市（未含港澳台地区）能有效释放地区特色发展势能，依据自身产业资源禀赋优势选择差异化发展，促使各地区达到稳定数字出版产业发展基本盘的目标。具体来看，全面发展型3个省份，供给驱动型7个省份，消费拉动型7个省份，发展韧性型6个省份、服务促进型8个省份（表1）。

表1　数字出版产业发展空间联动类型划分

类型	地区数	地区
全面发展型	3	北京、上海、广东
供给驱动型	7	四川、安徽、陕西、湖北、广西、海南、青海
消费拉动型	7	浙江、福建、内蒙古、辽宁、河北、吉林、宁夏
发展韧性型	6	江苏、山东、河南、湖南、山西、江西
服务促进型	8	天津、黑龙江、重庆、云南、贵州、甘肃、西藏、新疆

北京、上海和广东等3个省份为全面发展型。作为中国经济社会高速发展的强劲省份，其数字出版产业发展起步早于其他省区市，地区内数字出版产业生产能力、消费能力、营收能力和支持能力具有明显领先优势。生产能力方面，北京拥有全国最密集的出版资源和技术创新平台，积极推动AI与大模型技术在出版流程中的深入应用，为重构出版流程提供了丰富的实践案例。依托国家版权创新基地强化知识产权保护，为数字内容生产提供技术支撑。上海以

出版龙头企业为牵引，打造数字出版产业集群，拓展数字出版产业新业态、新模式和新场景，引入新兴数字出版技术，提升内容制作国际化水平。广东依托科技企业生态，支持头部科技企业主导游戏、动漫等高附加值领域，在数字出版产业消费和出海领域领先。消费能力方面，北京数字文化消费需求旺盛，人均教育文化娱乐支出持续增长，数字阅读平台用户规模庞大，数字阅读渗透率高，数字出版产业消费生态持续优化。上海高收入群体和年轻用户构成数字出版产业的主力消费市场，围绕数字出版产业业态布局和发展，在持续提振消费信心、刺激消费需求增长等方面拥有独特优势。广东持续激发人口红利，强化人口基数激活数字出版产业市场潜力，注重新生代用户推动网络游戏、网络视听、数字音乐、在线教育等领域的消费升级。营收能力方面，北京、上海和广东等3个省份数字出版企业集群效应显著，数字出版产业对文化产业发展贡献较强。加速出版要素资源禀赋流动，形成丰富多元的产品品牌矩阵，推动数字出版产业产值规模日渐扩大，经济效益得以突显。支持能力方面，这3个省份依托地区优势文化资源和产业发展实际，围绕数字出版产业布局动态调整政策定位，强化政策的牵引力和支持力。加强平台融合发展能力，强化资金和技术支撑作用，完善人才引育用留体系，保障数字出版产业高质量发展。

四川、安徽、陕西、湖北、广西、海南、青海等7个省份为供给驱动型。这7个省份以产品和服务优质供给作为数字出版产业发展的重要引擎和主攻方向，促进数字出版产业发展的机制创新。其并非简单追求生产规模的同质化扩张，而是精准识别产业优势，在供给能力的多个细分维度上，形成了各具特色、优势互补的发展格局。安徽依托深厚的出版底蕴和大型出版传媒企业的集群效应，在数字内容产品的绝对产出规模上占据领先地位。四川凭借活跃的互联网产业生态、丰富的地方文化资源和庞大的人才储备，在数字出版产品规模上表现突出。陕西发挥科教资源富集的优势，将发展重心放在数字出版技术的研发投入和创新应用领域。

浙江、福建、内蒙古、辽宁、河北、吉林、宁夏等7个省份为消费拉动型。这7个省份把消费生态培育作为数字出版产业发展的增长方式。这些省份充分激活并满足地区内旺盛的数字文化消费需求，倒逼数字出版内容供给升级和服务环境优化。近年来，围绕数字出版产业消费系统发展，7个省份在消费生态打造、消费潜力释放和消费信心提振等方面持续发力，拉动数字出版产业发展水平实现整体跃升。

江苏、山东、河南、湖南、山西、江西等6个省为发展韧性型。这6个省逐步形成以强化产业发展韧性为战略重心的发展定位。致力于通过产品体系打造和服务升级，不断促进产业营收能力，培育起能抵御市场波动、适应技术变革和满足市场需求的综合能力。这6个省有效规避片面追求产业规模增速，通过夯实产业基础和拓展价值等方面来优化抗风险机制。此外，基于地区产业结构特征，将增强市场适应性和延长生命价值周期视为应对产业竞争环境的关键突破口，数字出版产业韧性得到稳步增强。

天津、黑龙江、重庆、云南、贵州、甘肃、西藏、新疆等8个省份为服务促进型。这8个省份的数字出版产业发展驱动力和比较优势在于服务体系持续完善和精准服务匹配能力不断增强。这8个省份结合数字出版产业发展实际和未来，因地制宜制定发展策略，加速出版资源要素有效流动，使得优化产业服务生态成为推动数字出版产业高质量发展的有效杠杆之一。与北京、上海和广东等数字出版产业发展强省市相比，8个省份数字出版政策环境呈现出一定的趋同性，服务平台打造也具有可借鉴性，相关产业政策实施和行业交流平台打造，为数字出版产业可持续发展保驾护航。

（三）数字出版产业发展空间自相关

莫兰指数（Moran's I）是检验空间自相关性的核心指标。

Moran's I 通常分为全局 Moran's I 和局部 Moran's I 两类。根据地理学第一定律，任何事物与其他事物都存在相关性，且距离较近的事物之间关联性更强。Moran's I 当前被广泛用于金融经济、文化生态和公共服务等领域，选用全局 Moran's I 和局部 Moran's I，有利于进一步探讨数字出版产业发展的空间自相关关系。

构造和选择合适的空间权重矩阵，是判断数字出版产业发展空间自相关的前提条件。选用空间邻接矩阵（$W1$）、空间经济地理矩阵（$W2$）、空间经济地理嵌套矩阵（$W3$）、空间经济距离矩阵（$W4$）、空间地理距离矩阵（$W5$）、空间距离矩阵距离平方倒数（$W6$），分别测算2024年数字出版产业发展指数的全局 Moran's I（表2），空间经济地理矩阵（$W2$）得出的结果最优（Moran's I = 0.306，$p<0.01$）。因此，选择空间经济地理矩阵（$W2$）对数字出版产业发展空间自相关分析更为适合。

数字出版产业发展指数的全局自相关。2024年，数字出版产业发展指数的全局Moran's I为0.306，P值为0.000，通过了99%显著性水平下的置信度检验，表明数字出版产业发展指数在整体上具有显著的空间正相关性，① 即表现为"高高集聚"或"低低集聚"。同时，2024年数字出版产业发展指数的Moran's I值接近于0，表明数字出版产业发展的空间集聚程度一般，地区同质化特征不明显（表2）。

表2 空间权重矩阵的选择

空间权重矩阵（W）	莫兰指数（Moran's I）	期望 E（I）	标准差 SD（I）	z 值	p 值
W1	0.179*	-0.033	0.109	1.938	0.053
W2	0.306***	-0.033	0.094	3.619	0.000
W3	0.167***	-0.033	0.045	4.421	0.000
W4	0.290***	-0.033	0.084	3.861	0.000
W5	0.044**	-0.033	0.032	2.405	0.016
W6	0.173**	-0.033	0.085	2.433	0.015

注：***、**、* 分别表示变量在1%、5%和10%的显著性水平下显著。

数字出版产业发展指数的局部自相关。2024年，数字出版产业发展指数的Moran散点图展示空间离差z值与空间滞后项Spatial Lag之间的散点关系② （图6）。北京、上海、广东3个省份的离差z值较大，表明其数字出版产业发展指数水平较高，与上文全面发展型的地区归属划分结果保持一致（表1），天津、福建、江苏3个省份的空间滞后值较大，表明其周边地区的数字出版产业发展指数水平较高。

由Moran散点图（图6）可知，我国31个省区市（未含港澳台地区）绝大部分省份数字出版产业发展指数分布在"高高集聚"和"低低聚集"的第一象限和第三象限，表明2024年数字出版产业发展存在较为明显的空间正相关性。北京、上海、广东、浙江、江苏、天津、福建等7个省份位于第一象

---

① Moran's I取值范围为[-1,1]，其绝对值越小表示研究对象的空间相关性越弱，绝对值越大则表示空间相关性越强。当其值为正数时，表示研究对象存在空间正相关性。
② Moran散点图以四个象限来对应四种不同的局部空间关系：第一象限代表周围同样是高价值单元的"高高聚集"现象；第二象限则代表周围都是高价值单元的"低高异常值"现象；第三象限表示周围同样是低价值单元的"低低聚集"现象；最后，第四象限代表周围都是低价值单元的"高低异常值"现象。

限，表现为"高值单元被其他高值单元包围"，该类地区与其周边地区的数字出版产业发展指数都处于较高水平，呈现出"高高集聚"特征。安徽、内蒙古位于第二象限，表现为"低值单元被其他高值单元包围"，该类地区数字出版产业发展指数处于较低水平，但其周边地区为较高水平，呈现出"低高异常值"特征。河北、山西、辽宁、吉林、黑龙江、江西、河南、湖北、湖南、广西、海南、重庆、贵州、云南、西藏、陕西、甘肃、青海、宁夏、新疆等20个省区市位于第三象限，表现为"低值单元被其他低值单元包围"，该类地区与其周边地区的数字出版产业发展指数都处于较低水平，呈现出"低低集聚"特征。山东、四川位于第四象限，表现为"高值单元被其他低值单元包围"，该类地区数字出版产业发展指数处于较高水平，但其周边地区为较低水平，呈现出"高低异常值"特征。

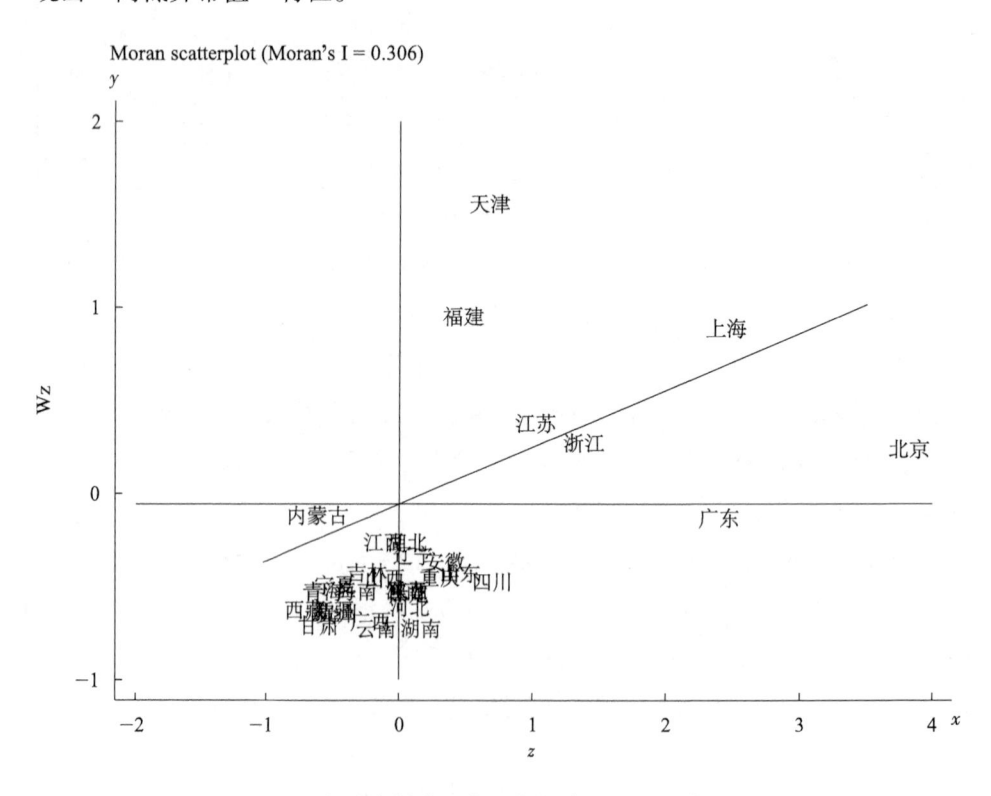

图6 数字出版产业发展指数的 Moran 散点图

注：x 轴（离差 z 值）表示数据值与其均值之间的距离，x 值越大意味该地区"水平越高"；y 轴为空间滞后值，y 值越大代表其周边地区"水平越高"；散点图划分为四个象限，第一和第三象限为正向空间相关，第二和第四象限为负向空间相关。

(四) 数字出版产业发展空间溢出效应

动态追踪和分析数字出版产业发展空间溢出效应,是促进数字出版产业可持续发展的主要方式。选用经济发展水平(X1)、产业现代化程度(X2)、文化消费水平(X3)、产业贡献度(X4)作为对应的自变量,采用空间计量模型实证检验上述变量对数字出版产业发展指数的影响状况。以上变量分别用地区人均 GDP、二三产业比重、人均文化消费支出、文化及相关产业增加值占地区 GDP 比重作为表征。为了分析各变量的特征,对各变量进行描述性统计分析(表3),数字出版产业发展指数的平均值为 74.94,标准差为 7.144,最小值为 67.600,最大值为 100。

表3 变量的描述性统计

变量 (Variable)	样本量 (N)	均值 (Mean)	标准差 (SD)	最小值 (Min)	最大值 (Max)
数字出版产业发展指数(Y)	31	74.94	7.144	67.600	100
经济发展水平(X1)	31	10.32	0.957	7.925	11.860
产业现代化程度(X2)	31	0.784	0.239	0.189	1.323
文化消费水平(X3)	31	10.51	0.306	10.130	11.350
产业贡献度(X4)	31	3.679	2.068	1.290	11.310

在进行实证分析之前,首先对所选取的变量进行多重共线性分析,避免各变量之间存在严重的多重共线性而导致回归结果不可靠等问题。在分析变量的多重共线性时,采用 Pearson 相关系数以及 VIF 值进行检验,得到相关性检验结果(表4)。所有变量的相关系数均在 0.8 以下,表明各变量之间不存在严重的多重共线性。进一步使用 VIF 值检验变量的多重共线性,结果表明,各变量的 VIF 最大值为 3.05,VIF 平均值为 2.12,均未超过 5,再次验证变量之间不存在严重的多重共线性。

表 4　变量的 Pearson 相关系数表

变量 (Variable)	数字出版产业 发展指数（Y）	经济发展 水平（X1）	产业现代化 程度（X2）	文化消费 水平（X3）	产业贡献度 (X4)
数字出版产业 发展指数（Y）	1.000	—	—	—	—
经济发展 水平（X1）	0.685** (1.52)	1.000	—	—	—
产业现代化 程度（X2）	-0.419* (1.42)	0.442* (1.30)	1.000	—	—
文化消费 水平（X3）	0.747*** (2.75)	0.305** (2.59)	-0.443* (2.52)	1.000	—
产业贡献度 (X4)	0.681** (3.05)	0.475** (2.83)	-0.501** (2.59)	0.316*** (1.01)	1.000

注：*、**、***分别表示变量在10%、5%和1%的显著性水平下显著。括号内表示 VIF 检验值。

空间计量模型检验是分析数字出版产业发展空间溢出效应的先决条件，关系到模型选择的科学性和适配性。当 T＜20 时无须对面板数据进行单位根检验和协整检验，此处为截面数据，因此不需要进行单位根检验和协整检验。① 为了提高实证结果的可靠性和科学性，参考 LM 检验结果可知，*LM-Lag*、*Robust-LM-Lag* 显著的同时，*LM-Error*、*Robust-LM-Error* 不显著，因此选择空间滞后模型（SLM）分析数字出版产业发展空间溢出效应（表5）。

表 5　*LM、Robust-LM* 检验结果

Test	Statistic	P-value
LM-Error	0.202	0.653
Robust-LM-Error	0.802	0.370
LM-Lag	3.206**	0.043
Robust-LM-Lag	3.806**	0.039

注：***、**、*分别表示在1%、5%和10%的显著性水平下显著。

空间滞后模型（SLM）分析结果中，Wy 项（因变量空间滞后变量）的系数为 -0.333，表明邻近地区的数字出版产业发展指数对本地区数字出版产业发展指数的平均影响呈负向显著关系，揭示了数字出版产业在空间维度上存在显著的区域竞争关系。其他条件不变的情况下，邻近地区的数字出版产业发展

---

① 陈强. 高级计量经济学及 Stata 应用 [M]. 北京：高等教育出版社，2014.

指数每提高 1 个单位，本地区数字出版产业发展指数会下降 0.333 个单位。经济发展水平（X1）、文化消费水平（X3）、产业贡献度（X4）的空间滞后项回归系数均为正，表明经济发展水平、文化消费水平和产业贡献度对数字出版产业发展指数产生显著的正向影响关系。产业现代化水平（X2）的空间滞后项回归系数为负，表明产业现代化水平会显著抑制数字出版产业发展指数（表6）。

表6　空间滞后模型（SLM）分析结果

名称	回归系数 Coef	标准误 Std. Err	z 值	p 值
常数	-79.003***	19.858	-3.978	0.000
经济发展水平（X1）	1.287***	0.476	2.707	0.007
产业现代化水平（X2）	-6.450***	1.887	-3.418	0.001
文化消费水平（X3）	16.011***	2.228	7.185	0.000
产业贡献度（X4）	0.643**	0.319	2.012	0.044
Wy（因变量空间滞后变量）	-0.333***	0.101	-3.300	0.001
样本量 n	31			
R^2	0.918			
调整 R^2	0.902			
F 值	$F_{(5, 25)} = 55.986, p = 0.000$			

注：***、**、* 分别表示在1%、5%和10%的显著性水平下显著。

空间效应分析实证揭示了数字出版产业发展指数的影响因素中存在显著的空间异质性特征，各解释变量的直接效应（ADI）和间接（溢出）效应（AII）呈现系统性反向变动趋势，表明区域系统中存在复杂的空间交互作用（表7）。

具体而言，文化消费水平（X3）表现出强烈的本地区促进效应（ADI = 17.340，$p < 0.01$），其空间溢出效应显著为负（AII = -5.327，$p < 0.1$），形成典型的"虹吸效应"。其他条件不变的情况下，该变量每提升 1 个单位，可使本地区数字出版产业发展指数获得 17.340 个单位的提高，邻近地区承受 5.327 个单位的下降损失。正向总效应（ATI = 12.013）彰显其促进本地区数

字出版产业发展指数提升的驱动地位。

产业现代化水平（X2）表现出本地区的显著负向直接效应（ADI = −6.986，$p<0.05$）与显著正向溢出效应（AII = 2.146，$p<0.1$）的现象，表明该变量在本区域的抑制性影响很有可能通过要素外溢或产业转移，转化为促进邻近地区数字出版产业发展指数提升的外生动力。

经济发展水平（X1）和产业贡献度（X4）都具有显著正向总效应（ATI 分别为 0.966、0.482），其显著的负向空间溢出（AII = −0.428，$p<0.1$，−0.214，$p<0.1$）揭示了数字出版产业发展普遍存在的空间竞争特性。这种"本地发展、邻域抑制"的现象，表明地区系统内存在资源竞争、市场分割的结构性矛盾。尤其当经济发展水平（X1）提升 1 个单位时，其他条件不变的情况下，在推动本地区数字出版产业发展指数提高 0.966 个单位的同时，通过劳动力竞争或市场挤压等方式，致使邻近地区承受 0.428 个单位的隐性发展成本。

表7 空间效用分析

变量	直接效应 ADI	间接（溢出）效应 AII	总效应 ATI
经济发展水平（X1）	1.394**	−0.428*	0.966
产业现代化水平（X2）	−6.986**	2.146*	−4.840
文化消费水平（X3）	17.340***	−5.327*	12.013
产业贡献度（X4）	0.696**	−0.214*	0.482

注：***、**、* 分别表示在 1%、5% 和 10% 的显著性水平下显著。

（五）数字出版产业发展空间差异

基尼系数是国际上用来综合考察居民内部收入分配差异状况的一个重要分析指标。基尼系数大时，差距就大，基尼系数小时，差距就小，但传统基尼系数无法进行分解。1997 年，意大利经济学家 Camilo Dagum 改进基尼系数，将其分解为子群内部差异、子群间差异和子群间超变密度，被称为 Dagum 基尼系数。Dagum 基尼系数充分考虑了子样本的分布状况，有效解决了样本数据间交叉重叠的问题及区域差异来源问题，已成为分析地区不平衡及其来源的主流方法。选用 Dagum 基尼系数及其分解结果，有利于探讨数字出版产业发展指数的地区差异来源（表8）。

表8　数字出版产业发展指数的 Dagum 基尼系数及其分解

Dagum 基尼系数		2024 年
总体基尼系数（G）		0.045
分解项及贡献	地区内基尼系数（Gw）	0.010
	地区内差距贡献率（%）	22.307
	地区间基尼系数（Gb）	0.032
	地区间差距贡献率（%）	69.945
	超变密度基尼系数（Gt）	0.003
	超变密度贡献率（%）	7.748
地区内差距	东部地区	0.058
	中部地区	0.009
	西部地区	0.022
	东北地区	0.008
地区间差距	东部地区 & 中部地区	0.059
	东部地区 & 西部地区	0.072
	东部地区 & 东北地区	0.062
	中部地区 & 西部地区	0.023
	中部地区 & 东北地区	0.009
	西部地区 & 东北地区	0.021

2024 年，数字出版产业发展指数的总体基尼系数为 0.045，其分解后的地区内基尼系数为 0.010，地区间基尼系数为 0.032 和超变密度基尼系数为 0.003，表明数字出版产业发展指数的地区总体不均衡性不大。

从地区差距的空间来源来看，主要包括地区间差距、地区内差距和超变密度三个方面。2024 年，地区内差距贡献率为 22.307%，地区间差距贡献率为 69.945%，超变密度贡献率为 7.748%。

从地区内均衡性来看，2024 年，四大地区内数字出版产业发展指数的基尼系数存在明显差异，东部、西部、中部和东北地区分别为 0.058、0.022、0.009 和 0.008。可见，东部地区的数字出版产业发展指数较高，但内部差距较大，发展不均衡的特征比较明显。西部地区的数字出版产业发展指数较低，同样呈现内部发展的不均衡性。中部和东北地区的数字出版产业发展指数居于中位，其内部发展不平衡得到较好调控。

从地区间差距来看，2024 年，四大地区间数字出版产业发展指数的基尼系数总体呈现出差异化特征。东部地区与中部地区、东部地区与东北地区和东部地区与西部地区之间的差距较大，分别为 0.059、0.062 和 0.072，说明东部地区的数字出版产业发展指数保持较高水平，与前文结论保持一致（图 2）。此外，西部地区与中部地区、西部地区与东北地区之间的差距相当，分别为 0.023 和 0.021，中部地区与东北地区之间的较小，为 0.009。

三、数字出版产业发展面临的挑战

（一）新技术转化与技术创新能力有待加强

数字出版是科技和出版深度融合衍生的新兴业态，其底层支撑是技术。从我国数字出版产品供给反看数字出版产业发展发现，数字出版对技术洞察和反应并不十分敏捷。一是对新技术的转化应用周期较长。一方面是同一技术的代际周期缩短，数字出版业对新技术的转化应用，要经历观察、观望、审慎推进的周期，因此失去早期技术应用转化的技术红利，甚至出现引进滞后的技术，导致沉没成本增加。另一方面，数字技术的快速发展，不断衍生出新的技术，数字出版未能及时转化新技术创造业态，创造更多数字出版产品和服务，以及构建"数字出版+"的产业生态。二是技术创新能力有待加强。一方面，出版单位对以数字技术为底座，对接数字出版业的应用实际，对原始技术进行二次研发，形成适宜我国数字出版业需求的创造不多，影响我国数字出版产业创新发展。另一方面，不少出版单位缺乏自有技术团队，技术供给主要由第三方完成的实际，导致出版、技术两张皮，制约我国数字出版业发展。三是缺乏对数字出版技术预见的研究。数字出版技术创新是基于数字技术发展规律，数字出版单位"用技术惯性思维"引致其不重视对技术预见的研究，在技术捕捉的敏捷能力和转化时滞的双重影响下，导致数字出版业产品开发和业态多元方面长期跟跑。

（二）数据要素支撑能力有待提升

数据要素是数字出版产业的基本生产资料，内容数据、生产数据、运营数据等数字出版全链数据是支撑数字出版产业提升模式创新、业态创新、产品创新的基础。一是存量数据应用不充分。一方面，出版单位既有数据标准化程度不够，代际之间结构不一，兼容性不强，价值评估难度大，要应用数据必须重新加工，使之难以决策；另一方面，存量数据持有权、加工使用权、收益权三权不明确，尤其是早期内容资源，网络信息传播权的制度性缺失，使得数字出版单位难以大规模投入开发转化。二是即时加工数据比例较大。一方面，当前数字出版产业发展面临效率与效益考量，一些数字出版单位为快速形成产品收益，惯于投入短平快项目，很多数字内容难以形成优质的数据资源支撑数字出版产品衍生开发与创新；另一方面，部分数字出版单位与第三方机构合作，内容数据持有权、加工使用权均为第三方机构所有，出版单位仅有部分收益权，导致出版单位未能沉淀较好的内容资源。两个因素导致数字出版单位的数据要素出现用一次加工一次，现用现加工的情况。三是生产、运营等链条数据的挖掘利用不充分。一方面，一些出版单位依托政府部门和三方机构，建设数字出版服务平台，平台功能简单、服务对象单一，其生产运营数据价值未引起重视；另一方面，用户数据挖掘不深，跟踪服务不够，更多的数字出版单位未建立全人群服务、全生命周期服务的理念，未能参与到用户成长各阶段服务，导致数字出版产品用户黏性不强。

（三）数字出版产业空间差异有待缩小

数字出版产业在政策先发优势、技术资源集聚和成熟市场生态支撑等多方面因素影响下，地区发展差异较大。一是地区间不平衡性显现。东部地区在内容生产、消费规模、营收能力及产业支持体系等维度呈现引领态势，数字出版产业发展指数处于高位运行，而中部、东北和西部地区受限于基础设施、人才储备和资金投入，多处于产业链配套环节，数字出版产业价值链、人才链尚未得到增强和延展，数字出版产业发展处于追优状态。西部地区与中部地区、西部地区与东北地区以及中部地区与东北地区之间差距表现各有不同，都低于其自身与东部地区的差距，表明中部、东北和西部地区在数字出版产业生产、消费、运营、支持环节上均呈现出单个或者多个能力薄弱特征。二是超变密度基尼系数揭示层级重构风险。数字出版产业发展指数的超变密度贡献率低于地区间差距贡献率和地区内差距贡献率，但已有一定规模，反映地区间离群值的跨群交叉程度较大，地区间相互影响的情况不容忽视。如西部地区内四川与青海、西藏等省区的数字出版产业发展指数差距较大，四川已与东部地区部分省份的水平相当。三是地区内两极分化态势明显。东部地区的数字出版产业发展指数的基尼系数较高，中部地区居中，东北和西部地区都处于较低水平。主要原因是数字出版产业创新要素资源的集聚效应存在明显差异，东部地区主要集聚在京津冀、长三角、珠三角三大城市群，东部其余地区则相对弱势，中部、东北和西部地区还无法广泛承接东部地区产业转移高端需求，主要集中在数字出版内容审核、出版产品营销等低附加值业务范畴。此外，东部地区对中部、东北和西部地区的技术、人才外溢效应不明显，反而虹吸效应较为突出。

（四）数字出版产业政策有待健全

产业政策是一个庞杂的系统，数字出版产业政策更为繁杂。从政策体系本身来看，包括产业结构政策、产业布局政策、产业技术政策，从数字出版产业看，数字出版政策包括数字技术开发、高新技术应用、文化产业、软件信息和消费促进等一系列政策，且是纵横交错的政策体系。当前我国数字出版产业政策面临的具体情况具有特殊性。一是纵向贯通性不够。我国最早支持数字出版的专项政策是2010年《新闻出版总署关于加快我国数字出版产业发展的若干意见》，2011年，上海市、重庆市分别出台支持本地区数字出版产业发展的政策，后国家相关部门在五年规划、相关政策中均有提及数字出版，但未见专项政策，支持数字出版产业发展，未能将政策有效贯通，形成实效。二是政策散发不系统。由于数字出版业的特殊属性，其核心归属于出版；对相关产业的依赖性决定了其对政策的需求包括但不限于出版。因此，数字出版所涉领域均有相关政策，基于对政策的解读和应用转化，高新技术、数字技术开发、文化产业、软件信息和消费促进等相关政策中，均可获得数字出版业结构、布局、发展的相关政策信息，包括投融资等，但针对性不强。三是政策动态适配性较强。数字出版业是一个高速发展、快速迭代的产业，新技术、新应用、新业态、新模式、新产品层出不穷，但政策很难及时与这些新事物适配，导致数字出版业敢想不敢动，在观望过程中失去较好的发展机遇。

四、数字出版产业发展对策建议

（一）加快技术转化创新促进产业创新

一是提升数字出版业对新技术捕捉的敏捷性。一方面要加强建立新技术捕捉机制，设立专业技术团队或者与第三方建立协作机制，全面关注新技术诞生与转化应用场景，对接本行业、本单位形成转化应用方案和场景；另一方面，要缩短新技术转化应用周期，增强决策的敏捷性，通过建立激励机制和容错机制，鼓励新技术转化应用。探索先应用、后适配的技术转化模式，减少数字出版业对技术转化的时滞带来的决策成本。

二是鼓励创新技术转化应用。一方面，设立专门基金支持技术团队推动新技术在出版业发展中的适宜性创新转化，鼓励创造更多的应用场景，促进数字出版行业生产、服务创新；另一方面，要探索更加有效的技术外挂机制，体量较小或无专门技术团队的出版单位，要通过技术、项目、资源、市场等作为链接要素，建立起有效的链接机制，将三方机制团队逐步转化为懂技术、懂出版、懂市场的紧密性外挂协作团队，支撑数字出版业创新发展。

三是要加强技术预见性研究。一方面，要准确判断未来技术的发展趋势，观照本单位实际情况，如何应用对当前和即将到来的挑战，及时构建适宜新技术环境的产品和服务体系；另一方面，要突破单纯使用技术的思维，要积极参与到新技术研发，研发适宜出版业的新技术，构建适宜数字出版业发展的原生技术体系，改变长期跟跑的格局。

（二）加大数据要素支撑能力

一是加快推进历史数据资源要素转化。一方面，对本单位历史数据进行全面清查，尤其是数据形态、标准化程度和持有权、加工使用权、收益权"三权"归属情况，建立台账，奠定数据应用转化基础；另一方面，要建立历史数据资源数据化转化的规划和数据化工作机制，有序推进历史资源数据化，通过自有团队和三方团队协作的模式，将资源库转化为数据，条件成熟的单位和地区可一次性推进数据向量化转化。

二是强化内容资源一体化数据化。一方面，建立向量数据标准体系，确保数字内容产品生成发布同步形成适宜本单位深化数据应用和可上市交易的标准化数据，增强数据资源重构再生和要素市场价值释放能力；另一方面，要建立内容生产和数据加工一体化的工作机制，既要确保内容生产团队能胜任数据化加工工作，也要确保相关人员愿意加入数据加工工作。

三是要加快构建数据生态。一方面，要积极从第三方数据资源机构把数据引进来，建立互联、互通、互利、互惠数据资源合作机制，将更多的数据资源转化为数字出版生产要素，形成更加丰富立体的出版数据资源资源体系；另一方面，要积极探索出版数据资源"新视角"重构模式，探索与第三方机构合作开发更多数据要素支撑的数字出版产品和服务，构建更加适宜市场的新业态、新模式、新产品。

四是深度挖掘数据赋能出版生产。一方面，积极探索数据赋能数字出版生产和服务的模式，构建适宜的触发机制，不断丰富数据资源在数字出版生产和服务的策划、研发、运营阶段的支撑作用；另一方面，建立数据支撑的全人群服务，全生命周期的服务理念，构建更多适宜用户不同发展阶段的数字出版产品和服务。

（三）推进区域协同发展战略

一是准确评估地区数字出版产业发展阶段。一方面，根据产业发展阶段，制定相应的评价指标，对本地区的数字出版产业发展阶段进行客观评价，研判本地区数字出版产业发展阶段和关键瓶颈，制定本地区数字出版产业发展的目标和路径；另一方面，要加快破解本地区数字出版产业发展的关键瓶颈，建立更加有效的产业发展运行机制，推动本地区数字出版产业特色化、高质量发展。

二是突出区域性特色。一方面，突出本地区的资源优势，通过深度挖掘本地区资源优势，研发具有本地区独特辨识度的数字出版产品和服务，提升市场占有率；另一方面，要突出本地区数字出版业发展的功能定位，切实分清事业和产业的目标，建立事业和产业有效投入机制，促进社会生产效益和经济效益的协同释放。

三是构建区域协同发展机制。一方面，基于产业基础和区域特色，开展数字出版产业区域协同发展，探索资源禀赋外化为资源优势的模式，构建人才、技术、产品、市场等共建共享机制，促进区域间多方共建，实现协调更多资源带动数字出版产业协同发展；另一方面，以融合发展促进区域协调发展，探索跨区域的机构融合、业务融合、资源要素融合，推动数字出版产业集约化、差异化发展模式，提升行业的整体竞争力和影响力。此外，推动建立区域性行业交流平台，完善常态化行业交流机制，推进区域联动、整体发展，形成高效有序的数字出版产业运行机制。

(四) 加快健全数字出版产业政策体系

一是注重政策的纵向贯通。一方面，国家新闻出版部门应切合当前数字出版产业发展的实际情况，适时出台新时代数字出版高质发展的指导意见，各省区市适时配套出台与本地区产业发展相匹配的专项政策，构建上下贯通的专项政策体系；另一方面，各省区市要根据党中央、国务院的政策，新闻出版相关部门的专项政策推出相应的政策，实现政策落地落实。

二是强化政策系统性建设。一方面，相关部门或行业智库可将数字出版及相关产业涉及的政策进行全面梳理，编制数字出版及相关产业政策指引，促进数字出版及相关产业政策落实见效；另一方面，协同相关部门对数字出版业相关产业政策进行完善，基本实现有核心专项，相关指向的政策支持体系。

三是增强数字出版及相关产业政策动态匹配性。一方面，观照数字技术高速发展、快速迭代的实际，深度研究和响应数字出版产业对政策的需求，及时适度调整政策指向和支持模式，有效匹配产业对政策的需求；另一方面，要通过合适的部门间协同机制，及时敏捷响应数字出版产业的政策需求，破除条块壁垒和联系障碍，营造良好的数字出版产业发展政策环境。

(中国新闻出版研究院数字出版研究所课题组成员：王飚、李广宇、毛文思；重庆华略数字文化研究院课题组成员：吴子鑫、游登贵、吴江文、姚惠、杨金明、袁毅)

中国数字教育出版产业发展报告

毛 芳 唐世发 杨兴兵

2024—2025 年，数字教育出版持续发展。随着国家教育数字化战略深入实施，数字教材及人工智能成为重点发展方向。各出版单位积极利用前沿技术，构建数字教材生态，同时不断强化用户意识，跨界合作，探索多元发展模式。

一、数字教育出版产业发展状况

（一）教育技术产业发展态势

数字教育出版是"教育＋出版＋技术"的融合交叉领域，数字教育出版产业也是教育技术产业的一部分。《中国教育技术产业研究报告（2024）》把教育技术产品分为有形即物化形态技术产品和无形即智能形态技术产品，[①] 如表1所示。在此分类中，数字教材、在线课程等教育出版产品属于有形技术产品，在线教育培训、教育数据服务、技术解决方案等属于无形产品。

表1 教育技术产品分类

分类依据	教育技术产品类型	具体产品
产品技术形态	有形（物化形态）技术产品	教育装备、教育软件与平台/App、教育机器人、教育动漫/动画、教育游戏、在线课程、"短视频＋直播课程"、数字教材、3D 教学资源、元宇宙教育资源、虚拟仿真实验等
	无形（智能形态）技术产品	在线教育培训、教育大数据分析与决策支持、技术解决方案、规划与咨询等

[①] 中国教育技术协会. 中国教育技术产业研究报告（2024）（摘要版）. 北京：中国教育技术协会.

续表

分类依据	教育技术产品类型	具体产品
产品集成性	单一性教育技术产品	智能手机、平板电脑、笔记本、投影仪、智慧黑板等
	集成性教育技术产品	智慧校园产品、智慧教室/创客教室/未来教室产品、演播室产品、人工智能实验室产品、虚拟现实教室产品等

教育技术产业体系主要包括：基础设施服务、技术支持服务、教育内容服务、教育管理服务以及教育创新与研究，如表2所示，其中数字教育出版产业主要涉及教育内容服务。

表2 教育技术产业体系

业务类型	业务内容	代表企业
教育创新与研究	教育技术研发机构	腾讯研究院 好未来 达摩院
	职业培训与技术推广	猿辅导 尚德机构 爱奇艺
教育内容服务	拍照搜题	作业帮 小猿搜题
	口语测评	网易云课堂 科大讯飞
	虚拟教师	百度智能云 有言
	练习题库	智慧树 百度题库
	测验测试	扇贝 百词斩
	互动教学	一笑而过 好老师升学帮
	直播授课	腾讯课堂 新东方在线
	智慧黑板	好未来 鸿合科技

续表

业务类型	业务内容	代表企业
教育内容服务	媒体咨询	搜狗 36Kr
教育内容服务	智能批改	批改网 极智批改
教育内容服务	智能阅卷	小帆科技 金美在线
教育内容服务	教学资源	中国大学MOOC 学吧导航
教育管理服务	教育管理系统	校讯通 一起
教育管理服务	学生服务支持	爱学云 校管家
技术支持服务	数据分析与人工智能	科大讯飞 百度智能云
技术支持服务	语音与图像识别	商汤 腾讯优图
技术支持服务	知识图谱构建	达摩院 豆包
技术支持服务	自然语言处理与生成	字节跳动 搜狗
基础设施服务	云计算与存储服务	阿里云 腾讯云
基础设施服务	网路与通信支持服务	华为 中兴
基础设施服务	硬件设备服务	希沃 清华同方
基础设施服务	数据安全与隐私保护服务	360安全云 奇安信

1. 政策助力行业高质量发展

顶层设计引领教育数字化发展。2023年5月习近平总书记在主持中央政治局第五次集体学习时指出："教育数字化是我国开辟教育发展新赛道和塑造教育发展新优势的重要突破口。"习近平总书记的重要论述深刻揭示了教育数字化的关键作用，为我们建设教育强国指明了方向和路径。中共中央、国务院于2025年1月印发的《教育强国建设规划纲要（2024—2035年）》要求，"打造培根铸魂、启智增慧的高质量教材","建设学习型社会,以教育数字化开辟发展新赛道、塑造发展新优势","实施国家教育数字化战略"。教育部等九部门于2025年4月联合发布的《关于加快推进教育数字化的意见》明确提出"以数字化为突破口,推动教育理念、教学模式和治理体系的整体变革。要完善国家智慧教育平台资源布局,提升平台智能化水平,实现个性化智能推荐,全面提升师生数字素养与技能"。

国家高度重视出版融合。2024年1月国家新闻出版署发布《关于组织实施2024年度出版融合发展工程的通知》,提出推动出版业顺应新一轮科技革命和产业革命浪潮,深化出版业数字化、智能化、绿色化发展,推进传统出版和数字出版深度融合,打造出版业新质生产力。2025年3月国家新闻出版署发布《关于组织实施2025年度出版融合发展工程的通知》,提出贯彻落实党的二十届三中全会关于文化和科技融合的重要部署,顺应新一轮科技革命和产业变革迅猛发展的趋势,着眼壮大数字时代出版主流阵地,推动出版深度融合发展取得更明显成效。

2. 前沿技术成为数字教育出版产业重要支撑

区块链、大数据、人机交互、虚拟现实、增强现实、物联网、人工智能等前沿技术是数字教育出版产业的重要支持。随着数字技术的不断迭代,教育出版领域对先进和适用的技术方案和技术标准进行广泛应用和不断探索,实现技术对内容生产、分发、消费的全链条赋能,为用户提供更加个性化、智能化、高效化的教育服务。例如中南传媒集团通过整合教育出版资源、教学云平台、智能评测系统等核心资源,依托AI、大数据、云计算等前沿技术,构建起覆盖教、学、评、测全场景的智慧教育产品矩阵,形成从资源供给到场景应用的闭环生态。湖南教育社贝壳网重点打造的"湘教智慧云"平台,深度融合出版服务,为主流教材教辅提供强有力的数字化支撑和个性化精准服务,实现了对出版主业的高质量数智化赋能。

(二)中国在线教育行业发展情况

在监管与规范方面,2024—2025年,相关主管部门持续加强对在线教育行业的监管与引导。一方面,严格规范课程内容审核,确保教育内容积极健康、符合教学大纲要求，保障学生接受优质教育资源；另一方面，不断完善资质审查机制，对在线教育机构的办学条件、师资力量等进行严格把控，推动行业健康有序发展。2025年教育部印发的《关于高等学历继续教育专业和校外教学点设置与管理工作的通知》，对高校继续教育的专业设置、办学形式和校外教学点管理等方面提出了明确要求，进一步规范了成人在线教育领域的发展。发展注重规范，管理部门将加强战略布局，完善相关法律法规，进一步规范在线培训市场，避免无序竞争。①

在技术应用方面，人工智能、大数据等技术在在线教育中的应用愈发深入。2024年开始，AI技术在一线教育场景加速落地，如一些在线教育企业利用人工智能大模型实现智能辅导，根据学生学习情况提供个性化学习路径、作业推荐、智能辅导、答疑、学习数据采集与分析等服务，网易有道推出的AI学习机，就通过智能辅导系统，帮助学生提高学习效率，还能实现实时教学互动、多终端同步学习。虚拟现实（VR）、增强现实（AR）技术为学生提供沉浸式学习体验，如在地理、历史等学科教学中，通过模拟场景，让学生更直观地感受知识。到2025年，更多企业深化技术融合，像尚德机构全面接入深度求索（DeepSeek）人工智能大模型，深度赋能教研教学、获客、运营管理等多个核心业务场景，优化现有业务，巩固行业领先地位。随着AI应用拓展，教育和广告领域有望迎来大模型应用的井喷式增长，更多在线教育公司会基于大模型开发出更具个性化、智能化的教学产品和服务。

在市场格局调整方面，也存在较大变动。从竞争主体情况来看，传统与新兴企业竞争加剧。传统教育培训机构加速线上转型，与在线教育平台、新兴互联网企业竞争。如好未来等传统教育巨头，不断优化在线教育产品与服务；同时，字节跳动等新兴互联网企业凭借技术和流量优势，积极布局在线教育，推出大力智能等产品。从国际品牌冲击市场情况来看，VIPKID、VIPabc等国际教育品牌进入中国市场，带来国际化教育资源和教学模式，使市场竞争更激烈。从细分领域看，K12教育步入理性发展阶段。K12在线教育经历规范调整后，

---

① 教育部办公厅. 教育部办公厅关于严格规范高等学历继续教育校外教学点设置与管理工作的通知［EB/OL］.（2022 - 04 - 11）［2025 - 06 - 11］. http：//www.moe.gov.cn/srcsite/A07/moe_743/202204/t20220414_617759.html.

更加注重教学质量和内容创新。如猿辅导等 K12 在线教育平台,不断优化课程体系,推出个性化学习方案。职业教育快速增长。随着就业市场竞争加剧,用户对提升职业技能的需求增长,职业教育在线平台发展迅速。2024—2025 年,众多在线职业教育平台提供涵盖 IT、金融、设计、公务员考试、教师资格证考试、技能考证培训等多领域课程,帮助职场人士提升技能、实现职业晋升或转行。课程内容紧跟行业动态,与企业实际需求接轨,部分平台还提供实习、就业推荐等服务。素质教育也备受关注。家长对孩子综合素质培养的重视程度提高,音乐、艺术、思维训练、编程等素质教育课程需求增加。美术宝等专注于素质教育的在线平台,获得了更多的市场份额。2024—2025 年,家长对孩子综合素质培养重视度提升,在线素质教育课程丰富多样,能满足不同学生的兴趣和需求。通过线上互动课堂、项目式学习等方式,培养学生的创新思维、实践能力和审美素养。

从教育硬件应用方面看,在 AI 等智能应用的赋能下,消费者对教育硬件的需求刚性持续增长。教育智能硬件推动智慧教育发展,行业呈现多元发展态势。学习平板、智能学习笔、智能台灯等教育硬件产品不断涌现,功能愈发强大。这些硬件与在线教育资源深度融合,如学习平板内置丰富的课程资源,支持智能批改作业、学情分析等功能,为学生提供了更便捷、高效的学习体验。

从融合发展方面看,线上线下融合成为趋势。2024—2025 年许多在线教育机构开设线下体验中心、学习中心,线上提供课程学习,线下开展实践活动、面对面辅导等,实现优势互补。同时,与学校、企业的合作不断深化,为学校提供定制化在线课程,助力企业开展员工培训,拓展业务领域。

从融资方面看,主要表现为:职业教育崛起,凭借国家政策的强力推动和社会对高素质技术人才的需求,融资频次显著上升,特别是在企业培训和技能认证领域,与企业服务深度融合,拓展了 B 端市场的增长空间;技术驱动赛道火热,以生成式 AI 为核心的教育科技和教育硬件依然保持融资热度,这得益于智能教学、个性化学习和家庭市场需求的增长;企业服务受青睐,后疫情时代企业数字化转型加速,针对员工技能提升和管理系统的需求激增,使企业服务领域展现出强劲的融资活跃度;传统 K12 赛道遇冷,受"双减"政策和市场变化影响,传统应试教育和 K12 辅导赛道的融资频次显著下降,逐渐退出资本主流视野。

(三) 传统出版机构数字教育出版发展情况

1. 优质内容已成为数字教育出版产业的核心竞争力

优质内容是数字教育出版产业的灵魂和核心竞争力,是满足用户个性化、多样化知识需求的根本保障,出版内容的不断创新和优化是出版企业打造差异化竞争优势的关键。目前,各大出版企业积极打造丰富多元的内容产品和服务。如清华大学出版社通过"书+资源""书+课程""书+平台"等方式打造新形态教材,目前已出版各类新形态教材 8 000 余种,推出"文泉云盘""文泉书局""文泉教学"等平台,在阅读引擎、基于版式优化的数字出版技术、数字教材教学轻应用等方面发力,推动数智技术与教育教学深度融合。北京师范大学出版社在融媒体教材开发中推出交通运输大类"十四五"国规教材,如《汽车发动机构造与维修》等,采用模块化设计并配套教案、微课、数字化平台课程等资源,突出课程思政与职业素养培养,构建"知识—技能—素养"一体化教学体系。

2. 升级用户体验成为数字教育出版产业的发展目标

不断满足用户实际需求和期待,提升用户满意度和黏性,是数字教育出版产业的发展目标。数字教育出版产业敏锐捕捉市场动态,精准把握家长、学生、学校等各方对教育产品和服务的多样化需求,设计出针对性强的解决方案,积极运用新兴技术,为用户提供沉浸式、感知式、智能式、场景式、互动式体验,打造出个性化的用户产品和服务。如北京师范大学出版社"数字教育小院"项目依托贵州省紫云县试点,构建数字化教育精准帮扶体系,通过五育学科夏令营、AIGC 教师研修工坊等活动,累计覆盖 59 所中小学、300 余名教师及千余名学生,形成优质 AI 教案 50 余例,获评首都高校服务乡村振兴二等奖。随着人工智能在出版业的深入应用,以及用户数字阅读习惯的养成,中国建筑工业出版社进一步加快出版融合发展步伐,坚持以创新为驱动,先后建设了"中国建筑出版在线""法规标准知识服务平台""数字教材"等专业知识服务平台,近 5 年数字出版销售收入年均超 7 000 万元,平台累计注册用户超

740万人，数字产品服务千万人。

3. 数字教育平台支撑作用日益凸显

教育平台类产品作为推动教育数字化转型的关键工具，通过提升教学效率、优化资源配置和支持个性化学习，成为教育变革的重要支撑，也是数字教育出版产业的重要产品类型。

随着技术的创新发展，以及学习者多样化的学习需求，教育平台类产品形成智慧化、生态化、个性化、协同化和普惠化的新样态。在数字化转型背景下，教育平台类产品逐步覆盖课堂教学、教学评估、个性化学习、协作学习和终身学习等多类教育场景。在此过程中，平台功能不断优化，逐步实现了从教学支持到学习管理、从资源整合到智能反馈的全方位服务。

教育平台类产品的应用场景分为学习管理类、资源（教材）管理类、协作互动类、评估反馈类4个类别。优化课堂教学与互动体验、提升教学评估与反馈机制、促进职业能力提升与终身学习、支持个性化学习与自主发展、促进协作学习与社交互动依次单向影响，形成一个良性循环。如高等教育出版社的数字教材"云创"平台，入选"2023年度出版业科技与标准创新示范项目科技创新成果"，平台实现教材管理及教学管理数据化升级，为学校管理者在教材建设环节提供了直观、全面的教材建设数据。任课教师在教材使用环节可以实时掌握学生的学习进度，进行过程性评价，及时调整教学策略。数据化的管理方式，使得学校教材建设与应用管理更加便捷与高效。山东出版集团开发建设的"作业+学情诊断大数据反馈"项目，被列为山东省基础教育教学改革重大委托项目，目前在相关地市稳步推进；规划开发的"智慧教育平台"项目作为公司数字教育产品的整体解决方案，已正式上线运行。

4. AI赋能作用得到进一步发挥

AI赋能对于数字教育来说，主要体现为四方面。

一是在数字教材方面，目前AI功能主要体现在智能问答、图谱搭建、代码解释、文本交互、角色扮演式学习、文献检索、语言翻译等，大多围绕教材本身内容提供服务。智能问答功能成为学生的随身学习助手，知识图谱技术则为知识体系构建提供强大助力，如《语言学概论》数字教材，借助知识图谱将语言学各个知识点串联起来，实现知识的深度拓展与关联学习。

二是出版单位生产经营方面，AI能够优化流程，提升效率。凤凰传媒开发的面向出版行业的"凤凰智灵"人工智能综合应用平台，通过先进的人工智能技术为出版工作提供支持，激发员工创意，提升工作效能。该平台汇集了十多种 AI 能力，开发了 30 多个和出版相关的智能应用，提供智能审校、智能问答、AI 生图，以及办公、出版、营销等方面的智能服务。高等教育出版社 LoVong 人工智能平台既面向社内编辑，也面向外部用户提供 AI 基座能力支撑，能够为编辑出版业务提供智能体与知识库建设、智能创作辅助、智能检索和智能审核等方面的工作支撑。

三是在产品升级与服务提升方面，出版单位积极探索将生成式人工智能技术应用于产品创新中，用于升级产品功能，提升服务质量，AI 成为出版融合发展产品和服务的标配。高等教育出版社 2025 年正式上线爱课程平台新版"小慕 AI 助学"，化身 24 小时贴身学习助手，充分发挥 AI 伴学功能，提供学习规划、个性化教学资源推荐、精准答疑、错题解析等服务。广东教育出版社利用 AI 助教功能，将"万卷要义学习大模型"应用于包括语文教学设计、语文阅读素养提升、数学解题、英语高频词学习等多个教育场景，在内容生成、知识检索与个性化学习服务等方面显著提升教育效能。

四是 AIGC 推动知识服务迈向新台阶。出版机构应用人工智能技术开发垂类出版大模型，强化知识服务商的角色定位。中华书局古联公司与南京农业大学推出了首个古籍整理大模型——"荀子"古籍大语言模型，该模型包含了"四库全书"在内的古籍文献超 40 亿字大型语料库，能够实现自然语言理解、自动翻译、诗歌生成、自动标引等多项功能。高等教育出版社联合浙江大学、阿里云等共同研发了"智海—三乐"人工智能学科教育大模型，模型以阿里云通义千问 70 亿参数通用模型为基座，通过继续预训练和微调等技术手段，具备智能问答、试题生成、学习导航、教学评估等能力。

二、出版上市公司数字化发展状况

（一）凤凰传媒

凤凰传媒响应教育部国家中小学智慧教育平台建设的要求，开发配套 2024

年秋义务教育新课标起始年级教材的微课视频、课件、教学设计、学习任务单、作业练习等2 168个课程教学资源,这些资源在国家中小学智慧教育平台上获得广泛使用,提升了凤凰教育数字资源品牌影响力;坚持创新驱动,强化新技术赋能传统业务转型,加快推进出版深度融合发展,构建数字时代新型出版传播体系。"凤凰职教"新媒体账号影响力居于行业前列。少儿社"小凤凰FM——少儿知识服务平台"入选2024年度国家新闻出版署出版融合发展工程数字出版优质平台。

学科网签约合作学校数达4万所,营业收入5.09亿元,同比增长13.88%;净利润11 069万元,同比增长29.52%。学科网积极拥抱AI浪潮,利用AI提升服务效能,推出具备智能生成教学设计、智能组卷、智能搜索以及智能客服等功能的"AI小博士智慧"教学助手,为广大教师量身定制个性化的教育解决方案,从而助力教与学提质增效,进一步提升教师体验。基于优质教育教学资源,与中国移动多个专业子公司以及省公司开展多种形式的内容合作,为进一步构建完善的移动教育生态打下了坚实的基础。

进一步聚焦出版科技融合推进AI教育场景建设,开发"智羚学伴"产品,打造"纸质为基、数智为翼"的全场景AI学习生态;紧跟教育数字化国家战略与新技术发展趋势,全力推进数字教材建设。加大在数字教材领域的研发投入,特别是利用AI技术推动教材的智能化升级,满足国家对于普及人工智能教育的目标与要求;聚焦基础教育板块,加快新一代数字教材与教参研发,提升教材的交互性、实用性和更新效率;拓展职业教育、高等教育数字教材建设,开发适配的数字教材平台,以增强定向服务能力;构建智能化教育生态环境,推动软硬件协同创新,打造校园文化服务新空间。

(二) 中原传媒

中原传媒致力于创建教育服务AI赋能新体系。一是围绕深化教育综合改革开展服务。对现有教育核心产品进行修订和更新,加快自主研发和数字化迭代进程。二是围绕教育数字化国家战略促转型。在完成河南省中小学智慧教育平台一期建设的基础上,启动平台二期建设,提升平台AI服务能力。实现公司各单位数字教育平台和中小学智慧教育平台的全面对接,构建智慧教育生态体系,探索数字教育产品落地的商业模式。实施数智赋能教育出版专项行动,研发教育出版专有大模型，推动教育出版数智化转型，加速培育教育出版的新赛道、新动能和新优势。三是围绕创新突破行动抓落实。在课程研发方面，围绕五育并举、校本、课后服务、研学实践课程和线路，研发完成至少 100 门精品课程。

（三）中南传媒

中南传媒通过整合教育出版资源、教学云平台、智能评测系统等核心资源，依托 AI、大数据、云计算等前沿技术，构建起覆盖教、学、评、测全场景的智慧教育产品矩阵，形成从资源供给到场景应用的闭环生态。湖南教育社贝壳网重点打造的"湘教智慧云"平台，深度融合出版服务，为主流教材教辅提供强有力的数字化支撑和个性化精准服务，实现了对出版主业的高质量数智化赋能。

家校共育网面向学校和家庭，通过"家—校—社—医"协同模式，致力于普及科学家庭教育知识，并打造了"大童心理"儿童青少年心理健康平台，为青少年心理健康提供专业支持。

"e堂好课"项目重点打造数智课程产品，圆满完成 2024 年度直播授课任务，为汨罗、株洲、安化、新化、津市以及海南省三沙市永兴学校提供了全年稳定的高品质课程服务。同时，研发推出了"双师录播课程"，为老师们提供名师录播课程视频和线下活动内容设计，搭配导教案和教学软件，即开即用，获得良好使用反馈。"e堂好课"项目积极拓展销售端市场覆盖，市场模式与规划逐渐清晰，项目市场发展前景可期。

中南迅智聚焦考试线与服务线产品，依托全省考试测评系统、"智趣新课后""阅美湖湘平台""智趣新体育平台"以及湖南省新华书店教育服务平台等多平台数据整合能力，构建了跨平台全流程闭环的智能化教辅平台，实现数据互通共享，进一步提升教育服务的效率与精准度。

创建国家级数字教材出版基地。加强智趣新体育平台的建设推广，扩大智慧操场试点覆盖面，构建体教服务新生态。积极探索数智出版、人工智能知识服务等新业态。启动湖湘优秀先贤文化融合开发项目，研发百科全书式少儿启蒙教育动漫精品。继续加强直播和短视频渠道建设，构建新的宣发和营销模式。把天闻印务升级成"数据驱动＋工业互联网"的智能印刷示范工厂，创建国家级智能印刷创新研发中心。推进红网智媒超脑等项目，构建适应全媒体生产传播的工作机制和评价体系。

（四）皖新传媒

系统推进"数字皖新"战略。推动公司数字化治理体系变革，联合华为咨询团队从发展战略、新型能力、系统性解决方案、治理体系、业务转型五个维度37项指标，对公司进行全面数字化评估，按照"定向、把脉、开方、践行"四个步骤，完成"数字皖新"蓝图及架构规划，明确时间表、路线图和任务书，高标准推进"数字皖新"战略实施，全面涵盖三大主业板块和有关职能领域，完成"集中化管控平台、业务数智化平台、云数一体化平台"三大平台实施路径设计，强化"人、财、物、数、技、管"六要素支撑，突出公司管控与产业数字化、数字化产业的动态融合，打造新型业务能力。

培育发展科技创新能力。加大研发投入，报告期内公司研发投入3 660.30万元，较上年增长7.38%。研发上线"皖新企业购"小程序并获得独立软件著作权，实现线上下单，送货到人及定制服务功能。积极探索人工智能与教育的结合，开发数字教育终端产品皖新朱子机器人，赋能学前教育服务。"美丽科学教学平台"已在全国1.73万所学校中应用，累计服务师生数超3 000万人，科学可视化系列动态壁纸项目获得世界三大设计奖项之一IF授予的年度设计奖。

全力开拓数字业务领域。合肥四牌楼元·书局全新开业，打造沉浸式、体验式、互动式数字化新型书店品牌，进一步引入新技术、融入新业态、打造新场景。加快拓展电商新赛道，通过短视频直播带货、定制产品和有序拓店等方式，提升电商竞争新优势。结合校园智慧阅读项目应用大模型、数字人等AI技术，打造智慧教育阅读产品，提升全新阅读体验。积极推进传统教材教辅业务数字化转型，在"皖美教育"线上收费平台基础上，拓展线上征订模式，实现对C端客户的直接触达。

三、数字教育出版产业发展主要问题

（一）创新突破不足

创新是第一动力，当前教育出版存在创新不足、动力匮乏的问题。长期以来，教育出版有着相对固定的选题范围、作者队伍及稳定的市场营收，这使得部分教育出版机构对研发和服务创新工作重视不足，而对那些能够获得行业奖项和国家补贴的出版物更加关注。

数智化时代，许多传统的观念被颠覆，众多产业面临重构，互联网、移动互联网已成为知识生产与传播的主阵地。部分出版机构对融合发展的认识不够深入，市场开拓不足，在数字内容生产理念、互联网运筹能力、前沿技术应用等方面存在欠缺。在此背景下，出版机构需要思考如何在互联网知识服务的浪潮中不被边缘化，如何尽早在新的教育数字化生态中找准自身定位。

（二）体制机制仍待完善

我国出版业融合发展过程中，不同程度地存在体制机制问题。部分出版企业受传统管理体制影响，发展步伐跟不上融合发展的态势，在组织架构、版权管理、生产与供应链管理、企业文化等体制机制改革上反应迟缓，推进艰难。一些教育出版机构仍深受传统的平面管理、集中管理模式影响，存在机构冗余、条块分割、职能交叉、决策低效、执行乏力等问题，在融合转型发展中，无法整合和调动各类资源，快速做出反应，难以形成良性运营的生态系统。

（三）技术研发应用仍存短板

当前我国出版企业对新兴技术带来的新生产力和生产要素的研究与探索存在不足。部分教育出版机构在数字化转型过程中，仍然存在技术短板，采用落后于时代的技术设施与工具，内部管理平台与外部服务平台难以满足大规模、高质量的数字内容生产和发布、大规模用户服务需求。

新兴技术对出版业既有浅层的优化与变革影响，如流程管理数字化、发行工作数字化、营销工作全媒体化等，更为深远的是深层的逻辑重塑，如人工智能在选题策划、三审三校和知识服务等环节产生的新型生产力，以及数据作为新型生产要素对用户需求和业态革新带来的深层影响等。

（四）数据要素作用未充分发挥

在教育出版数字化、智能化发展趋势下，数据已成为行业的核心竞争要素。对教育出版行业各主体而言，数据是驱动产业发展的关键生产要素和战略性资源，必须加大对数据资源的全面管理和高效利用，以数据贯穿整个出版流程，加强数据治理、数据贯通、数据应用、数据挖掘，实现全流程、全品类、全平台、全业务、全人员的数据管理，满足编辑、分社、部门、全社各层面数据分析需求，以数据驱动业务研发，数据驱动管理优化，精准满足用户个性化、多样化需求，实现供给端和需求端的高效匹配和完整闭环。尤其在 AIGC 迅猛发展的当下，出版机构迫切需要加强数据资产的管理和利用，充分发挥数据要素潜能。

（五）服务竞争力不强

知识经济时代，随着出版新型业态、企业和消费模式的出现，人们对教育出版产品和服务有了新期待。随着出版边界的泛化和业态变化，用户的需求更加复杂、多样化，单纯的优质内容已经无法满足用户需求。为用户学习提供系统的解决方法和闭环式服务，才是教育出版机构的出路。当下教育出版机构要将自己的角色定位由内容生产者、供应商向服务提供商转变，从传统出版向知识服务、数据服务、学习服务转型。

当下及未来的教育出版市场竞争中，服务竞争将成为关键。市场竞争趋势表明，以服务为导向、以用户需求为核心的教育出版理念已经成为主流，并深刻影响着教育出版市场的格局。面对这种趋势，教育出版机构要加强研判、主动作为，深入校园、深入课堂、深入对手，广泛开展调研，通过整合优质资源、优化服务内容、服务方式、服务渠道，更好地满足师生需求，为用户提供高价值的服务。

四、数字教育出版产业发展对策建议

（一）理念创新：建立融合发展大视野，革新出版理念

出版深度融合发展的"深度"，其核心是理念的更新。理念是行动的指引，唯有先进的理念才能战胜陈旧的观念。当前教育出版机构要深入研究教育发展

的规律，回归教育的本质、出版的本质，进一步转变出版观念。

在全媒体时代，互联网信息裹挟着生产生活的方方面面，改变了人们的思维方式，也在潜移默化地影响着社会认知。融合出版是一种趋势，数字化转型是一种历史潮流，教育出版企业只有转换理念，才能在行动上更好地推进融合发展的各项政策、措施落地实施。教育融合出版产品所具备的文化属性、教育属性，不仅使其在产品生产和运营方面与其他行业迥然不同，也在深刻影响出版的社会功能、社会价值和社会观念。教育出版企业应完整、准确、全面地把握对教育出版与技术融合的理念认知，既不能故步自封拒绝接纳新技术，也不能走向技术沙文主义，认为技术可以解决一切问题而忽视它的另一面；不要将新技术仅视为赋能传统教育出版产业的"催化剂"，而应将其视为教育出版新业态中不可或缺的发展要素、新质生产力的重要动能，要发挥其重要作用，创新出版内容生产与传播新方式，创新出版业发展模式。

面对新时代新要求，教育出版人必须更新理念，构建更广阔的视野和格局，放弃陈旧的方法和思维模式，紧密跟随教育发展改革的步伐，确立新的发展理念和模式，找准自身的新定位，确立发展的新方向，增强服务意识和能力，构建教育出版新格局。

（二）管理创新：调整组织架构，优化体制机制

管理，是一切组织正常发挥作用的前提，合理的组织架构能为出版融合发展提供内在动力和组织保障。对教育出版来说，教育出版的融合发展是一项全新的挑战，外部竞争者相继进入数字教育出版行业，与传统出版机构既合作又竞争。

在媒介融合背景下，教育出版机构必须深入探讨教育出版市场结构及用户消费模式的新变化，全面发挥市场机制调节的作用和优势；优化融资渠道，引入外部优质资本为出版产业发展注入新活力；对出版单位内部的管理体系进行改革，改变不适应发展需求的管理机制，重构组织架构、业务流程和产品服务体系，薪资结构要更具竞争力，队伍要年轻化、专业化，随时根据政策和市场变动调整管理方向，更新业务流程，调整员工考核激励机制和晋升机制，借鉴同行或外部经验，适应融合发展要求，重构核心竞争力。

（三）业态创新：发展新质生产力，构建教育出版新业态

新时代的教育出版行业，已不再只是传统产品的竞争，而是综合服务、综合实力的竞争，教育出版机构在坚持内容为王的同时，应不断创新技术应用，拓展营销渠道，深化产业结构调整，并将数字化转型和新媒体营销矩阵融入到整个教育出版产业链中。

出版新业态是出版企业在出版内容、产品形态、运营模式等方面的系统全面的升级和创新。数字教材作为教育出版深度融合发展的突破口和必选项，是教育出版业态创新的核心。数字化时代，教育出版要想有所作为，继续保持优势，必须要抓住数字教材这个龙头，构建"课程＋教材＋实验实训实践＋教师培训"四位一体相互协同的研发新格局，形成"平台＋资源＋服务"的教育出版新业态。

教育出版机构要摆脱路径依赖，建设与新业态相适应的新媒体营销渠道，如抖音、快手、微店、公众号、社群、短视频、小程序等，形成矩阵化的宣传、引流、销售体系；充分发挥数据的基础资源作用和创新引擎作用；深入探索与科研机构、教育机构、技术公司等不同领域专业机构的合作，共同构建一个开放、协同、共赢的生态系统，共同推动教育出版新业态的创新发展。

（四）动能创新：加强板块协同，服务终身学习

加强板块协同。教育出版融合发展经过十多年的探索，取得了丰硕成果，形成了诸多各具特色的数字出版服务平台。下一步，须加强不同板块、不同平台、不同业务之间的协同联动，形成良性联动的深度发展生态系统，打通产业链条中的各环节、各部门之间的壁垒，建立数据信息联通和共享机制，充分利用不同业务板块在技术研发、市场推广、内容建设方面的协同效应，挖掘相邻市场的价值，提升运营效率和规模效益，实现业务增长。

服务终身学习。数字化转型使得教育不受时间和空间的限制，可随时随地学习，同时，随着知识更新的加快，人工智能技术的不断突破，学校教育已难以满足职业需求，终身学习变得越来越重要，从服务学校教育转向服务入职教育和职后教育，向基于与用户建立信赖关系的终身学习服务转型，拓展数字教育出版发展的新动能。

新时代新征程，教育出版行业正站在历史和时代的交汇点上，面对着新使命、新要求，教育出版行业应坚持植根教育，繁荣文化，以开拓创新的精神，

积极拥抱变革，勇于实践探索，努力构建新的发展格局，为文化强国教育强国建设贡献出版力量。

参考文献

1. 中国教育技术协会. 中国教育技术产业研究报告（2024）（摘要版）. 北京：中国教育技术协会.

2. 国家新闻出版署. 出版业"十四五"时期发展规划［EB/OL］.（2021-12-28）［2025-05-19］. https：//www.nppa.gov.cn/xxfb/tzgs/202112/P020221129376042550150.pdf.

3. 刘超，毛芳. 教育数字化视域下教育出版范式变革［J］. 中国数字出版，2024，2（01）：1-9.

4. 陈晓光. 教育出版融合发展的实践与思考［J］. 中国编辑，2020（01）：4-9.

5. 周蔚华，陈丹丹. 2021年中国出版融合发展报告［J］. 科技与出版，2022（05）：60-69.

6. 吴昕. 关于我国教育出版融合发展问题的思考［J］. 科技与出版，2023（01）：73-78.

7. 孙真福. 新时代教育出版融合发展的思考［J］. 出版参考，2021（01）：5-8.

8. 中国数字出版产业年度报告课题组，崔海教，王飚，等. 2022—2023中国数字出版产业年度报告（摘要）［J］. 出版发行研究，2023（09）：7-13.

9. 焦清超. 革故鼎新：新时代教育出版如何构建新发展格局［J］. 中国出版，2023（06）：56-58.

10. 陈光明. 基于价值、创新、生态的教育出版融合发展探究［J］. 新闻研究导刊，2022，13（19）：194-196.

11. 张大伟，王灵丽. 教育出版高质量发展研究回望：现状、不足与进路［J］. 编辑学刊，2024（02）：6-12.

12. 尹琨. 教育出版融合发展融什么？怎么融？［N］. 中国新闻出版广电报，2021-07-19（005）.

（毛芳单位：高等教育出版社；唐世发、杨兴兵单位：北京世元科技有限公司）

中国数字出版标准化年度报告

陈 磊

一、行业背景

标准作为经济活动和社会发展的重要技术支撑与出版业深度融合，在促进产业高质量发展方面的效能不断释放。近年来，随着科技飞速发展，出版行业面临前所未有的变革。在这个大背景下，标准化工作显得尤为重要，它为行业的健康、有序发展提供了有力保障。2024年，数字出版标准化工作在国家各领域标准化相关政策的引领下，紧密结合行业发展需求，呈现出一系列新特点新趋势。

（一）紧跟政策导向，强化标准引领

2024年是中国改革发展具有重要里程碑意义的一年。党的二十届三中全会通过了《关于进一步全面深化改革　推进中国式现代化的决定》（以下简称"《决定》"），《决定》着眼于赓续中华文脉、推动文化繁荣的重大使命，聚焦建设社会主义文化强国的目标，提出了深化文化体制机制改革重大任务，明确了改革路径和具体举措，为新时代新征程文化改革发展提供了根本遵循、指明了前进方向；也为出版标准化工作如何引领、规范和支撑出版业深度融合、高质量发展，进一步明确了目标、路径和方法。出版业认真学习党的二十届三中全会精神，深刻领会习近平文化思想内涵，稳步推进标准化领域建设，加快培育出版新质生产力，紧密围绕国家文化强国建设目标，制修订数字教材、网络文学、知识服务等领域一系列急用、适用的国家标准、行业标准和团体标准，为行业高质量发展提供了有效的技术支撑。

自2021年中共中央、国务院印发《国家标准化发展纲要》（以下简称"《纲要》"）以来，我国标准化工作进入了一个全新发展阶段。《纲要》明确提出到2025年标准化工作要实现"四个转变"目标，为出版业标准化工作提供了明确的指导方向和强大的政策动力。为落实《纲要》的实施，出版领域优化了行业标准供给结构，全国新闻出版标准化技术委员会、全国新闻出版信息标准化技术委员会和中国音像与数字出版协会等全国性专业标准化技术委员会和相关机构，加大了对关键领域标准的制定和完善力度，特别是在知识服务、大数据应用等新兴和重点领域，主导制定了一系列国家标准和行业标准，为行业数智化升级提供了有力支撑。同时，《纲要》还鼓励市场主体参与标准化工作，推动社会团体制定原创性、高质量的团体标准，以满足市场多样化的需求。这一举措激发了市场主体的创新活力，推动了出版业标准化工作的多元化发展。

随着《出版业"十四五"时期发展规划》的深入实施，标准化工作在推动出版业深化供给侧结构性改革，改革创新，不断满足人民日益增长的学习阅读需求的过程中发挥着不可替代的作用。以标准规范出版流程，提高了出版产品质量，增强了行业的整体竞争力。通过制定相关的质量标准和创作规范，促进出版物在内容质量、编辑质量、设计质量和管理质量等方面达到规定要求。通过推动标准的广泛应用和实施，促进了出版业的资源优化配置和生产效率提高。通过加强ISLI等标准的国际化互认工作，我国数字出版产品和服务正在更好地走向国际市场。

（二）完善制度建设，增长发展内力

近两年，我国在标准化制度建设方面迈上新台阶。多项制度与举措首次出台，为出版标准化工作提供了良好的制度环境。国家市场监督管理总局印发《标准创新型企业梯度培育管理办法（试行）》，激发了企业在标准、技术、服务及管理互动发展方面的创新活力，推动出版行业一些大型出版集团和科技型企业积极响应，通过参与标准制定提升自身创新能力和市场竞争力。广东出版集团数字出版公司在数字教育出版领域，结合自身技术优势和市场经验，参与制定数字教材相关行业标准、团体标准，推动了数字教育产品的规范化和创新发展。国家标准化管理委员会印发的《强制性国家标准实施情况统计行业报告分析指南》，要求健全统一协调的强制性国家标准体系，促使出版业在涉及视

力保健等强制性标准方面，加强了执行力度并强化了效果评估。例如，因 GB 40070—2021《儿童青少年学习用品近视防控卫生要求》强制标准的执行实施，出版企业开始更加注重对少儿学习用品字体、字号、行间距的合标性检查。2024年1月1日起正式实施的《企业标准化促进办法》（以下简称"《办法》"），聚焦政府职能转变，着力激发企业主体创新活力，规范企业标准化工作，引领企业标准化水平提升，促进市场自主制定标准发展。《办法》的实施，使得出版企业更加重视内部标准化体系建设，积极参与行业标准和团体标准的制定工作，推动行业整体标准化水平的提高。国标委与教育部、科技部、人力资源和社会保障部、全国工商联共同印发实施的《标准化人才培养专项行动计划（2023—2025年）》，旨在加强标准化人才队伍建设，为行业标准化工作的持续推进提供人才保障。出版业也通过与高校合作开展相关培训课程、组织行业内标准化培训活动等方式，加强了标准化人才的培养，为行业标准化工作的持续推进提供人才保障，推动标准化人才教育迈上新台阶。国家市场监督管理总局修订出台的《行业标准管理办法》，聚焦政府职能转变，推动标准化改革创新，强化标准协调配套，为破除行业垄断和市场限制提供规范支撑，以标准化工作引领和支撑全国统一大市场建设进程，也直接助推出版行业出台了一系列基于促进出版物市场统一运作的系列规范，打破区域和行业壁垒，推动出版资源在更大范围内实现优化配置。

综上，随着标准化制度的不断完善，出版标准化工作也正系统谋划和部署，在准确理解和贯彻习近平文化思想的基础上，以精准规范推动行业高质量、健康有序发展。

二、数字出版标准化发展现状

（一）对标国家战略，筑牢文化强国建设的标准化根基

2024年，各标委会以高度政治自觉将标准化工作纳入文化强国建设全局，紧扣《关于进一步全面深化改革 推进中国式现代化的决定》中"深化文化体制机制改革"的重大部署，以标准化引领出版业在守正创新中实现转型升级。

在服务国家文化战略方面，全国新闻出版标准化技术委员会积极推动"中

华思想文化术语传播工程""中华精品字库工程"等国家级学术出版工程的标准化配套建设,通过制定《新闻出版 知识服务 知识体系建设与应用》等国家标准,为传统文化的数字化传播构建知识服务框架,推动中华优秀传统文化的创造性转化与创新性发展。以标准化手段助力出版业开拓新质生产力,将人工智能技术纳入标准化视野,立项《学术出版规范 使用生成式人工智能的标注与声明》行业标准,既规范生成式人工智能在出版领域的应用,又引导行业利用技术降本增效,实现内容创作模式的革新。

在落实意识形态工作责任制方面,将标准化作为意识形态安全的防护网,针对网络文学内容审核的复杂性,全国新闻出版信息标准化技术委员会启动《网络文学内容审核基本流程》《网络文学内容基本要求》等3项行业标准的立项工作,组织咪咕数字传媒、阅文集团等行业龙头企业参与标准研制,构建覆盖内容生产、审核、质量规范的全链条标准体系,从源头筑牢网络文学意识形态安全防线。

(二)聚焦科技融合,打造数字出版发展标准化引擎

2024年,各标委会敏锐把握科技革命与产业变革趋势,将标准化作为出版业与人工智能、大数据、区块链等技术深度融合的连接器,推动出版业向数字化、智能化、融合化转型。在人工智能领域,全国新闻出版标准化技术委员会面对人工智能带来的版权纠纷与创作模式变革,一方面加快人工智能相关标准的制定与布局,通过《学术出版规范 使用生成式人工智能的标注与声明》明确AI生成内容的标注规则,防范学术不端风险;另一方面,开展"出版数据治理与流通标准体系研究"科研课题研究,构建数据分类分级、安全流通的标准框架,形成科研与标准规范同步推进的格局,为出版业在数据要素市场中实现价值释放提供制度保障。

在数字出版标准体系建设方面,全国新闻出版信息标准化技术委员会以《新闻出版信息标准体系表》修订为契机,组织对同方知网、高等教育出版社等7家单位的调研,形成涵盖数字化、信息化、标准化全链条的标准体系草案,将移动互联网音乐、网络文学等新兴业态纳入标准覆盖范围。其中,《移动互联网音乐超高清音质技术要求》行业标准完成征求意见,推动音频出版向高品质、规范化发展;《网络文学标识符》等3项标准启动专项研究,为网络文学的版权管理、内容分发建立统一标识体系。

在知识服务标准化领域，全国新闻出版标准化技术委员会归口的《新闻出版 知识服务 知识体系建设与应用》国家标准发布，其外文版翻译工作同步启动，该标准构建了知识本体构建、知识元提取、知识体系应用的全流程规范，标志着我国出版业在知识服务领域迈出国际化步伐。规范有声内容制作流程的《有声读物》国家标准，能够确保主流价值在新兴传播载体中有效传递，已被上百家B端内容提供商采用，将推动有声出版从内容提供者向知识服务商的转型。

（三）强化体系构建，夯实行业高质量发展标准化基础

行业标准化工作以标准体系建设为核心，统筹推进国家标准、行业标准、团体标准协同发展，努力形成覆盖出版全产业链、全生命周期的标准化工作格局。

在标准制修订方面，全国新闻出版信息标准化技术委员会形成《新闻出版信息标准体系表》草案，完成《网络文学内容审核基本流程》等3项行业标准的项目建议书和标准草案，开展《移动互联网音乐超高清音质技术要求》行业标准的征求意见工作。全国新闻出版标准化技术委员会新增《版权资源权利描述》等2项国家标准立项、《学术出版规范 使用+生成式人工智能的标注与声明》等5项行业标准立项，完成了《新闻出版 知识服务 知识元提取与标引》等7项国家标准和《面向智能制造专业领域的多模态内容资源一致化知识标引》等6项行业标准的征求意见工作，形成了储备一批、制定一批、实施一批的良性循环。

在标准实施复审方面，各标委会均积极针对已发布标准，开展实施效果评估，确保标准体系的时效性。如全国新闻出版标准化技术委员会对归口的行业标准进行了再评估和复审工作，废止了14项已明显落后于时代发展的标准。

在标准化科研支撑方面，以科研课题破解行业共性难题。2024年完成了"新闻出版职业标准体系及重要新职业标准研究""古籍数字化标准体系研究"等6项科研课题，其中《全民阅读标准体系表》草案构建了基础标准、服务标准、保障标准、管理标准四大板块，为全民阅读工作的科学化开展提供顶层设计；"新国际标准提案《唯一媒体标识符（UMID）》研究"跟踪国际标准动态，为我国出版业参与全球标识符体系竞争提供战略储备。

（四）坚持人民至上，彰显民生服务导向的标准化温度

出版业标准化组织始终将满足人民群众多样化、多层次、多方面的文化需求作为标准化工作的出发点与落脚点，以标准化手段保障文化权益，提升公共服务水平。

在无障碍出版领域，全国新闻出版标准化技术委员会组织研制了《盲文出版物版式》《大字本图书通用技术要求》等国家标准，规范无障碍读物的版式设计、字体大小等技术指标，中国盲文出版社等单位依据标准开发多样化无障碍产品，累计服务听障、视障用户超千万人次，让文化发展成果惠及特殊群体。

在全民阅读推广方面，以标准化培育阅读新生态。全国新闻出版标准化技术委员会通过《全民阅读标准体系表》研制，统筹阅读内容、服务、安全等领域标准，推动阅读活动规范化。

在网络文化治理方面，全国新闻出版信息标准化技术委员会针对网络文学、移动音乐等新兴领域的用户权益保护需求，拟启动《网络文学适龄提醒》《网络文学分类与代码》等标准的调研论证，通过《移动互联网音乐超高清音质技术要求》征求意见，规范音频平台的音质标准，保障消费者知情权与选择权，营造健康有序的数字文化消费环境。

（五）深化国际合作，拓展出版标准国际化视野

以全球视野谋划标准化工作，积极参与国际规则制定，推动中国标准"走出去"，提升中国出版业国际话语权。

在国际标准跟踪与参与方面，全国新闻出版标准化技术委员会密切关注ISO、IEC等国际组织动态，深度参与ISO国际标准《唯一媒体标识符（UMID）》的研制，组织国内专家提交修改意见，争取在全球媒体标识符体系中体现中国方案，该标委会秘书处派专人线上参加ISO TC46第51届年会，参与国际标准内容编码工作组会议，及时掌握国际标准化发展趋势，为我国出版业应对国际竞争提供有效情报信息支持。

在标准国际化输出方面，全国新闻出版标准化技术委员会全力推动国家标准的外文版建设工作，《新闻出版 知识服务 知识体系建设与应用》国家标准外文版通过审查，《无障碍音视频出版物通用技术规范》国家标准外文版

获批立项，为我国出版标准未来在"一带一路"沿线国家的应用奠定了坚实基础。

在国际交流机制建设方面，全国新闻出版标准化技术委员会创建了国内研制与国际反馈的互动提升模式。通过跟踪 UMID 工作组 3 次会议，分析国际标准对我国现有标识符体系的影响，提前布局应对策略，并与国际标准化组织建立常态化沟通渠道，推荐专家参与国际标准审查，逐步在知识服务、数字出版等领域形成与国际接轨的标准话语体系。

（六）完善治理体系，极大提升标准化工作效能

各标委会以自身建设为抓手，优化组织架构、强化制度保障、激发创新活力，构建适应新时代要求的标准化治理体系。

在组织体系建设方面，全国新闻出版信息标准化技术委员会启动了换届筹备工作，计划 2025 年完成委员公开征集与章程修订，优化委员结构，吸纳具有代表性的相关机构、组织代表参与标准化工作；全国新闻出版标准化技术委员会着手修订内部《标准制修订工作规范》，明确各环节责任主体与流程要求，秘书处工作效率提升 30%。

在信息化建设方面，积极提供标准数字化服务。全国新闻出版标准化技术委员会组织录制的《新闻出版 知识服务 知识体系建设与应用》等国家标准网络宣贯视频，通过国家标准化管理委员会的网络标准云课平台点播，达成了广泛的社会共识。该标委会 2024 年利用腾讯会议等网络平台开展的线上培训，实现了标准化服务的便捷化、普惠化，有 501 人通过"出版行业新标准应用实施培训班"考核。

（七）依靠技术驱动，实现重要领域团体标准突破

2024 年，中国音像与数字出版协会围绕数字出版、网络文学、教育出版数字化等新兴领域，发布了 11 项具有重要行业标杆示范性的团体标准。这些标准不仅填补了行业空白，更通过技术创新与应用转化，推动团体标准化工作不断向前沿技术规范化、垂直领域融合化、产业链条系统化的方向加速迈进。2024 年发布的团体标准如表 1 所示。

表1 2024年发布团体标准一览表

标准编号	标准名称	发布时间	核心内容	适用领域
T/CADPA48—2024	数字出版编辑岗位能力要求 网络文学	2024年1月19日	首次系统定义网络文学编辑的能力框架，包括选题策划、内容审核、版权管理、数据分析等12项核心能力指标，并明确提出编辑需掌握AI辅助创作工具的使用规范	适用于网络文学平台、出版机构的编辑岗位能力评估与人才培养
T/CADPA49—2024	图书数字化输出格式	2024年6月12日	明确了图书数字化输出的统一文件格式，强调了输出格式需兼容主流阅读平台与终端设备，同时满足长期存档需求，支持无损迁移与格式转换	适用于出版行业图书数字资源制作、加工和管理
T/CADPA50—2024	版权区块链技术应用指南	2024年7月31日	构建区块链技术在版权管理中的分层架构，明确区块链网络中的角色分工，规定各节点的数据上传、验证与同步职责	适用于版权与文化领域的区块链技术应用及服务，如版权存证确权、版权保护、版权可信交易等
T/CADPA51—2024	科技图书虚拟仿真资源轻量化开发导则	2024年11月1日	通过技术参数与流程规范，实现科技图书虚拟仿真资源的高效开发与跨平台复用	适用于出版、教育、培训、在线学习等领域科技图书虚拟仿真数字资源的开发与应用

续表

标准编号	标准名称	发布时间	核心内容	适用领域
T/CADPA52—2024	科技图书内容对象交互应用要求	2024年11月1日	明确科技图书内容对象的交互应用的通用规范、分层交互逻辑、跨平台适配和开放性接口规范	适用于出版单位科技图书的数字产品设计、研发和应用
T/CADPA53—2024	外语测评音频资源格式	2024年11月14日	规定外语测评中使用的音频资源需满足统一的格式规范，明确音频资源的元数据配置规则（如语言类型、适用测评场景标注）以及版权声明要求	适用于外语评测音频资源的生产、交换、管理与应用
T/CADPA54—2024	图书全文标签集	2024年12月2日	建立图书全文标签的分类体系，包括主题标签、情感标签、知识图谱标签等3大类28个子标签，支持智能化内容检索与推荐	适用于结合自然语言处理技术实现图书全文标签的自动标注
T/CADPA55—2024	高等教育数字教材核心元数据	2024年12月25日	规定了高等教育数字教材的元数据结构，包括课程关联、知识点映射、交互功能描述等47项数据元素，确保数字教材在不同平台的兼容性与互操作性	适用于元数据的不可篡改存储

续表

标准编号	标准名称	发布时间	核心内容	适用领域
T/CADPA56—2024	高等教育数字教材封面与版本记录	2024年12月25日	规范数字教材封面设计的色彩模式、分辨率要求及版本记录的要素构成，明确要求标注数字教材的更新时间、修订说明等关键信息	适用于高等教育数字教材的相关版权记录
T/CADPA57—2024	高等教育数字教材封装要求	2024年12月25日	定义数字教材的封装格式与加密要求，支持HTML5、EPUB3.0等主流格式，并规定了数字水印、DRM加密等版权保护技术的应用规范	适用于高等教育数字教材的数字封装
T/CADPA58—2024	高等教育数字教材出版平台接口技术要求	2024年12月25日	规范数字教材出版平台与第三方工具的接口协议，包括API接口安全认证、数据传输格式等技术细节，支持与MOOC平台、学习管理系统的无缝对接	适用于跨校、跨平台的数字教材资源共享

2024年发布的团体标准为数字出版高质量发展提供了规范性支撑，主要表现在四个方面。一是系统性覆盖关键领域。《高等教育数字教材封装要求》等数字教材系列标准聚焦数字教材全流程，涵盖元数据定义、封装规范、出版接口等核心环节，形成了完整技术框架。二是强化技术应用深度。突出加强前沿

技术落地,《版权区块链技术应用指南》推动版权管理的透明化与可追溯性,《图书数字化输出格式》规范数字化资源的结构化存储与传输。三是多领域协同扩展。相关标准覆盖教育出版、技术工具、数据管理等场景,兼顾专业细分(如《外语测评音频格式》)与跨领域兼容性需求(如《高等教育数字教材出版平台接口技术要求》)。四是标准化流程严格。所有标准均通过立项审核、起草、征求意见及专家组审查等规定程序,确保了标准的科学性与行业适用性。协会充分发挥了行业组织的桥梁作用,紧扣国家文化数字化战略与行业转型升级需求,以标准化引领技术创新,助力出版强国建设。

三、存在的问题与相应对策

(一)标准体系结构性矛盾突出,须提高新兴领域覆盖率

随着人工智能、元宇宙等新技术的广泛应用,出版业正经历从内容生产到传播模式的全方位变革,但标准化工作未能及时跟上产业升级的步伐,暴露出体系结构的滞后性。一方面,出版领域标准存量过剩与新兴领域标准空白并存。在纸质图书、期刊等传统板块,部分标准已无法适应数字化转型的需求,如 CY/T 38—2007《可记录光盘(CD-R)常规检测参数》等 14 项行业标准因技术迭代被废止,但元宇宙出版物等新型数字内容载体的标准体系尚未建立,存在空白和薄弱环节;另一方面,前沿领域标准布局不足,如人工智能在出版领域的应用带来的内容安全、版权纠纷等新问题亟待解决。虽然《学术出版规范 使用生成式人工智能的标注与声明》等人工智能前沿相关标准已经处于预研、立项或研制阶段,但总体来看区块链、大数据、人工智能等前沿技术在行业的应用依然缺乏体系化的明确规范指引。

对此,建议实施标准体系"加减法"战略解决上述问题。对传统出版领域标准进行全面梳理,废止或修订与数字化发展不相适应的标准。同时,聚焦人工智能、知识服务、大数据、元宇宙出版等新兴领域,加快制定《元宇宙出版物内容创作规范》《人工智能 内容版权管理标准》《数字教材数据人工智能安全标准》等关键标准,填补体系空白,加大力度重点布局人工智能标注、智

能校对、网络音视频等前沿领域，增加前沿技术应用在行业标准体系中的占比。

（二）标准研制与产业需求存在脱节，需强化标准化工作科学性与适用性

在标准制修订过程中，部分项目未能充分对接产业实际需求，存在闭门造车现象。如存在标委会申报的标准因前期调研论证不充分，被中宣部出版局建议暂缓立项的情况，这反映出标准立项的科学性预研力度有待加大，机制有待完善。从研制流程看，尽管各标委会均向全社会征求意见并组织专家对标准进行评审，但部分标准的社会参与度仍然不足，特别是中小企业参与标准的比例较小，导致标准在兼顾不同规模企业需求方面存在偏差。此外，标准的时效性问题较为突出，部分国家标准从预研、立项到发布周期长达2—3年，而数字技术的迭代周期已缩短至6—12个月，标准更新速度难以匹配技术发展节奏。

对此，建议考虑建立以需求为导向的标准立项机制解决上述问题。首先，完善标准提案征集渠道，通过行业调研、企业座谈、线上问卷等方式，广泛收集产业一线的标准化需求。其次，建立标准立项预审制度，邀请技术专家、企业代表、用户代表组成联合评审组，对提案的必要性、可行性进行科学论证，避免重复立项和资源浪费。如全国新闻出版信息标准化技术委员会在网络文学标准立项过程中，通过调研会方式了解咪咕、阅文等企业详细情况，精准识别内容审核、分类分级等标准核心需求，确保了立项的科学性。最后，企业通过团体标准参与行业创新发展，鼓励行业协会、产业联盟制定高于国家标准的团体标准，培育契合行业一线需求，具有国际竞争力的中国标准。同时加强企业标准"领跑者"制度建设，引导中小企业对标先进标准，提升整体标准化应用水平。

（作者单位：中国新闻出版研究院）

中国数字版权保护状况年度报告

李 婧 肖美玲

一、我国数字版权保护新进展

2024年是实现"十四五"规划目标任务的关键一年。为深入贯彻落实党中央、国务院关于全面加强知识产权保护工作的决策部署，2024年4月26日，国家知识产权局印发《2024年全国知识产权行政保护工作方案》，明确提出总体要求：坚持以习近平新时代中国特色社会主义思想为指导，全面贯彻党的二十大和二十届二中全会精神，推进《知识产权强国建设纲要（2021—2035年）》和《"十四五"国家知识产权保护和运用规划》实施，认真落实《关于强化知识产权保护的意见》及其推进计划工作要求，坚持规范与保护并重，既严格保护知识产权，又防范个人和企业权利过度扩张，确保公共利益和激励创新兼得。推进知识产权全链条保护，继续加大对重点领域、关键环节侵犯知识产权行为的打击治理力度，依法平等保护各类经营主体的知识产权。持续提升知识产权行政保护和管理水平，助力营造良好的创新环境和营商环境，为社会主义现代化强国建设提供支撑保障。

2024年，人民法院牢固树立"保护知识产权就是保护创新"的司法理念，始终聚焦创新保护，为新质生产力加快发展提供优质司法服务和有力法治保障。2024年，全国法院新收一审、二审、申请再审等各类知识产权案件529 370件，审结543 911件（含旧存），比2023年分别下降2.67%和上升0.001%。[1]

---

[1] 最高人民法院知识产权审判庭. 中国法院知识产权司法保护状况（2024年）[M/OL]. 北京：人民法院出版社，2025：20 [2025-05-15]. https：//www.court.gov.cn/upload/file/2025/04/21/22/33/20250421223324_48280.pdf.

2024 年，国家版权局会同相关部门开展打击网络侵权盗版"剑网 2024"专项行动、青少年版权保护季专项行动等专项治理工作，针对重点领域、重点产业、重点群体进行集中分类整治，全力维护著作权人合法权益，护航相关产业高质量发展。

在这一年里，我国从立法保护、司法保护、行政保护等层面同步发力，推进数字版权保护体系建设，取得了全面的新进展。

（一）数字版权立法保护新进展

1.《中华人民共和国民事诉讼法（2023 修正）》正式施行

2024 年 1 月 1 日，《中华人民共和国民事诉讼法（2023 修正）》正式施行，新《民事诉讼法》第二百七十九条明确了因与在中华人民共和国领域内审查授予的知识产权的有效性有关的纠纷提起的诉讼由人民法院专属管辖等新规定，新《民事诉讼法》的修订施行对知识产权案件审理程序进行了进一步完善，显著提升了司法保护效率。

2. 国家互联网信息办公室发布《促进和规范数据跨境流动规定》

2024 年 3 月 22 日，国家互联网信息办公室发布《促进和规范数据跨境流动规定》（以下简称《规定》），要求促进数据依法有序跨境流动，激发数据要素价值，推动数字经济的发展。《规定》通过明确数据出境的规则和要求，保护了知识产权所有者的合法权益，防止知识产权被非法利用。"促进和规范数据跨境流动"已被写入 2024 年《政府工作报告》中。《规定》的实施，不仅有助于规范数据跨境流动，保护知识产权，还将推动数字经济的健康发展，为创新和经济增长提供有力支持。

（二）数字版权司法保护新进展

2024 年，中国各级司法机关忠实履行宪法和法律赋予的职责，依法严格保护知识产权，落实惩罚性赔偿制度，并积极应对人工智能技术带来的挑战。

1. 知识产权案件刑事打击力度持续增强

近两年来，侵犯知识产权犯罪案件数量呈上升趋势，2024 年全国司法机关在知识产权案件刑事打击力度方面持续加大。

2024年，全国法院新收知识产权民事一审案件449 923件，审结457 315件；其中，新收著作权案件247 149件，同比下降1.8%；全国法院新收知识产权民事二审案件30 486件，审结32 055件。

与民事案件数量呈下降趋势相比，2024年，知识产权领域的刑事案件数量大幅上升，且已连续两年呈现上升趋势。全国法院新收侵犯知识产权刑事一审案件9 120件，审结9 003件，其中新收侵犯著作权类刑事案件938件，审结913件，侵犯著作权类刑事案件仍然保持显著增幅。[1] 其中，江苏无锡新吴区法院审理"盗链"视听作品刑事案件，涉及8万余部影视作品、非法所得近4亿元，判决主犯有期徒刑五年六个月，并处罚金人民币2 000万元，有力维护了影视产业经营秩序和健康发展。

2024年，全国公安机关共立案侦办侵犯知识产权和制售伪劣商品犯罪案件3.7万余起。国家版权局、公安部、文化和旅游部等部门联合组织开展院线电影版权保护专项工作，护航电影产业高质量发展。

2024年，全国检察机关批准逮捕涉侵犯著作权罪336件539人，起诉860件1 879人；受理审查起诉侵犯商标权类犯罪27 368人，审查起诉商标类犯罪人数增幅明显高于整体侵犯知识产权犯罪案件。[2]

2. 人民法院积极应对人工智能技术带来的挑战

2024年中国法院在著作权案件审理过程中，持续加强新情况新问题研究，积极应对人工智能技术快速发展带来的新挑战。依法审理人工智能相关案件，北京互联网法院依法审理首例AI文生图著作权侵权案，积极探索人工智能生成物著作权保护路径，入选"新时代推动法治进程2024年度十大提名案件"。同时，人民法院也加强AI技术手段应用，进一步提升著作权案件审判质效，上海、江苏等法院开展"版权AI智审"应用试点，实现"图片查重""创新

---

[1] 最高人民法院知识产权审判庭. 中国法院知识产权司法保护状况（2024年）[M/OL]. 北京：人民法院出版社，2025：20 [2025 – 05 – 15]. https：//www. court. gov. cn/upload/file/2025/04/21/22/33/20250421223324_48280. pdf.

[2] 最高人民法院知识产权审判庭. 中国法院知识产权司法保护状况（2024年）[M/OL]. 北京：人民法院出版社，2025：20 [2025 – 05 – 15]. https：//www. court. gov. cn/upload/file/2025/04/21/22/33/20250421223324_48280. pdf.

参考""侵权比对"三大功能，切实降低维权取证难度，有力打击权利滥用，有效防范虚假诉讼；浙江高院以"版权 AI 智审"赋能版权保护提质增效，入选国务院知识产权强国建设第三批典型案例。

3. 继续深化惩罚性赔偿制度的适用

2024 年，中国法院加大对新兴产业知识产权司法保护力度，促进创新成果转化运用。发挥专利等技术类案件集中审理优势，显著提高侵权代价和违法成本，对恶意侵权情节严重的 460 起案件适用惩罚性赔偿，同比增长 44.2%。[①] 统筹严格保护与防止权利滥用，开展知识产权非正常批量诉讼治理，探索关联案件信息披露机制。

（三）数字版权行政保护新进展

1. "剑网 2024"专项行动开展针对院线电影、短视频、微短剧、网络小说、电子书、有声书等重点领域的专项整治

国家版权局会同工业和信息化部、公安部、国家网信办等部门持续推进打击网络侵权盗版"剑网"专项行动，开展视听作品、网络文学版权保护行动；开展网络销售版权整治行动；开展重点平台版权整治行动，关闭侵权盗版网站 705 个，查处侵权盗版链接 362.82 万条，并强化对 3 029 家视频、文学、音乐、新闻网站平台的重点监管，有效规范网络版权秩序。

2. "清朗"系列专项行动

2024 年中央网信办组织开展 2024 年"清朗"系列专项行动，全面覆盖网上重点领域环节，破解网络生态新问题新风险。多部委联合推广视听电子技术、专利、产品和服务，培育视听电子应用新场景。市场监管总局牵头开展 2024 网络市场监管促发展保安全专项行动，查处网络违法违规案件 3.6 万件，移送公安机关案件 381 件；组织查办各类网络不正当竞争案件 4 686 件，促进

---

① 最高人民法院知识产权审判庭. 中国法院知识产权司法保护状况（2024 年）[M/OL]. 北京：人民法院出版社，2025：20 [2025 – 05 – 15]. https://www.court.gov.cn/upload/file/2025/04/21/22/33/20250421223324_48280.pdf.

了数字经济规范健康持续发展。①

二、各省份版权保护状况统计分析

（一）各地区版权保护状况综述

2024年，全国法院新收一审、二审、申请再审等各类知识产权案件529 370件，审结543 911件（含旧存）。全国法院新收知识产权民事一审案件449 923件，审结457 315件。全国法院新收知识产权行政一审案件20 849件，审结27 745件。全国法院新收侵犯知识产权刑事一审案件9 120件，审结9 003件。②

（二）我国部分地区版权保护情况

1. 北京

2024年，北京市强化政治引领，统筹推进知识产权工作更加有力。北京市政府办公厅、国家知识产权局联合印发《2024—2025年共建知识产权强市工作要点》，部署推动知识产权强国示范城市建设，通过共建知识产权强市，为知识产权强国建设提供有力支撑，推动北京在知识产权领域走在前列。

2024年，北京市著作权登记量129.678 2万件；截至2024年12月，北京市每万人口高价值发明专利拥有量159.81件，稳居全国第一。世界知识产权组织发布的《2024年全球创新指数》中，北京排名全球科技集群第三，较2023年上升一位。③

此外，北京市积极推进知识产权领域探索创新、优化数据知识产权登记系

---

① 国家市场监督管理总局.《中国打击侵权假冒工作年度报告（2024）》发布［EB/OL］.（2025 - 04 - 25）［2025 - 05 - 14］. https: // www. samr. gov. cn/xw/zj/art/2025/art_7f96fc5e47464eb89f9e07c44d79203b. html.
② 最高人民法院知识产权审判庭. 中国法院知识产权司法保护状况（2024年）［M/OL］. 北京：人民法院出版社，2025：20［2025 - 05 - 15］. https: // www. court. gov. cn/upload/file/2025/04/21/22/33/20250421223324_48280. pdf.
③ 国务院新闻办公室. 2024年北京知识产权保护状况新闻发布会［EB/OL］.（2025 - 04 - 24）［2025 - 05 - 15］. http: // www. scio. gov. cn/xwfb/dfxwfb/gssfbh/bj_13836/202505/t20250506_894135. html.

统,与"天平链""北数链"实现贯通,截至2024年12月,238项数据获得数据知识产权登记证书,完成数据知识产权质押3项,质押金额1 281万元,首次在全国打通数据知识产权传播利用和价值实现链条。

知识产权司法保护方面,北京市三级法院共新收各类知识产权案件58 227件,审结各类知识产权案件67 075件。市检察机关受理审查逮捕侵犯知识产权案件223件407人。① 北京市知识产权案件适用惩罚性赔偿判赔数额最高达7 056万元,审结涉关键核心技术、重点领域、新兴产业的专利案件3 514件,② 其中北京法院审结的全国首例《数据知识产权登记证》效力认定案,为数据知识产权登记实践提供了司法支撑。

此外,2024年,北京市检察机关共办理知识产权案件1 083件,同比上升13.64%。其中,涉数字版权、数据库等数字产业领域案件成倍增长。北京市检察机关共办理涉数字产业领域侵权盗版刑事案件91件,同比增长355%,包括数字音乐、数据库类商业秘密侵权等纠纷案件。③

2. 上海

2024年,上海市印发实施《上海市知识产权强市建设纲要和"十四五"规划实施推进计划(2024—2025)》,该计划是上海为落实国家知识产权战略、加快建设国际知识产权保护高地和具有全球影响力的科技创新中心而制定的关键政策文件。

2024年,上海法院共受理各类知识产权案件47 388件,审结52 061件;判处惩罚性赔偿案件25件,判赔金额总计1.1亿余元。全市检察机关共受理侵犯知识产权犯罪案件1 744件,批准逮捕584人,提起公诉1 702人。④ 上海仲裁委员会、上海国际经济贸易仲裁委员会共受理知识产权案件791件,争议金额人民币25.93亿元。

此外,在数据知识产权保护层面,上海市知识产权局会同上海市数据局出

---

① 国务院新闻办公室. 2024年北京知识产权保护状况新闻发布会 [EB/OL]. (2025 - 04 - 24) [2025 - 05 - 15]. http://www.scio.gov.cn/xwfb/dfxwfb/gssfbh/bj_13826/202505/t20250506_894135.html.
② 中国法院网. 北京高院发布2024年度知识产权司法保护状况及十大典型事例 [EB/OL]. (2025 - 04 - 24) [2025 - 05 - 15]. https://www.chinacourt.org/article/detail/2025/04/id/8808436.shtml.
③ 北京市检察院. 去年北京市检察机关办理知识产权案件1 083件,涉人工智能等新技术领域案件增多 [EB/OL]. (2025 - 04 - 20) [2025 - 05 - 15]. https://www.bjjc.gov.cn/c/bjoweb/mtbg1/79613.jhtml?zh_choose=n.
④ 上海市知识产权局. 2024年上海知识产权白皮书 [EB/OL]. (2025 - 04 - 23) [2025 - 05 - 15]. https://sipa.sh.gov.cn/shzscqzk/20250423/017591d0b9ea4575b239b796530d1708.html.

台《上海市数据产品知识产权登记存证暂行办法》并正式实施,至年底共受理登记申请 260 件、发证 150 件。

3. 广东

2024 年,广东省印发实施《广东省专利转化运用专项行动实施方案》,全省超过 170 家高校和科研机构盘点专利达 9.92 万件;专利出让和受让超过 14.1 万次,专利许可和被许可 1.9 万次。

在知识产权司法保护方面,广东法院全年审结各类知识产权案件 88 462 件,其中民事案件 86 431 件。① 全省知识产权刑事案件破案 1 926 件;移送审查起诉 2 653 人;全省检察机关批准逮捕侵犯知识产权犯罪案件 1 265 件 1 854 人。②

三、数字版权保护技术发展状况

(一)"不可见水印技术"在 AI 技术领域的应用

随着生成式人工智能技术的迅速发展,大量由 AI 生成的文本、图像、音频和视频内容被广泛应用于各类领域。这一趋势在推动内容创作效率提升的同时,也带来了关于原创性、署名权以及版权归属等一系列法律与伦理问题。在 AI 生成物的可版权性问题中,首先需要解决的是如何识别和验证内容是否由 AI 生成。谷歌公司在 2023 年 8 月推出了 Google Deep Mind SynthID 工具,2024 年 10 月 23 日宣布正式向开发者、企业用户免费开源旗下 SynthID Text 文本水印工具,③ SynthID 在 2024 年进一步的优化升级和免费开源,使其成为 AI 生成内容(AIGC)版权保护的重要工具。

---

① 广东法院网. 广东高院发布知识产权司法保护状况白皮书[EB/OL]. (2025 - 04 - 24)[2025 - 05 - 15]. https://www.gdcourts.gov.cn/xwzx/gdxwfb/content/mpost_1843329.html.
② 广东省市场监督管理局(知识产权局)官网. 广东发布 2024 年知识产权保护状况白皮书[EB/OL]. (2025 - 04 - 27)[2025 - 05 - 15]. https://amr.gd.gov.cn/zwdt/tpzl/content/post_4705304.html.
③ 漾仔. 谷歌 DeepMind 开源 SynthID Text 工具,可辨别 AI 生成的文字[EB/OL]. (2025 - 01 - 24)[2025 - 05 - 15]. https://m.ithome.com/html/805588.htm.

SynthID 作为一项通用技术，可以在不损害原始内容的前提下，将数字水印广泛嵌入到 AI 生成物中，包括文本、音乐、图像和视频，并支持跨媒体应用。这些水印对人类不可见，但可以通过机器检测，帮助用户判断内容是否由 AI 生成。SynthID 嵌入的水印具有抗修改性，即使内容经过裁剪、滤镜调整、颜色变化、帧率变化或有损压缩等操作后，水印依然可以被检测到。①

SynthID 通过在文本生成过程中调整语言模型预测的下一个标记（Token）的概率分数来嵌入水印。具体来说，它使用一个伪随机函数（g 函数）在生成过程中对 Token 的选择进行细微调整。SynthID 采用 Tournament 采样算法，②该算法通过多轮竞争选择输出 Token。在每一轮中，随机选择多个 Token，并根据与水印函数相关联的分数选择胜者，最终选出一个 Token 作为输出。检测阶段，SynthID 通过计算文本的统计特征（即 g 值）来确定文本是否包含水印。

目前，SynthID 已集成至 Google Cloud Vertex AI，供企业 API 调用。另外，SynthID 还与 YouTube 内容审核系统协作，可自动识别 AI 生成的视频内容。

除谷歌的 SynthID 工具外，更多"不可见水印技术"已进入大众视野，如 Adobe Content Credentials，在 PS、FireflyAI 生成的内容中嵌入加密元数据，记录作者、修改记录和版权信息。③ Pex、AudibleMagic 等公司升级音频/视频 AI 内容指纹技术（Fingerprinting），可识别 TikTok、YouTube 等平台的 AI 翻唱或混剪侵权内容。④ Copyleaks、Turnitin 升级为多模态检测，可识别文本、图像、视频的抄袭或 AI 生成痕迹。⑤

嵌入不可见水印技术，为 AI 生成内容的版权保护提供了强大的技术支持。它不仅可以帮助版权所有者追踪和管理内容的使用，还可以防止未经授权的传播和滥用，提高内容的透明度和可信度。此外，水印技术还可以作为法律证

---

① 开发者社区. 谷歌 DeepMind 研究再登 Nature 封面，隐形水印让 AI 无所遁形 [EB/OL]. (2025–01–07) [2025–05–15]. https：//developer. aliyun. com/article/1648226.
② AI 小集. SynthID Text-谷歌 DeepMind 推出的 AI 生成文本水印技术 [EB/OL]. (2025–01–07) [2025–05–15]. https：//ai-bot. cn/synthid-text-deepmind/.
③ IT 之家. 可保护作品免遭 AI 训练，Adobe 推出 Content Authenticity 应用 [EB/OL]. (2025–04–24) [2025–05–15]. https：//www. 163. com/dy/article/JTULIB5D0511B8LM. html.
④ 百态老人. AudibleMagic 的音频指纹技术 [EB/OL]. (2024–12–08) [2025–05–15]. https：//blog. csdn. net/weixin_41429382/article/details/144314644.
⑤ 开发者社区. Copyleaks：AI 抄袭和内容检测工具 [EB/OL]. (2023–06–08) [2025–05–15]. https：//developer. aliyun. com/article/1244390.

据，支持版权保护和监管工作，这类技术的广泛应用将为数字内容产业的健康发展提供有力保障。

（二）流媒体 DRM 升级：从软件到硬件级防护

盗版录屏技术是困扰数字版权保护的一大难题，各类录屏软件充斥市场，对流媒体的传播和保护造成巨大威胁。2024 年，流媒体 DRM①（DigitalRights Management，数字版权管理）实现了从软件保护到硬件防护的实质性飞跃，安全性进一步提升。其中，苹果 T3 芯片、谷歌 WidevineL1 应用广泛，为数字版权保护提供了更坚实的技术支撑。

苹果在 iPhone15 系列中首次引入了 T3 芯片。T3 芯片延续了 T2 芯片的安全功能，如安全隔区（SecureEnclave）和加密存储等，并进行了进一步的优化和升级。2024 年 5 月，苹果在其平台安全性文档中新增了多个安全主题，包括 Cryptex1Image4ManifestHash（spih）、Cryptex1Generation（stng）、BlastDoorforMessagesandIDS、LockdownModesecurity 等。② 这些更新机制进一步增强了苹果设备的整体安全性，为 T3 芯片的安全功能提供了更有力的支持。

2022 年，谷歌宣布其 WidevineL1 安全级别认证开始广泛应用于 Android 设备。WidevineL1 通过硬件级安全机制，对视频内容进行加密保护，防止未经授权的录制和破解。2024 年，谷歌在 Android14 中继续优化 WidevineL1 的安全功能，新增多因素认证支持，进一步提高了用户身份验证的安全性。当前，WidevineDRM 广泛应用于全球主要流媒体平台，包括 YouTube、Netflix、Disney +、AmazonPrimeVideo 等。③

硬件级 DRM 的不断升级和完善，使得传统软件录屏破解的成本和难度大幅增加。随着硬件级 DRM 的普及，传统软件录屏破解手段将逐渐失去市场。盗版产业链将不得不转向其他更复杂的攻击方式，如硬件攻击或网络攻击，但这些攻击方式的成本和风险更高，难以大规模实施。这将进一步压缩盗版录屏

---

① 流媒体 DRM 是一种用于保护流媒体内容（如视频、音乐、电子书等）免受未经授权访问、复制或分发的技术体系。它的核心目的是确保只有合法授权的用户能够使用受版权保护的内容，从而保障内容创作者和分发平台的权益。
② 相关信息来源于苹果官方的安全性文档更新记。
③ rain042233．数字内容保护 DRM［EB/OL］．（2024 - 10 - 15）［2025 - 05 - 13］．https：//blog. csdn. net/aa25012/article/details/144104532？spm = 1001. 2014. 300/. 5502.

行为的生存空间，加速盗版产业链的转型与瓦解。

硬件级 DRM 的出现和普及是数字版权保护领域的一次重大突破。它能够有效防止未经授权的访问和录制，为用户提供高质量的视频内容。虽然技术对抗仍在持续演进，但硬件级 DRM 的保护效果在数字版权史上是革命性的。未来，随着技术的不断发展和法律的不断完善，数字版权保护将更加有效，盗版行为将逐渐减少。

四、典型案例

（一）全国首例涉及确认数据知识产权登记证书效力不正当竞争纠纷案[①]

〔（2021）京 0491 民初 45708 号、（2024）京 73 民终 546 号〕

【基本案情】

数某（北京）科技股份有限公司（简称"数某公司"）经合法授权收集了涉案 1 505 小时中文普通话语音数据集并登记取得《数据知识产权登记证》，其主张隐某（上海）科技有限公司（简称"隐某公司"）未经许可公开数某公司 200 小时子集数据集（简称"涉案数据集合"）的行为构成不正当竞争。

【裁判结果】

一审法院认为，涉案数据集合构成商业秘密，隐某公司披露、使用行为侵害数某公司商业秘密，判决其赔偿 102 300 元。隐某公司不服提起上诉。二审法院认为，《数据知识产权登记证》作为数某公司享有财产性利益及数据来源合法的初步证据；虽然涉案数据集合因已公开不符合商业秘密要件，且不符合汇编作品的构成要件，但该数据集系数某公司投入大量技术、资金和劳动后形成的具有商业价值的数据条目，其合法权益受反不正当竞争法保护。数据需求方使用开源数据需遵循开源协议，隐某公司未遵守相关协议，

---

① 京法网事. 北京高院发布 2024 年度知识产权司法保护十大案例和商标授权确权司法保护十大案例［EB/OL］.（2025－04－24）［2025－05－15］. https：//mp. weixin. qq. com/s/H3-1H4tQUm1 GJk-WEBhcyxQ.

违背商业道德,损害数某公司权益及市场竞争秩序,违反反不正当竞争法第二条规定。二审法院据此调整关于商业秘密的认定,对一审判决结论予以维持。

【典型意义】

本案首次阐明数据知识产权登记证书对权益主体和来源合法性的初步证据效力,并通过合理准确界定数据要素各参与方的权利和义务,积极回应了理论和实践的关切。本案生效判决既契合国家促进数据流通利用的政策目标,亦维护了数据服务领域的公平竞争秩序。

(二) 涉"泡泡玛特"文创产品保护侵害著作权纠纷案[①]

〔(2021)京0108民初52828号、(2023)京73民终3517号〕

【基本案情】

北京泡某玛特文化创意有限公司(简称"泡某玛特公司")依法享有"Molly""Labubu""Skullpanda""Dimoo"四个卡通美术作品(简称"涉案美术作品")的著作权,其主张中山包某服饰店、中山苏某服饰有限公司(简称"二被告")生产,并在其运营的多个抖音帐号上以发布短视频、直播销售、开设小店店铺的方式销售带有涉案美术作品形象的服装及箱包,侵害了涉案美术作品的著作权。

【裁判结果】

一审法院认为,二被告被诉行为侵害了泡某玛特公司就涉案美术作品享有的复制权、发行权,应承担相应法律责任。关于惩罚性赔偿,二被告明确知晓涉案行为构成侵权,在收到本案起诉材料乃至被行政处罚后仍持续实施涉案行为,主观故意非常明显;且涉案行为持续时间长、销量及规模可观,属情节严重,应当适用惩罚性赔偿。在此基础上,根据涉案美术作品的权利使用费标准对不同作品的赔偿基数进行差异化计算,并结合侵权人的主观故意、侵权行为持续时间、侵权规模等因素,将惩罚性赔偿倍数确定为1倍,判决二被告赔偿经济损失及合理开支共计502万元。二被告不服提起上诉,二审法院判决驳回

---

① 京法网事. 北京高院发布2024年度知识产权司法保护十大案例和商标授权确权司法保护十大案例[EB/OL].(2025-04-24)[2025-05-15]. https://mp.weixin.qq.com/s/H3-1H4tQUm1GJk-WEBhcyxQ.

上诉,维持原判。

【典型意义】

本案系适用惩罚性赔偿的著作权侵权纠纷典型案例,对涉案不同美术作品的赔偿基数进行精细化计算,严厉打击了已被行政处罚且被起诉但仍持续规模化侵权的行为。本案对推动文化创意产业繁荣发展,切实保护权利人的合法权益作出了积极探索。

五、数字版权保护存在的困境及应对措施

据中国新闻出版研究院发布的数据显示,2023 年我国版权产业增加值达 9.38 万亿元人民币,占 GDP 比重 7.44%,较 2022 年增长 4.5 个百分点,[①] 数字版权产业在数字经济的比重进一步增加。同时,在"文化出海"的浪潮下,更多优秀的中国数字版权内容走出国门,开启了扬帆出海的新征程。

(一)数字版权保护存在的困境

1. 跨境维权成本高、难度大

中国短剧出海市场在 2024 年迎来了爆发式增长,成为文化产业出海的重要组成部分。根据点点数据的报告,[②] 2024 年上半年,中国出海短剧总流水已突破 23 亿美元,预计全年将达到 40 亿美元。这一增长主要得益于全球对短剧内容的巨大需求,尤其是在北美和东南亚市场表现尤为突出。在北美市场,美国是中国出海短剧的主要收入贡献国,占比超过 50%。[③] 在东南亚市场,新增下载量已超过北美,成为增长最快的区域。印尼、泰国、菲律宾等国家的市场表现尤为突出,文化背景的相似性使得短剧能够迅速打开当地市场。随着北美

[①] 赖名芳. 2024 年中国知识产权强国建设情况发布 版权促进文化产业高质量发展[EB/OL].(2025-01-05)[2025-05-16]. https://mp.weixin.qq.com/s?__biz=MjM5MzIwMTgyNA==&mid=2650901621&idx=1&sn=05787adf1a71b1f55b67a42564a0c095.

[②] 点点数据. 2024 年上半年中国短剧出海—市场洞察报告[EB/OL].(2024-11-01)[2025-05-16]. https://www.diandian.com/reports/QMcICpMB-bY-3ryIO90Z.

[③] 搜狐网. 中国短剧出海:外卖男孩用"狗血剧情"逆袭成亿万富翁![EB/OL].(2025-04-13)[2025-05-16]. https://www.sohu.com/a/883505757_122066681.

和东南亚市场的竞争加剧,部分头部平台开始将重心外移,关注拉美、中东、北非等潜力市场。

然而,出海市场繁荣的背后,伴随着大量盗版内容充斥互联网。各国的数字版权法律体系存在显著差异,保护范围、保护期限、注册流程以及侵权认定等方面各不相同。这种差异使得跨境维权在法律适用和司法管辖层面面临高度复杂性,中国企业在维权过程中往往面临周期长、难度大、成本高等问题,加之当下缺乏统一的国际数字版权保护标准,进一步加剧了跨国维权的难度。

从诉讼成本来看,跨境维权涉及多个法律体系和司法管辖区,法律程序复杂,诉讼成本高。例如,在美国,知识产权案件的诉讼费用通常高达数十万美元,2024 年 INTA 数据显示,单个跨国版权诉讼平均支出 52 000 美元[①],其中律师费占比 58%(30 160 美元)、取证公证费用占比 27%(14 040 美元)、翻译认证费用占比 15%(7 800 美元)。同时,侵权行为的跨国性导致维权过程漫长,企业需要投入大量的时间和精力。从维权周期来看,北美案件平均耗时 19 个月、欧盟内部跨境维权最快也需 8 个月,东南亚国家则在 6—24 个月不等,维权时长与作品营收的生命周期不成正比。从维权效果来看,不同国家的执法力度和司法效率差异较大,一些国家对数字版权侵权的打击力度较弱,导致侵权行为难以得到有效遏制。

面对上述困境,中国企业正在不断尝试打通维权路径。爱奇艺、腾讯先后在海外针对影视作品的侵权行为发起诉讼,并取得了阶段性进展,这些成功的案例在客观上不仅鼓励了中国企业积极维护自身数字版权,也让更多的法律工作者投身于为中国企业的文化出海保驾护航的工作中。

为应对全球数字版权跨境维权成本高的问题,解决各国版权法碎片化难题,学界展开了关于制定针对数字内容版权的首部全球性多边公约的讨论,研究聚焦于建立国际同一区块链认证标准、建立小额诉讼案件速裁机制、简化重复诉讼流程、大幅降低跨境维权诉讼成本等议题。期待该研究为全球数字版权保护提供切实可行的跨境维权方案。

2. 抄袭认定困难

"发现难、取证难、赔偿低、周期长"是抄袭类案件面临的维权困境,随

---

① 北京铭辉达知识产权代理有限公司. INTA 发布"Know Before You Go"知识产权实务指南助力中国企业走向全球[EB/OL].(2024-12-19)[2025-05-16]. https://www.mmlcgroup.com.cn/?p=8336.

着短剧、短篇小说市场的快速增长，大量同质化内容充斥互联网，被抄袭剽窃的作者在互联网上频频发声，认为自己的作品遭到恶意抄袭，而被指侵权一方则以合理"融梗"为由，认为融梗行为是行业允许的借鉴行为，不应被指责。当维权门槛过高，会迫使内容创造者降低原创投入，跟风创作的同质化内容激增，从业者会将更多的资金和人力投入到争抢用户注意力的广告推广行为中，清一色的"霸总"，千篇一律的"系统"，长此以往，当原创失去动力，好内容再难百花齐放。

现今，高级的抄袭行为早已不是语言表达上一比一的复制，而是经过反复洗稿，需要综合分析故事背景、人物设定、人物关系、故事脉络、情节推进等整体和局部要素。尤其是将文字作品改编成短剧，由于表达方式的不同，比对难度进一步加深。若割裂看待每一个人物、动作或者情节，必然会在现实生活或其他作品中找到类似情节，正如同每一个汉字都可以被无数次的使用，但将其挑选、组织、排序并赋予特殊含义进行创作后，便形成独创性的表达。尤其在 AI 改写工具广泛应用的当下，对抄袭行为的认定更应当进行全面的审查，强化对用户感知方面的关注。

2024 年 11 月，中国版权协会宣布成立了微短剧工作委员会，2025 年 4 月成立微短剧工作委员会维权中心，① 旨在加强行业版权自治。此外，中共中央宣传部版权管理局局长王志成在《中国打击侵权假冒工作年度报告（2024）》新闻发布会上表示，② 国家版权局将进一步加大微短剧等网络视听领域版权立法、执法方面的保护工作，将规范微短剧版权秩序列为"剑网2025"专项行动重点任务，推动建立公平竞争的市场环境，促进微短剧行业的健康高质量发展。

3. UGC 平台审查义务履行不足

UGC（用户生成内容）平台已经成为互联网内容传播的核心方式。这些平台在为个人创作者带来经济收益的同时，盗版侵权问题愈发严重。尽管各大平

---

① 中国版权协会. 中国版权协会成立微短剧工作委员会维权中心［EB/OL］.（2025 - 04 - 18）［2025 - 05 - 16］. https：//mp. weixin. qq. com/s/uBOR00ujmCUGLBBdDyAT7A.

② 中国新闻网. 我国将进一步加大微短剧等网络视听领域版权保护工作［EB/OL］.（2025 - 04 - 25）［2025 - 05 - 16］. https：//baijiahao. baidu. com/s？id = 1830351196319437319&wfr = spider&for = pc&searchword = % E7% 8E% 8B% E5% BF% 97% E6% 88% 90% E5% BE% AE% E7% 9F% AD% E5% 89% A7.

台都建立了知识产权保护机制，但普遍存在版权预警机制缺失和主动审查制度缺位问题，长期处于被动"不告不理"状态。权利人需要承担过重的通知删除举证责任，而侵权内容的下架处理却显得积极性不足。从算法精准推荐的现状来看，平台具备足够的技术水平去审查、甄别、预警、下架侵权作品；但从收益角度考量，平台显然不愿意为知识产权保护投入过多的技术和人工成本。结合国际经验来看，同类 UGC 平台审查义务履行效率明显较国内更高。YouTube 的 contentID 系统早已运行多年，可以自动屏蔽盗版内容传播，Youtube 在接到投诉后会对被投诉作品先行隐藏，再由双方举证，不会加重投诉者举证义务或拖延下架处理时间。Dailymotion 平台也有指纹鉴定技术，虽然在内容上架管控上远不及 YouTube，但投诉下架的处理时限一般不超过 12 小时，处理时间短且效率高，均优于国内 UGC 平台。

此外，现有的司法资源配置在处理此类问题时显得捉襟见肘，尤其是在确定侵权者身份方面。平台出于隐私保护的考虑，通常采取"不诉不给"的原则，导致维权人不得不先向平台提起信息披露之诉。这种做法将简单问题复杂化，不仅增加了维权时间、人力和物力成本，还导致信息披露不完整。甚至部分平台仅能提供模糊的联系方式（如一个电话号码），给法院审理此类案件造成送达难题，进而浪费了有限的司法资源。

（二）数字版权保护的应对措施

1. 加强司法队伍建设，扩充人民调解和司法审判力量

"人少案多"一直是困扰人民法院的核心问题，根据最高人民法院发布的数据，2024 年全国法院新收各类知识产权案件近 53 万件，审结 54 万余件。在经济发展水平较高地区的法院，知识产权案件的审判工作量依然居高不下，法官工作强度大。在互联网高速发展的时代下，法官在不断学习行业知识和法律新规，却还深陷复杂的调解、审理工作中，大量复杂的知识产权案件难以获得高效的解决和精准的研判。相较于可通过 AI 提效的岗位和职业，案件的审理工作仍然依赖于细致的人工分析与价值判断，因此，扩充司法审判力量，是目前维护法律权威、稳定社会秩序的关键。

2. 为出海企业维权保驾护航

出海企业应提早做好全球知识产权布局，提前完成商标注册、版权登记，

利用国际体系降低成本。做好内容的本土化合规工作，采取必要的技术防护手段，例如数字水印、DRM 加密技术等，防止未经授权的数字内容被复制传播。行业可自发成立版权保护联盟，共享盗版黑名单，统一下架标准，采取集体维权行动，团结应对海外盗版问题。此外，更期待政府能够通过双边或多边合作，为出海企业营造更优的国际营商环境。

3. 推动内容生产企业与 UGC 平台建立投诉下架高速通道

对于版权人来说，侵权内容的下架需求往往比获得赔偿更为迫切。立法、司法及行政监管单位应组织内容生产企业与 UGC 平台就侵权内容的投诉下架问题建立"下架执行标准"，进一步细化 UGC 平台的审查义务，同时要求内容生产企业提供侵权误删担保，在初步认定侵权后，由平台先行下架相关内容，并约定在一定期限内进行更细致的侵权判定工作。这样既能最大限度地减少侵权损失，又能平衡各方权益。

六、2025 年数字版权保护展望

随着数字技术的飞跃式发展与全球文化贸易的加深，数字版权保护的重要性日益凸显。在此背景下，亟须从制度建设、技术手段与国际合作等多个层面统筹推进，构建与数字时代相适应的版权治理体系，助推内容产业实现更高质量的发展。

在制度层面，《中华人民共和国著作权法实施条例》《著作权集体管理条例》等法律法规修改工作仍在研判中，完善著作权配套制度给予行业发展指导是行业广泛关注的核心问题。希望新规能够紧跟数字化时代的发展步伐，实现动态调整并具备前瞻性视野，从而打造一个更加完善、高效的版权保护体系。

在技术层面，2024 年 AI 技术进一步发展，更多垂类大模型也应用到内容行业，如中文在线公司推出的"中文逍遥"小说写作模型，帮助网络文学作者大幅提高了创作效率；AI 动态漫大幅缩减了动漫内容的创作成本和周期，以"日更一集"的高频更新模式增强用户黏性；AI 短剧则在提升了视觉效果的同时降低了拍摄成本，推动短剧品质大幅提升。生成式人工智能技术的发展催生了海量作品，数字内容的发展将激发数字经济更加繁荣。

在国际层面，中国文化产品的全球影响力持续上升，微短剧成为继日本动漫、韩流偶像剧文化之后的又一世界级文化现象，越来越多的国际观众喜欢上中国微短剧。同时，3A 游戏《黑神话：悟空》、电影《哪吒》更是在海外掀起了中国文化的新浪潮。在文化"走出去"进程中，数字版权的跨境保护成为保障文化产品权益的关键支撑，期待通过构建更完善的国际版权合作机制，提升我国在全球版权治理体系中的制度话语权，助力更多中国文化作品进入全球市场，彰显中华文明的当代价值。

总体而言，制度完善、技术创新和国际合作将成为 2025 年数字版权保护的关键词。唯有在这个高速发展的新阶段，抓住新机遇，战胜新挑战，才能助推我国数字版权保护的整体水平更上新台阶，为加快建设文化强国和构建具有国际竞争力的内容生态体系提供坚实保障。

（作者单位：中文在线集团股份有限公司）

中国数字出版教育年度报告

张 博 彭世玲 雷 灿 余青青 毕 雪

一、中国数字出版教育的新进展

在当今数字化浪潮席卷全球的时代背景下，数字出版行业凭借其高效、便捷、互动性强等显著优势，正以前所未有的速度蓬勃发展，逐渐成为出版领域的中流砥柱。数字出版不仅深刻改变了传统出版的业态模式，还对出版行业的人才需求提出了全新的挑战。在此形势下，数字出版教育的重要性愈发凸显，作为培养专业人才、推动行业创新发展的关键力量，肩负着为数字出版行业输送高素质人才的重任。2024—2025年，在国家政策的大力支持和行业需求的强劲驱动下，中国数字出版教育在多个方面取得了令人瞩目的新进展。这些进展涵盖了专业共建、技术融合、教材建设、人才培养以及国际交流等关键领域，对于提升数字出版教育的质量和水平，推动数字出版行业的可持续发展具有深远的意义。

（一）多元协同，深化数字出版专业共建

在2024—2025年，各高校、研究机构与企业积极开展深度合作，多元协同深化数字出版专业共建工作，为学科发展注入强大动力。2024年1月国家新闻出版署发布的《关于组织实施2024年度出版融合发展工程的通知》提出，推动出版业顺应新一轮科技革命和产业革命浪潮，深化出版业数字化、智能化、绿色化发展，推进传统出版和数字出版深度融合，打造出版业新质生产力。在此政策引领下，各方加大对数字出版领域的投入，不仅聚焦基础理论研

究，还大力推动产学研一体化的专业共建模式。

众多高校和研究机构积极与行业内的头部企业建立紧密合作关系。共建内容包括知识体系共建、实践平台共建、人才培养共建、技术创新共建等方面。例如武汉大学与字节跳动、掌阅科技等数字出版行业的领军企业携手，共建数字出版研究中心；北京印刷学院与百度公司合作共建智能出版实验室，打造智能出版实践环境；中国传媒大学依据行业需求优化高校课程设置，其数字出版专业将大数据分析课程与出版业务实践相结合；南京大学与腾讯数字阅读平台联合开展项目，利用腾讯大数据分析技术助力数字出版内容创作与推荐。通过这些共建合作，各方充分发挥自身优势，高校提供深厚的学术理论基础和人才培养体系，企业则带来丰富的实践经验和前沿的技术应用场景，研究机构则负责整合资源、开展专项研究。此外，通过专业共建，高校还能根据企业的实际需求调整课程设置和教学内容，为学生提供更多实习和就业机会，实现教育与产业的无缝对接，培养出更符合市场需求的数字出版专业人才，为出版业打造新质生产力贡献力量。

（二）推进专博建设，筑牢出版教育高端人才根基

在出版行业转型升级与高质量发展对高端专业人才需求日益迫切的时代背景下，我国第一批出版专业博士学位授权点的成功获批，成为出版学科教育进阶的关键里程碑，为出版学术创新与人才培育体系完善注入强大动力。各获批高校依托自身资源优势与学科积淀，在出版专博教育领域积极探索、深度耕耘，于区域层面呈现出特色鲜明的发展格局与趋势。

南开大学于 2023 年率先斩获全国首批出版专业博士学位授权点，其出版学科建设底蕴深厚、源远流长。追溯至 1984 年，南开大学在国内率先创办"编辑学"本科专业，后发展为"编辑出版学"，成为出版学科建设的开拓者之一。2010 年成功获批出版专业硕士学位授权点，由此构建起完备且层次分明的本硕博一体化人才培养体系，并于 2024 年顺利完成出版专业博士生的首次招生工作，开启出版高端人才培养新篇章。2024 年 12 月，南开大学新闻与传播学院成功举办卓越出版人才培养论坛，并隆重聘任 6 位出版行业资深专家为全国首批出版专业行业博士生导师，有效强化了出版专博教育的实践导向与行业对接能力。

北京印刷学院在 2024 年成功获批博士学位授予单位的同时，顺利新增出版专业博士学位授权点，成功搭建起"学士—硕士—博士"完整且连贯的学位体系架构。学院现有 8 个国家级一流本科专业建设点，其中编辑出版学、数字出版等专业与出版核心业务紧密契合，设计学、新闻传播学更是位列北京高校高精尖学科行列，为出版专博教育提供了稳固且多元的学科支撑与专业保障。

上海理工大学作为首批获批出版博士专业学位点建设的重要高校之一，其办学定位精准、特色鲜明。紧密围绕国家重大战略布局与产业发展需求，深度聚焦出版特色领域，全力服务上海文化产业创新发展战略。在出版学科建设方面，与北京印刷学院形成良好的互补与协同关系，双方专业设置相近且合作历史悠久。2025 年 1 月，双方进一步深化合作共识，明确在出版专博建设、学科体系完善、人才联合培养、科技成果转化等关键环节协同发力，共同致力于在出版学科专业标准制定、国际交流合作拓展等前沿领域形成合力，提升我国出版专博教育的国际影响力与行业话语权。

从区域分布来看，南开大学所处的天津、北京印刷学院所在的北京以及上海理工大学扎根的上海，共同构成了东部地区出版专业博士点蓬勃发展的核心区域。东部地区凭借其发达的经济基础、繁荣的文化产业生态以及丰富的出版资源与先进的技术条件，为出版专博教育提供了得天独厚的发展环境。该地区汇聚了大量国家级出版企业总部、顶尖科研机构与充满活力的文化创意产业园区，如北京汇聚众多国家级出版社，上海形成规模庞大的出版产业集群，为出版专博教育的师生创造了丰富多样的实践机会与前沿资讯获取渠道。同时，雄厚的经济实力支撑高校在出版学科建设方面投入大量资源，吸引国内外优秀师资汇聚，有力推动了高水平学术研究与创新实践，促进出版学科持续繁荣发展。

现阶段，尽管首批出版专业专博点主要集中于东部地区，但在国家高度重视文化产业均衡发展与区域协调发展战略的有力推动下，中部及其他地区高校积极投身出版学科建设，展现出强劲的发展潜力与活力。以武汉大学为例，该校在图书情报与档案管理、新闻传播学等学科领域实力强劲，通过整合校内资源，积极开展出版学科相关的学术研究和人才培养项目。同时，加强与中部地区出版企业的合作，建立实习实践基地，为学生提供更多接触行业实际的机会。未来，随着中部及其他地区出版学科建设的持续推进，有望逐步缩小与东部地区的差距，实现出版教育在全国范围内的均衡、协调发展，为不同区域的出版产业发展提供坚实的人才支撑与智力保障，推动我国出版行业整体迈向新的发展高度。

（三）创新实践，加速数字教材建设与应用

数字教材作为数字出版教育的重要载体，在2024年成果显著。《中小学数字教材国家标准》的发布，明确了数字教材在内容、技术、质量规范等方面的要求，为其规范化发展奠定基础。党的二十届三中全会提出深化教育综合改革，推进教育数字化，"十四五"国家级规划教材申报专设以数字教材为引领的新形态教材新赛道。众多高校和出版社积极响应政策号召，纷纷投身于数字教材建设的热潮之中。

例如湖北经济学院发布了《关于加快推进数字教材建设的通知》，提出强化数字赋能、交叉融合，优化课程设置，更新教学内容，支持建设以数字化教材为引领的新形态教材，鼓励学院和专业与行业企业共同编写新形态教材；华东师范大学迅速组建专业团队，深入研究数字教材与学科教学的深度融合方案；浙江大学积极与科技企业合作，探索数字教材的创新功能开发。人民教育出版社除了在AI审校系统上的应用外，还全力打造具有特色的数字教材系列；江苏凤凰教育出版社加大资金投入，开展数字教材的试点推广工作；外语教学与研究出版社利用自身语言资源优势，开发多语种数字教材；高等教育出版社也积极响应政策号召，以集成化、智能化、国际化为目标，规模化打造数字教材和智慧教材。这些机构和组织共同努力推动着数字教材建设迈向了新的高度。

（四）国际交流，拓展数字出版教育的全球视野

在全球化背景下，中国数字出版教育积极开展国际交流与合作。2024年9月2日，国务院办公厅印发《关于以高水平开放推动服务贸易高质量发展的意见》，提出加快发展教育服务贸易，扩大与全球知名高校合作。这一政策为高校在教育领域开展国际交流合作提供了有力支撑，高校可借此契机与全球知名高校在数字出版教育方向展开合作，在华开展高水平合作办学，共享优质教育资源，共同培养适应国际市场需求的数字出版专业人才。在这样的政策引领与行业发展的迫切需求下，中国数字出版教育积极践行"走出去"与"引进来"

的发展战略。

中国数字出版教育一方面带着中国的教育理念和成果踏上国际舞台，与世界分享中国数字出版教育的创新经验与成果。例如清华大学与美国哥伦比亚大学开展一系列数字出版学术交流活动，双方互派学者访问讲学，分享中国数字出版教育的发展现状和创新成果，学习对方的先进理念和教学方法。双方共同举办多场学术研讨会，邀请世界各地专家学者，就数字出版的技术创新、产业发展、人才培养等问题深入探讨交流，不断深化合作，取得丰硕成果。浙江教育出版社研发的具有中国传统文化特色的数字教材，在"一带一路"共建国家的多所学校推广使用。这些教材将中国的书法、绘画、传统节日等文化元素融入到课程内容中，通过生动的动画、音频和视频展示，让当地学生在学习汉语的同时，深入了解中国的传统文化，受到了当地师生的高度评价。同时，北京大学的数字出版专业教师团队多次受邀参加国际数字出版学术会议，并在会议上发表主题演讲。他们分享了中国在数字出版领域的创新研究成果，如基于区块链技术的数字版权保护机制、个性化数字出版内容推荐算法等，引起了国际同行的广泛关注，为提升中国数字出版教育的国际影响力发挥了积极作用。

另一方面，中国数字出版教育积极引入国外先进的教育资源与技术，汲取国际教育的精华，在双向交流与合作中不断提升中国数字出版教育的国际竞争力，为行业的可持续发展开辟新的道路。如深圳职业技术大学积极引入国际先进的职业教育数字资源，将国际前沿的职业技能培训课程以数字教材形式融入教学体系，其选用的国际数字教材涵盖智能制造、数字创意等多个热门专业领域，帮助学生拓宽国际视野，掌握国际领先的职业技能知识；华东师范大学则与国际知名学术出版机构合作，引进国际权威的教育学数字教材，这些教材融入了国际先进的教育理念和教学方法，通过数字化手段为师生提供丰富的教学案例和互动式学习体验，提升了教育教学质量。此外，中国传媒大学选派优秀的数字出版专业学生前往国外顶尖高校进行交换学习和实习。这些学生将在中国学到的数字出版知识和实践经验带到国外，参与到当地的数字出版项目中，展示了中国数字出版人才的专业素养和创新能力，也为促进中外数字出版领域的交流与合作搭建了桥梁。

（五）聚焦需求，推动数字出版人才结构优化

为了及时了解数字出版行业人才市场的需求变化，本文以求职招聘网站

TOP5 为数据爬取对象,包括 BOSS 直聘、前程无忧、智联招聘、拉勾招聘、脉脉,对内容策划与编辑类(策划、数字编辑等)、产品设计制作类(新媒体开发、视觉设计、视频制作等)、新媒体技术类(前端、开发、测试及运维等)、运营营销类(新媒体技术运营等)、市场营销类等关键词进行检索,去重后共抓取 2024 年数字出版相关招聘信息 2 398 条。

将抓取的职位名称和职位描述信息数据去除停用词,分词后进行词频统计,结合高频词和相关学者对数字出版人才的职业能力细分要求进行分析。岗位名称词频 TOP10 的词语分别是编辑、运营、媒体、助理、图书、专员、主编、主任、制作、策划。从岗位名称的社会网络图中可以看出运营、媒体、文案、编辑等词之间有紧密的联系。

根据不同的高频词,可以推断出以下几方面的岗位细分。

编辑与内容创作:如"编辑""图书""制作"等词汇提示了内容创作的重要性。具备良好的文字功底、创意写作能力和排版设计知识的人才在数字出版行业是有大量需求的。

运营管理:像"运营""策划"这样的词语强调了项目管理和市场营销策略的应用,以及如何有效地推广和管理数字出版物。

多媒体融合:"媒体"一词可能指向跨平台的内容发布和传播能力,尤其是在新媒体环境下,掌握多种媒介形式(视频、音频、图文)的整合能力是必要的。

团队协作与领导力:"助理""专员""主编""主任"等职位暗示了团队合作精神和领导才能的重要性,特别是在协调不同专业背景的成员共同完成任务时。

图 1 岗位名称词云

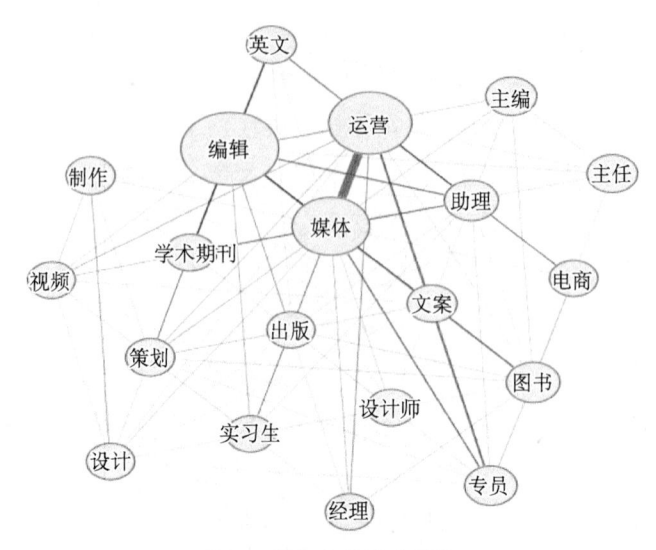

图 2　岗位名称社会网络

进一步对具体的岗位描述进行词频分析和社会网络分析，来洞察目前岗位对于人才的具体要求。选择岗位描述词，词频 TOP10 的词语分别是图书、经验、编辑、策划、媒体、运营、专业、出版、团队、稿件。这些高频词汇为理解行业趋势提供了宝贵的线索，同时也反映了该领域内最为重视的专业能力和实践经验。

根据社会网络图，可以看到不同的高频词之间存在着紧密的关系。例如，"编辑"与"稿件""策划"紧密相连，这表明编辑工作通常涉及处理稿件以及参与出版流程；而"运营"与"策划"则强调了项目管理和市场营销策略的应用，以及如何有效地推广和管理数字出版物。"媒体"与"策划""设计""编辑"等词相连可能指向跨平台的内容发布和传播能力，尤其是在新媒体环境下，掌握多种媒介形式（视频、音频、图文）的整合能力是必要的。

通过对不同岗位的学历要求进行分析可知，目前数字出版相关岗位中，要求最多的学历为本科，其次为大专以及不限学历，最少的是博士与初中以下。本科是最为普遍的要求，占比约为 56.7%，这不仅因为本科学历提供了全面的知识体系和实践技能的培养，还因为其在人才市场上供给充足，能够满足大部分企业的需求。相比之下，博士学位和初中及以下学历的需求较为稀少；博士学位的专业高度在行业中并非刚性需求，而较低学历通常意味着缺乏必要的专业知识和技术训练，尽管在辅助性角色中仍有其空间。

图3 岗位要求词云图

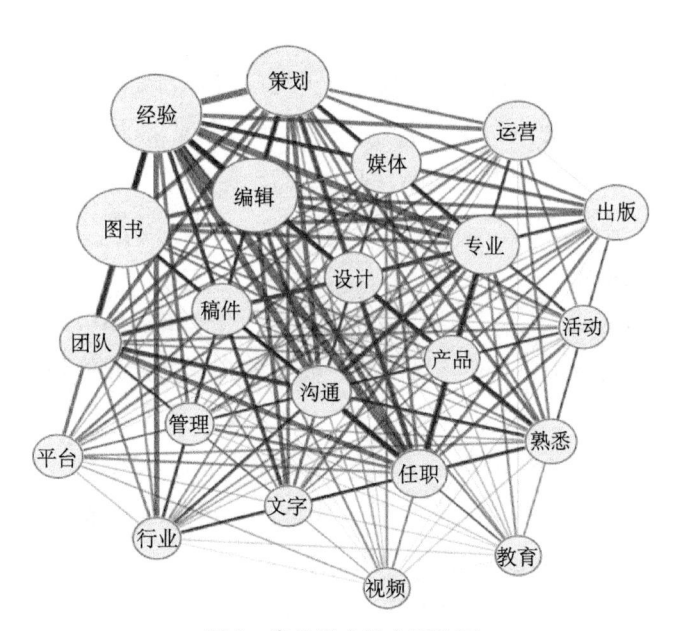

图4 岗位要求社会网络图

综上所述,数字出版行业在招聘过程中虽然有一定的学历偏好,但也体现了对多样化背景人才的包容性和开放性,求职者应注重提升专业技能和实践经验,雇主也应合理设定学历门槛,重视候选人的综合素质和发展潜力。

图5　不同学历限制对应岗位个数

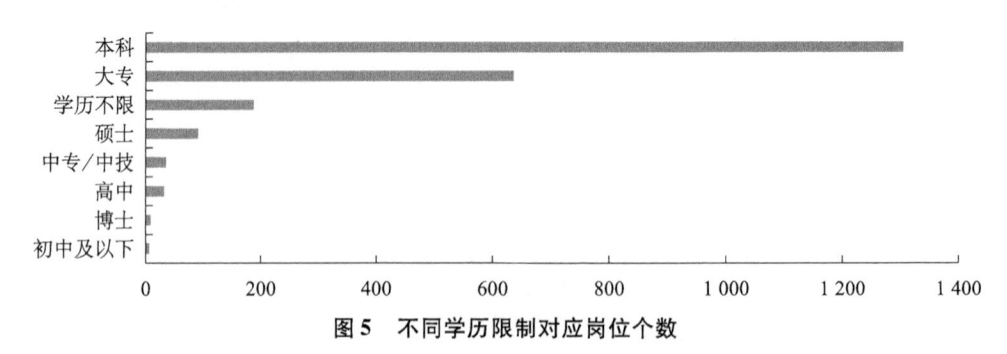

二、中国数字出版教育典型案例

（一）践行"三真"模式，提升多元综合素养

随着数字技术的蓬勃发展，出版行业正经历着深刻变革，传统出版业逐渐向数字出版转型。在这一转型过程中，传统出版从业者面临着前所未有的挑战，其原有的能力体系难以应对数字时代下出版行业所面临的新问题与新需求。由此，"基于业态变化的数字出版技术技能人才'三真'培养模式探索与实践"项目应运而生。

上海出版印刷高等专科学校敏锐地捕捉到行业变革的趋势和人才培养的迫切需求，积极与行业头部企业深度合作，充分整合双方资源优势，开展了数字出版技术技能人才"三真"（真实案例、真实场景、真实评价）培养模式的探索与实践。引入"真"案例开发教学资源、实施项目化教学；营造"真"场景，开展现代学徒制培养；落实"真"评价，对接行业标准、强化互联网思维，为数字出版专业建设起到示范作用。

通过"三真"培养模式的有效实践，上海出版印刷高等专科学校为数字出版领域源源不断地输送了大批理论与实践兼备的专业人才。这些人才凭借扎实的技能和先进的理念，迅速融入行业，成为推动出版业数字化转型的重要力量。这一成功模式不仅为其他院校的数字出版专业建设提供了宝贵的参考经验，同时形成了良好的示范效应，促进出版教育领域的整体进步与发展，助力出版行业在数字时代实现高质量发展，持续释放新的活力与可能性。

(二) 强化师资团队，赋能创新型人才培养

在全球化的大背景下，数字出版人才培养面临着复杂的局面。作为人才培养的关键环节，教师的能力直接影响着人才培养的质量。加强教师队伍建设，提升教师能力，使其能够培养更多具备国际视野的数字出版人才，是应对这一挑战的有效举措之一。

北京教育委员会发布《北京高等教育本科人才培养质量提升行动计划》（以下简称"《计划》"）旨在为国家培养具有家国情怀、创新精神、实践能力和综合素质的高质量出版人才。《计划》在主要任务第一条中就提出要健全完善高校铸魂育人体系，加快完善全员全程全方位育人机制。北京出版印刷学院、北京科技大学等北京高校为响应《计划》均积极落实提高编辑学教师素质标准的要求，大力引进具有高学历、丰富行业经验的教师，充实师资队伍。例如在"数字出版前沿技术"课程里，教师结合国外先进的数字出版平台案例，引导学生探讨如何将新技术应用于国内出版行业，培养出一批具有国际视野、能紧跟行业潮流的高端编辑出版人才。

在教育与行业发展紧密相连的当下，持续强化和完善教师团队，已然成为数字出版人才培养的核心驱动力。随着教师队伍在专业素养、国际视野等方面不断提升，他们以丰富的知识储备和前沿的行业认知为基石，运用创新的教学方法，精心培育出一批又一批高质量的数字出版人才。这些新生力量不仅在专业技能上表现卓越，更怀揣着对出版行业的热忱与使命感，为行业发展注入源源不断的活力。

(三) 明晰学科定位，构建出版教育高地

当前，出版业发展面临诸多严峻挑战，学科建设存在定位模糊、体系不完善的难题，人才培养与市场需求严重脱节，导致行业发展所需的各类专业人才供不应求，同时，社会对优质出版内容、创新出版模式等方面的需求也难以得到有效满足。通过明确学科定位、优化教育体系，能够精准规划出版学的发展方向，构建科学合理的教育架构，从源头提升人才培养质量，使出版教育与行业实际需求紧密契合。

目前，我国共有91所高校本科设置出版专业，其中78所高校设置编辑出

版学专业，24 所高校设置数字出版专业。多所高校联合呼吁并推动出版学学科建设，成功促使出版学列入学科专业目录并增设为一级学科，随后共建出版学院。这些学院明确以培养适应数字时代需求的出版人才为专业定位，并据此制定培养目标。在课程设置上，除传统出版课程外，新增大量数字化领域课程，如"数字版权管理""大数据与出版运营"等。同时，学院与多家知名出版企业紧密合作，根据企业实际需求及时调整实践教学内容，使学生毕业后能迅速适应行业工作，为出版行业输送众多专业人才，优化了出版教育体系。

例如，中国人民大学以培养高层次出版人才为核心，构建本科到硕博的多层次、跨学科交叉融合培养体系；中国传媒大学与中国教育出版传媒集团共建出版学院，开展"中国出版大讲堂"等活动，实现出版教育与行业实践的有效衔接；南开大学坚持汇聚众智，高质量推进出版智库建设，与天津市委宣传部紧密合作，形成了本硕博贯通培养的新体系，构建了学科共建、智库功能、实验室赋能三位一体的新格局；北京印刷学院整合校内力量，组建出版研究院，推动出版学科学术研究、人才培养、平台建设、合作交流等方面的系统重塑与一体发展。这些高校的实践都体现了明确学科定位、优化教育体系对出版教育的重要意义。

在数字出版教育的探索与实践中，各方通过创新人才培养模式、强化师资队伍建设以及明晰学科定位等多方面的努力，为出版行业的数字化转型提供了坚实的人才保障。随着技术的不断进步和市场需求的持续变化，出版教育仍需不断调整和完善，才能确保其始终紧跟时代步伐，为社会输送更多高质量的专业人才，助力出版行业在数字时代的持续繁荣与发展。

三、中国数字出版教育发展的主要问题

在探讨中国出版教育的发展现状时，需要重点关注一个日益突出的领域——数字出版教育。随着信息技术的飞速进步和数字化浪潮的席卷，数字出版已成为出版行业的重要组成部分，不仅重塑了传统出版业的格局，也对教育体系提出了新的挑战与要求。然而，在这一新兴且快速发展的领域内，中国数字出版教育却面临着一系列亟待解决的重要问题。

（一）复合型出版人才缺失，人才培养体系亟待完善

复合型出版人才既具备传统出版理论知识，又掌握数字技术、数据分析、新媒体运营等跨领域专业技能。从目前情况来看，高校培养的数字出版人才与行业实际需求存在较大差距，学生在校所学课程及掌握的专业技能并不能较好地匹配岗位内容。

当前中国数字出版教育的人才培养体系存在诸多短板，主要体现在课程设置、实践教学和评价机制三个方面。数字出版与技术发展密不可分，但许多高校的课程内容仍停留在传统出版模式，新媒体、人工智能、大数据分析等前沿技术相关的课程缺少教材和师资方面的支持。课程内容的滞后性会导致学生所学知识与行业实际需求脱节，现有教育体系对学生创新思维的培养也存在不足，这会导致学生在面对行业变化时缺乏应对能力。此外，现有课程体系偏重理论教学，缺乏实际操作和项目实践环节，除了学校本身技术设备等硬件设施不足外，还存在实习对口单位少、头部企业实习机会匮乏等情况。学生缺少真实的工作经历，难以将理论知识应用到实际工作环境中，在技术发展日新月异的今天，学生可能会出现毕业后难以快速适应工作岗位的情况。最后，现有的人才评价体系过于依赖考试成绩，忽视了对学生实践能力、创新能力以及团队协作能力的考核，学生的综合素质并未得到完全发展。并且目前许多高校缺乏对毕业生职业发展的跟踪机制，难以及时了解毕业生在行业中的实际表现与反馈，导致学校人才培养方案调整滞后于行业需求。因此，高校人才培养体系亟待完善。

（二）教材内容滞后，未能完全匹配专业发展

自改革开放以来，特别是党的十九大之后，我国数字产业蓬勃兴起，推动了传统产业的转型升级。教育部在发布《职业教育专业目录（2021年）》（以下简称"《目录》"）时明确指出，将依据经济社会发展的实际需求，动态调整《目录》内容，并不断完善专业设置的管理机制。这一现象反映出，随着产业新业态的涌现，新的人才需求也应运而生。为此，教育部门正积极结合产业需求，探索创新的人才培养模式，而教师们则依据这些培养方案的实施情况，着手编写新教材。

通常而言，产业的发展步伐要快于学校教学的发展，而学校教学的发展又先于教材建设的进步。可以说，教材是服务于学校教学的工具，其最终目的是服务于产业的发展。2023年，教育部出台了《"十四五"普通高等教育本科国家级规划教材建设实施方案》，旨在加速构建自主知识体系与教材体系，致力于打造出具有中国特色、世界水平的高质量教材体系，为高等教育强国的建设提供坚实的支撑。这充分表明，国家对教材建设的期望远不止于被动地服务于教学和产业，而是希望其能主动服务并促进教学和产业的发展。

然而，当前的现状却不尽如人意。大多数院校缺乏发展的动力，长期以来只是被动地跟随产业的发展步伐，缺乏长远的主动规划，导致其发展远远滞后于产业的实际需求。同样，多数专业出版社也处于被动地位，只能接受那些缺乏创新性的院校教材选题，这使得部分教材与专业发展的实际情况严重脱节，并引发了较为严重的重复出版问题。

此外，在课程设置方面，培养精专数字出版方面的人才，需要重视跨学科的发展，如计算机科学、市场营销等学科与数字出版的发展已相辅相成。但目前高校对于跨学科课程之间的系统性整合仍有不足，存在明显的滞后性，可能会出现学生知识结构单一的问题，这表明过去传统的培养体系已不能完全适应当前出版行业的变革。

（三）学科建设落后，高校出版专业建设管理不规范

截至2023年9月17日，已有35所高校撤销编辑出版学专业，仅剩43所继续开设。撤销原因多样，如招生难、专业定位模糊、与社会需求不匹配等。其中，广西师范大学因偏重文学素质与理论学习，忽视专业实践性而撤销该专业。2018年撤销数量最多，达6所，包括湘潭大学等老牌专业院校。此后几年撤销数量居高不下，直至2022年有所缓解。编辑出版学专业本科生毕业后就业困难，出版机构更青睐具备其他学科背景的毕业生。

相比之下，数字出版专业撤销情况较少，但开设后短期内撤销的现象仍值得关注，发展中面临课程设置不合理、培养目标完成度低等问题。

在学位点设置方面，出版专业学位点相对贫乏。自2010年以来，仅34所高校获批设置出版专业硕士学位点，17所高校设置出版学二级学科博士点或开设相关研究方向。相比之下，新闻专业学位点设置更为丰富。出版学博士教育

发展较晚，且挂靠其他一级学科招生，出版博士专业学位虽已获批，但仍需发展壮大。

综上所述，虽然高校出版专业教育层次多样，但设置该专业的院校数量较少，特别是具有出版专业方向硕士及以上培养能力的高校更少。因此，高校出版教育建设亟待加强，从高校乃至整个社会层面重视出版学科的建设，给予资源、资金的支持，帮助传统出版人才培养体系向数字出版转型发展，重视数字出版领域人才的培养。

（四）体系化数字资源缺失，师资力量与行业经验并不完全匹配

教育信息化的进程源远流长，近年来，在互联网技术的快速推动下，其发展势头更为强劲。在教育信息化的浪潮中，教学改革日益重视混合式教学、结果性考核与过程性考核的融合、学习与练习的结合以及虚拟仿真等新型教学模式。目前，大多数院校已完成硬件与软件的升级换代，奠定了坚实的教育信息化基础。然而，作为教学不可或缺的一环，传统纸质教材已难以适应教育信息化的发展需求，亟需变革。

此外，目前高校内出版专业的教师多来自新闻传播或传统出版领域，教学模式相对理论化，对于行业先进模式和理论实际应用方面的教学存在短板。从高校层面来看，可以发展双导师制度，聘用深耕一线的行业导师帮助学生对行业有清晰准确的认知，并将理论知识应用于实际工作。从教师层面来看，可以多发展行业项目，强化实践能力。

（五）高校出版专业教育地区发展不均衡

我国出版专业在高校的开设情况呈现出显著的地区差异，东部地区的院校数量明显多于西部地区。这一不均衡的分布状况与东部地区的率先发展及其优越的经济和文化环境密切相关。作为文化产业的关键一环，出版业在东部地区拥有更加有利的发展条件，为开展出版专业实践教育提供了极大的便利。出版学科的应用性特点使得专业实践活动变得尤为重要，然而，当前资源在东部地区相对集中，西部地区则较为匮乏，这导致了出版专业人才和教育资源在地理上的不均衡分布。

此外，编辑出版学专业院校的开设规模也与当地的出版业发展紧密相关。

出版业繁荣的地区，资源丰富，人才就业有保障，这在一定程度上促进了高校出版专业教育的发展。例如，尽管湖南省位于中部，但其出版业相对发达，拥有四所开设编辑出版学专业的高校，这一数量甚至超过了部分东部省份。这些现象都反映了编辑出版学专业发展的区域不平衡现状。

如果一个地区的出版产业发展相对滞后，那么在一定程度上会导致出版类人才的流失。而一个行业的可持续发展离不开优秀的专业人才，因此，如果对出版专业教育发展不均衡的问题置之不理，那么将在一定程度上阻碍出版专业的整体发展。

四、加快中国数字出版教育发展的对策

（一）优化知识结构与课程体系，推动技术创新与应用

面对数字出版教育的快速发展，以我国高校为首的教育机构应不断优化知识结构与课程体系，确保教育内容与市场需求紧密相连。要加强对学生传统出版知识与技能的传授。在课程体系的搭建上，高校要加强专业教材课程建设，可以积极参与学科通用及特色选用教材的出版，并利用技术优势加强数字出版相关专业的教材建设。以武汉大学为例，主要有编辑学理论、出版管理与营销、数字出版等主要研究方向，开设"信息资源与数据管理"等特色课程；南京大学设立出版经济与管理、出版理论与历史、数字出版等特色研究方向。

此外，要积极引入新技术、新理念，如人工智能、区块链等，以提升学生的综合竞争力。重视 AIGC 对人才培养的赋能作用，积极推动相关学科革新人才培养模式，培养融合型、复合型和贯通型的出版人才，同时鼓励专业教师学习更新知识和技能体系，利用包括虚拟现实（VR）、增强现实（AR）在内的技术手段，打造沉浸式学习场景，提高学生的学习兴趣和参与度，助力人才培养目标达成。

以大数据技术为例，随着出版行业与大数据技术的深度融合，对数据的挖掘和分析能力已成为数字出版人才需要掌握的基本技能。在出版高校教育中，一方面，要将大数据类课程列入数字出版相关专业人才培养课程体系，切实培

养学生的数据意识，例如，武汉大学开设了"数据挖掘方法与技术""信息分析与可视化"等数据挖掘课程；另一方面，可通过校企合作为学生提供实践机会，在真实工作环境下模拟数据分析，通过解决实际问题加强对数据的理解和运用。例如，凤凰出版传媒集团与南京大学、南京师范大学等高校长期合作，共建实习基地训练和数据挖掘训练营。

（二）加强人才培养体系建设，增进国内外出版专业教育交流

人才是数字出版教育发展的关键要素。高校应建立完善的人才培养体系，当下加快出版教育的核心问题是出版学科专业建设，鼓励高校层面开设出版本科、硕士、博士学位点，加大招生宣传力度，加强与业界互动，优化课程内容，培养复合型、应用型人才。以出版专业博士教育为例，未来要以培养出版领域的高层次应用型未来领军人才为目标，构建中国特色出版学自主知识体系与出版专业博士培养的协同发展关系。例如，在培养出版专业博士方面，北京印刷学院出版学院整合全校资源，进一步强化了出版在理论、技术、实务、经济、管理和宣传思想等方面的延伸拓展，探索"双融合"的博士培养道路。

加强对教师的培训和管理，提升其专业素养和教学能力，确保教育质量的稳步提升。2023年底，中宣部、教育部联合印发了《关于推进出版学科专业共建工作的实施意见》，从总体要求加强师资队伍建设，相关高校也应自下而上地壮大师资队伍，增强教研力量。例如，方正电子与南京大学出版研究院、北京印刷学院等多所出版学科专业院校建立硕士生实践导师互聘任机制，推动校企合作，为学生提供更多的实践机会和就业渠道，使出版教育各环节摆脱"纸上谈兵"的困境，增强学生解决行业问题的实战能力。

同时，为了加快我国数字出版教育与国际接轨的进程，国内高校出版专业教育一方面要树立宏观导向、实践导向和教育导向，培养学生胸怀远大理想的"人才观"，打造既具备理论素养又拥有高水平实务操作能力的编辑出版人才队伍，建设高素质教师队伍；另一方面，出版专业高等教育也需要紧跟国际实践趋势，加强与全球出版院校的密切合作，响应"引进来，走出去"的号召。首先是积极引进国际先进人才，包括知名学者、编辑出版专家等，了解经济国际化背景下国际出版动态；其次是打造国内外出版教育的交流平台，推动师生互访互鉴，例如可以聘请具有学术造诣的编辑出版专家，来学校举办知识讲座或

者开展学术交流；最后也可以通过设立海外人才引进计划、举办国际学术会议等方式，吸引更多优秀人才来华工作或交流。

（三）促进产业链上下游整合，加强跨界合作与创新

数字出版教育的发展离不开产业链的上下游整合。高校应积极与出版企业、出版社、技术提供商等产业链上下游企业开展合作，通过资源整合、优势互补等方式，打造完整的产业链生态体系，为数字出版教育提供更多的资源和支持。

以出版企业环节为例，要跨界协调数字出版的供需关系，须与教育领域深度沟通，尤其是高校教师、学生等教材使用者，将意见反馈到教材设计当中，反复修改完善。例如，凤凰出版传媒集团鼓励优秀员工进入高校，以兼职硕士生导师、企业导师等身份了解高校学科建设需求和人才培养方向。

自 2022 年 7 月全国首批五家部校共建出版学院（研究院）成立以来，出版领域已有包括北京大学出版研究院、北京师范大学数字出版研究院等在内的专门科研机构。截至 2024 年 11 月，全国共建出版学院、出版研究院的规模与质量稳步提升，更有高校和出版单位成立了专门的研究机构，例如杭州电子科技大学的主题出版与融媒体研究院、人民教育出版社课程教材研究所、北京出版集团出版传媒研究院等。

此外，高校也应加强与文化产业、信息技术产业等其他领域的合作与交流，共同探索新的教育模式和发展路径，例如，可以与影视制作公司合作开发数字化教材或在线课程，与互联网公司合作建立数字内容分发平台等。这些跨界合作不仅有助于拓宽企业的业务范围和市场空间，更在促进企业与高校之间的知识共享与协同创新方面发挥着积极作用，推动产学研深度融合与创新生态的构建。

（作者单位：上海理工大学）

中国出版产业基地（园区）研究报告

重庆华略数字文化研究院

2024年，出版产业基地（园区）依托庞大的文化消费市场，正加速由产业空间集聚向生态体系创新转型。其整体转向，依托国民经济发展的动能转化、人民群众文化消费的提档升级、现代文化产业的融合发展。在新时代背景下，出版产业基地（园区）的内容、技术、模式持续融合创新，内涵已发生深刻演化，其不断演进，正描绘崭新图景。

完善文化经济政策，把扩大内需和深化供给侧结构性改革结合起来，强化创新驱动，推进产业基础高级化、产业链现代化，促进文化产业持续健康发展等是习近平文化思想的重要内容。随着人工智能技术驱动出版产业生态持续变革，出版产业基地（园区）如何支撑出版产业基础高级化、产业链现代化，成为观察中国出版产业基地（园区）的重要视角。本报告以省域为单元，对以出版产业基地为载体的出版产业集群进行了调查，以期勾勒出版产业基地（园区）的基本轮廓。

一、各地区出版产业基地（园区）发展特征

（一）东北地区出版产业基地（园区）聚焦区域资源禀赋开发，持续推动出版产业升级

黑龙江省以冰雪经济为核心驱动力，依托政策支持与数字化转型，构建传统出版升级、数字内容创新、冰雪科技融合的多元发展格局，推动出版产业向"数字+文化+科技"复合型生态发展。哈尔滨规划建设"北方电竞产业中

心"项目,构建集赛事运营、游戏研发等多元化功能于一体的电竞生态系统。①同时,哈尔滨文化和科技融合示范基地是黑龙江相关产业集群的核心承载地,形成了以"数字+科技""数字+内容""数字+创意"为特色的产业集聚区。其先后被评为"国家文化产业示范基地""国家火炬计划特色产业基地""国家动漫出版产业基地""国家影视网络动漫实验园""国家现代服务业产业化基地""全国青年创业示范园区""国家广告产业园"等国家级基地,形成了创意设计、服务外包、高技术服务三大主导产业,在动漫游戏、广告传媒、数字出版、影视制作、对俄电商、网络运营、互联网数据服务等相关领域,拥有注册企业超 700 家,与文创相关企业 445 家,占园区企业总数的 65% 。②哈尔滨市印刷出版文化科技产业园是一家经营权、所有权分立的文化产业园区,形成了完善的上下游产业链配套体系,总体投资 16 亿元。③哈尔滨有黑龙江大学出版社数字出版基地、黑龙江出版集团主导的智能绿色印刷产业园,并搭建"数字资源云聚合平台""边疆时空网""东北书城"网络平台等虚拟产业集群。

吉林省依托深厚的影视产业基础,构建动漫创新、影视融合的多元化生态,有吉视传媒文化大数据孵化园、长春净月影视产业孵化园、白山市松花石文化创意产业园、延吉 1978 文创园等产业园区。长春国际影都规划建设影视拍摄、5G 数字影视、影视教育、影视孵化、影视文旅、影视总部六大基地。2024 年,影视拍摄基地一期 20 个影棚投入使用。④吉林省发布《支持动漫产业高质量发展的若干举措》,组建吉林省动漫产业联盟整合上下游资源,依托长影集团、吉林动画学院等单位建设三大创作生产基地,并计划在吉林全省范围内布局多个特色化动漫产业园区。⑤吉林省数字出版基地由吉林省新闻出版

---

① 佚名. 打造"电竞+"融合业态 哈尔滨"北方电竞产业中心"项目启动[EB/OL]. (2021 - 06 - 22)[2025 - 05 - 10]. https://news.qq.com/rain/a/20 210 622A08D4W00.
② 佚名. 哈尔滨文化科技融合示范基地[EB/OL]. [2025 - 05 - 10]. https://www.wenhuakeji.cn/about.html.
③ 王春雨. 哈尔滨市印刷出版文化科技产业园区奠基[EB/OL]. (2011 - 07 - 20)[2025 - 05 - 10]. https://news.sohu.com/20110720/n314036332.shtml.
④ 佚名. 1 500 亿项目签约,东北老电影基地要打造国际影视高地[EB/OL]. [2025 - 05 - 10]. https://m.thepaper.cn/kuaibao_detail.jsp?contid=9056882.
⑤ 马璐. 我省发布支持动漫产业高质量发展 18 项举措[EB/OL]. (2024 - 11 - 16)[2025 - 05 - 10]. https://www.jl.gov.cn/szfzt/gzlfz/gzdt/202411/t20241116_3321424.html.

局主管，联合吉林出版集团、长春出版社、中国吉林网等 50 余家单位联合成立。①

辽宁省在数字广告与新媒体、文化创意、知识产权、动漫产业、新兴产业融合领域基础扎实，形成了多元业态协同发展的产业格局。沈阳和大连则形成了辽宁出版产业集群双核。沈阳依托省会城市的基础，形成了以和平区、铁西区为代表的产业核心承载集群，依托国家级文化和科技融合示范基地、国家级出版融合发展（辽宁）重点实验室等基础平台，重点打造"北方文化新谷"。铁西区提出建设东北数字印刷第一城，通过整合印刷企业资源，打造数字印刷产业园区，发展 3D 打印、按需印刷等新业态，同时建设数字出版产业集聚高地和人才高地。② 全国最大的电子竞技综合基地位于沈阳市铁西区，支撑沈阳打造以电子竞技产业为主，带动游戏运营等多元化产业发展集群。③ 大连则以大连高新区动漫产业基地为核心载体，发展为东北最大、国内领先的动漫产业中心，并以此为核心成型了东北最大的动漫产业集群。该基地成立于 2004 年，位于大连高新区旅顺南路软件产业带，早在 2005 年就被授予"国家动画产业基地""国家动漫游戏产业振兴基地"的称号。④ 大连高新区在元宇宙领域的精心布局，如元宇宙大厦的建设，为广告创意产业园提供了技术协同与创新的广阔空间。⑤

（二）东部地区出版产业基地（园区）激发要素体系优势，引领出版产业高质量发展

北京市是全国文化中心，出版产业基地（园区）已形成技术引领、四链融合的生态体系，核心园区引领、多极协同发展格局是北京新闻出版产业基地园区总体特征。依托国家级数字出版基地、首钢电竞产业园、怀柔影视示范区等

---

① 刘文波. 吉林成立数字出版基地［EB/OL］.（2011 - 09 - 16）［2025 - 05 - 10］. https：//culture. ifeng. com/gundong/detail_2010_09/08/2461128_0. shtml.
② 佚名. 数智赋能 创领未来 "东北数字印刷第一城"启动仪式举行［EB/OL］.（2023 - 12 - 19）［2025 - 05 - 10］. https：//local. cctv. com/2023/12/19/ARTIg3xy9dlhjXQ4A1kFI71P231219. shtml.
③ 朱明宇. 中国最大电子竞技综合基地落户沈阳［EB/OL］.（2016 - 01 - 30）［2025 - 05 - 10］. https：//sports. ifeng. com/a/20160130/47302291_0. shtml.
④ 佚名. 大连动漫走廊成东北最大［EB/OL］.（2010 - 03 - 18）［2025 - 05 - 10］. https：//finance. sina. com. cn/roll/20100318/00033249238. shtml.
⑤ 杨丽娟. 大连发布工业元宇宙创新发展计划［EB/OL］.（2023 - 06 - 21）［2025 - 05 - 10］. https：//liaoning. nen. com. cn/network/liaoningnews/sylistnews/2023/06/21/525988061587182486. shtml.

载体，推动传统内容出版向"数字智能＋沉浸体验"跃迁。北京国家出版基地、北京出版创意产业园、中关村数字文化产业园等园区，支撑北京新闻出版产业集群的核心园区体系的构建。北京国家数字出版基地以丰台区为核心，形成"一基地、多园区"格局，涵盖先导区、拓展区、核心区三大空间载体，构建了从内容创作、数字研发到物流分发的完整产业链。2024年，基地内企业通过人工智能工具优化编辑流程，出版效率提升30%以上，带动北京市数字出版产业营收同比增长18%。① 北京出版创意产业园区，涵盖数字出版、电子期刊、数字教育等业态。2024年，园区企业联合发起"网络文学＋"大会，推动现实题材作品创作。② 中关村数字文化产业园聚焦数字出版与科技融合，聚集国内多家具有代表性的知名出版企业。科技赋能与智能要素密集、区域产业链协同、政策支撑有力也是北京市出版产业基地（园区）的主要特征。北京依托80余所高校资源，具备打造"文化＋科技"高地先天优势。2024年，北京市版权登记量达129万件，高价值发明专利拥有量居全国前列，为新闻出版产业提供了坚实的技术支撑。③ 此外，北京国家数字出版基地与天津、河北建立版权协同机制，推动跨区域资源共享。2024年京津冀印刷业技术对接会促成12项合作协议。④

天津市在数字出版、传统出版转型、出版装备、内容生产等领域协同发展，依托多个国家级基地形成了出版产业区域核心枢纽，形成了"内容—技术—装备—服务"的出版产业链。天津国家出版基地聚焦数字系统研发、数字内容制作等十二大方向，已集聚华旗资讯、龙源期刊、科大讯飞等30余家头部企业，形成"内容创作—技术研发—平台运营"的数字出版全链条。⑤ 国家动漫产业综合示范园，聚集灵冉创智、大行道动漫等动漫企业，形成"IP开发—动画制作—衍生品授权"产业链。2024年原创动漫作品出口突破8 000万元。

---

① 佚名. 产业地图，北京国家数字出版基地［EB/OL］.（2023－06－19）［2025－05－10］. https://m.gmw.cn/toutiao/2023－06/19/content_1303410847.htm.
② 佚名. 中国北京出版创意产业园［EB/OL］.［2025－05－10］. http://chuban.bjwjly.com/index.htm.
③ 佚名."点燃数字引擎，赋能产业未来"第六届中关村数字文化产业国际峰会正式开幕［EB/OL］.（2022－06－17）［2025－05－10］. https://www.jjckb.cn/2022－06/17/c_1310625590.htm.
④ 展圣洁. 2024年北京版权十件大事发布［EB/OL］.（2025－04－15）［2025－05－10］. https://finance.sina.com.cn/tech/roll/2025－04－15/doc－inethcvs4178757.shtml.
⑤ 佚名. 天津国家数字出版基地［EB/OL］.［2025－05－10］. http://www.tjwhcy.gov.cn/system/2017/05/03/012281120.shtml.

国家动漫产业综合示范园是第一个国家级的动漫园,园区占地1平方公里,总规划建筑面积77万平方米,累计注册企业6 800余家,累计贡献产业税收180亿元,园区人口8 000余人。该园区历经多年发展,已形成以动漫影视文创、互联网智能科技、投资金融服务等为主的产业集群。此外,其还设立了数字文化新技术重点实验室、国家动漫园新媒体人才培训基地。① 天津3D影视创意园,聚集了光线影业等企业,在3D影视后期形成较强的内容生产能力。② 天津还通过加快推进传统出版转型,打造游戏电竞、网络文学、数字版权产业集群。天津数字出版产业园引入了著名引擎公司Unity中国,在游戏发行、制作、出海等方面具有较强竞争力,2024年营收超1.2亿元;签约了唐家三少等网络文学头部作家工作室,布局网络文学版权输出业态;联合滨海知识产权交易中心建立数字版权交易平台,2024年版权交易额达1.5亿元。③ 天津还布局了新闻出版装备产业园,形成了"装备研发—生产制造—应用服务"产业链。北方报业印务公司研发智能印刷机器人,天津长荣科技的书刊装订设备占国内市场份额超出20%。④

河北省依托环京津区位优势,精准承接北京非首都功能疏解,形成了以印刷出版为核心、数字创意为延伸的产业带,构建覆盖策划、生产、物流、版权交易的全链条生态,并积极培育新闻出版新质生产力。环京津的区位特点,致使相关产业在城市空间分布上,从省域视角看较为均衡。涿州印刷出版集群承接北京外迁企业超240家,年图书吞吐量超300亿码洋,占全国市场30%以上。永清县集聚100余家图书企业,图书馆配份额占全国的30%、京津冀的50%,日均发货10万册。肃宁县中科印刷引进GMG色彩管理系统、智能ERP,实现全流程数字化,年销售额30亿元。定州图书文化创意产业园配套智能仓库与废弃物处理中心,年产能8.9亿册,减排30%。⑤ 保定、高碑店政策

---

① 佚名. 天津国家数字出版基地 [EB/OL]. (2022 - 05 - 29) [2025 - 05 - 10]. https://wh-ly.tj.gov.cn/ZWGKYXXGK1640/JYTA9096/202206/t20220628_5919065.html.
② 佚名. 国家动漫产业综合示范园 [EB/OL]. [2025 - 05 - 10]. http://www.tjwhcy.gov.cn/system/2017/05/03/012281129.shtml.
③ 佚名. 天津数字出版产业园:双轮驱动,打造文化新地标 [EB/OL]. (2024 - 09 - 03) [2025 - 05 - 10]. https://www.sohu.com/a/805902206_620823.
④ 佚名. 天津国家级新闻出版装备产业园 [EB/OL]. [2025 - 05 - 10]. http://www.tjwhcy.gov.cn/system/2017/05/03/012281072.shtml.
⑤ 佚名. 河北涿州:推进图书出版印刷产业提质扩容 [EB/OL]. (2025 - 02 - 24) [2025 - 05 - 10]. https://web.cmc.hebtv.com/cms/rmt0336/19/19js/zx/tt/11797004.shtml.

引导动漫、短剧、元宇宙等数字内容与传统文化产业融合,开拓新增长极。高碑店举办工业元宇宙大会,邯郸市建设人工智能教育基地,推动出版与数字技术跨界应用。廊坊市则打造京津冀图书流通与游戏产业高地,永清县以物流枢纽为核心,整合出版、电商、馆配服务,形成"前店后仓"一体化模式,依托高新技术开发区,引入头部游戏企业,联动影视小镇开发 IP 衍生内容。唐山市则打造广告文创与知识产权服务标杆,通过省级文创产业园整合行业资源,推动传统广告向数字化、创意化转型,其广告传媒文创产业园注册企业超 70 家,年营业额 4 亿元,提供孵化、金融一站式服务。沧州市与衡水市则聚焦绿色印刷与文旅融合试验田,肃宁出版传媒基地联合北京印刷学院研发智能设备,推动教辅图书绿色生产。故城华北传媒出版小镇则规划发展特色书店街区,融合阅读体验、仓储物流等。

  山东省新闻出版产业集群依托新闻出版产业基地(园区),空间分布呈双极多核,多城市特色协同的梯队格局,泰安新闻出版小镇形成全产业链枢纽、青岛—济南形成数字出版与电竞高地产业集群。泰安新闻出版小镇吸引多家出版企业入驻,目标年销售码洋逐步提升至百亿规模,覆盖编辑、印刷、仓储、文旅多个产业环节。① 在电竞产业方面,济南作为省会,积极布局电竞产业,出台《济南市促进电竞游戏产业发展行动计划(2024—2026 年)》等文件,推动"电竞+"产业融合发展,并举办 2024 穿越火线职业联赛(CFPL)春季总决赛,吸引 5 000 名现场观众和逾 3 000 万线上观众;同年 7 月,济南历下区举办电竞场景生态峰会,推动济南打造北方电竞之都。② 在知识产权产业方面,山东省国家级示范园区有 3 个。短剧与元宇宙作为新兴产业,现已建成三大代表影视产业基地以及 10 个元宇宙产业园区。青岛国家数字出版基地布局终端研发、动漫游戏等多个业态,整合海尔终端研发、青岛出版集团内容生产,推动书报刊全媒体转型,培育全国骨干企业;依托西海岸新区,联合海看科技共建"影视+文旅"项目,打造北方微短剧影视基地。③ 潍坊则聚焦数字出版与

---

  ① 佚名.《关于全力打造出版印刷千亿级全产业链集群的建议》的答复(市政协十四届二次会议第 9 号)[EB/OL].(2023-09-11)[2025-05-10].https://www.taian.gov.cn/art/2023/9/11/art_176934_28684.html.
  ② 佚名.促进"电竞+"产业融合发展!济南竞逐产业发展新赛道[EB/OL].(2024-04-26)[2025-05-10].http://jnjxw.jinan.gov.cn/art/2024/4/26/art_119940_4779883.html.
  ③ 王凯.青岛数字文化产业驶入发展"快车道"[EB/OL].(2023-04-06)[2025-05-10].https://epaper.qingdaonews.com/qdrb/html/2023-04/07/content_18547_7539332.htm.

版权云服务，建设山东省（潍坊）数字出版基地、山东中动数字出版创意研发园区、山东云计算版权交易园区，以山东云计算版权交易园区为支撑，提供数字作品登记、监测取证服务，吸引多家相关企业入驻。①

江苏省国家级出版产业基地（园区）主要呈多极联动协同的趋势，形成以南京为中心，苏州、无锡、扬州、镇江等分园协同发展的产业集群格局。南京作为江苏国家数字出版基地的核心区，形成完整的"技术—内容—版权"体系，聚焦了凤凰出版传媒集团、华为等龙头企业，辐射智慧出版与知识服务重点实验室等平台。苏州则以阳澄湖数字文化创意园为载体，发展数字出版、游戏、电子商务等业态为支撑的数字文化全产业链。其中，值得注意的是，苏州园区网络文学发展基础较好，形成了以扬子江网络文学作品大赛等为依托的平台，累计出版图书200余种，海外版权输出2万部。苏州园区联合华为开发数字内容审核云平台，实现AI智能审核，服务全国数百家出版企业。无锡园区则依托国家数字电影产业园打造国家级文化出口基地，规上文化企业超1 000家，形成了影视制作、动画设计、新媒体内容产业集群，年文化出口额超50亿元。② 无锡鹅湖镇印刷包装集群绿色印刷产能占比超85%，近100家企业完成环保技术升级，绿色印刷认证企业超70%，基本完成绿色印刷转型。③ 扬州园区则是全球最大的电子墨水生产基地，占据全国90%电子阅读器屏幕市场，形成了以川奇光电为链主，涵盖电子纸材料研发、终端制造等配套的电子墨水产业集群，年产能超1亿片。④ 此外，扬州雕版印刷园区将非遗技艺与生态修复结合，开发"雕版印刷+运河文化"研学路线，探索出版融合发展新路径。⑤ 镇江园区则主要依托睿泰数字产业园，是全国唯一民营的国家级数字出版基地，核心业态聚焦数字教育出版，形成完备的数字教育内容制作基地和国际版

---

① 尹莉莉. 更好潍坊乘"云"而上 数字强市破"云"而出［EB/OL］.（2024 - 01 - 12）［2025 - 05 - 10］. https：//news. iqilu. com/shandong/shandonggedi/20240112/5583031. shtml.

② 佚名. 江苏国家数字出版基地：南京打造江苏雨花国家数字出版基地［EB/OL］.（2011 - 07 - 19）［2025 - 05 - 10］. https：//www. cyjy. com/shows/161/294. html.

③ 陈菁菁. 700家包装印刷企业"治臭"有"宝典"［EB/OL］.（2023 - 04 - 20）［2025 - 05 - 10］. https：//www. wuxi. gov. cn/doc/2023/04/20/3936706. shtml.

④ WitsView. 全球首块75英寸彩色电子纸将在扬州量产［EB/OL］.（2025 - 03 - 31）［2025 - 05 - 10］. https：//news. qq. com/rain/a/20250331A04V8G00.

⑤ 佚名. 扬州博物馆［EB/OL］.［2025 - 05 - 10］. https：//www. yzmuseum. com/.

权交易中心。①

上海市出版产业依托科技、资本、人才、市场优势，以张江国家数字出版基地为龙头，上海张江国家数字出版基地（虹口园区）、杨浦"水丰汇"国家数字传媒产业园为支撑，形成多点协同的出版产业集群体系。张江国家数字出版基地是我国第一个国家级数字出版基地，依托浦东新区丰富的科创资源，汇聚了数字出版、游戏动漫、网络视听、网络教育、新媒体等业态，聚集了米哈游、盛大网络、中文在线、阅文集团、喜马拉雅等行业龙头，在数字内容、动漫游戏、人工智能、版权交易等产业集群具有较强的竞争力。张江国家数字出版基地与上海市其他文化创意产业聚集区形成了较强的文化产业发展网络，技术研发、内容生产、版权运营产业链路已较为成熟。② 张江国家数字出版基地也形成了"一核多点"的格局，虹口园区则形成了中国出版蓝桥文化创意产业园、1876老站创意园、明珠时尚创意产业园。其中，中国出版蓝桥文化创意产业园以数字内容和版权交易为代表性业态，1876老站创意园以数字教育为代表性业态，明珠时尚创意产业园以网络游戏、游戏动漫为代表性业态。值得注意的是，近年来上海市虹口区数字出版产业集群发展迅猛，形成以"国家音乐产业基地"和"国家数字出版基地"为核心的产业集聚区。杨浦"水丰汇"国家数字传媒产业园，依托上海出版印刷高等专科学校和中国近现代新闻出版博物馆等载体，形成了具有较强数字出版创新能力的产业发展集聚区。该园区形成了新闻出版、文化创意、电子竞技、人工智能、大数据等新兴产业，建立数字印刷交流中心、数字出版与版权交易平台、动漫游戏电竞综合馆、数字文化创意中心、数字影视摄制中心、人工智能应用中心等服务平台，形成了完善的数字产业生态体系。③

浙江省出版产业以深厚的互联网产业发展基础，形成了以数字化驱动产业集群特色发展的集群生态，拥有杭州国家数字出版产业基地（园区）、浙江国家音乐产业基地、温州龙岗印刷产业基地、嘉兴长三角出版产业园等系列园区。杭州国家数字出版产业基地形成了多点协同的空间格局，西湖区、拱墅区

---

① 佚名. 镇江睿泰数字产业园［EB/OL］.［2025-05-10］. https：//js. zhaoshang. net/yuanqu/detail/8884/intro.
② 佚名. 上海张江文化创意产业园区：无限可能的"梦想之城" | 上海文创园区巡礼［EB/OL］. (2023-02-03)［2025-05-10］. https：//news. qq. com/rain/a/20230203A02NXH00？suid=&media_id=.
③ 佚名."水丰汇"国家数字传媒产业园［EB/OL］. (2021-05-31)［2025-05-10］. https：//www. ysp-sh. com/.

为核心引擎,中国移动手机出版园区、中国电信手机出版园区、人民书店数字出版园区、杭报数字出版园区、华数数字出版园区、数字娱乐出版园区、滨江动漫出版园区、滨江数字出版核心园区等特色产业园协同发展,互联网游戏出版、互联网文学出版、网络动漫出版、电子图书、网络教育、网络视频、数字印刷等多个领域形成了良好的产业规模。① 近年来,其在游戏动漫领域表现亮眼,推出了《黑神话:悟空》等系列标志性产品。浙江国家音乐产业基地聚集了数字音乐、原创音乐、音乐科技等业态,萧山园区、钱江世纪城等音乐产业集聚地,依托网易云音乐、放刺电音、华音悦听等企业,与动漫、游戏等业态融合发展,形成了完善的产业生态。温州龙岗印刷产业基地拥有印刷企业超800余家,其中规模以上印刷企业超200家,绿色印刷认证企业近20家,高新技术企业近100家,相关市场主体超3万家,整体产值规模近200亿元。② 嘉兴长三角出版产业园则依托网络教育、出版传媒,探索"出版+教育"的融合发展路径,聚集了中育传媒、苹果K12教师教育等企业。③

福建省出版产业以双核驱动、多点协同的发展格局,在城市空间布局上形成了福州、厦门数字出版产业集群双核心,以海峡国家数字出版产业基地为核心承载平台的产业集群体系。海峡国家数字出版产业基地设立了福州园区、厦门园区和平潭综合实验区等5个产业园区,重点发展数字图书、数字报刊、海峡数据库出版、动漫游戏、移动互联网出版、数字印刷、数字版权等业态。④ 海峡国家数字出版产业基地已成为大陆对接台湾数字内容产业资源最密集的国家级平台。福州园区形成了以网龙、百度91、福昕软件等龙头企业为代表的数字出版产业集群。厦门园区入驻了4399、美图、飞鱼科技、咪咕动漫、天翼爱动漫等优秀企业。其中,网龙公司连续3年荣膺"文化企业30强"称号。园区拥有网龙、美图、吉比特、美亚柏科、天盟数码、飞鱼科技等6家数字出版相关上市公司。泉州是福建省印刷强市,现有各类印刷企业1100多家,企业

---

① 黄琳.杭州国家数字出版基地8个园区托起数字出版新天地[EB/OL].(2017-07-08)[2025-05-10].https://www.sohu.com/a/155522052_770746.

② 殷诚聪,谢陈啦.中国印刷城,怎样"刷新"一个产业[EB/OL].(2019-09-25)[2025-05-10].https://zjnews.zjol.com.cn/zjnews/202410/t20241031_30614708.shtml.

③ 曾瑞鑫.打造长三角出版产业园 嘉兴大视野教育谷开园[EB/OL].(2019-04-01)[2025-05-10].http://edu.china.com.cn/2019-04/01/content_74633093.htm.

④ 佚名.福建省文化产业重点园区[EB/OL].(2017-09-26)[2025-05-10].http://www.fzcci.com/html/33/2017-09-26/5807a685d1a9ab3b599035bc566ce2b9.shtml.

数量和年产值均占福建三分之一,其中,规模以上的印刷企业有 140 家,年产值超亿元企业有 36 家。① 中国印刷包装企业 100 强上榜数量,泉州连续五年居全国地级市首位;2021—2023 年,有 11 家企业荣获"福建省示范印刷"企业称号。②

广东出版产业集群主要以国家级平台为引领,特色园区为支撑,构建广深双核互动、大湾区城市群联动、全域特色聚集的产业集群,覆盖游戏、动漫、数字出版、电子竞技等多领域,拥有广州国家数字出版基地、深圳国家文化和科技融合示范基地等高层次基地园区,形成了完整的出版产业集群生态体系。广州国家数字出版基地聚焦数字教育、网络文学和跨境内容开发,引入华为云超高清产业服务平台,支撑广东广播电视台 4K 频道开播,并与腾讯合作。2024 年入驻企业达 200 余家,其中网络文学企业占比 30%,如阅文集团在此设立华南总部,基地内的酷狗音乐作为数字音乐链主企业,打造"酷狗文化"厂牌,并设立"岭南音乐创作推广基地"。广州科韵路聚集大量游戏企业,被业界称为中国游戏产业重要集聚区,沿线汇聚了近 150 家数字游戏、VR、软件研发等企业,孕育出网易、三七互娱等知名企业。③ 深圳国家文化和科技融合示范基地依托腾讯、网易等头部企业,打造"游戏+电竞+数字内容"产业集群。深圳游戏产业涵盖游戏开发、动漫制作、衍生品设计、数字内容平台建设等多元领域,构建起完整且充满活力的产业链条。腾讯游戏、网易游戏等知名企业总部位于深圳。深圳已经形成了完整的电竞游戏研发、运营和授权,中游电竞赛事参与、执行与内容制作,下游电竞直播、电竞设备、电竞媒体、电竞教育、电竞投资等衍生行业的电竞全产业链。研发端拥有腾讯、创梦天地等电竞游戏研发企业,在运营端有深圳 4AM、深圳 DYG、深圳狼队、深圳 STE 等头部俱乐部,在制作端有腾讯天美制作中心、兜兜电竞、沧浪之水、红魔电竞手机等行业细分代表性企业。④ 此外,深圳职业技术大学已开设电竞专业,拥

---

① 佚名. 泉州现有印包企业 1 100 多家,36 家年产值过亿[EB/OL]. (2024-08-22)[2025-05-10]. http://www.paperinsight.net/pap/34887.html.
② 佚名. 中国印刷包装企业评出百强 泉企上榜数连续五年地级市居首[EB/OL]. (2023-09-15)[2025-05-10]. https://www.fjdaily.com/app/content/2023-09/15/content_2063297.html.
③ 姚阳. 广州:打造数字文化产业发展新标杆[EB/OL]. (2022-06-20)[2025-05-11]. http://yxzg.china.com.cn/2022-06/20/content_42009362.html.
④ 张永德. 走出"文化×科技"产业深度融合"南山路径"[EB/OL]. (2024-05-27)[2025-05-11]. https://finance.sina.com.cn/jjxw/2024-05-27/doc-inawqvmh4336891.shtml.

有完整的产教融合链路。广东珠海、东莞、佛山等城市也设立了出版产业基地园区，如珠海横琴国际数字文化港、东莞松山湖数字文化产业园、佛山的音乐创作基地等，具有较强的网络效应。

海南依托自贸港政策优势，形成了数字经济牵引，特色产业集群为支撑的出版产业集群体系，聚集了游戏动漫、数字出版、电子竞技、网络文学、音乐产业等业态。海口复兴城、海南生态软件园等重点园区以及陵水等市县均形成了良好的产业发展氛围。海南生态软件园凭借自贸港政策红利与自身产业拓展及产业服务的优势，吸引了超过2 300家数字娱乐企业入驻，涵盖游戏、网络文学、音乐、影视、直播、动漫等多个细分领域，形成了从IP创意设计、内容生产到市场分发与运营的完整产业链闭环生态，吸引了包括腾讯、盈派、波克、三七互娱、完美世界等知名游戏企业，阅文集团、番茄小说、七猫、掌阅等网络文学头部企业，腾讯音乐、海葵音乐、酷狗音乐等音乐制作与发行公司，新丽传媒、博纳影业等影视公司，抖音、虎牙、快手、淘宝、小红书等领先的直播和视频平台，以及中国动漫集团、泡泡马特、彩条屋等动漫公司。①文昌书香小镇依托航天城区位特色，以"两基地一论坛"为核心，即"国家国际贸易版权基地、新闻出版教育培训基地和书香中国文化论坛"，以开放式滨海文化小镇为载体，以出版发行为依托，带动项目园区文化产业的发展和书香文化居住社区的形成，打造具有"书香"元素、"小镇"概念的综合文化项目，构建集版权交易、教育培训、文化消费于一体的复合型文化产业平台。②

（三）中部地区出版产业基地（园区）深化文化融合，打造特色出版产业集群体系

山西出版产业基地（园区）分布主要以全产业链整合、科技赋能转型和区域特色协同为核心特点，代表性企业、平台支撑山西出版产业形成区域产业协同体系。太原市依托山西出版传媒集团的龙头企业优势，以其"编辑—印刷—发行—数字服务"业务体系为支撑，形成了全产业链集群，涵盖山西新华

---

① 佚名. 海南生态软件园：聚焦"3+2+1"产业生态体系 在数字经济特定赛道跑出"加速度"[EB/OL]. (2024-10-02)[2025-05-11]. https://news.qq.com/rain/a/20241002A04E4800.
② 佚名. 海南文昌·中国铁建·书香小镇[EB/OL]. (2024-08-12)[2025-05-11]. http://cr22g.crcc.cn/col8002/art/2014/art_8002_1302174.html.

印业园区、数媒技术实验室等平台。其中，2024年数媒技术中央实验室举办直播活动超100场，开发"乡村有声书屋"等融合项目，数字教育产品年营收突破2亿元。① 中国知网（太原）数字出版基地聚焦学术文献和知识服务，形成了"技术研发—数据加工—平台运营"产业链，研发5G融合出版平台，实现多终端内容分发效率提升40%，主导制定《数字出版物格式规范》等3项行业标准。太原慧诚影视动画科技园，则以"IP开发—动漫制作—衍生品授权"为产业链，打造3D影视制作中心。② 此外，晋中山西传媒学院动漫创作基地带动游戏电竞产业，年产值突破3亿元。

河南依托丰富的传统文化资源，出版产业基地（园区）呈国家级基地引领"内容创作—技术研发—平台运营—对外传播"的产业集群体系，中原数字产业园、河南出版产业园、郑州国际文化创意产业园等构成河南出版产业核心集群。中原数字产业园规划建设数字内容出版、数字教育服务、数字影音娱乐等十二大板块，集聚河南人民出版社、河南科技出版社等10家出版社单位，形成"内容—发行—数字衍生"全链条。河南出版产业园囊括河南出版大厦、出版博物馆等载体，通过华夏手造创意体验中心整合1 400余种手工图书资源，开发非遗课程，构建"出版+课程+文创+研学"的产业生态圈，该园区也是"全国版权示范园区"，承建河南省著作权登记管理平台。③ 郑州国际文化创意产业园，聚焦数字内容生产与版权交易，其中，中原传媒集团投资建设中原数字出版产业园，引入数字内容企业与版权交易中心，聚焦打造高水平数字出版基地。④

湖南出版产业集群主要以中南国家数字出版基地为核心，以湖南省出版投资控股集团等为龙头，共同形成了基地（园区）、龙头企业支撑的出版产业集群。中南国家数字出版基地最早落户天心区，聚集了数字内容、版权交易、数字阅读等业态，入驻企业超200家，聚集了青苹果数据中心、拓维信息等企业。马栏山园区的中南国家数字出版基地新园区，由湖南出版集团旗下中南传

---

① 佚名. 杨志刚：勤政务实 锐意进取 引领山西新华腾飞发展［EB/OL］.（2022-01-21）［2025-05-11］. https：//www.sohu.com/a/518182944_121123684.
② 佚名. 山西涤纶厂的"蝶变"［EB/OL］.（2013-07-15）［2025-05-11］. https：//www.163.com/news/article/93QIHV0L00014Q4P.html.
③ 佚名. 郑州河南出版产业园［EB/OL］.［2025-05-11］. https：//www.hncbcyy.cn/.
④ 周远方. 文化产业园区发展路径探析——以郑州国际文化创意产业园为例［EB/OL］.（2017-09-15）［2025-05-11］. http：//www.hnr.cn/zkhn/zkzdtj/201711/t20171103_3029477.html.

媒投资 24.49 亿元建设,总建筑面积约 29.3 万平方米,建设产业办公楼、数字文化艺术中心、多功能中心等,致力打造办公基地、创意中心、数据中心、媒体艺术中心、创业孵化器、出版博物馆等新型业态,园区主要聚集视频内容、互联网教育、数字出版、动漫游戏等业态,吸引芒果视频、爱奇艺、中影年年、创梦天地等企业。① 在印刷发行方面,长沙、湘潭、怀化集聚了大量绿色印刷企业,形成了长沙黄花数字印刷产业园、湘潭昭山文化印刷园、怀化烟草包装园、常德西洞庭食品包装园、衡阳白沙洲标签园等代表性集聚区。②

湖北省出版产业集群主要以华中数字出版基地为核心引擎,形成数字出版、文化创意、印刷发行三大特色板块,总体形成了"一核心多基地"的集群分布格局。华中国家数字出版基地,是全国第四家、华中地区首家、湖北省唯一的国家级数字出版基地。基地总占地约 246.67 亩,规划总建筑面积约 50 万平方米,总投资约 36.4 亿元,集企业总部、商务研发、人才公寓、会议展示、商务酒店、新文创商街等多元业态。该基地集聚了一批具有代表性的龙头企业,基地引入腾讯、阿里战略投资,建设"数字内容跨境交易中心";基地企业武汉理工数字传播工程有限公司(数传集团)研发的 BOOKSGPT 大模型,已服务全国 300 余家出版社。③ 宜昌三峡数字出版产业园重点布局数字教材和康养 IP。园区依托宜昌的教育资源和数字技术优势,致力于打造数字教育和数字文旅内容的创新高地。④ 襄阳"纸世界"文创园以纸艺体验和短版数字印刷为特色,2024 年接待游客 42 万人次,带动周边印刷定制订单增长 30%。⑤ 在印刷包装产业方面,武汉东湖国家绿色印刷包装产业园、孝感书刊印刷产业带是湖北省具有代表性的产业园区。武汉东湖国家绿色印刷包装产业园以绿色印刷、高端包装和智能装备为核心,2024 年获批国家级绿色工厂 6 家,园区总产值达到 120 亿元。孝感书刊印刷产业带以中小学教材和教辅印刷为核心,2024

---

① 佚名. 中南国家数字出版基地马栏山园区奠基,湖南出版"梦工厂"启航![EB/OL]. (2022 – 01 – 24) [2025 – 05 – 11]. http://www.hnpg.com.cn/Info.aspx?ModelId=1&Id=833.
② 佚名. 打造产业生态链,长沙印刷科技文创产业园开工[EB/OL]. (2021 – 08 – 27) [2025 – 05 – 11]. https://m.thepaper.cn/baijiahao_14253114.
③ 佚名. 华中国家数字出版基地:融合技术与文化的"智谷"[EB/OL]. (2016 – 04 – 01) [2025 – 05 – 11]. http://hdbzsh.com/newsdetail.php?id=2665.
④ 方正. 三峡崛起大数据中心集群[EB/OL]. (2022 – 03 – 08) [2025 – 05 – 11]. https://news.hubeidaily.net/pc/321266.html.
⑤ 彭艺唯. 唤醒"沉睡"的文旅资源——借三线工厂发展工业旅游[EB/OL]. (2021 – 03 – 11) [2025 – 05 – 11]. http://www.xiangyang.gov.cn/zxzx/jrgz/202103/t20210311_2416848.shtml.

年教材印刷量达到 4.6 亿册，全国市场占有率 12%。①

安徽省依托国家出版产业基地，形成了以合肥、芜湖双核驱动，马鞍山、黄山等城市多点协同的出版产业集群。安徽省拥有合肥国家级文化和科技融合示范基地、安徽省创意文化产业集聚发展合肥基地、蚌埠高新区文化和科技融合示范基地、国家数字出版基地芜湖园区、安徽省地理信息（马鞍山）产业园、铜陵铜官数谷、黄山市文化旅游产业集聚发展基地等产业基地（园区），对出版产业发展形成了有力支撑。安徽国家数字出版基地共有两个园区。在合肥园区入驻企业超 400 家，数字出版及其管理企业超 100 家，基地依托 AI 龙头企业科大讯飞，形成了"技术—内容—版权"全产业链；②③芜湖国家数字出版园区则形成以华强方特为龙头的"动漫 IP+数字内容+文旅产业"的融合发展智力，培育"熊出没"等知名 IP，衍生各类影视剧改编超 40 部，版权输出 2 万余部。该园区积极发展区块链等先进技术，芜湖铁花数字藏品通过区块链确权，取得较好的社会反响，探索"非遗+科技+数字藏品"的融合发展新路径。④马鞍山文化产业园区则聚焦包装与文化创意产业，形成报业出版印刷、出版物流配送、文化休闲融合产业集群。马鞍山日报社印务中心年印刷量超 2 亿对开张，承接《安徽日报》等报刊印刷。同时，该园区拓展精品包装业务，服务长三角制造产业集群。黄山发挥丰富的自然和文化资源优势，积极拥抱新技术，打造古籍数字化、研学体验等融合发展集群。

江西省依托南昌国家数字出版基地的牵引，形成了以赣州吉安国家印刷包装产业基地、景德镇陶瓷文化出口基地为节点的出版产业集群。南昌国家数字出版基地以南昌高新区为核心支撑，发挥科技资源优势，形成了数字装备制造、数字传媒、动漫游戏、数字内容、移动终端应用、人才培训六大产业集群，入驻企业超 200 家，包括巴士在线、软云科技等龙头企业，形成了"出

---

① 方桐，马诗慧，宓天鹏. 一张白纸画出"中华纸都"——孝感打造千亿绿色生态纸业集群 [EB/OL]. (2023-09-13) [2025-05-11]. https://www.hubei.gov.cn/hbfb/szsm/202309/t20230913_4836716.shtml.

② 刘蓓蓓，袁舒婕. 安徽国家数字出版基地引导产业崛起 [EB/OL]. (2017-07-28) [2025-05-11]. https://www.toutiao.com/article/6447618920773714189/.

③ 陈红瑛. 国家级文化产业示范园区 | 合肥包河：文化和科技"双向奔赴"，龙头企业推动经济高速发展 [EB/OL]. (2023-05-10) [2025-05-11]. https://news.qq.com/rain/a/20230510A04QZG00.

④ 刘蓓蓓，袁舒婕. 安徽国家数字出版基地引导产业崛起 [EB/OL]. (2017-07-28) [2025-05-11]. https://www.toutiao.com/article/6447618920773714189/.

版+AI+虚拟现实"的融合创新。①赣州吉安国家印刷包装产业基地作为全国重要的印刷包装基地,聚焦绿色印刷、智能制造等业态,绿色印刷产能占比超过80%。②景德镇依托千年瓷都的深厚历史底蕴,以陶瓷IP开发和数字化传播为核心,融合数字藏品开发等,推动内容与科技深度融合。

(四)西部地区出版产业基地(园区)培育产业特色,推动出版产业差异发展

重庆市出版产业集群以两江新区数字出版基地、重庆市数字出版产业基地为双引擎,牵引出版产业集群发展。重庆两江新区数字出版基地是西部首个国家级数字出版基地,吸引爱企业、腾讯、猫儿FM、哔哩哔哩等企业,形成了数字出版、动漫游戏、网络文学、数据库出版等产业集群,2024年数字出版产业总值超全重庆的50%。③重庆市数字出版产业基地位于重庆软件园·重庆数字文创产业园,于2021年启动建设,基地内设有重庆市出版监测中心和重庆市版权服务大厅。④重庆市小游戏产业基地是在两江新区国家数字出版基地的基础上,由重庆市新闻出版局、重庆两江新区管委会共同打造,由华龙网集团运营,为小游戏基地提供企业引入、出版申请、流量购买、落地宣传推广、重庆IP入驻以及游戏沙龙等系列专业服务,培育形成小游戏产业生态圈。⑤陆海文化创意产业园是出版与文创融合标杆,由重庆新华出版集团运营,分为A、B、C、D四个功能区,定位"出版服务集群与文创高地"。⑥此外,重庆还有集总部结算、软件开发、游戏动漫、数字音乐、教育、新媒体运营等功能于一体的重庆出版集团数字产业园,重点发展动漫内容生产、出版发行、衍生品开发、展会等业态。

---

① 佚名. 江西国家数字出版基地[EB/OL]. (2020-07-16) [2025-05-11]. https://nchdz. nc. gov. cn/ncgxq/kjfhqcyzcpt/202103/027fee30e2364bf3b7f8727fedbf90ea. shtml.
② 钟端浪. 赣州吉安国家印刷包装产业基地建立[EB/OL]. (2013-05-31) [2025-05-11]. https://www. chuandong. com/news/news112141. html.
③ 宋丹蕾. 汇集企业400余家两江新区数字内容产业高速发展[EB/OL]. (2022-08-12) [2025-05-11]. http://cq. people. com. cn/n2/2022/0812/c367650-40078085. html.
④ 黄光红. 市委宣传部与南岸区重庆经开区签约,共建重庆市数字出版产业基地[EB/OL]. (2023-02-02) [2025-05-11]. https://app. cqrb. cn/html/2023-02-02/1346490_pc. html.
⑤ 陈琦,刘敏,彭丽桦. 重庆市小游戏产业基地在两江新区挂牌成立[EB/OL]. (2025-06-25) [2025-06-30]. http://cq. people. com. cn/n2/2025/0625/c365411-41271267. html.
⑥ 佚名. 44个项目!总投资额611亿元!两江新区释放文旅投资新机遇[EB/OL]. (2025-04-18) [2025-05-18]. https://www. cq. gov. cn/zt/yhyshj/zshd/202504/t20250418_14536310. html.

四川省出版产业集群主要以成都市为核心集聚区，以国家网络游戏动漫产业基地、中国网络视听产业基地、成都东郊记忆音乐公园等基地（园区）为载体，以数字出版、游戏动漫、数字音乐、电子竞技、网络文学等为核心业态的产业集群体系。从空间分布来看，成都高新区、天府新区是核心承载地。成都高新区集聚动漫游戏、数字音乐、电子竞技等相关业态，吸引腾讯、爱奇艺、咪咕等龙头企业；天府新区则聚焦音视频产业，形成了覆盖基础通讯、软件研发、内容分发的产业链。此外，数字媒体、数字音乐、电子竞技、游戏动漫等业态集群则点状分布在锦江、青羊、金牛、成华、武侯等行政区。龙门山数字文创产业带、龙泉山数字文创产业带聚集了大批出版产业内容、硬件企业。成都已培育出"哪吒""王者荣耀"等现象级 IP 和"遮天""十万个冷笑话"等精品 IP。目前，成都形成了领军企业带动产业链上下游企业协同发展，3 家企业入选全国文化（成长性）企业 30 强，全市规上数字文创企业 690 家。[①] 值得注意的是，2025 年成都市全面启动实施《成都市关于加快推动数字文创产业高质量发展的实施意见》及其配套系列政策，全力打造全国影视动漫创作高地、全国游戏电竞聚合高地、全国创意设计品牌高地、全国数字音乐《演艺》潮流中心、全国网络文学策源中心、全国数字文化装备智造中心，推动构建"一核引领、五园支撑、多点突破"的"1+5+N"产业发展格局。成都出版产业生态持续优化，组建全国首只城市级科幻产业基金，发行全国首单版权资产支持票据；市级文产资金累计扶持项目 2 010 个、金额 12.34 亿元；"文创通"累计支持企业 895 户次、贷款超 48 亿元。[②]

陕西省出版产业集群聚焦数字出版、电竞文旅、影视科技等领域，依托西安"一带一路"核心节点优势，形成多元融合的产业发展新格局。西安国家数字出版基地、西安国家印刷包装产业基地、西安市数字内容产业基地、西安国际数字影像产业园、迷你世界（西安）产业生态基地、未央视频文化产业园、西安 XR 电影产业基地、永兴坊传统音乐聚集区、秦创原 IP 示范园区、中央新影西部动漫创意产业园等产业园星罗棋布于西安市。西安国家数字出版基地集聚超嗨网络、栢奕游戏动漫等企业，建成 AIGC 数字产业园，推动"文献中

[①] 佚名. 鸿蒙启航! 成都游戏产业生态大会举行，百企共探"技术＋政策"新引擎［EB/OL］.（2025－07－30）［2025－08－02］. https：//www.163.com/dy/article/K5OHL9SJ05346936.html.

[②] 佚名. 成都市数字文创产业系列政策新闻发布会［EB/OL］.（2025－05－29）［2025－06－18］. https：//www.sc.chinanews.com.cn/ChengduNews/spzb/2025－05－29/233.shtml.

国"资源库与数字教材平台建设。① 在 2023 年,西安举办丝绸之路国际电影节,构建数字内容创作与版权交易生态。曲江电竞产业园承办《大话西游 2》总决赛、穿越火线嘉年华等顶级赛事,融合"电竞+文旅"打造城市新地标,吸引 WE 电子竞技俱乐部等企业集聚,推动电竞产业与文旅消费深度融合。西影电影产业园区以"电影+科技"为特色,建成 XR 电影产业基地,推出《大话西游》XR 电影项目,举办荷兰电影展、金鸡短片季,推动影视制作与元宇宙技术结合,成为西部影视科技融合标杆。②

贵州出版产业集群以大数据为驱动,形成了以中国(贵州)大视听算力产业园、贵州文化出版产业园、贵阳数字内容产业园、贵安新区大数据科创城、安顺绿色电竞云基地等为支撑的产业集群体系。中国(贵州)大视听算力产业园"算力+视听"融合示范基地,聚焦超高清制作、渲染服务、元宇宙内容开发等前沿领域。③ 2024 年入驻企业达 70 余家,其中电竞企业占比 30%。贵阳数字内容产业园 2024 年有效注册企业达 450 余家。④ 贵安新区大数据科创城,数字出版与网络文学高地,引入贵州通阅科技、悦文科技等企业,2024 年数字阅读海外用户突破 10 万,覆盖东南亚及北美市场。安顺绿色电竞云基地以"电竞云""电竞赛事+文旅"项目建设为突破,构建全国电竞云节点、绿色电竞基地和"电竞+行业"发展格局,全力打造"中国电子竞技娱乐大赛"线下决赛永久举办地。⑤ 此外,新印 1950 文化创意街区,由老印刷厂改造而成,融合印刷博物馆、文创市集、数字阅读体验馆等业态,引入贵州少年儿童出版社"元宇宙书店",通过 VR 设备实现图书内容沉浸式体验,2024 年线上交易额增长 50%。小兰山数字文化产业生态村落聚焦动漫 IP 孵化与运营,引入广州艾飞文化,开发融合苗绣、侗族傩戏等元素的动画作品。⑥

---

① 陈岚. 筑巢引凤,西安国家级数字出版基地打造西部文创产业示范中心[EB/OL]. (2019-05-12)[2025-05-12]. https://sn.cri.cn/n/20190521/42b2b56c-f86a-71ad-22fd-6600b16bac0b.html.

② 佚名. 西北首个以电竞为主题的产业园——西安曲江电竞产业园即将亮相[EB/OL]. (2022-07-13)[2025-05-16]. http://gov.cnwest.com/kfqdt/a/2022/07/13/20749178.html.

③ 李姗. 打造"三区一枢纽",20 条措施支持中国(贵州)视算产业园建设[EB/OL]. (2025-01-07)[2025-05-18]. https://szb.eyesnews.cn/pc/cont/202501/07/content_143402.html.

④ 赵相康. 贵州省文化创意产业园建设有序推进[EB/OL]. (2017-08-03)[2025-05-18]. https://gz.cnr.cn/jr/20170803/t20170803_523883430.shtml.

⑤ 杨媛媛. 安顺全力建设贵州绿色算力(安顺)基地|站上新风口蓝图已定未来可期[EB/OL]. (2024-03-26)[2025-05-18]. https://www.sohu.com/a/766919318_121106687.

⑥ 胡丽华,李中迪,谌思宇. 贵阳新地标"新印 1950":当"文化味"邂逅"烟火气"[EB/OL]. (2024-05-27)[2025-05-19]. https://cn.chinadaily.com.cn/a/202405/27/WS6653ffd8a3109f7860ddf879.html.

云南省出版产业集群在出版发行、电子竞技、游戏动漫等业态领域具备了一定基础，形成了较为完整的出版产业集群体系。云南出版产业基地是省内重要文化项目，总投资约 15 亿元，位于昆明市盘龙区山水新城浮岛智核金融商务核心区，建设用地面积 44.31 亩，规划总建筑面积约 14 万平方米，总投资约 12 亿元。基地包括云南出版创意中心、云南出版科研中心、出版文化展示中心三大部分，将集出版、发行、印刷、动漫设计、影视制作、教育培训、工艺设计等多媒体文化产业于一体，具备研发、投资、孵化、制作、培训、交易等各种功能。① 昆明（官渡）动漫游戏文化数字产业园支持云南省本土原创动漫 IP 的孵化、面向全国的动漫产业补链强链、动漫文化输出及进口、动漫游戏代工、动漫游戏专业人才的培养、动漫游戏赋能电商业务、动漫游戏文创衍生品及动漫游戏泛娱乐展会，为入园企业提供渲染农场、光学动作捕捉等硬件支持，提供入园企业知识产权、双创高企等政策申报服务。② 滇中文化创意园项目位于楚雄彝族自治州，主要聚焦文化创意、智能印刷、电子商务出版物现代发行三大产业功能，集出版、发行、印刷、动漫设计、教育培训、工艺设计、民族特色产品等业态，具备研发、投资、孵化、制作、培训、交易等各种功能。③ 云南省昆明市有西南地区首个沉浸式电竞综合体——十二宫电竞·破晓之城。该综合体结合了虚拟与现实场景，还原了游戏中的狼人杀村庄。

甘肃省有丰富的历史文化资源，同时自然资源、工业遗产也十分丰富，新闻出版产业基地（园区）发展具有扎实的基础。兰州市作为甘肃新闻出版中心，聚集丰富的新闻出版产业业态。西北印刷文化数字产业园聚集敦煌数字文创工场、黄河印象文化传播、甘肃新华印刷集团、兰州科信彩色印务、西北数字印刷中心、丝路云印科技等。④ 园区企业联合打造通过裸眼 3D 技术展示活字印刷到数字印刷演变史项目，年接待研学团体超 2 万人次；园区还依托"一带

---

① 李成生. 云南出版产业基地项目开工奠基仪式举行［EB/OL］.（2017-11-07）［2025-05-19］. https://www.yndaily.com/html/2017/yunguanzhu_1107/109018.html.
② 刘浏. 投资 1 000 万！昆明（官渡）动漫游戏文化数字产业园 2024 上半年启用［EB/OL］.（2023-11-03）［2025-05-19］. https://news.qq.com/rain/a/20231103A04VUR00.
③ 佚名. "滇中文化创意园"在楚雄奠基［EB/OL］.（2018-09-07）［2025-05-19］. https://www.sohu.com/a/252496148_426551.
④ 魏晓倩. 打造西北地区印刷产业新标杆——兰州新区读者高新绿色印刷产业基地项目建设见闻［EB/OL］.（2025-07-24）［2025-07-31］. https://szb.gansudaily.com.cn/gsrb/pc/con/202507/24/c237206.html.

一路"倡议机遇，推动印刷包装产业与科技融合，促进区域特色资源的开发与利用。兰州岚沐文体创意产业园，聚集甘肃丝路敦煌艺术中心、兰州黄河印象文化传媒、陇原武术传承基地等，获评"国家体育产业示范单位"、入选"全国非遗与旅游融合发展优选项目"、举办"丝绸之路国际文创节"、发起"黄河文化数字创新联盟"。① 在敦煌莫高窟、嘉峪关长城、张掖丹霞等世界级景区带动文旅消费，并以"丝绸之路经济带"黄金旅游线为牵引形成了一批具有技术代表性、社会影响力的新型内容平台，并打造具有区域特色的出版产业场景集群。

青海省新闻出版产业发展整体水平较其他地区存在显著差距，主要形成以龙头企业、重点项目带动企业的发展格局。青海出版市场规模较小，主要集中在西宁、海东等城市。目前，青海省以文化产业园、青绣数字化总部经济、平安驿·河湟民俗文化体验地、热贡文化产业园区等文化产业园区为载体，共同支撑出版企业聚集发展。2023年成立省级电竞协会，② 但因电子竞技产业基础薄弱，尚未形成规模化赛事或俱乐部。2024年，青海民族大学开设动漫设计专业，尝试将藏族文化元素融入动漫创作。

广西壮族自治区出版产业集群依托面向东盟的门户区位优势，发挥国家文化"走出去"政策引擎作用，形成了中国—东盟数字出版产业基地、柳州772数字文化创意产业园、中国—东盟动漫游戏产业园、电竞（广西）产业园电竞运动馆等园区支撑，游戏动漫、数字出版、电子竞技等业态形成了良好的发展态势。中国—东盟数字出版基地主要聚焦中国面向东盟的数字内容枢纽，聚焦跨境版权交易与多语言内容开发。③ 柳州772数字文化创意产业园，是广西首家数字文化创意产业园，整合了数字文化创意产业园、版权和软件开发服务产业园、工艺美术品制造产业园、中国—东盟移动游戏出海基地、柳州好物带货基地、大学城文化体验街区等，其目标是打造成为国内新锐的文创产业和游戏动漫产业聚集区。该园区配套有广西第一只民营文化产业创投基金，

---

① 佚名. 30多家印刷企业关注西北印刷文化数字产业园［EB/OL］.［2025-05-20］. https：// www. 021yin. cn/hynews/show_3748. html.
② 佚名. 青海省电子竞技运动联合会［EB/OL］.［2025-05-20］. https：//www. qhesports. com/.
③ 钟贞，陈珏卉. "数字+"促进中国—东盟区域文化产业合作［EB/OL］.（2021-03-19）[2025-05-20]. http：//dsjfzj. gxzf. gov. cn/szgx/szsh/t8297901. shtml.

基金总额达 5 亿元。① 电竞（广西）产业园是广西首个电竞专业产业园，核心产业设施为"一园一场一馆一中心"，即电竞文化主题公园、电竞文化广场、电竞运动馆及融媒体中心，配套电竞孵化基地、电竞主题酒店及电竞主播公寓。②

宁夏回族自治区出版产业集聚区以数字经济、文旅融合为突破口，依托银川、石嘴山等重点城市，构建"小而精、特而强"的特色产业基地（园区）体系。宁夏软件园动漫产业基地聚集了宁夏新科动漫产业有限公司、宁夏盛天彩数字科技股份有限公司、宁夏禹羿文化科技有限公司、银川高新区幻影重工科技有限公司等代表性企业。③ 银川市作为核心载体，iBi 育成中心聚焦了数字经济与文创产业，集聚了宁夏智慧宫、酷狗音乐孵化基地等企业，推动中阿文化数字内容贸易与 AI 音乐技术研发，黄河国际数字电影小镇依托虚拟现实技术打造《大河之魂·一曰水》等数字艺术作品，推动黄河文化主题内容创作与国际传播，建设西部数字影视集聚区。④ 从具体产业基地（园区）分布来看，特色化、国际化是宁夏出版产业基地（园区）的重要特点。在特色化方面，黄河出版集团、智慧宫文化传媒集团形成以龙头企业为牵引的产业生态。黄河出版传媒集团通过"集团化运作+专业化分工"模式，集团旗下拥有宁夏人民出版社、宁夏阳光出版社等 8 家出版单位，以及宁夏黄河数字出版传媒有限公司等科技型子公司，形成"内容创作—数字研发—印刷发行—文化服务"的闭环生态。智慧宫文化传媒集团作为国家文化出口重点企业，形成"文化+科技"模式打造中阿文化交流枢纽，形成"图书出版—影视动漫—国际教育"的跨境产业集群。

内蒙古自治区得益于特色民族文化资源富集、自然环境优越，通过重点培育文化产业园区，引导产业聚集。《内蒙古重点培育文化产业园区建设指南》明确新闻信息服务、内容创作生产、创意设计服务、文化传播渠道、文化投资

---

① 夏姚，周仕兴. 广西首家数字文化创意产业园在柳州投入使用［EB/OL］.（2022 - 06 - 01）［2025 - 05 - 19］. https：//difang. gmw. cn/gx/2022 - 06/01/content_35782503. htm.
② 佚名. 南宁市兴宁区加快推动"电竞+文旅"产业发展，首个广西电竞文化主题公园年内启用［EB/OL］.（2023 - 08 - 24）［2025 - 05 - 19］. https：//finance. sina. com. cn/jjxw/2023 - 08 - 25/doc - imzikxqf5576354. shtml.
③ 张涛，刘惠媛. 一线调查 | 解锁宁夏动漫产业的"孵化密码"［EB/OL］.（2025 - 04 - 14）［2025 - 05 - 21］. https：//news. sina. com. cn/zx/gj/2025 - 04 - 14/doc - inetccsw9487615. shtml.
④ 庄电一. 银川 iBi 育成中心：键盘敲出的西部"智谷"［EB/OL］.（2016 - 09 - 23）［2025 - 05 - 21］. https：//epaper. gmw. cn/gmrb/html/2016 - 09/23/nw. D110 000gmrb_20160923_1 - 01. htm.

运营、文化娱乐休闲服务、文化辅助生产和中介服务、文化装备生产、文化消费终端生产等为主要产业聚集方向，并形成了 11 项一级指标、24 项二级指标的评分细则。内蒙古新华文化物流基地，通过物联网技术整合出版文化产品资源，建立以呼和浩特为中心、覆盖全区的专业物流网络。① 内蒙古自治区呼和浩特、包头、赤峰、鄂尔多斯、巴彦淖尔、乌海、乌兰察布等地布局建设相关产业和文化产业园区，以契丹辽文化、农耕文化、书法艺术的推广与创新为定位，为园区打造特色出版内容带来可能。

新疆维吾尔自治区新闻出版产业基地（园区）的使命为文化润疆、繁荣特色文化，形成了以多民族文化为特色的差异化集群特色。国家新疆民文出版基地整合新疆人民出版社、新疆教育出版社等 12 家民族语言出版机构，形成"内容创作—数字研发—印刷发行—文化服务"的全产业链集群。乌鲁木齐文化产业园、乌鲁木齐职业大学文化和科技融合示范园区、克拉玛依市机械厂文化创意产业园等形成支撑新疆新闻出版产业基地（园区）持续发展的重要平台体系。② 以新疆文化出版社为核心企业，形成新疆数字出版传媒产业园。新疆新华书店发行有限责任公司通过整合出版、印刷、发行上下游资源，构建"出版＋科技＋文旅"融合生态，组建旅行社开发"出版＋研学"线路，如草原英雄小姐妹主题研学营地，联动 5A 级景区打造文化消费新场景。③

西藏自治区依托独特文化资源和国家战略支持，以拉萨为核心，发挥文化产业园区载体效能，培育发展出版产业集群。西藏出版文化产业园是西藏文化旅游创业产业园的重要组成部分，由出版文化孵化中心、创意中心、版权交易中心等九大功能板块构成，并包含西藏文化体验中心、音乐广场等特色区域，在培育数字出版、影视动漫、版权交易、电子商务等业态的同时，整合传统出版、手工艺、藏医药。④ 此外，日喀则珠峰文化产业园等地级市也布局了一批文创园区，支撑西藏出版产业集群孵化发展。

---

① 王丽红. 内蒙古新华文化物流基地开工建设 [EB/OL]. (2021 – 09 – 13) [2025 – 05 – 28]. https：//inews. nmgnews. com. cn/system/2021/09/13/013188724. shtml.
② 佚名. 乌鲁木齐打造辐射中西亚国家级文化产业示范园区 [EB/OL]. (2013 – 05 – 29) [2025 – 05 – 18]. https：//www. cnrepark. com/news/detail/37098. html.
③ 刘让群. 探索新疆特色文旅产业集群建设之路 [EB/OL]. (2024 – 10 – 08) [2025 – 05 – 18]. https：//www. ts. cn/xwzx/xuexi/llwz/202410/t20241008_24227548. shtml.
④ 佚名. 西藏出版文化产业园 [EB/OL]. (2023 – 06 – 28) [2025 – 05 – 20]. https：//wcyq. lasa. gov. cn/whlycyy/wcyjj/202306/68b2f639bbd34107975969df6bce0559. shtml.

二、中国出版产业基地（园区）的发展态势

（一）东北地区推动传统产业升级与打造特色产业集群

一方面，东北地区冰雪文化资源丰富基础较好，为传统出版产业转型发展提供了坚实的基础，黑龙江以冰雪经济为驱动，发挥哈尔滨国家级文化和科技融合基地等高层次平台优势，大力发展动漫游戏、数字出版等产业，打造特色新闻出版集群，具有良好产业基础。另一方面，东北地区依托国家级基地大力打造影视、电竞、元宇宙、动漫等特色产业。吉林、辽宁凭借较强的内容产业基础，大力发展影视产业、动漫产业、电竞产业。同时，东北地区工业基础较好，为出版产业与元宇宙等新兴产业发展提供了丰富场景。

（二）东部地区加快建设先进技术与国际化产业高地

一方面，依托先进的技术优势，支撑出版产业基地园区高质量发展，赋能出版产业集群转型升级。北京、南京、上海、浙江、深圳、广州等地科技创新能力较强，人工智能、虚拟现实、大数据、区块链等先进技术在出版产业各个环节应用较为成熟，并逐渐形成技术引领出版产业发展的标杆示范。另一方面，区域产业协同较为紧密，支撑区域出版产业链整合持续走向深入。京津冀、长三角形成了版权协同机制，引导区域版权协同开发。江苏、上海的国家数字出版基地采用一极多点的区域协同发展模式，形成多元产业集群协同发展。

（三）中部地区文化资源融合与出版产业全链条整合

一方面，中部地区传统文化资源丰富，出版产业与数字技术融合发展条件较为成熟，为出版产业链整合提供支撑。河南、湖南、江西等地依托丰富的传统文化资源、内容产业资源，融入出版产业基地（园区），助力特色出版产品和服务研发，在郑州、长沙等地形成了一批具有较强竞争力的产业集群。另一

方面，国家级出版产业基地（园区）、出版龙头企业为中部地区出版产业整合全链条。华中国家数字出版基地、安徽国家数字出版基地有数传传媒、科大讯飞等技术创新企业，形成出版产业集群高质量发展的技术支撑力量。

（四）西部地区特色资源禀赋要素与政策支持驱动发展

一方面，西部地区特色民族文化资源丰富，为特色 IP 开发、产业融合发展提供了有利资源和场景支撑。甘肃、青海、西藏等依托丰富本地特色文化资源，立足出版产业基地园区开展特色项目和产品开发，与文化遗产、文旅项目等深度融合发展，培育特色出版集群。另一方面，西部地区可依托西部大开发、西部陆海新通道等区域发展优势，并叠加东盟、中亚等区域开放政策优势。成都、重庆立足产业优势和政策优势，持续完善政策体系和产业生态，以文化产业的生态优化驱动出版产业集群发展。广西、云南、宁夏等则挖掘地域和文化优势，引导出版产业走出国门，进入中东、东盟等海外市场。

三、中国出版产业基地（园区）发展面临的挑战

（一）技术应用不均衡与深度不足

东、中部地区拥有较强的技术研发生态和应用能力，人工智能、大数据、区块链技术等在出版产业基地（园区）渗透率较高，既集聚了大量的技术研发企业、拥有大量的产业人才，且占据较大出版消费市场。东北、西部地区技术整体处于技术应用中下游，产业整体的技术创新能力较为薄弱。在产业链分工中，东北和西部地区整体处于内容供给、生产支撑和算力支持等环节；先进技术对出版内容开发深度仍有较大的提升空间，技术赋能出版内容的要素化、资产化、资本化仍面临较多挑战。

（二）区域协同与产业链整合不足

京津冀、长三角、成渝地区、粤港澳大湾区等产业协同较高的地区，在 IP

开发、产业协同等领域拥有一定基础，产业协作机制加快成型，但出版产业在技术、内容、渠道、人才等领域的整体协同机制仍较为薄弱。各区域特色文化内容资源的协同开发、顶层设计、体制机制等需持续强化。从宏观角度引导各地区出版产业集群差异化发展，在立足本地优势的基础上，实现错位发展、跨区协同、技术共享、整合优势，对提升促进出版产业集群转型升级具有重要作用。在人工智能技术加快行业渗透的背景下，公共技术平台建设不足，也成为阻碍出版业区域协同发展的重要制约因素。

（三）国际化与文化输出效能不足

近年来，我国动漫游戏、网络文学、网络短剧等文化产品走出去取得重要突破。对外贸易功能为主的基地（园区）在其中发挥了重要作用。但综合梳理各地区出版产业基地（园区）的发展来看，跨境版权交易存在数量少、贸易额低等问题，距离世界版权强国仍存在较大差距。对北美、欧洲等地的版权交易，整体竞争力仍有待提升；对东盟、中东、拉丁美洲、非洲等地的IP本土化开发不足，市场综合影响力、内容适配度有待提升。各地区出版产业基地（园区）支撑文化"走出去"仍未形成合力，面向区域国别定向协同的市场机制尚未建立。

（四）政策依赖与市场机制矛盾

各地区出版产业基地（园区）主要采用国资建设运营模式，承担招商引资的经济功能。出版产业基地（园区）企业享受物业租金、财税支持、配套服务等多维度政策支持，导致相关企业形成显著的政策依赖，导致基地（园区）企业市场造血能力不足、市场转型动力薄弱。新兴出版产业业态对资本、技术、人才、数据等要素需求较强，但面对高昂的要素成本，出版产业基地（园区）的政策支撑已难以为产业升级提供持久动力。

（五）产业特色化与标准化冲突

各地区在产业布局时，在承担文化使命之余，往往忽视对文化要素的资源化、要素化、资产化、品牌化开发，反而更倾向于发展游戏、电竞等短期经济价值较高的产业形态,导致产业特色建设不足。我国历史悠久、文化底蕴深厚,但各地区出版产业基地(园区)对文化资源的开发利用缺乏合力。面对丰富的区域文化、民族文化、历史文化、革命文化等文化形态时,文化内容要素的公共开发利用,统一的顶层设计、标准体系、运行机制、要素体系、跨区协作等尚未形成。特色资源要素往往以企业自主开发为主,急需加强引导形成完整的产业链协同闭环。

四、中国出版产业基地(园区)高质量发展的对策建议

(一)构建跨区域协同机制

加快建立要素共享平台,发挥东部地区的技术、资本、人才优势,激活中、西部地区和东北地区的内容资源要素,依托"人工智能+""东数西算"等战略,构建技术共享平台、人才交流机制、要素交易平台体系。推动出版产业基地(园区)基础设施提档升级,依托国家文化大数据体系、全国一体化算力网络等,以项目合作、园区协作等方式,聚焦民族文化、区域文化、特色文化的内容开发,推进人工智能技术、元宇宙技术普及,提升全行业综合技术水平。

(二)持续优化产业链布局

基于国家经济社会发展宏观规划,立足各区域产业基础和资源禀赋,制定差异化产业发展鼓励目录、产业基地(园区)培育建设指引,引导区域产业差异化发展,推动游戏动漫产业、电竞产业、网络文学、网络短剧等产业瞄准全球市场集约发展。充分发挥社会组织的作用,持续推进省域产业协作,深化京津冀、长三角版权协作机制探索,建立出版产业集群联盟,建立内容、技术、平台联合开发机制。建立区域协作政策试点推广机制、梳理代表性案例,引导产业协同发展。

（三）强化文化国际输出能力

制定中华文化开发认证体系，系统规范对文化内容资源的开发规范、标准、流程等，建立我国特色文化开发标准体系，并推动相关标准国际化，对完成标准化开发的文化内容面向全球实施分类授权。加强区域国别出版市场开发，引导东部、中部、西部和东北部基地（园区）各自依托区位、人才、内容和技术优势，提升产品和服务本土化开发能力，定制本土化内容产品，持续协同深耕欧美、东亚、东盟、南亚、中亚、中东、非洲等出版市场。

（四）深化产业政策体系建设

加快提升出版产业基地（园区）市场化运营能力，构建技术、资本、人才、市场等综合服务体系，赋能企业经营水平持续提升。建立出版产业基地（园区）运营、政策推广机制，对金融、技术、人才等方面的先进经验和典型案例进行推广。深化对出版产业基地（园区）内容要素的开发利用，完善要素开发的体制机制，探索内容要素与金融、技术、人才要素的融合发展，提高出版产业基地（园区）内容要素的资源化、资产化、品牌化，引导基地（园区）产业基础高级化发展。

（五）深耕特色内容资源开发

构建政府引导、多元参与的特色内容资源开发体系，发挥社会组织在标准建设、统筹协调方面的优势，激活企业产品服务研发与市场拓展的活力，集合政府公共服务采购、财税支持政策等，引导社会组织、企业及社会力量广泛参与内容开发应用。引导出版产业基地（园区）立足现有产业基础，深入挖掘区域特色文化、民族文化、革命文化等优秀文化资源，整合文化、出版等领域项目与资源，打造融合发展示范项目，推进出版产业基地（园区）与多元文化创意产业深度融合发展。

（课题组成员：袁毅、杨金明、姚慧、吴子鑫、游登贵）

中国"新闻出版+虚拟现实"产业融合发展报告

刘 钊

一、2024年"新闻出版+虚拟现实"行业发展概况

随着出版业数字化转型的加速及大数据、AIGC等技术突飞猛进式发展，2024年我国传统新闻出版行业迎来业态转型变革战略窗口期，融合发展成为不可逆转的趋势，"出版+虚拟现实/元宇宙/人工智能"等前沿数字技术应用已成为中国出版领域的新常态，应用的广度和深度日益扩大，尤其以Chat-GPT为代表的生成式人工智能技术应用席卷而来，成为国内新闻出版业界关注和推动的热点话题。除了2024年备受关注的人工智能技术，2021年横空出世的元宇宙概念依然是行业热门话题，元宇宙概念与虚拟现实技术具有天然耦合性，是虚拟现实技术实现二次突破的关键转折点，整个虚拟现实行业借助元宇宙概念再次进入爆发期。与此同时，新闻出版行业也紧抓机遇，顺应形势，进一步推动行业与元宇宙虚拟现实产业的深度融合，相关部门也迅速出台相应政策提供助力。总而言之，通过不断融合这些新兴技术进入传统的新闻出版行业，不仅仅改变了图书的创作、生产和分发方式，也重塑了读者的阅读体验。

2024年AIGC和VR/AR技术在图书领域的应用呈现出爆发式增长，成为出版业的新热点。技术创新不仅是推动出版转型升级的重要引擎，更是实现出版高质量发展的必由之路。2024年，新闻出版业积极拥抱人工智能，运用5G、VR/AR、云计算、大模型、大数据、区块链、元宇宙、人工智能等前沿技术，实现提效增能和业态创新。国内多地政府已着手布局"人工智能+新闻出版"，

北京、上海、浙江等省市已出台相关支持性政策文件。当前，传统互联网红利逐步消退，虚拟现实技术不断进步，两者交汇推动人工智能技术与其他产业深度融合，成为未来经济社会数字化转型的重要推动力，并承载着对下一代网络空间发展的期望与探索。

本报告深入探讨了人工智能和VR/AR等前沿技术在出版业，特别是出版融合领域的应用现状与发展趋势。此外，还关注了相关新闻报道数量的显著增加，以及技术在教育出版、互动图书开发、内容创作与版权管理等方面的应用与挑战。

VR/AR技术在出版融合中的应用逐渐增多，出版商和内容创作者正积极探索如何将这些技术融入出版创作和阅读体验中。从新闻报道和行业动态来看，生产方对于VR/AR技术的热情持续高涨，不断尝试将虚拟元素融入传统图书，以期提升读者的沉浸感和互动性。消费者对这种新型阅读方式也表现出浓厚兴趣，尤其是在教育和儿童图书领域，VR/AR融合出版物、数字教育平台、沉浸展览展示等产品不断涌现。中图云创智能科技（北京）有限公司让读者通过MR设备"穿越时空"，欣赏中国特色自然和文化景观；吉林出版集团少儿科普类的融合出版物，如《少年中国地理》《宇宙探索大揭秘》《虫儿飞飞儿童汉语分级读物》等，这些书中所涉及的知识点均在VR场景中有所体现，并有深度的交互效果，VR场景不具有固定主线，读者可在720°全景环境中自由漫游、自主探索，从而显著提升学习的沉浸感与主动性。

AI技术在新闻出版领域的应用同样呈现出快速发展的态势，被广泛用于图书推荐系统、自动生成内容、语音识别和翻译等方面。出版社和科技公司正在积极合作，开发基于AI技术的图书产品，以提高生产效率和满足个性化阅读需求。消费者，尤其是年轻一代读者，对于AI辅助的阅读体验持开放态度。并且，消费者对VR/AR技术带来的沉浸式、互动式阅读体验表现出一定的兴趣和关注。这种新的阅读方式能够增强阅读的趣味性和吸引力。2024年，关于AI和VR/AR技术在出版融合领域的新闻报道数量显著增加，关注的话题包括技术在教育出版中的应用、互动图书的开发，以及AI在内容创作和版权管理中的挑战等。

VR/AR技术和AI技术在出版业的应用已经取得了显著的成果，为出版商和读者提供了更加丰富和便捷的阅读体验。从儿童教育到高等教育，从艺术展览到科普读物，从自助出版到旅游指南，VR/AR 技术的应用极大地丰富了图书的内容和形式，提高了读者的参与度和满意度。在内容创作、自动内容生成、编辑校对、语言翻译、个性化推荐、数据分析、版权管理和语音识别等方面，AI 技术的应用显著提高了出版工作的效率和质量，为出版商提供了强大的技术支持。未来，随着技术的不断进步和应用的不断深化，VR/AR 技术和 AI 技术将在出版业发挥更大的作用，持续推动出版业的创新与高质量发展。

教育是最先利用虚拟现实技术并将之具体运用的行业，在政策激励和市场需求的双重驱动下，这一市场持续增长，前景广阔。当前，虚拟现实技术在教育领域的应用，主要包括中小学教育、职业教育、高等教育等方面。中小学教育方面，借助虚拟现实沉浸式教学的体验，可以有效突破传统课堂教学中的抽象、困难的知识点教学瓶颈，实现由传统的"以教促学"的学习方式，转向学习者通过自身与信息环境的相互作用自主构建知识，从而激发学生的学习兴趣。职业教育方面，在消防、物流、航空航天等教学与实景实践相结合领域人员培训中加入虚拟现实技术，通过交互式虚拟操作，学生可在低风险、低成本的环境中进行仿真训练，达到教学及实训大纲要求，提高教育教学质量。高等教育方面，在虚拟实验室、虚拟设计工坊等方面部署，能够打破实验教学的场地、费用等限制，积极推动虚拟显示技术在科研创新中的应用。教材和教具正是虚拟现实技术在教育领域应用的媒介，没有合适的配套教材、教具，虚拟现实技术再先进也无法落地，难以达到理想的效果，因此，各大出版集团开始从出版传统的纸质教材向出版新式 VR/AR 教材转型。

在儿童教育领域，AR 技术的应用极大地丰富了传统图书的阅读体验。通过 AR 技术，图画书中的人物和场景可以变得生动有趣，孩子们可以通过手机或平板电脑扫描书页上的特定标记，激活虚拟内容。这种沉浸式的阅读体验不仅提高了孩子的学习兴趣，还激发了他们的创造力和想象力。如中信出版集团与英国 DK 公司合作，推出了 AR 增强现实的科普图书《史前世界》，通过 AR 技术，孩子们可以在书页上直观体验栩栩如生的恐龙，极大地增强了学习的趣味性和互动性。

在高等教育领域，VR 技术的应用为学生提供了更为直观和真实的实验环境。传统的实验室教学往往受到设备和场地的限制，而 VR 技术可以创建虚拟实验室，让学生在安全的环境中进行模拟实验操作。如医学专业的学生可以通过 VR 技术进行解剖学的学习，观察人体内部结构，甚至模拟手术过程。化学专业的学生可以在虚拟实验室中进行危险的化学反应实验，避免实际操作中的安全风险。此外，VR 技术还应用于远程教育，学生可以在家中通过 VR 设备参加虚拟课堂，与教师和其他学生进行实时互动，提高了学习的灵活性和便捷性。2024 年 8 月 9 日，天津泰达图书馆开展的"数智前行，启航未来"AI 智能阅读体验周活动中，集中展示了涵盖人工智能、数字阅读、VR 体验、智能应用等领域的 20 余种人工智能及数字化、智能化阅读装置设备，让学生和参观者能够亲身体验虚拟实验室的奇妙之处。

在科普读物领域，AR 技术的应用使得复杂的科学概念变得更加直观易懂。通过 AR 技术，读者可以直观地看到科学现象的三维模型和动态演示，帮助他们更好地理解抽象的概念。例如，一本关于天文学的科普读物，可以通过 AR 展示太阳系的三维模型，行星的运动轨迹，甚至模拟日食和月食的过程。一本关于生物学的科普读物，读者可以通过 AR 应用看到细胞的结构和功能，观察生物的生长过程。这种互动式的学习方式不仅提高了读者的理解能力，还激发了他们对科学的兴趣和热情。山西科学技术出版社开发的山西古建筑交互平台，通过 VR 技术，观众可以直观学习古建筑的榫卯结构，增强了科普读物的教育效果。

在自助出版领域，VR/AR 技术的应用为作者提供了更多的创作可能性。作者可以通过 VR/AR 技术创作更加多样化的内容，如利用 AR 技术制作互动式电子书，读者可以通过触摸屏幕与内容进行互动，增强阅读体验。通过 VR 技术，作者可以创建虚拟现实小说，读者可以通过 VR 设备沉浸在故事情境中，感受更加真实的情感和氛围。此外，VR/AR 技术还可以用于制作多媒体内容，如视频、音频和动画，丰富图书的形式和内容。这种技术的应用不仅拓宽了自助出版的可能性，还为作者提供了更多的创意空间和表现手段。例如，一些独立作者利用 AR 技术创作了互动式绘本，通过手机或平板电脑，读者可以与书中的角色进行互动，增加了阅读的趣味性和参与感。

在旅游指南出版领域，VR/AR 等虚拟现实技术的应用，为用户提供了一种全新的旅游体验。通过 AR 技术，旅游指南可以提供虚拟旅游体验，让用户在出发前预览目的地的风景和文化。例如，一本关于巴黎的旅游指南，用户可以通过 AR 应用看到巴黎的著名景点，如埃菲尔铁塔、卢浮宫等，甚至可以听到导游的解说，了解每个景点的历史和文化背景。通过 VR 技术，用户可以进行虚拟旅行，仿佛身临其境地游览目的地，感受当地的风土人情。这种技术的应用不仅提高了旅游指南的实用性和趣味性，还为用户提供了更加丰富的旅游选择和体验。

AI 技术在自动内容生成方面的应用也非常广泛。例如，AI 可以自动生成新闻报道，根据新闻事件的数据和信息，快速生成详细的报道内容。此外，AI 还可以用于生成广告文案、营销材料等内容，提高内容的多样性和吸引力。这种技术的应用不仅提高了内容生成的效率，还降低了创作成本，为内容创作者提供了更多的选择和机会。例如，部分新闻机构已经开始使用 AI 技术自动生成新闻报道，提高了新闻发布的速度和频率。

在编辑校对领域，AI 技术的应用显著提高了编辑的效率和准确性。AI 可以自动检测文本中的语法错误、拼写错误和标点符号错误，帮助编辑快速发现并纠正问题。AI 还可以进行内容的自动排版和格式调整，确保文本的美观和规范。此外，AI 还可以用于内容的自动翻译和本地化，帮助出版商将内容翻译成多种语言，扩大市场的覆盖范围。这种技术的应用不仅提高了编辑工作的效率，还降低了人工校对的错误率，提高了出版物的质量。

AI 技术在语言翻译领域的应用，为出版商和读者提供了极大的便利。AI 翻译工具可以快速准确地将文本翻译成多种语言，帮助出版商将内容推向国际市场。例如，一本英文图书可以通过 AI 翻译工具快速生成中文、法文、德文等多个语言版本，扩大读者群体。AI 翻译工具还可以用于实时翻译，例如，在国际会议和活动中，AI 翻译工具可以实时翻译演讲内容，方便不同语言背景的听众理解。

AI 技术在版权管理方面的应用，为出版商和作者提供了强有力的保护。通过自动识别和管理图书版权，AI 可以帮助出版商和作者保护自己的合法权益。例如，AI 可以自动检测网络上的侵权行为，及时通知出版商和作者采取法律行动。AI 还可以用于版权交易和授权管理，帮助出版商和作者更高效地管理和利用版权资源。一些出版公司已经开始使用 AI 技术进行自动化版权管理，提高版权保护效率的同时也取得了较好的效果。

二、"新闻出版+虚拟现实"融合发展困境

"新闻出版+虚拟现实"为我国新闻出版行业实现转型升级、提高生产效能带来了时代机遇。然而,虚拟现实作为一种新兴媒介,其在新闻出版领域的应用尚处于初步探索阶段,技术与内容的融合尚不充分,尤其是在人工智能、AIGC、元宇宙等概念还处在争论、尚未实现广泛落地应用的背景下,谈深度融合为时过早。技术的飞速迭代与传统出版的原有生产模式之间存在明显的节奏差异,传统出版行业由于存在原始生产的惯性,无法有效与新技术实现同步耦合,行业创新也会因此受到牵制,无法做到切实有效的有机融合,容易陷入浅层融合的困境中。所以,要实现"虚拟现实+新闻出版行业"的真正长久发展,必须在看到发展成绩的同时正视存在的问题。

(一)技术成熟度和成本问题面临制约

虚拟现实技术虽然快速发展到元宇宙和人工智能落地应用阶段,但仍然面临着技术成熟度不高和成本较高的问题,这限制了其在出版业尤其是在预算有限的中小型出版企业中的广泛应用。首先,与 Apple Vision Pro 强大功能相对应的是高额的能耗和高昂的售价,配备的专用电池一次只能提供最多两个小时的使用时长,这将极大地限制用户在户外的使用时长,而户外显然是用户购买该设备相当看重的使用场景。其次,3 500 美元的售价在当下必定会阻碍个人用户的推广应用,短时间内难以触及最广泛的 C 端消费市场群体。同时,用户对于虚拟现实技术的接受度和使用习惯,也在一定程度上限制了其在出版业的应用。从市场需求与投资回报角度来说,出版企业需要评估市场对于虚拟现实技术产品的需求,并考虑投资回报率。目前,国内出版企业在相关前沿技术应用方面投入的资金和人力资源有限,大多处于试水阶段,对于以营利为目的的企业来说,在市场需求尚不明确的情况下,大规模投资前沿技术应用存在风险。最后,随着人工智能技术的发展和人工智能市场的不断扩大,越来越多的出版企业尝试将前沿技术应用到业务中。然而,市场上相关技术产品种类繁多,产品品质参差不齐,出版企业选择和使用技术产品时,反而面临着诸多困难。如

何将前沿技术与出版内容有效融合,创造出既有教育意义又具有吸引力的高性价比产品,是出版业需要探索的难点。

(二) 标准制定主体间仍未打破"各自为政"

在实践中,跨产业行业协同制定标准虽然有助于整合标准制定范围及优化指导框架,但仍存在与协作方上级监管部门的下属标准机构制定的标准内容交叉重叠、各标准名称定义不统一、标准解释难度增大等问题,各标准制定方主体间各自为政的局面仍未打破,需要和其他上下游相关行业建立广泛的合作互联,尽快建立与国际接轨的通用标准体系。目前,AI 和 VR/AR 技术在出版业的应用尚处于初级阶段,缺乏统一的技术标准和行业规范。这导致市场上产品质量参差不齐,用户难以辨别优劣。例如,不同厂商的 VR/AR 设备和内容之间存在兼容性问题,用户在使用过程中可能会遇到各种技术障碍。此外,缺乏统一的标准和规范也使得监管机构难以进行有效的监管,影响了行业的规范化和标准化发展。因此,建立健全的技术标准和行业规范是推动出版业健康发展的关键。

(三) 出版融合发展人才需求缺口较大

随着"人工智能+"时代的到来,出版产业面临技术、媒介以及人才应用方面的重大革新,出版融合发展人才队伍中,跨学科、跨领域、复合型人才较少,对新媒体和出版营销领域有研究的编辑人才普遍匮乏,常常面临懂技术的人不懂媒体,懂媒体的人不懂出版,懂出版的人不懂技术这 3 种尴尬局面,复合型人才的缺乏极大地制约了出版融合高质量发展。如果出版行业的从业者缺乏对大模型等先进技术的深入理解,他们有效运用数据、提炼和整合知识的能力将显著减弱。同时,传统的营销方式和手段已无法满足用户和渠道的需求,要求出版从业人员增强对市场和渠道的敏感性,具备较强的数据分析能力和用户运营能力,能够通过各种技术手段以及互联网用户感兴趣的玩法将用户引流至私域流量池,并持续通过活动增强用户黏性。因此,为提升出版业的社会影响力及对杰出人才的引力,亟待打造一支具备高端水平、高尚品质、专业素养和广阔视野的人才队伍。

（四）技术"双刃剑"挑战现行法规制度

技术立法往往落后于技术发展的步伐，前沿技术运用在提高出版生产力的同时，也对现行的版权法规、出版管理制度产生了颠覆性的影响和挑战，加大了监管的难度。比如大数据精准算法推荐，在为人们提供更加精准的信息服务时，也限制甚至剥夺了人们的知情权和选择权，大数据成为新的媒介，无形中对用户进行了"议程设置"，导致用户间信息"鸿沟"进一步加深。同时，随意获取和使用数据的行为泛滥，数据获取的边界范围界定模糊，个人和机构的隐私权难免受到侵害。另外，生成式人工智能模型并不是通过对现实世界的观察和科学取证的方法来输出结果，生成文本的准确性和真实性有待商榷。它实际上只是依据用户上传的资料进行排列组合，不具有任何文学独创性、创新性和思辨性。而且，智能模型本身不是建立在真正理解语言和现实社会的基础之上，其内容往往偏离人类社会的价值取向，容易产生误导性的语音和话语体系。如果阅读和使用相关内容的读者对此不加思考和批判，而选择依赖和信任，就必然给知识、技能和价值的传承带来风险，进而导致信任的崩塌。许多学术期刊已经明确表示，出于研究诚信、许可、隐私和知识产权保护等方面的考虑，将不会刊登包含 AI 创作图像或视频的投稿。缺少法规和条例的引导和规制，越来越多使用生成式人工智能的公司发现其系统运行的安全性受到了很大挑战。

三、"新闻出版+虚拟现实"融合发展对策与路径

要想利用好元宇宙、人工智能技术和虚拟现实技术并实现其与新闻出版行业的融合发展，新闻出版行业除了要紧跟硬件的快速发展外，软件、人才等方面的发展也需要迅速跟上。虚拟现实新闻出版物的行业标准、内容监管以及相关人才的培养和引进均需要快速建立起来，在打好基础的同时，不忘进行成本方面的权衡和考虑。总之，内容生产与监管、技术局限和人才需求等是目前发展新闻出版+虚拟现实行业的主要切入点。

（一）加快融合布局 依托出版业内容优势建设 AI 数据库

随着智能化和数字化技术日益渗透到出版工作的各个环节，这些先进技术已成为推动出版创新的关键工具和策略。它们在媒体融合进程中的影响力不断增强，促进了出版社从传统的单一出版模式向多元化的内容发布形式转变，并推动其从单纯的出版服务供应商演变为提供创新技术及行业解决方案的角色。目前，核心策略在于将前沿技术有效地融入出版领域——关键在于如何借助技术提升内容质量，优化基于纸质书籍的知识服务，以满足读者需求。出版社应当积极推动各类智能数字化技术的整合，不断探索新兴技术的创新应用，以此提升内容产品的附加值，进而从内容创新、传播效率和收入增长等多个层面创造更大的价值。出版业语料资源丰富，出版社通过纸质书电子化形成的图文资源库是 AI 大模型训练的重要数据库，辅以出版公司在版权、IP 等方面的资源优势，将成为 AI 模型研发进一步智能化的关键基石。此外，出版企业还应对现有数字化内容进行资源整合，布局统一的数据智能体系，与大模型技术企业合作进行语言训练，共同开发智能阅读应用。妥善用好版权数据，持续推进 AIGC 在积累出版企业数字资产、创新数字经济来源方面发挥的赋能作用。

（二）持续推进 助推前沿技术标准化体系建设日趋完善

标准是重要的创新资源，是国际公认的国家质量基础设施和世界通用语言。随着人工智能技术的成熟，人工智能只有与其他行业深度融合才能发挥巨大潜力，今后对该领域的研究和标准制定将呈现出多学科交叉融合的特征。近年来，全国新闻出版标准化技术委员会及各协作机构持续致力于完善融合出版领域的标准体系，不断推进相关规范的建立健全。今后应结合实际提高一批技术、软件、硬件、应用标准，协同推进新兴产业各类型标准研制，提升标准与产业科技创新联动水平，加强跨行业和前沿技术领域交叉标准研制，前瞻布局未来产业标准研究，推动淘汰落后标准，不断提升广大民众对精神文化生活的需求，确保标准在保障数字出版业持续健康发展中的基石功效。以数字人和 AI 创新为核心，致力于强化关键技术标准的研发，旨在推动自主创新和独特技术向国际认可的标准转变，不断丰富我国融合出版的标准化框架，实质性增强我国数字出版业在全球市场的竞争优势。同时，稳健推进标准的制度性开放，鼓励外资企业依法享有同等参与标准制定的权利，并积极融入全球标准化进程，贡献中国深度参与的策略和智慧。可以预见，随着行业规范体系的深化升级，融合出版的实践操作将更加依托于成熟的标准化指引。

（三）加强数智赋能 培养适应新时代需求的复合型人才

人才是虚拟现实产业持久发展的保障，随着生成式 AI 技术的持续优化和推广，一些传统编辑岗位将进行智能化升级，未来的出版人才必须具备数智化综合素养，才能充分驾驭新技术、掌握新工具，适应发展新需求。出版单位要建立完整的虚拟现实技术人才培养方案，培养跨学科融合思维人才，强化各学科各产业之间的关联性，并通过对职业种类、能力要素、能力要求等进行大量综合性调研，结合当前新技术、新工具在新领域的行业业务应用和代表性案例有的放矢地打造应用型数字人才。同时，出版单位还可以联合重点高校，共同创新融合出版人才培养机制，将人才培养工作与高校学科建设、专业设置相结合，与国家出版融合发展的新要求、新项目、新制度相结合。以跨单位协作、项目申报、实务训练、课题研究、论坛培训等多种方式，共同打造校企合作和产学研用的典范，加速推进产学研三方深度对接与高效联动，高校、科研机构携手培养一批具有互联网思维，具备全媒体生产、传播、运营、管理等相关能力的复合型人才。最后，出版单位可以通过组织各类技能比赛，以赛促学练"精兵"。在人才培养战略中，全力支持出版融合领域的关键部门，通过政策咨询、数字化资源注入、专业人才培育和技能提升比赛等举措推进。设立一系列便利措施和激励体系，激发编辑的能动性，鼓励他们积极参与多元化的出版融合教育项目。通过深度交流与实践，旨在构建一个由该领域权威引领、高层领导监督、部门主管积极推动的跨学科、充满活力且持续学习的融合出版团队。

（四）强化有效防范 切实发挥生成式人工智能应用优势

生成式人工智能的发生与发展，为人类生产生活尤其是融合出版的发展带来无限可能。有效防范 AIGC 带来的风险，有助于我们充分发挥技术优势，更好地提升出版服务的质量。首先，政府监管机构要通过制定相关政策法规，对生成式人工智能的算法和数据采集进行有效引导、统筹管理。制定的政策框架需要与我国立法和监管背景保持一致，并且要随着技术更迭而更新，不断提高现有法规的适用度。在监管的同时给予人工智能创新的自由度，协同创造出更高质量的内容。其次，对 AI 使用的数据内容边界要高度清晰，通过制定行业道德规范准则和检验标准，明确 AI 大模型辅助创作的定位，保持理性判断。增强提供生成式人工智能公司的责任意识，在涉及与个人身份或受版权保护的知识产权有关的内容时，必须获得同意与许可后才能使用。虚拟现实优质内容创作的门槛较高，精通计算机科学且对垂直领域理解深刻的复合型人才培育周期较长，我国出版单位可探索利用 AI 大模型协助开发虚拟现实内容应用，提升内容创作质量和效率，缩短人才培育时间和成本，切实发挥生成式人工智能应用优势。

四、总结与展望

技术赋能出版，出版塑造未来。当前，前沿技术已成为推动经济社会发展和人类文明进步的关键力量，产业发展战略窗口期已然形成。国务院印发的《"十四五"数字经济发展规划》指出，要探索发展跨越物理边界的"虚拟"产业园区和产业集群，加快产业资源虚拟化集聚、平台化运营和网络化协同，构建虚实结合的产业数字化新生态。深化人工智能、虚拟现实、8K 高清视频等技术的融合，拓展社交、购物、娱乐、展览等领域的应用。目前国务院正在紧锣密鼓地研究制定"十五五"数字经济发展规划，预计会进一步提升虚拟现实产业的地位和扩展边界。

具体到新闻出版领域，中央层面高度重视新闻出版业与虚拟现实等新兴技术的融合发展。国家新闻出版署印发《关于开展出版业科技与标准创新示范项目试点工作的通知》指出，要加强虚拟现实技术在出版领域的创新应用和研究；中共中央宣传部印发《关于推动出版深度融合发展的实施意见》，围绕加快推动出版深度融合发展，构建数字时代新型出版传播体系，坚持系统推进与示范引领相结合的总体思路，从战略谋划、内容建设、技术支撑、重点项目、人才队伍、保障体系 6 个方面提出 20 项主要措施，并对未来一个时期出版融合发展的目标、方向、路径、措施等作出全面部署，提出明确要求，为以书报刊为主要产品形态的出版业进一步指明了出版融合发展的方向。地方层面，北京、山东、江西、上海、江苏、云南、四川、贵州、河北、青岛、深圳、杭州等地均出台了相关政策，以加强虚拟现实技术的应用和产业融合。

展望未来，新闻出版与技术的融合将越来越深入，技术对新闻出版业的影响将越来越广泛。站在新闻出版数字化信息化发展的十字路口，如何联合多方力量，推动出版融合走向纵深成为新闻出版界关注和推动的热点话题。中国新闻出版业将积极响应科教兴国、人才强国政策，坚持以内容建设为根本、先进技术为支撑的原则，拥抱新技术、用好新技术，勤耕不辍、敬业笃行，为新闻出版强国建设提供强大的技术力量，推动新闻出版业融合创新、高质量发展。

（作者单位：中国新闻出版研究院）

中国数字主题出版产业研究报告

重庆华略数字文化研究院

2024年我国规模以上文化及相关产业企业实现营业收入14.15万亿元，比上年增长6.00%，其中数字创意产业实现营业收入5.91万亿元，比上年增长9.8%，说明数字文化产业在文化产业整体格局中的重要地位日益凸显。根据《2023—2024年中国数字出版产业年度报告》数据显示，2023年中国数字出版产业整体规模为1.62万亿元，同比增长19.08%，成为推动数字文化产业快速发展的重要引擎。2024年，出版业深度融合发展是重要趋势，尤其是大数据、云计算、人工智能等新技术在出版领域不断应用，数字出版涌现出很多新业态、新模式和新机遇，数字主题出版产业蓬勃发展，呈现出强劲的发展活力。

一、数字主题出版产业发展态势

（一）产业生态布局持续深化

2024年，数字主题出版产业顶层设计持续夯实，政策环境与产业生态格局持续深化。

一是政策引领科技驱动产业升级。年初，国家发改委印发《产业结构调整指导目录（2024年本）》，将"广播电视和网络视听制作、发行、交易、播映、出版、衍生品开发、版权保护、监管及相关技术开发应用"等内容纳入鼓励类目录，推动产业向高端化、智能化、绿色化方向发展。随后，为深化出版行业智库建设，提升智库服务水平和能力，国家新闻出版署印发《关于实施2024年度出版智库高质量建设计划的通知》，同时还推出了出版业科技与标准创新示范项目工程。

二是产业融合发展呈现新动态。出版领域不断搭建融合发展交流平台，促进产业深度融合发展。北京召开的出版融合发展大会强调跨行业、跨领域、跨地域合作。第三届全民阅读大会深入探讨城市数字阅读发展力、创新力和竞争力提升问题。同时，从2024年国家出版基金年度项目立项结果来看，大部分资助项目关注出版融合发展难题。

三是产业区域布局重点突出、差异分布。北京、浙江、江苏、上海的数字主题出版产业发展势头强劲，引领带动作用显著，湖北、湖南聚集数字影音重点企业，四川注重动漫内容原创发展，重庆加强数字文化消费提档升级。

四是重要业态保持高速发展态势。2024年全国游戏版号申报量达到1 306项，移动端游戏占比91.04%，产业高度集聚于长三角和珠三角地区，浙江、上海和广东三个省市占比超过54.06%，其中浙江占24.50%、上海占21.44%、广东占8.12%。此外，腾讯、爱奇艺以及优酷三大平台全年共上映动漫2 807部，其中腾讯248部、爱奇艺1 223部、优酷1 336部。从分布种类上来看，前三类是玄幻类、热血类和冒险类，分别占比19.84%、18.60%和17.39%。

（二）文化价值引领效能不断提升

2024年，中国数字主题出版已成为传播党的最新理论、政策和方针的有效载体，在满足人民精神文化生活需求，促进主流文化价值传播等方面发挥了重要作用。2024年"学习强国"App平台发布多项学习视频，其中"习近平文化思想"系列有17期，共计86.9分钟；"习近平文化思想系列宣讲微视频展播"有11期，共计59.13分钟；还有微党课等其他系列视频，共计171.71分钟，这些视频的观看量、点赞数、评论数都居于较高水平。《求是》杂志发表《加强文化遗产保护传承　弘扬中华优秀传统文化》《加快构建全国一体化算力网　推动建设中国式现代化数字基座》等高质量文章，引导政、产、学、研、用有机融合，共同发力增强文化产业的社会价值效能。各省区市加强党的二十大精神、二十届历次全会精神学习，打造重大理论阐释研究专项工程，凝聚学界、智库专家学者集体智慧，为文化繁荣发展决策提供参考。此外，国家官方平台播出"国家记忆"系列项目共192期，全年累计观看人次超1.2亿；贵州省"红飘带（贵州长征文化数字艺术馆）"项目在2024年国庆期间，借助融媒体平台，累计获得1.6亿次关注量，文化旅游服务营收规模实现倍数增长；根据《数字中国发展报告（2024年）》数据显示，"全国古籍普查登记基本数据库"新增发布55家单位古籍普查数据11.63万条、101万册。这些实践印证了新技术正在为数字主题出版产业发展赋能，增强了数字主题出版的文化价值引领效能。

（三）技术赋能产业深度融合发展

2024年6月18日，人工智能出版融合发展研讨会（2024）提出出版产业应实现数字化与实体化的融合，强调AIGC（人工智能生成内容）将成为推动出版业高质量发展的创新动力之一。同年6月，数传集团推出的RAYS出版融合云平台7.0版本，实现了跨平台内容的无缝适配和数据共享，极大地提高了出版工作效率，为用户提供了更加便捷的阅读方式。中国知网发布的"中华知识大模型5.0"可支撑知识服务、科学研究、探究学习、生产经营、辅政决策、辅助诊疗、智慧司法、工业制造等多领域应用场景。果麦文化传媒股份有限公司携手爱漫阁（上海）智能科技有限公司，发布了国内首款专业动漫图文模型与AI工具，漫画创作者可以用极简操作完成草稿勾线、线稿上色、场景生成等操作。凤凰出版传媒股份有限公司完成苏州观前书城7 600平方米升级改造，无锡图书中心入选第三届全民阅读大会年度"最美书店"，丰富了"文化+"消费新场景、新体验。上海电影聚焦AI技术在短剧和影视垂直领域的应用开发，以"哪吒闹海"等IP为主题发起"全球AI电影马拉松大赛"进行AI创作，并在电影节期间评选出"IP创意奖""最佳青年团队奖""评审团大奖"等8项大奖。此外，上海电影与字节跳动旗下的AI创作与内容平台"即梦AI"达成战略合作，以"AI+影视"深度融合为核心，围绕内容创作、技术研发、IP焕新、人才培养及联合实验室共建等领域展开全方位合作，共同助力影视产业智能化升级，构建"科技赋能、内容共生、产业升级"的全新生态。

（四）主题出版选题更加聚焦

2024年10月，中央宣传部发布《关于做好2024年主题出版工作的通知》

（中宣办发〔2024〕18号），最终确定2024年主题出版重点出版物选题171种，包括大众文化、教育科普和少儿出版等多种品类，其中图书选题151种、音像电子出版物选题20种，包括动漫、微动画、有声书等多种出版物形式，与2023年相比，主题出版物选题种类稳定，与2019年相比，增加了81种，增长了67.78%，其中音像电子出版物选题增加7种，主题出版近年来发展态势良好。数字主题出版在多个细分领域不断深化，如科普出版领域，选题更加多元、形式更加生动、体验更为丰富，浙江电子音像出版社的《繁霜尽是心头血——共和国时代楷模们的故事》联合喜马拉雅打造的广播剧，选取了时代楷模中那些为国家富强、民族振兴做出重大贡献的院士，讲述他们从国家急迫需求和长远需求出发，在不同专业领域不懈奋斗，勇闯"无人区"的爱国精神、奉献精神，以及坚毅执着、目标远大、脚踏实地的科学精神；中国唱片集团有限公司打造的《国之颂——庆祝新中国成立75周年100部优秀音乐作品》在国家官方电视平台播出，受到观众广泛好评；人民卫生出版社"相约健康百科"丛书利用创新性技术手段，拍摄丰富的视频素材，对丛书内容进行进一步的拓展和延伸，丰富了文化科普的吸引力。

（五）教育出版数字化发展趋势凸显

一是"AI+教育"模式成效显著。借助人工智能算法，能够依据用户学习进度、知识掌握程度以及兴趣偏好，量身定制个性化学习方案，并提供智能辅导，满足不同用户的差异化学习需求，极大提升了教学效率与质量。世纪天鸿的"笔神作文"，凭借积累的海量优质语料，为用户写作过程提供全程AI辅导；10月更新上线网页版的"小鸿助教"，新增教案生成和课件生成等功能，涵盖600多本教材的课程目录，其内置的AI课件与教案编辑器，支持教育者根据自身教学需求进行个性化改编，有力助推了备课效率与教学质量的提升。

二是数字产品和数字化服务层出不穷。2024年8月，二十一世纪出版社与上海京鼎动漫科技有限公司合作推出"顶呱呱游学"品牌，结合畅销书"大中华寻宝记"系列IP内容，以"中华大地寻宝"为主题，引领读者以"跟着书本去旅行"的独特方式，深度体验文化的多元魅力。其中，"山西寻宝记"游学营和"广东寻宝记"游学营成功入选2024年度桂冠童书创新项目，为教育出版与文旅产业融合提供了新范式。

三是智库与平台搭建取得突破性进展。2024年8月,"江右文库"数据库平台首批数字化成果正式上线,包括数据库平台及"方志编"通志卷数字化成果,"方志编"通志卷收录6种省级志书,数字化成果共计26册,标志着江西省在古籍数字化进程中迈出关键一步,为全国古籍数字化保护、传承与利用开拓了新思路、提供了新手段。江西新华云教育科技有限公司自主研发的"领思大模型"成功通过国家网信办备案,基于此模型的江西省首款出版业AI应用——"文书守正"于2024年3月上线,已服务近百家B端用户,上线首月便覆盖近2 000个账号,主要面向江西政府机关、企事业单位工作人员。凤凰传媒大力推动"凤凰智灵平台"发展,一期、二期建设任务圆满完成,显著提升办公、编辑、校对、营销等环节的效率,该平台成功入选国家新闻出版署2024年度出版业科技与标准创新项目"科技创新成果奖"。

(六)童书主题出版呈现新亮点

当前,童书主题出版已成为新时代主题出版的新亮点。2024年少儿出版市场年会上,北京开卷信息技术有限公司发布的《新周期下的少儿图书零售市场》报告指出,2024年1—10月少儿图书零售市场虽在内容电商驱动下实现了正向增长,但折扣战导致利润空间压缩。与此同时,抖音、小红书等新媒体平台强势崛起,重塑童书营销格局,传统渠道持续承压,主题出版凭借多元创新模式脱颖而出,成为童书出版新亮点。

在产品形态创新方面,接力出版社在场景体验端发力,开放运营青少年新科技探索体验馆,融合人工智能与光影阅读两大主题,依托中科院专家团队与工信部测评体系,打造分龄式科普课程,并开展STEAM、机器人编程等研学活动,实现"出版 + 教育"深度融合。

在数字内容领域,主题出版同样成果斐然。接力出版社运用人工智能技术制作的《小聪仔妙想世界》AI动画,上线首月播放量即突破5 000万次,跻身少儿内容热度榜前列,其趣味性与科学性获多方认可,被纳入多地小学科学课堂辅助教学。人民教育电子音像出版社的《少儿国学伴成长——中华典故有声书》、湖南电子音像出版社的"大国工匠"动漫系列等优质项目,纷纷入选2024年主题出版重点出版物选题,彰显了主题出版在弘扬传统文化、传播时代精神方面的重要价值。这些实践表明,主题出版正通过内容、形式、场景的多维创新，打破传统童书出版边界，不仅满足了用户对儿童读物寓教于乐的需求，也为行业开辟了差异化竞争新赛道，俨然成为新时代童书主题出版的标志性品类。

二、数字主题出版产业发展问题与对策

（一）数字主题出版产业发展面临的问题

1. 细分领域数字主题出版策划有待加强

坚持精品引领、策划带动，构建主题突出、质量上乘的数字主题出版作品策划机制，是各大出版企业共同关注的重点。据统计，2024年文学、科技、少儿等主题出版细分领域，数字作品数量相对较少，文学故事、科技故事和文化故事的全景式、立体式呈现略有不足，对读者群体的吸引力有待提高。关注细分领域出版策划，必须在出版物选题创新上寻求突破。

要充分关注社会事物的发展和人们对文化需求不断增长的持续性，在思想上牢固树立"选题创新无穷尽"的观念；要善于运用创新思维，通过对现有素材多维度、深层次、成系统的分析，挖掘出独具特色的原创性选题。还要跳出单一出版单位、单一介绍某个领域科技成果的标准思维模式，站在建设科技强国高度，运用系统论原理进行跨行业设计，使作品从众多同类选题中脱颖而出。2024年公布的科技主题出版作品《"从0到1"的突破——国家科技重大专项创新成果集萃》系列专题片、《中国光谷：走科技自立自强之路》等沿用的是标准制作范式。

2. 数字主题出版运作机制有待完善

随着新一轮科技革命和产业变革加速演进，数字主题出版运作机制得到出版社关注和重视，但在实践中由于各出版社自身基础和优势差异，数字主题出版产品的全产业链运营理念仍有待加强。通常情况下，出版企业在数字化生产环节遭遇瓶颈，部分出版企业的数字化运营还停留在数据资源的数字化整合阶段，缺乏深度融合，难以形成有效的数字营销策略。同时，出版企业在技术领域出于运营周期长、投入成本大等方面的考量,大多选择借助外部技术支持,从长期来看,这种局面不仅阻碍了产品的创新升级,同时也削弱了出版企业对于技术的掌控,增加了企业技术成本开支。《风云宝石丨罗汉岩》等数字主题出版产品受众反馈度不高,数字主题出版产品影响力尚未形成,未能为用户提供更加丰富、个性化的阅读体验。在 IP 资源方面,现有优质 IP 资源挖掘力度有待提高,如少儿数字主题出版领域缺乏拳头产品,已公布的少数数字主题出版产品难以形成品牌影响力。同时,新 IP 的打造面临诸多挑战,难以迅速崭露头角。此外,还要注意数字主题出版经营效率有待提高,尤其是要充分整合并加大优质资源投入。

3. 数字主题出版数据资源建设有待增强

在出版产业数智化发展进程中,数据是其稳健发展的核心动能,与算力、算法共同构成了数字生产力,出版业逐渐走向数据改革。然而,当前数字主题出版业的数据资源应用仍旧存在难题。

一是数据体系建设尚不完善。数据是出版业数字化发展的基础,数据体系的建立与完善程度影响着出版业数字化发展的进程。当前出版业在数据资源方面尚处于探索阶段,数据基础设施以及体系化标准尚未形成,大多出版企业的数据采集、整理、存储以及分析环节较为零散,数据在不同部门间难以共享和使用,从而削弱了数据的商业价值。此外,许多企业尚未构建数据治理体系,缺乏数据的整理分类以及质量把控等管理规范,加大了数据资源在应用管理上的局限。

二是数据价值转化路径有待明确。数据在数字化发展中的作用不仅体现在生产力上,还体现在数据本身作为资产所实现的价值增值上。数据资产化的价值核心在于能够通过数据的使用、共享乃至交易,使得数据资源转化为具有资产性质的数据产品与服务。在现实中,出版业在数据资产化价值化方面存在较大短板,数据与应用场景结合不够紧密,数据产品与服务开发滞后,与市场需求不匹配。企业所积累的大量内容与用户数据未能得到深度开发与应用,数据资源缺乏有效量化机制,难以转化为可管理的企业资产并进行管理与流通,不仅导致数据资产化进程缓慢,同时也阻碍了数据的市场化应用。加之缺乏规范的数据交易机制,进一步阻碍了数据资产的增值变现。

（二）数字主题出版产业发展的对策建议

1. 紧扣主题主线，全方位挖掘数字主题出版选题

深入宣传阐释党的二十大精神，聚焦新时代新征程中国共产党的使命任务，把握中国式现代化的中国特色和本质要求，围绕党的二十大作出的各项决策部署，这是数字主题出版的根本遵循和价值导向。因此，要全方位挖掘数字主题出版选题，丰富数字主题出版精品类型、数量和质量。2024年，国家出版基金资助了一批具有示范性、引领性的精品出版项目。从选题角度来看，呈现三大显著特征：一是选题深度聚焦新时代国家战略，研究阐释中国式现代化、马克思主义理论、党史党建等主题出版项目120个，占22.6%；二是技术赋能传统文化创新表达，围绕考古、文献整理、非遗和艺术等主题出版项目150项，占比28.2%；三是科技类选题注重前沿交叉，反映人工智能、生物医学、航天等科技领域成果的项目110个，占20.7%。除以上三大显著特征外，另有文学创作、地方志、教育等其他领域板块出版项目共151项，占比28.4%。

2. 锻造全产业链，完善数字主题出版运作模式

产业链完备不仅关系数字主题出版产业的持续稳健发展，还关系到数字主题出版运作模式的拓展创新。

一是充分整合数字主题出版内容与渠道。加快构建产业协同发展机制，打造产业协同发展平台，整合产业链上中下游核心资源，从数字主题出版全产业链条上寻求新的运作模式，以此提升数字主题出版产业的核心竞争力，推动产业创新实践。

二是加强数字化平台联动传播。按照数字主题出版产品属性和特点，围绕用户个性化、精细化需求，加强"学习强国"App、县域报刊数字化平台、全媒体平台、融媒体中心互动关联，拓展数字主题出版产品的传播范围，倒逼出版企业挖掘地域优秀历史文化，丰富数字主题出版选题库，提高数字主题出版产品的市场影响力。

三是力促经营模式开拓创新。要强化主题出版的数据库和数字化平台功能，不断提升数据存储与处理能力，增强用户互动体验。在此基础上，要开发数字资源交易与服务平台，搭建起连接供需双方的桥梁，提供一站式的数字版权推广解决方案。还要通过跨界融合、技术创新等手段，丰富产品线，提升数字主题出版产品的市场竞争力，进而扩大主营业务收入，实现产品价值的最大化增值。

3. 建立全生命周期的数据资源管理体系

在数字主题出版领域，建立全生命周期数据资源管理体系是行业发展的关键。当前，行业数据资源规模快速增长，但管理问题突出，存在数据格式不统一、分类分级缺失、质量参差不齐等问题，导致数据流通受阻、价值挖掘困难，需从多方面着手构建全生命周期管理体系。

制定出版数据分类分级与质量管理规范等行业标准，明确数据资产类别与敏感等级，建立全流程质量管控机制，保障数据可用可靠。开发统一的数据采集分析平台，兼容多源数据，运用人工智能技术深度挖掘数据价值，为出版决策提供支持。推动建设国家级出版大数据中心，实现行业核心数据标准化入库，打破数据孤岛，促进数据共享流通，为机构决策和产业政策制定提供依据。引入第三方机构开展数据资产价值认证，解决评估难题，为数据交易、质押提供参考，同时培育专业数据服务提供商，开发多样化数据产品。在教育、学术出版等领域试点数据资产质押融资，探索数据要素市场化路径，以数据资产融资缓解机构资金压力，优化数据要素配置，推动数字主题出版实现数据驱动的高质量发展。

三、数字主题出版产业发展趋势判断

（一）生态发展倒逼产业加速转型升级

2024年，数字主题出版行业通过多维度创新，持续深化业态深耕，呈现出蓬勃发展的态势。

从现有业态升级来看，以人工智能、区块链为代表的数字技术正全方位重塑出版产业链。AIGC在内容创作环节不断拓展应用边界，不仅能够辅助创作者生成基础文本框架，还能依据海量数据对内容风格进行优化调整，极大缩短创作周期，为内容生产注入源源不断的创意灵感。智能编校系统借助自然语言处理技术，精准识别语法错误、逻辑瑕疵，实现编校效率与质量的双重飞跃。区块链技术为数字版权保护筑牢根基，通过分布式账本确保版权信息不可篡改，让数字版权的确权流程更加透明、可信，有效降低了交易风险，推动数字版权交易市场的规范化、规模化发展。

消费需求的动态变化始终是产业变革的核心驱动力。当下，作为消费主力军的"Z世代"用户，其日益凸显的互动化、沉浸式阅读偏好正驱动着出版行业创新转型，催生出一批融合AR、VR技术的立体式阅读产品。用户得以身临其境地感受故事场景，实现与内容的深度交互。同时，UGC与PGC的融合进程不断加速，出版企业开始搭建用户创作平台，鼓励读者参与内容共创，如一些历史文化主题出版物，邀请用户分享个人对历史事件的独特见解与解读，经筛选后与专业内容整合，形成更具多元视角和大众参与感的新型出版物，进一步丰富了内容生态。

在现有业态的不断升级中，新兴业态也在不断涌现，为行业发展开辟新的增长空间。元宇宙书店突破传统物理空间限制，构建起虚拟与现实融合的阅读场景，用户可在虚拟空间中自由穿梭、挑选书籍、参加读书分享会，与来自全球的读者互动交流，为实体书店的数字化转型提供全新思路。VR阅读空间则专注于打造极致沉浸式阅读体验，通过全景画面、环绕音效，将科普、旅游等主题内容生动呈现，让用户仿佛置身于内容所描绘的真实世界。出版与文旅、教育等产业的跨界融合更是成果丰硕，"出版＋研学"模式将知识学习与实地体验紧密结合，围绕历史文化、自然科学等主题开发研学课程，让学生在实践中深化对知识的理解；"出版＋数字文旅"通过数字化手段复活历史文化遗迹，为游客提供深度文化体验，实现出版内容的价值延伸。

随着市场环境的变化，消费者的需求愈发呈现出多样化、个性化的特征。一方面，读者不再满足于单一的文字阅读，而是渴望融合音频、视频、动画等多模态的内容呈现形式，以满足不同场景下的阅读需求；另一方面，在信息爆炸时代，读者对于内容的精准度和深度有了更高要求，期望获取与自身兴趣高度匹配的优质内容。这就要求出版企业深入挖掘用户需求，通过大数据分析、用户画像等手段，实现内容的精准推送与定制化生产。

从产业链趋势来看，数据要素已成为出版业发展的关键资产。出版机构借助先进的数据分析工具，深入洞察用户行为习惯、阅读偏好以及消费趋势，将这些数据反馈至内容生产环节，实现从选题策划、内容创作到编辑加工的全流程精准决策。例如，通过分析用户在阅读过程中的停留时间、跳转频率等数据，优化内容结构与叙事节奏。同时，知识图谱的构建使得出版机构能够梳理知识体系脉络，将碎片化的知识整合为有机整体，结合用户足迹捕捉技术，实现基于知识关联的智能推荐，为用户提供更具系统性和关联性的阅读内容，重塑出版业价值链，推动行业向数据驱动的精细化运营模式转变。

现有业态技术升级、市场消费需求牵引、新业态涌现和产业链数据化四位一体、协同发展，全方位地推动数字主题出版从单一的内容传播模式，向"技术驱动、需求引领、场景创新、数据赋能"的生态化发展方向加速转型升级，为行业发展注入新动能，开创数字主题出版的全新格局。

（二）内容深耕仍是数字主题出版核心方向

中国传统文化凭借内容深耕的持续发力，重塑数字主题出版产业的发展格局，正在成为推动行业转型升级的核心引擎。国家文化数字化战略为传统文化资源的深度开发提供了政策指引，"Z世代"对国潮文化的强烈认同，不仅催生出庞大的消费市场，更推动着传统文化内容向精细化、情感化方向不断深耕。同时，人工智能、扩展现实等前沿技术的迭代创新，为传统文化内容的深度挖掘与多元表达开辟了新路径。

在内容深耕的驱动下，当前产业发展为中国传统文化的数字化进程筑牢根基。出版机构不再局限于传统文化资源的简单数字化，而是深入挖掘IP内核，从文化故事、符号意象等维度进行系统性梳理与重构，将单一的文化元素转化为具备情感共鸣与价值观传递的深度内容。在技术应用层面，智能化工具深度介入内容创作、生产与传播的各个环节，通过大数据分析精准洞察用户文化需求，辅助创作者提炼传统文化精髓；借助智能编辑系统优化内容逻辑与表达，提升内容品质；利用算法推荐实现传统文化内容的精准触达，实现全流程的深度革新。

在产业协同领域，跨行业合作不断拓展内容深耕的边界，推动传统文化IP突破单一出版形态，向影视、游戏、文创等多元领域延伸。这种跨领域的内容深耕，不仅丰富了传统文化的呈现形式，更通过多元叙事结构与沉浸式场景重构，实现文化内涵的立体化呈现与当代诠释。随着交互技术的持续突破，传统文化 IP 在内容深耕上将向更具沉浸感、互动性和趣味性的方向发展。沉浸式体验通过融合 AR、VR 等技术，让用户仿佛置身于传统文化场景之中，深度感受文化魅力；社交化互动则借助社交平台与社群运营，激发用户参与传统文化内容的二次创作与传播，形成文化传播的裂变效应；游戏化应用将传统文化知识与游戏机制相结合，让用户在娱乐中潜移默化地接受文化熏陶。这些发展趋势不仅催生出新型数字出版形态，更助力构建起覆盖内容创作、技术应用、产业协同等全产业链的文化 IP 生态系统，实现传统文化价值的最大化释放。

对消费者而言，内容深耕带来的传统文化 IP 数字化成果，满足了他们对高品质文化内容与个性化体验的双重需求。深度挖掘的文化内容让消费者能够更全面、深入地了解传统文化，而创新的交互形式则为他们带来全新的文化消费体验，增强文化认同感与归属感。在产业层面，内容深耕推动传统文化 IP 产业链各环节紧密协作，提升产业整体竞争力，促进文化资源向文化资本的高效转化，同时也为数字主题出版行业开辟了新的增长空间与发展模式。

然而，要实现传统文化 IP 数字化的高质量发展，仍需攻克诸多难题。在 IP 价值评估方面，需建立科学、完善的评估体系，准确衡量文化 IP 的市场价值与文化价值；技术标准的统一有助于打破行业壁垒，促进技术资源的高效整合与共享；复合型人才培养则是保障内容深耕持续推进的关键，培养和挖掘具备传统文化素养和数字技术能力的人才，能够有效推动传统文化 IP 在数字时代的创新发展。通过解决这些核心问题，全面提升传统文化 IP 的数字化开发能力与产业价值转化效率，助力数字主题出版产业迈向更高质量的发展阶段。

（三）数字主题出版应用体验更加深刻

数字主题出版的应用体验正迈向更加深刻的创新发展阶段，在当下新场景应用蓬勃发展的浪潮中，持续重塑着用户与知识交互的方式。

一是多媒体技术推陈出新，全方位重构内容呈现方式。出版机构基于不同主题出版内容的特质，精准适配差异化技术方案。在古籍类内容领域，借由 VR 场景还原技术，搭建起通往古代世界的桥梁，用户仿若置身于古籍问世的时代，亲身体验古人的生活与创作环境；搭配互动电子书，实现读者与古籍内容的深度对话，可随意点击字词查阅详细释义、溯源历史典故，极大地增进对晦涩古籍的理解。针对重大历史主题，沉浸式多媒体课程成为思想传播的利器,综合运用高清视频、环绕音效、3D 建模等技术,将历史事件生动鲜活地呈现在用户眼前,从宏大的战争场面到关键历史人物的细腻刻画,全方位打造极具感染力的学习体验,让历史知识入脑入心。

二是知识服务模式朝着多元化、个性化方向深度迈进。出版机构积极构建"一个主题+多种生产+多元传播"的协同发展机制,紧密融合文化内容与新业态。在文化旅游主题出版领域,出版机构整合线上线下资源,线上推出融合AR 导览的数字图书,用户通过手机扫描书中景点图片,即可获取详细的语音讲解、历史背景资料,甚至能看到该景点在不同历史时期的风貌还原;线下举办主题研学活动,将书中内容延伸至实地体验,让用户在行走中深化对知识的认知。这种协同模式不仅实现了内容的集约化利用,避免了资源浪费,还有望培育出一批诸如"文化探秘之旅"等具有跨界影响力的 IP 品牌。

三是内容形态和传播渠道持续拓展。在传统文字基础上,有机整合图片、音频、视频等多媒体元素,打造出丰富多元的阅读体验。同时,线上线下相结合的活动开展得如火如荼。"数博会""数字出版年会"等平台不断深化发展,不再局限于传统的展览展示与会议交流模式,打破地域限制,让全球用户都能参与其中,构建起全方位、立体式的用户互动体系。此外,新场景应用如雨后春笋般涌现。元宇宙书店突破了传统书店的物理边界,用户创建虚拟形象后,能漫步于充满未来感的书店空间,自由穿梭在不同主题的书架间,不仅可以阅读数字书籍,还能参加虚拟作者见面会、读书分享会,与来自世界各地的读者实时交流读书心得。

数字主题出版正从以往的单向传播,大步迈向深度互动的新阶段,从单一媒介的运用转向融合体验的全新模式。其核心在于构建以用户为中心的沉浸式知识服务生态,这将成为未来主题出版实现高质量发展的关键与必由之路,持续为用户带来超乎想象的知识探索之旅。

(课题组成员:游登贵、刘永桂、代钰琴、韩宜航、万焱、袁杰)

中国有声阅读产业年度报告

孙晓翠 林 青 欧阳培敏 林 彤 马 凯

一、有声阅读产业概述

伴随我国全民阅读事业的持续飞速发展及5G技术等数智媒介技术的广泛应用，网络传播呈现前所未有的高速度，移动阅读迈入成熟阶段。据贝哲斯咨询预测，2023—2029年全球有声书市场规模将从409.5亿元增长至1 976.0亿元，CAGR（复合年均增长率）大约为29.99%。[①] 中国作为全球第二大市场，受益于移动互联网普及和碎片化阅读需求，2025年收入预计突破400亿元。[②] 近年来的国民阅读调查报告显示，我国听书人群数量持续增长，现已有超过三成的国民养成了听书习惯。这一文化消费趋势直接推动了有声读物市场的迅速发展。[③]

（一）政策支持

1. 全民阅读深入人心，推广服务体系现雏形

中央宣传部于2020年印发的《关于促进全民阅读工作的意见》（以下简称"《意见》"）明确指出，到2025年，通过大力推动全民阅读工作，全国将基本

[①] 贝哲斯信息咨询有限公司. 有声书市场规模与上下游产业分析报告2024年［EB/OL］.（2024-09-25）［2025-02-18］. https：//m. gelonghui. com/p/1117863.

[②] 2024—2025年中国有声书行业发展潜力分析及投资战略咨询报告［EB/OL］.（2024-12-31）［2025-02-18］. https：//max. book118. com/html/2024/1230/8015110134007013. shtm.

[③] 中国新闻出版研究院. 第二十二次全国国民阅读调查成果发布［EB/OL］.（2025-04-24）［2025-05-06］. https：//mp. weixin. qq. com/s/jjC6yvi2gprkzV5kOoJmsA.

形成覆盖城乡的全民阅读推广服务体系,全民阅读理念更加深入人心,国民综合阅读率显著提升。自《意见》发布以来,各级单位及社会力量广泛参与到全民阅读公共服务之中,为提高包括有声阅读在内的全民阅读工作做出积极贡献,且成效明显。

2. 出台标准和意见,规范加工制作

由中国音像与数字出版协会牵头,有声读物专业委员会组织,广东大音音像出版社、中国盲文出版社等28家机构参与的《有声读物》国家标准发布,并于2024年10月1日起正式实施。有声阅读及时出台的国家标准,强化了有声读物作为新质出版生产力的角色,对促进多行业协作管理、提升听书阅读体验将起到重要的推动作用。

(二)经济发展

1. 用户规模带动市场繁荣,听书习惯成全民阅读新增长点

据《2024年度中国数字阅读报告》和《第二十二次全国国民阅读调查报告》显示,2024年我国数字阅读作品总量约为6 307.26万部,同比增长6.31%。其中网络文学和电子书的数量占比大约为67.55%,有声阅读作品数量占比约为32.45%。① 2024年有38.5%的成年国民通过听书的方式进行阅读,较2023年的36.3%增长了2.2个百分点;有5.7%的成年国民通过视频讲书的方式进行阅读,较2023年的4.4%增长了1.3个百分点。②

2. 推动出版深度融合,出版机构纷纷发力

有声读物作为崭新的阅读方式,正在悄悄地改变着全民阅读的格局。不少出版机构已设立有声书制作部门,并开设了有声书编辑、有声书主播等新兴职业。无论是自建平台还是合作平台,有声读物都让图书有了更多的呈现方式。众多出版机构采用以纸(图书)声(有声书)电(电子书)协同出版的模式,如中信出版社与喜马拉雅联合推出《埃隆·马斯克传》有声书,上线首月播放

---

① 新华网客户端. 用户规模已达6.7亿!《2024年度中国数字阅读报告》发布[EB/OL]. (2025-04-23) [2025-05-05]. https://app.xinhuanet.com/news/article.html?articleId=78089e2cc998f327d832c0a5a6038033.

② 中国新闻出版研究院. 第二十二次全国国民阅读调查成果发布[EB/OL]. (2025-04-24) [2025-05-06]. https://mp.weixin.qq.com/s/jjC6yvi2gprkzV5kOoJmsA.

量破千万大关。①

（三）社会环境

1. 年轻化趋势增强，经典 IP 有声化趋势显著

据《2024 春季有声阅读数据报告》显示，30 岁以下用户在有声书用户群体中占比超过三分之一，"Z 世代"（1995—2009 年出生的一代）用户的加入，使有声阅读用户年轻化趋势愈发明显。②经典国民级 IP 热播剧在众多音频平台焕发生机，如《红楼梦》《西游记》《三国演义》《水浒传》四大名著，以及《白鹿原》《雍正王朝》等经典热剧，均被转化成音频形式。此类作品因接受度高、制作成本低，赢得了广大听众的喜爱和支持。

2. 人口结构变化影响图书需求，传统文化科普类上升

2024 年新生儿数量为 954 万人，尽管实现了七年来的首次小幅回升，但总体上幼儿人口持续减少，已对孕产育儿类图书的市场需求产生显著影响。③与此同时，随着社会对传统文化的日益重视，相关古籍、公版题材等内容通过创新出版形式焕发新生，相关图书的市场热度持续上升。科普类图书因素质教育热潮呈现需求增长态势，社科和科技领域的轻学术作品也受到广泛关注。随着读者知识结构和阅读水平的提升，传统文化、科技和专业普及读物需求将持续增加。④

（四）技术赋能

1. AI 配音普及趋势愈加明显

有声读物作为当前"人工智能+"时代最贴近人民生活的阅读方式，具有强伴随性的特点，能充分解放读者的眼睛，已经成为全民阅读的重要组成部分。2024 年，随着 AI 大模型等人工智能技术蓬勃发展，AI 配音的普及程度越

---

① 中国网商务.《埃隆·马斯克传》全球纸声同步，千万级播放量引爆听书热潮［EB/OL］.（2024－01－23）［2025－05－06］. http：//business.china.com.cn/2024－01/23/content_42679824.html.
② 澎湃新闻.《2024 春季有声阅读数据报告》发布：年轻化趋势愈发明显［EB/OL］.（2024－04－23）［2025－02－18］. https：//baijiahao.baidu.com/s?id=1797087261646649824&wfr=spider&for=pc.
③ 澎湃新闻. 全国出生人口 7 年来首次回升，国家统计局文章提及三方面原因［EB/OL］.（2025－01－18）［2025－02－18］. https：//www.thepaper.cn/newsDetail_forward_29965094.
④ 新华网. 传统文化带热图书市场［EB/OL］.（2025－01－20）［2025－02－18］. https：//www.news.cn/local/20250120/3934c6a04c76419a9f2621b26e8e29fc/c.html.

来越高，有声阅读也呈现出新的技术场景。据《2023年国民收听趋势白皮书》显示，喜马拉雅平台已经利用AIGC创作了超过3.7万部有声书专辑，AIGC作品的每日播放时长已经超过250万小时。AIGC内容在2023年9月的用户收听占比已接近5%，较上年12月的2.5%实现显著提升。①

2. 终端设备向多样化发展

据艾媒咨询2025年调查数据显示，手机是用户收听有声书最常用的设备，占比达到59.04%，远超平板电脑（39.76%）、智能音箱（36.17%）和电脑（31.78%）的用户占比。②智能音箱在家庭中的普及，为用户收听有声书提供了更便捷的选择。作为家庭中的"声音伴侣"，智能音箱不仅丰富了用户的娱乐生活，更在独处时带来温馨陪伴，提升了居家生活的品质与幸福感。由此来看，具有伴随式特征的智能音箱仍有较大的发展潜力。

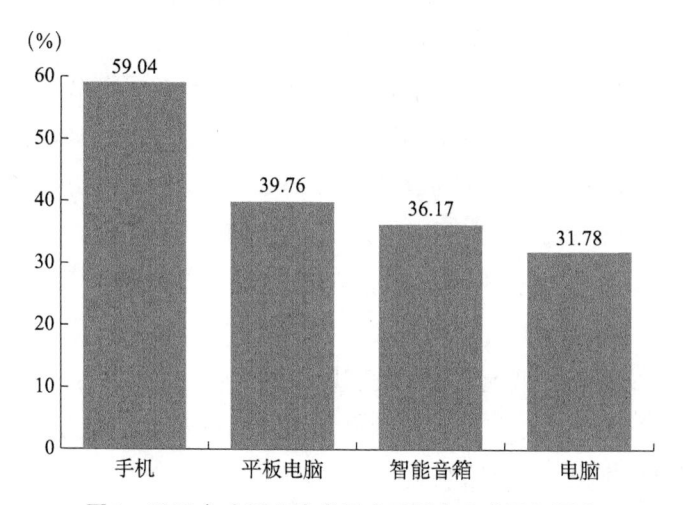

图1 2025年中国有声书用户聆听有声书设备调查

数据来源：草莓派数据调查与计算系统（survey.iimedia.cn）

随着新能源汽车的普及和智能化程度的提高，车载空间成为收听新场景。喜马拉雅车载端有声内容日均播放量在2024年第一季度同比增长了35%，车载端

---

① 新华社客户端.《2023国民收听趋势白皮书》发布，科技引领"耳朵经济"新潮流［EB/OL］. (2023-12-20)［2025-02-18］. https://h.xinhuaxmt.com/vh512/share/11822735?d=134b434&channel=weixin.

② 艾媒咨询.2025年中国有声书市场消费行为调查数据［EB/OL］. (2025-04-12)［2025-05-06］. https://www.iimedia.cn/c400/105732.html.

收听时长达 80 分钟，这些数据充分说明有声阅读在车载场景中的巨大潜力。①

二、有声阅读产业市场发展现状

（一）市场整体现状

1. 全球有声阅读产业持续扩大

近年来，全球有声书市场规模不断扩大。德勤技术、媒体和电信中心研究报告指出，到 2024 年全球平均每月将有 2.7 亿人收听有声读物，听众数量同比增长 15%。随着有声读物越来越受欢迎，德勤还预测，有声读物将占全球图书总销量的约 6%，销售额同比增长约 26%。②

全球有声读物市场保持增长态势。2024 年 9 月法兰克福书展、Bookwire 与 Dosdoce.com 共同发布的《全球有声书在英语市场之上的成长机会》（An Opportunity for Audiobook Global Growth beyond English-Language Markets）报告中提到，在过去的 15 年里，全球有声读物市场保持每年两位数的增长速度，全球有声读物产值每年约 70 亿美元：26 亿美元来自北美，欧洲约 15 亿美元，中国约 10 亿美元，世界其他地区收入接近 20 亿美元。③

跨语言市场成为产业新蓝海。通过 Bookwire 平台的资料分析显示，各语言内容在不同市场的渗透率呈现有趣的分布态势。以西班牙语为例，49.03% 的收听来自西班牙本土，美国市场贡献 19.69%，墨西哥占 18.38%。④ 值得注意

---

① 新闻晨报. 车载与睡前场景成消费热点，喜马拉雅上市被注入新活力［EB/OL］.（2024-11-28）［2025-02-18］. https：//baijiahao. baidu. com/s？ id = 1816970212332216367&wfr = spider&for = pc.

② Deloitte Center for Technology, Media & Telecommunications. Shuffle, subscribe, stream：Consumer audio market is expected to amass listeners in 2024, but revenues could remain modest［EB/OL］.（2023-11-29）［2025-02-18］. https：//www2. deloitte. com/us/en/insights/industry/technology/technology-media-and-telecom-predictions/2024/consumer-audio-market-trends-predict-more-global-consumers-in-2024. html.

③ Frankfurter Buchmesse, Bookwire & Dosdoce. An Opportunity for Audiobook Global Growth beyond English-Language Markets［EB/OL］.（2024-09-25）［2025-02-18］. https：//www. buchmesse. de/files/media/pdf/FBM_Dosdoce_Whitepaper_AUDIOBOOK_GLOBAL_GROWTH_2024. pdf.

④ Grand View Research. Audiobooks Market Size, Share & Trends Analysis Report By Genre（Fiction & Non-Fiction）, By Preferred Device, By Distribution Channel, By Target Audience（Kids Mode, Adult）, By Region, And Segment Forecasts, 2024-2030［EB/OL］.（2018—2023）［2025-02-18］. https：//www. grandviewresearch. com/industry-analysis/audiobooks-market.

的是，美国作为第二大西班牙语有声书市场并非巧合，这与当地拥有超过 6 000 万的西班牙语人口密切相关。这些听众多为第一代或第二代美国人，他们在保持拉丁文化根源的同时，也带动了西班牙语有声内容的蓬勃发展。

听众画像多元化。Karl Berglund 在 *Reading Audio Readers*（2024）中指出，有声书听众涵盖各年龄段。中年消费者构成了最大的听众群体，他们偏好在通勤和休闲时听有声书，内容选择上更倾向于个人发展和教育类有声书。但"Z 世代"和"千禧一代"的听众数量也在增加，年轻一代更倾向于在睡前和运动时收听有声书，内容偏好上则更倾向于悬疑、惊悚和科幻类小说。

2. 中国有声阅读产业快速增长

随着数字消费习惯的转变，中国有声阅读产业依然保持快速增长态势，用户消费偏好和收听习惯多元化，声音专业人才需求量大。根据新快报、新快网、新快数据及艾媒咨询联合发布的报告显示，2024 年中国声音经济产业市场规模达 5 688.2 亿元，其中在线音频月活跃用户规模约为 6.9 亿人，在调研对象中有 53.7% 的用户使用"有声书/播客"，占中国用户在线休闲项目前五名。[①] 收听习惯上，大多数用户倾向于在睡前或乘坐公共交通时收听音频内容，这一现象与用户在放松或通勤时段获取信息及娱乐的需求高度契合。数据显示，当前声音经济领域的人才缺口多达"2 000 万 +"，表明市场对有声阅读相关人才的需求旺盛。

Statista 网站公布的数据显示，中国有声读物市场的收入到 2025 年将达到 16.5 亿美元，预计年增长率（2025—2029 年复合年增长率）为 7.21%，到 2029 年市场规模将达到 21.8 亿美元。2025 年该市场的用户渗透率为 34.6%，预计到 2029 年将增至 38.1%。中国每用户平均收入（ARPU）预计将达到 3.33 美元。预估到 2029 年中国有声读物市场的读者数量将达到 5 亿。[②]

3. 有声读物制作与传播日趋规范

2024 年 6 月 29 日《有声读物》国家标准（GB/T 44144—2024）发布，于 2024 年 10 月 1 日起正式实施，这是中国有声读物领域的首个国家标准。该标

---

① 新快报. 声音经济市场规模超 5 000 亿，声音人才缺口"2 000 万 +"[EB/OL].（2024 - 12 - 09）[2025 - 02 - 18]. https：//www.xkb.com.cn/articleDetail/364095.
② statista. Audiobooks-China [EB/OL].（2025 - 01 - 15）[2025 - 02 - 18]. https：//www.statista.com/outlook/amo/media/books/audiobooks/china.

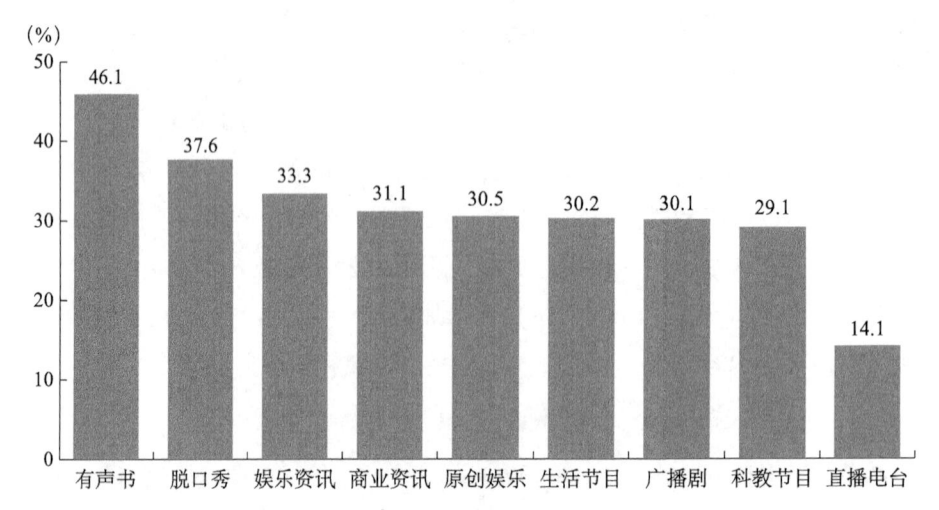

```
(%)
50  46.1
40       37.6
              33.3
30                 31.1  30.5  30.2  30.1  29.1
20
10                                              14.1
 0
    有声书 脱口秀 娱乐资讯 商业资讯 原创娱乐 生活节目 广播剧 科教节目 直播电台
```

图 2　用户音频节目偏好

数据来源：新快报、新快网、新快数据及艾媒咨询联合发布

准是由中国音像与数字出版协会牵头，有声读物专业委员会组织，广东大音音像出版社、中国盲文出版社、人民教育电子音像出版社有限公司、高等教育出版社在内的28家机构参与，适用于通过手机、手持设备、PC等各类终端设备呈现的有声读物的出版制作、质量主观评测及平台系统运营服务，规范了录制准备、录制阶段、录制处理、录制审听、修改补录和后期合成等环节。[①]

GB/T 44144—2024《有声读物》国家标准是从 CY/T 183—2019《有声读物》行业标准升级而来的，内容上提升了标准技术门槛，增加了面向视力障碍人士的技术要求。该标准的实施，将进一步对规范市场秩序、实现有声读物行业的高质量发展等，起到十分重要的引领和推动作用。

4. 市场面临内容和文本质量问题

在市场繁荣的背后，也暴露出一些不容忽视的问题。有声读物、广播剧等音频内容中，"软色情"元素泛滥，网络音频盗版现象屡禁不止，严重损害了公众和原创作者的利益。2024年7月8日，因有声书情节中使用了不雅背景音，磨铁图书在喜马拉雅、QQ音乐等平台下架了有声小说《房思琪的初恋乐园》，并发布致歉声明。

---

① 国家新闻出版署. 有声读物［EB/OL］.（2024-06-29）［2025-02-18］. https：//jzclzz.com/gb/7f25776ffa9076e4.html.

除内容存在涉黄涉暴等传统出版物也可能出现的文本质量问题外，有声读物还面临朗读和剪辑质量方面的问题，配音演员的专业性、语速、语调和情感表达等多重因素，均对有声读物的质量产生重要影响。同时，有声书市场还存在一些违法违规行为，如虚假宣传、培训诈骗等，这些问题已对市场的健康有序发展造成严重影响。

（二）细分市场现状

1. 播客获得听众认可

据央视财经信息联播最近一期节目《播客新"声"机》调查显示，2024年以来中文播客节目数量比2021年增长6倍。中文播客的听众数超过2.2亿。以播客为代表的音频市场，在2024年生产音频总计90 808条，总收听量9.7亿，音频成为传统媒体内容传播的重要力量。[1] 喜马拉雅联合日谈公园、益普索发布的《2024年播客行业报告》显示，喜马拉雅、小宇宙、网易云音乐最早分别专注于有声书、播客、音乐垂直领域，均在播客领域获得听众认可，跻身2024年播客行业头部平台前三强。[2]

据上海喜马拉雅科技有限公司最新发布的信息显示，2024年以来喜马拉雅平台播客收听量持续保持30%的增速，是其增长最快的赛道之一。与此同时，还有一些小众的收听渠道逐渐进入视野，如三联中读、看理想App、Google播客、猫耳FM、PocketCats、凹凸宇宙等。播客内容愈加多样化和专业化，涌现出大量兼具内容深度和广度的高质量节目，满足了听众对专业知识的需求。如《三联生活周刊》推出的《Talk 三联》，延续了杂志深度、人文关怀风格，涵盖了文化、艺术、科技等多元话题，主播与嘉宾对话碰撞思想火花，带听众探索生活万象；新京报也推出"鲸快讯""37号热线"等栏目。

2. 广播剧发展势头强劲

2024年在线广播剧的渗透率相较于其他在线音频类型存在巨大提升空间，其市场规模正在迅速增长。据洞见研报《2024年中国在线广播剧市场发展研究

---

[1] 播客复兴，"耳朵经济"的长红密码［EB/OL］.（2025 – 01 – 07）［2025 – 02 – 18］. https：//mp. weixin. qq. com/s/__-hWbPigHJdY1DCXekvqw.

[2] 喜马拉雅. 喜马拉雅联合日谈公园、益普索发布《2024年播客行业报告》［EB/OL］.（2024 – 07 – 28）［2025 – 02 – 18］. https：//mp. weixin. qq. com/s/8K_5Ijg6tpm5K4cI-92yYg.

报告》，中国在线广播剧市场从 2019 年的 10.5 亿元增长到 2024 年的 104.4 亿元，五年间市场规模扩大了近十倍，在线广播剧市场发展势头强劲。①

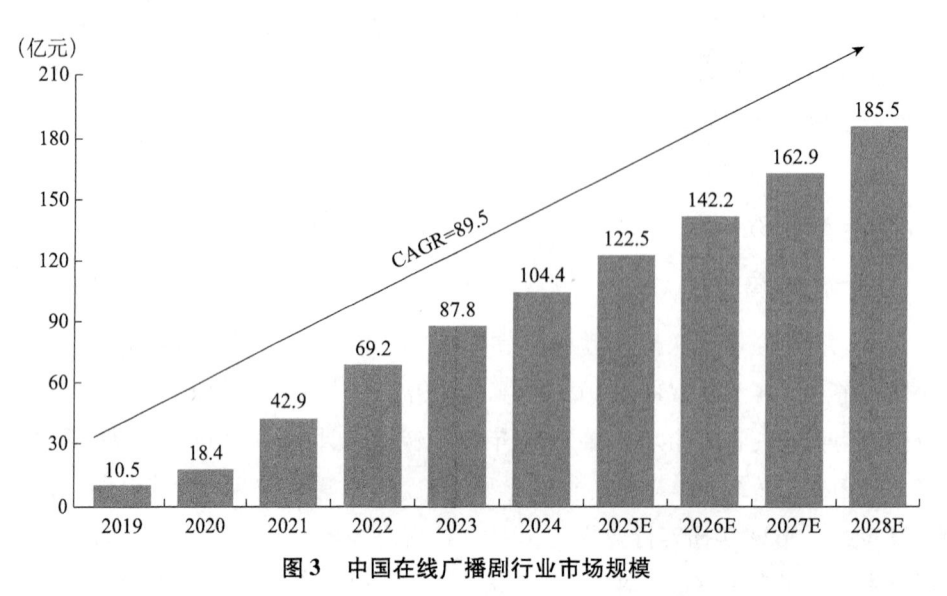

图 3　中国在线广播剧行业市场规模

数据来源：洞见研报

2024 年，据艾媒咨询数据显示，中国在线音频用户已高达 7.5 亿人，在线音频用户规模持续扩大。其中，在线广播剧行业用户规模保持稳健增长，预计至 2028 年，用户规模将增至约 3 亿人。②

3. 有声书平台化继续

根据艾媒智库《2025 年中国有声书市场消费行为调查数据》，用户群体特征的多样性和对高质量有声内容的支付意愿表明，有声书市场已经具备了成熟的发展土壤。随着用户对个性化和互动性体验需求的增加，有声书平台在种类丰富、内容更新、算法技术等方面面临新的机遇。

在 2025 年中国有声书用户有声阅读平台使用率 TOP5 中，喜马拉雅以 30.98% 的占比位居榜首，蜻蜓 FM 以 28.72% 的占比位列第二。其次是懒人听书和微信听书，分别占比 20.74% 和 20.61%，这两个平台的用户使用率接近。

---

① 洞见研报. 2024 年中国在线广播剧市场发展研究报告［EB/OL］.（2025 – 01 – 16）［2025 – 02 – 18］. https：//www. djyanbao. com/report/detail？ id = 4113889&from = preview&aiStatus = 1.

② 艾媒咨询. 中国在线音频用户规模已达 7.47 亿人，预计中国声音经济市场规模 2029 年将突破 7 400 亿元．［EB/OL］.（2024 – 12 – 04）［2025 – 05 – 05］. https：//www. iimedia. cn/c1088/103720. html.

(亿人)

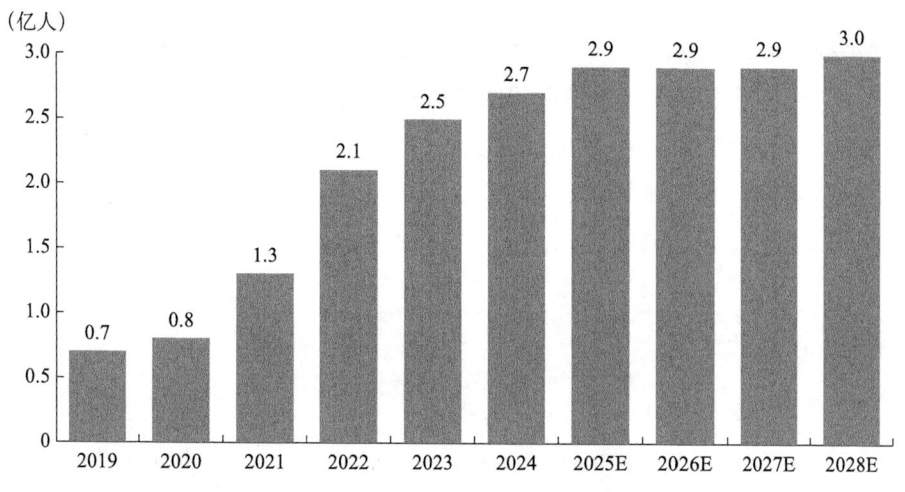

图4 中国在线广播剧行业用户规模

数据来源：洞见研报

七猫小说的用户使用率为20.35%，位列第五。这些数据显示了用户偏好的主要平台。①

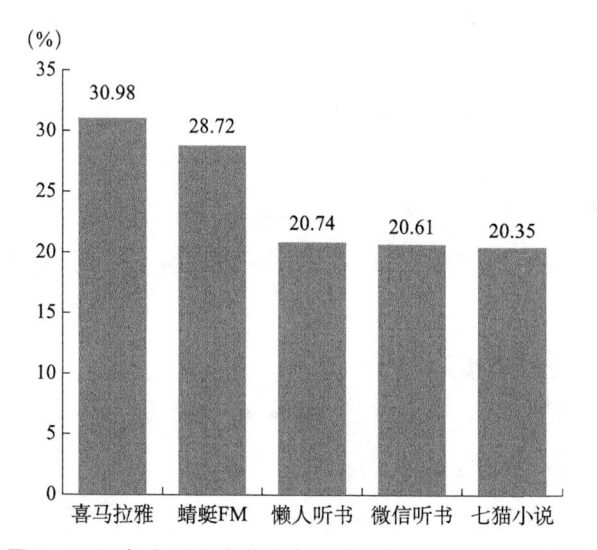

图5 2025年中国有声书用户有声阅读平台使用率 **TOP5**

数据来源：艾媒咨询

---

① 艾媒咨询. 2025年中国有声书市场消费行为调查数据［EB/OL］.（2025-04-12）［2025-05-06］. https://www.iimedia.cn/c400/105732.html.

2025年中国有声书用户选择有声平台的主要考量因素呈现如下分布特征：书籍种类丰富，以40.29%的占比位居首位，更新速度快，以40.03%的占比紧随其后，两者成为用户选择平台的主要因素。推荐算法准确和播音员质量高，分别以35.77%和35.64%的占比位列第三和第四，显示用户对内容推荐和播音质量的高要求。用户界面友好和价格适中的占比相对较低，分别为33.24%和30.19%。

（三）用户现状

1. 用户活跃度提升，年轻化趋势增强

2024年中国有声阅读市场在用户活跃度和年轻化趋势上呈现出积极发展态势。据喜马拉雅研究院发布的《2024春季有声阅读数据报告》，2024年第一季度有声阅读持续升温，喜马拉雅人均有声书听书量达到9.7本，过半用户每天听书30分钟以上，超六成用户年听书量在11—30本，超六成人均单次听书时长超过30分钟。用户年轻化趋势明显，40岁以下用户收听占比76%，30岁以下占比35%，"Z世代"（1995—2009年出生的一代）成为有声阅读的新兴力量。[1]

从第二十二次全民阅读调查报告的未成年人数字化阅读情况来看，2024年，我国0—17周岁未成年人数字化阅读方式接触率为75.1%，较2023年的74.7%提高了0.4个百分点。在0—17周岁未成年群体中，有33.6%的人表示自己在过去一年通过听书的方式阅读，较2023年的33.1%增长了0.5个百分点。[2]

2. 银发人群渗透率增加

随着人口老龄化趋势加剧、"银发族"触网率持续提升，50岁以上人群成为移动互联网贡献的重要增量。对银发群体而言，"听"的方式承载着独特的情感和记忆。这一方面是因为20世纪70—80年代收音机等产品盛行，广播事业在这批人的青春时代蓬勃发展，成为他们独特的青春记忆；另一方面，音频

---

[1] 澎湃新闻.《2024春季有声阅读数据报告》发布：年轻化趋势愈发明显［EB/OL］.（2024-04-23）［2025-02-18］.https：//baijiahao.baidu.com/s？id=1797087261646649824&wfr=spider&for=pc.

[2] 中国新闻出版研究院.第二十二次全国国民阅读调查成果发布［EB/OL］.（2025-04-24）［2025-05-06］.https：//mp.weixin.qq.com/s/jjC6yvi2gprkzV5kOoJmsA.

作为一种门槛较低、容易触达的形式，内容获取的性价比更高，是"银发族"填补时间空白、获得内容陪伴的重要媒介。

2024年中国有声阅读市场中，银发人群的活跃度呈现出十分显著的增长态势。根据QuestMobileTRUTH中国移动互联网数据库相关数据的显示，有声书这种形式在银发人群中的活跃渗透率从2023年9月的8.7%增长到2024年9月的10.1%，增长了1.4个百分点。①

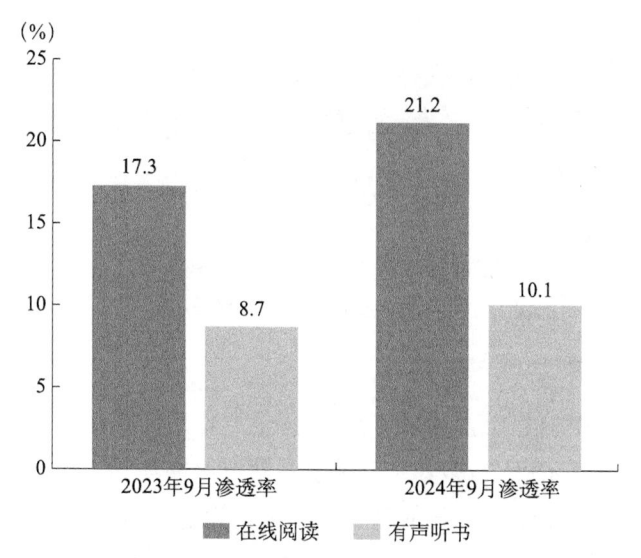

图6　中国银发人群数字阅读细分行业活跃渗透率与月活跃用户规模

数据来源：QuestMobile TRUTH 中国移动互联网数据库

3. 知识技能内容备受青睐

知识技能类音频内容的用户付费意愿显著增强。根据新快报、新快网、新快数据及艾媒咨询联合发布的报告显示，知识技能类音频内容成为用户最愿意付费的音频类型，占比高达59.2%。② 随着知识经济的发展和个人成长需求的增加，用户越来越倾向于通过音频内容来获取知识、提升技能和丰富个人素养。同时，相关数据表明用户关注人文艺术和生活品质。虽然心理情感、娱乐

---

① QuestMobile 研究院. QuestMobile 2024 银发人群洞察报告：3.29 亿银发用户每月人花129 小时上网，短视频总时长占比超35%！[EB/OL]. (2024－11－26) [2025－02－18]. https://www.questmobile.com.cn/research/report/1861295132986471057.

② 新快报. 声音经济市场规模超5 000亿，声音人才缺口"2 000万+"[EB/OL]. (2024－12－09) [2025－02－18]. https://www.xkb.com.cn/articleDetail/364095.

游戏、主播原创等其他类型的音频内容占比相对较低，但也分别有 26.1%、23.0%、10.6% 的用户愿意为之付费，反映出用户需求的多样化和个性化。

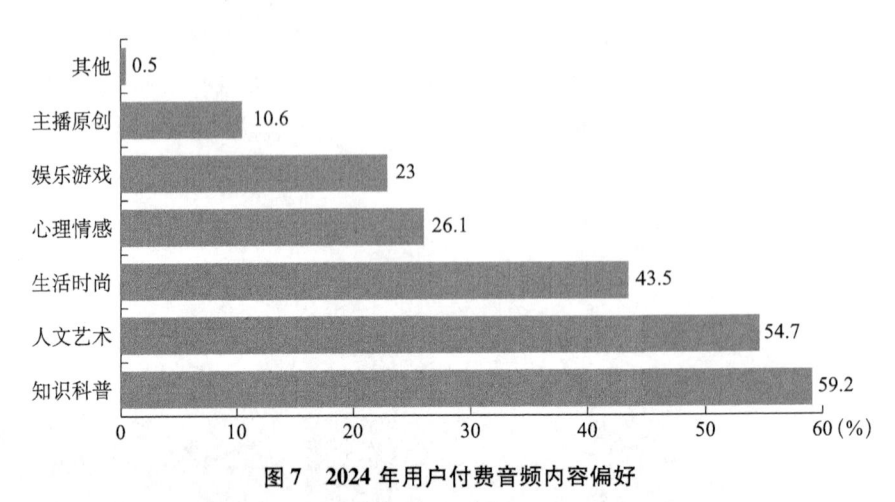

类别	占比(%)
其他	0.5
主播原创	10.6
娱乐游戏	23
心理情感	26.1
生活时尚	43.5
人文艺术	54.7
知识科普	59.2

图7　2024年用户付费音频内容偏好

数据来源：新快报、新快网、新快数据及艾媒咨询联合发布

4. 付费意愿增强

有声阅读行业的付费订阅模式持续发挥重要作用。据智研瞻发布报告《中国付费阅读行业市场需求潜力及未来前景规划报告》预测，2024—2030 年中国付费阅读行业市场规模增长率在 16%—18%，2030 年中国付费阅读行业市场规模 1 290.6 亿元，同比增长 17.65%。① 同时根据网易云音乐与 36 氪研究院共同发布《"00 后"长音频消费趋势报告（2023）》显示，"00 后"更习惯为网络内容付费，近五成"00 后"用户曾为长音频内容付费，32% 的"00 后"付费用户付费超 100 元。这些数据从一定程度上表明，内容和个人 IP 价值愈发重要。②

据艾媒咨询《2025 年中国有声书市场消费行为调查数据报告》数据显示，在 2025 年中国有声书用户购买方式偏好中，订阅整个平台的占比最高，达到 53.20%，显示出用户更倾向于通过订阅服务来获取有声书内容。相比之下，

---

① 智研瞻行业报告. 付费阅读行业市场规模：中国付费阅读行业市场需求潜力及未来前景规划报告 [EB/OL].（2024－06－14）[2025－02－18]. https：//mp.weixin.qq.com/s/8yFZlEEQIglPSQxiy-fEL-rA.

② 云村研究所. 当社交电量不足时，"00 后"爱听什么？[EB/OL].（2023－08－08）[2025－02－18]. https：//mp.weixin.qq.com/s/9ExMVAy1mN2qoXrZcvBoIw.

购买单本的占比为46.80%，略低于订阅整个平台。① 这可能与订阅服务提供的便捷性、多样化和经济性有很大关系，即用户更愿意通过订阅有更丰富内容、更多元服务的平台来享受持续更新的规模化有声书资源。

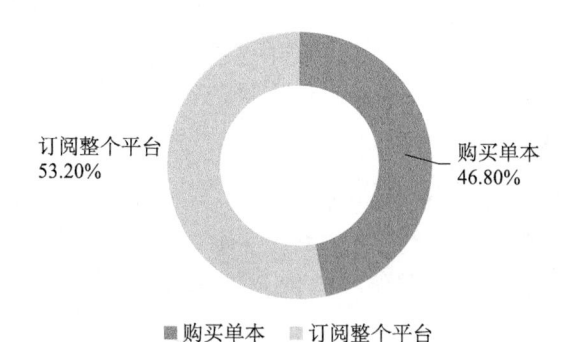

图8　2025年有声书用户购买方式偏好

数据来源：艾媒智库

（四）终端市场现状

1. 智能音箱销量下滑

智能音箱的普及，虽能为用户提供收听有声内容的新选择，但其内容资源有限，很多音乐、有声书等需要通过购买手机App会员才能使用，且部分内容重复率较高，导致用户在使用智能音箱时产生内容匮乏与单一化的体验。根据洛图科技（RUNTO）最新发布的数据显示，2024年11月，中国智能音箱线上监测市场（不含拼抖快等新兴电商）的销量为56.8万台，同比下降2.6%。2024年以来，智能音箱线上市场已经经历了连续11个月的同比衰退。② 智能音箱的核心功能之一是语音交互，但目前市面上的智能音箱在长句识别、语义理解等方面的表现并不理想。用户在使用过程中经常遇到答非所问的情况，这也影响了用户体验。

---

① 艾媒咨询. 2025年中国有声书市场消费行为调查数据［EB/OL］. （2025 – 04 – 12）［2025 – 05 – 06］. https://www.iimedia.cn/c400/105732.html.

② Runto洛图科技观研. 年报 | 2024年中国智能音箱市场连续第4年衰退，规模再创新低；TOP3品牌占比9成以上份额［EB/OL］. （2025 – 02 – 14）［2025 – 02 – 18］. https://mp.weixin.qq.com/s/GKlp4Lu534OpaW_tTz9Efg.

2. 车载成为家庭收听重要空间

当前，新能源汽车已经成为市场主流。智能化是其增长的重要驱动力之一，丰富的视听设备也为其"加分"。2024年上半年发布的288款新能源新车中，智能座舱标配率已达到88%，基础视听已成标配，为用户营造车载视听沉浸式体验。① 这实现了汽车从代步工具向"第三生活空间"的转变，汽车也正成为人们享受沉浸式娱乐体验的"第二起居室"。在通勤、亲子出行等场景驱动下，有声阅读成为车载内容核心需求，各垂类平台同步发力，积极布局有声阅读车载端。WANOS全景声车载App通过三维声场技术革新车内有声书阅读体验，区别于传统有声阅读的单维输出，通过动态分离人声、环境音与特效音三轨要素，实现声音方位、距离与运动的毫米级定位。② 儿童内容生态成为竞争焦点——华为鸿蒙座舱接入宝宝巴士启蒙故事，理想汽车联合斑马百科开发车载3D互动百科，推动有声阅读从听觉向"视听交互"演进。未来，乘员感知技术与空间音频标准化将进一步定义车载阅读新体验。

3. 适老化软件逐渐普及

2025年据新京报新京智库发布的《2025移动互联网应用适老化现状与创新趋势》报告显示，超半数App设有长辈模式，适老化改造覆盖率达54.76%。③ 例如，咪咕坚持打造公益性质的读书活动，针对银发用户群体，咪咕阅读推出适老版，不仅限于简化操作、放大字体图片等，还进一步聚焦老年人的阅读习惯和阅读需求，实现精准化内容推荐，精简客户端交互功能，延长操作反馈时长等。其中，知名音响品牌猫王的用户覆盖了从年轻人到中老年群体的全年龄段，根据"银发族"柔性的情感需求，品牌设置偏向陪伴、互动，其产品设计和营销玩法，不仅充分考虑中老年的使用需求，还融入跨年龄的代际互动，强调孝心送礼的应用场景等。

---

① 汽车之家研究院. 中国智能车"智"在何方？2024中国智能电动汽车用户洞察［EB/OL］.（2024-09-28）［2025-02-18］. https：//mp.weixin.qq.com/s/bIlH799CNwgezlAyesGn5w.

② 凤凰网. WANOS全景声车载App：重新定义车载音效，开启沉浸有声阅读时代［EB/OL］.（2025-04-17）［2025-06-23］. https：//news.ifeng.com/c/8id11VIf05Z？ch=ttsearch.

③ 新京报. App适老化评测报告发布，广告干扰与"浅改造"问题仍明显［EB/OL］.（2025-06-01）［2025-06-23］. https：//baijiahao.baidu.com/s？id=1833689285865658442&wfr=spider&for=pc.

（五）运营模式分析

1. AI 掀起的质量与效率变革还在持续

AI 技术持续重塑有声阅读行业生态，头部平台创新模型竞相突破。网易有道于 2024 年 12 月申请用于对有声读物大模型进行训练的方法专利，利用训练完成的有声读物大模型可以获得富有情感且带有音效和背景音乐的有声读物音频，提升了有声读物的质量及用户的听觉体验。① 在国际领域，Spotify 与 ElevenLabs 于 2025 年 2 月达成合作，推出 AI 朗读有声书选项。ElevenLabs 支持 29 种语言 AI 有声书生成，作者可通过 99 美元/500 分钟套餐快速制作内容，这使得更多的作者能够利用 AI 技术来制作自己的有声书。②

2. 社交媒体营销协同

互联网企业、出版集团积极拥抱社交媒体、跨界营销战略，通过创新性策略构建多元内容互动生态。2024 年世界读书日，酷狗音乐与京东图书协同发起"为书谱歌"原创音乐征集大赛，将文学经典转化为旋律，并同步推出《十八岁出门远行》《阿勒泰的角落》等有声书资源，以"音乐＋阅读"的形式推动全民阅读热潮。果麦文化与抖音平台的出版合作机制，构建了"短视频内容引流—纸质图书转化"的营销模式，借助短视频平台的流量聚合效应与创作者经济生态，推动知识内容的跨圈层传播与价值重构。同时，果麦文化与商业空间的实体场景联动，以文学场景还原、主题沉浸式展览等体验式营销手段，突破传统出版营销的渠道边界。抖音平台开启"全民悦读会"项目，通过直播互动、阅读榜单发布、短视频内容共创等数字化传播手段，联动出版机构、创作者群体与终端用户，构建起全民参与的阅读生态体系。这些营销活动，通过社交媒体的用户数据洞察、传播渠道整合及场景化内容建构，推动用户深度参与了解品牌核心价值传递，增强用户黏性，推动阅读文化传播向专业化、场景化、社交化的深度融合模式演进。

---

① 新浪财经. 网易有道申请用于对有声读物大模型进行训练的方法专利，提升有声读物的质量及用户听觉体验［EB/OL］.（2025－04－20）［2025－06－23］. https：//cj.sina.com.cn/articles/view/1704103183/65928d0f02007qcxq.

② AIbase. Spotify 与 ElevenLabs 合作推出 AI 朗读有声书选项［EB/OL］.（2025－02－21）［2025－06－23］. https：//www.aibase.com/zh/news/15592.

3. 从内容合作到全链路共建

有声书平台已不局限于版权采买、制作上线的单一逻辑，而是更早介入内容共创、协同培训、IP 打造的全链路模式中。如咪咕数媒突破传统版权采买模式，以全链路共建逻辑重塑有声阅读生态。它与中国科学技术出版社等 300 家出版品牌深度合作，从内容共创阶段便引入 AI 技术，将纸书资源转化为"书+课"融合的多模态内容，实现 100 万种全形态内容中 50% 以上的多模态融合，并通过构建"行业—岗位—场景"三级垂直体系，使《AI 通识课》等音频内容与企业业务场景精准匹配度提升至 85%，推动了优质 IP 向企业培训场景延伸。① 这种模式通过智能算法实现多模态内容融合，并将 AI 融入从内容生产到 IP 打造的全链路优化中。

三、有声阅读产业发展趋势

（一）AI 技术与有声阅读深度融合

面向消费端的人工智能应用迭代迅猛，技术普惠趋势尤为显著。在此背景下，正推动有声阅读行业向智能化、个性化和沉浸化方向快速演进——可以说，AI 技术不仅仅是技术的革新，更是有声阅读行业迈向高质量发展的关键动力。尽管 AI 多模态目前在有声阅读领域尚未全面普及，但其潜在应用将有助于实现文字与图像的结合。未来可以通过生成对抗网络（GANs）和深度学习技术，实时生成与阅读内容相匹配的图像，提高整体阅读沉浸感。这种全新体验将突破传统有声阅读的界限，让用户在听到故事的同时，看到如电影般生动的画面。

个性化服务将显著升级。情感化语音合成技术能根据情节自动调整语调、语速，甚至模拟角色声音，朗读内容能够更好地传递情绪。以此增强故事氛围，从而使读者更容易投入其中，并实现深层次的文化体验。

AI 技术有望重塑有声阅读用户的交互与服务模式。AI 代理正从技术概念

---

① 中国出版传媒商报. 从全民阅读到企业智学：咪咕以 AI 重塑学习新生态［EB/OL］.（2025–04–25）［2025–06–23］. https://mp.weixin.qq.com/s/MAjlJZtC02W6eB7tDcE1ew.

迈向规模化应用,它不仅是生成式 AI 的延伸,更通过多模型集成与逻辑推理能力,实现从"被动应答"到"主动服务"的跨越。未来 AI 代理融入有声阅读平台后,可根据用户行为数据主动推荐内容,实现跨场景无缝衔接。例如,用户在车载场景中收听的内容,下车后可通过智能家居设备自动续播,并根据环境调整播放形式(如切换为摘要模式)。AI 代理能够理解用户隐含需求,例如,自动跳过悲伤情节、补充背景知识或根据用户情绪调整语音语调。此类功能已在部分 AI 面试官和医疗辅助系统中应用,未来将扩展至有声阅读领域。

(二) 有声读物跨界融合趋势明显

有声读物与影视、文学、音乐等领域的跨界合作将愈加明显。除了经典国民级影视剧改编外,将有越来越多的跨界 IP 被以声音的形式整合产出,使有声读物的内容本身得到无限放大。通过跨界融合,有声读物能够极大限度地拓展其丰富度和吸引力,适应更多精细化的市场需求,并以更具趣味性的形式吸引新用户加入"耳朵经济"的阵营之中。

微短剧与有声读物相结合,迸发全新活力。从 2022 年 4 月起,喜马拉雅便与芒果 TV、达盛传媒合作进行有声 IP 的微短剧开发,喜马拉雅的入局让微短剧的 IP 来源"思路打开",有声书具备现成人物情节、改编空间不受画面限制等特质,将微短剧的发展推向新的高峰。同时,微短剧具有碎片化、节奏快、制作周期短等特点,与有声读物的特性极其相似,可以较好地满足有声读物用户的需求。不仅如此,微短剧用户也将有机会加入阅读有声读物队伍之中来,从而进一步扩大有声读物的用户群体。

目前,我国专门以音频形式创作生产的原创作品占比仍较低。有声读物发展至现阶段,不应再被视为纸质或电子图书的辅助产品,而应当具备一定独立性。未来,更多出版机构和平台运营商将创新内容生成路径,例如,直接签约创作者进行有声作品创作等,不断增强有声读物的原创力度,进行选题策划、编辑、出版、发行,并开启纸电声影全版权运营模式,将有声读物内容生态带入新阶段。

(三) 有声阅读国际化进程加速

随着中国文化全球影响力的提升,国内有声阅读事业正通过内容出海、技术输出，逐步打破地域限制并在全球市场中崭露头角。在有声阅读平台方面，喜马拉雅2017年首次在日本推出喜马拉雅国际版，截至2024年，Himalaya已支持英语、西班牙语、日语等三种语言模式。[①] 为了更好满足国际读者需求，平台提供多样化、多语言版本的有声阅读产品，实现在最短的时间内完成中国有声阅读产品的国际推介。阅文视听平台NovaBeats于2025年正式在全球上线，不仅延续了在文字故事领域的专业深度，还成功扩展到了有声、短剧等多形态内容提供。国际有声阅读平台的打造，将为内容出海提供更广阔的空间。

在有声阅读内容方面，目前借助人工智能翻译技术，网络文学已经开始了快速出海。据《2024中国网络文学出海趋势报告》显示，借助AI翻译，中国网文翻译成西班牙语的作品数量同比增长了227%；同时，海外英文原创网文翻译成多种语言，作品数量呈现惊人增长态势，例如，法语、德语、西班牙语、日语的作品数量分别同比增长了30倍、12倍、11倍及5.3倍。[②] 2024年新增"出海"人工智能翻译作品超2 000部，同比增长20倍。[③] 这种增长趋势反映了海外读者对中国网络文学的浓厚兴趣，也证明了AI翻译技术在适应不同语言文化环境方面的高效性。其极大地拓宽了市场边界，为中国文化出海创造了更多机遇。例如，刘慈欣的《三体》系列有声书在国内获得高度关注后，通过Audible平台进军国际市场，进一步扩大了其影响力。

（孙晓翠单位：山东大学出版学院；林青、欧阳培敏、林彤、马凯单位：山东大学新闻传播学院）

[①] 秦艳华，符家宁. 生成式人工智能赋能有声阅读产品国际化的思考［J］. 出版广角，2024（22）：12-16.
[②] 中国新闻出版广电报. AI翻译，加速网络文学的全球传播［EB/OL］.（2025-01-02）［2025-03-12］. https：//m. gelonghui. com/p/1117463.
[③] 中国新闻网. 中国网络文学加速出海全球开拓发展新空间［EB/OL］.（2024-12-22）［2025-03-12］. http：//www. chinanews. com. cn/cul/2024/12-22/10340556. shtml.

中国西部地区数字内容产业发展报告

重庆华略数字文化研究院

2024年，政策、市场、技术、出海等同频共振，推动数字内容产业呈现高质量发展态势。一系列框架性政策和指导性文件相继出台，旨在从业态持续创新、人才队伍建设、内容深度开发、产品和服务精准适配等视角提出新的发展思路；文化新业态特征较为明显的16个行业小类营收达6.66万亿元，增速高于全行业5.3个百分点；网络文学、网络游戏、网络影视正成为代表数字文化出海的"新三样"；AIGC技术深度赋能数字内容产业创作生产。以上亮点表明数字内容产业已进入创新活跃、国际竞合力增强的发展新阶段。处在我国不同经济地带的省区市，依托自身产业优势资源禀赋和发展基础，既表现出数字内容产业发展的地区差异，又揭示了深耕内容是数字内容产业发展的根本动力。在《西部地区鼓励类产业目录（2025年本）》的指引下，我国西部地区的数字内容产业正朝着特色化、差异化、优质化的方向迈进。

一、西部地区数字内容产业发展新特征

（一）产业政策加速业态创新

1. 政策前瞻布局系统延伸产业链条

西部地区政策显著强化数字内容产业的多维融合和全链条构建。各省区市不再局限于单一业态扶持，而是着力推动动漫游戏、网络视听、电竞等核心业态与文旅、教育、娱乐等领域的深度融合。四川专项打造"动漫产业圈"，整合游戏、影视、文旅资源形成集群效应；重庆明确提出发展"泛娱乐、泛阅

读、泛教育"融合业态，鼓励数字内容与实体产业协同创新；贵州聚焦产业链技术升级，引导市场主体改造动漫"全工艺流程"，覆盖角色设计、剧情开发、制作渲染环节，提升产业内生竞争力。同时，政策更注重布局前沿领域。陕西、重庆重点扶持沉浸式体验技术，探索虚实交互场景；重庆推动物理引擎、实时渲染技术研发，开发虚拟城市、虚拟人等产品；贵州将元宇宙产业列为新动能，拓展数字内容边界。上述政策布局不仅拓宽了产业应用场景，也延伸了产业链条，显著提升了产业附加值和发展韧性。

2. 技术驱动升级，持续激发数据要素市场活力

各省区市政策高度强调以尖端技术重构产业竞争力，并将数据要素流通作为核心发展引擎。在技术层面，人工智能、云计算、渲染引擎等被明确列为底层支撑。重庆布局沉浸式技术研发，推动实时高效渲染技术突破；四川发布全国首个游戏行业征信应用场景，通过数据接口或征信报告等形式，推动游戏产业相关数字资产融合、贯通；贵州提出抢占智算中心、行业大模型、数据训练"三个制高点"，强化AI对内容生产的赋能；新疆将绿色算力纳入新兴产业培育，为AIGC应用提供低碳基建保障。在数据要素层面，政策着力破解资源壁垒、激活要素价值。甘肃提出建设"中国文化遗产标本库甘肃库""中华文化基因库甘肃库""中华文化素材库甘肃库"三大文化数据库，系统整合区域文化资源并推动数字化开发；宁夏依托"东数西算"枢纽节点优势，创新性地将算力资源纳入数据交易品类，促进算力资源跨域流通；内蒙古通过专项人才方案强化数据开发能力，为要素市场化储备人力资本。这些政策导向不仅推动技术应用转向和驱动升级，更强调其对数据要素市场资源优化配置的考量和设计。

3. 平台建设多维赋能产业集聚效能释放

政策精准结合地域资源禀赋，形成差异化发展路径，并通过平台化载体强化产业集聚效能。在特色定位方面，广西依托区位优势构建"手游为主体、电脑游戏为辅助、网页游戏为特色"的研发体系，突出轻型游戏开发能力；贵州以"算力+算法+算网+算数"的创新应用，明确将中国（贵州）视算产业园建成全国大视听产业重要的算力集聚地，促进广播电视与网络视听业态融合发展；青海聚焦高原文化资源，倡导丰富具有地域特色的网络音视频、电子竞技等内容产品；甘肃以文化遗产数字化为核心，打造"文化基因库"赋能文旅

融合。在载体建设方面，政策构建多层次支撑平台。重庆系统性建设"文化内容数字资源平台""数字内容双创服务平台""产业创新中心"，形成技术孵化、资源整合、企业培育的全链条服务；云南推进省级智慧园区试点，支持地方培育数字经济特色园区，引导产业空间集聚；内蒙古通过专项人才培育方案增强本土数字内容创作与技术开发力量。以上政策重在引导各地区避免产业同质化竞争，最大限度地规避产业尾随效应，为西部地区突破资源约束、实现错位发展提供制度化路径。

（二）产业定位促进业态深耕

1. 成渝双核驱动打造全链条产业生态

四川、重庆作为西部数字内容产业的核心引擎，已构建覆盖研发、出版、运营、赛事、金融服务的完整生态链。在网络游戏领域，两省市2024年合计出版游戏80款（占全国6.13%），聚集出版运营单位67家（占西部88.2%），其中，四川通过游戏创新发展中心联合银行设立35亿元信用资金，专项扶持《下一站江湖2》等中小游戏企业；重庆创办"网行者大会"行业平台及出版监测中心，强化产业服务能力。在电子竞技领域，四川电竞总产值达94亿元，拥有超1.1万家相关企业（年增120%），并主导制定12项电竞标准；重庆璧山通过赛事运营（130场线下赛事）、战队引入（狼队电竞）拉动消费近亿元，形成"赛事经济+产业集群"模式。网络文学方面，成都"金熊猫奖"与重庆30余部作品版权转化彰显创作活力，四川网络文学产业园开园及省级研究中心成立，标志着从创作到学术研究的体系化支撑。数字音乐方面，西部音乐产业发展联盟在重庆成立，标志着产业生态升级，将完善数字音乐产业链条，打造沉浸式音乐体验场景，培育数字音乐、AI创作等前沿业态。成渝地区正加速构建技术研发、内容生产、市场运营和衍生服务等全链条布局，促使其成为西部数字内容产业发展高地。

2. 技术赋能驱动业态领域特色创新

各省区市依托技术差异化应用，在垂直领域形成核心竞争力。在微短剧领域，陕西以"短剧之都"——西安为轴心，承制全国60%的微短剧，并以43.7亿热力值居承制方首位，其技术优势体现为工业化制作流程和平台运营能力（DataEye 榜单 TOP10 占两席）；重庆聚焦虚拟产品开发，通过物理引擎、实时渲染技术研发推动虚拟城市、虚拟人落地，并在微短剧领域以 15.7 亿热力值跻身全国前五；云南通过"一核多点"影视基地网络（昆明、大理等联动），加速追赶数字视频产业。在动漫领域，重庆依托两江影视动漫文创园，孵化《画江湖之天罡》（豆瓣 8.2 分）等"渝派"精品；陕西搭建全流程视觉孵化平台，为初创团队提供技术支撑；四川成都数字文创企业数量超过6 000 家，汇聚了可可豆动画、艾尔平方等近 400 家本土特色企业。教育数字化方面，重庆智慧教育平台集成 7 600 门课程（访问量 3.2 亿次）；四川构建全省教育"网链"；宁夏开发智能教学助手，凸显技术对产业基础能力的重塑作用。

3. 载体创新优化产业融合生态

西部地区通过多层次载体建设，打通产业、文化资源与人才培养的协同通道。在文化资源转化层面，甘肃启动文化数据库建设，推动文物资源数字化开发；青海侧重丰富高原特色数字内容，强化地域文化表达。在产业载体方面，重庆同步建设数字资源平台、双创服务平台与产业创新中心；云南推进省级智慧园区试点，引导数字经济集群发展；四川网络文学产业园与陕西西安数字怪兽孵化平台，分别聚焦文学 IP 转化与动漫技术孵化。教育融合成为人才供给关键路径。广西建设了 6 000 余个本土微课资源；宁夏举办了 26 期数字教育大讲堂及创新应用大赛；陕西构建了五级教育资源服务体系（结对 3 000 所学校），系统性提升了数字内容创作人才素养。创新产业载体发展，有利于实现区域文化基因与技术应用、教育体系深度耦合，有利于促进优秀人才在产业生态环境中的流动和发展，更有利于地区在特定领域的业态深耕。

（三）产业联动推动业态布局

1. 技术自主创新重构产业底层基座

西部地区通过核心技术创新突破，重塑数字内容产业发展的技术应用体系。在算力基础设施领域，"东数西算"工程为产业提供强大支撑，而本土技术研发更是实现了关键突破。贵州黔龙图视研发的高压缩智能编解码芯片打破了国外技术垄断，获省级创新大奖；重庆永川科技片场自主研发虚拟拍摄技术与数字人系统，建成全国首个全数字工业化制作链，显著提升拍摄效率40%以上，虚拟拍摄棚使用率达90%；四川乐链科技融合区块链存证、AI创作辅助与大模型推荐技术，构建了音乐产业全生态解决方案。技术创新实现从底层芯片、生产工具到应用系统的全链条覆盖，表明西部地区从技术应用向基础研发的转向和升级，为数字内容生产提供了自主可控的技术基座，推动数字内容产业业态布局和创新。

2. 数据要素市场化激活产业新动能

各省区市加速构建文化数据要素流通体系，推动数据资源向资产化、价值化转型。制度设计层面，贵州明确将培育数据要素市场列为重点任务；重庆系统性保障数据流通安全与价值释放。交易平台建设层面，贵阳大数据交易所2024年实现新增交易48.91亿元，上市产品超1 200个；四川文化数据交易平台试运营，支持多模态文化资产在线交易及版权存证，初步形成采集、加工、交易、应用的全流程业态；甘肃推进文化资源禀赋挖掘和应用，深化文化资源数字化开发。产业实践通过建立标准化交易机制、完善产权保护服务、激活特色文化数据价值，形成了以特色文化资源深度开发为核心的要素市场化生态，为数字内容产业注入新动能。

3. 载体协同构建加速产业融合发展

产业园区、区域合作与人才工程形成多维协同网络，推动产业生态从物理集聚向系统化融合升级。在空间载体方面，贵州打造"数字文化产业生态村落"聚合40余家企业，成为大视听融合示范枢纽；成都天府长岛文创园实现游戏、影视等60家企业邻里式协作；重庆国盛创意园集聚500家数字企业，两江文创园获腾讯8亿元订单，形成"龙头企业+产业集群"发展模式。区域合作方面，中国—东盟视听周促成跨国项目签约，搭建微短剧出海通道；成渝影视大会签约10个重点项目，强化双城联动。人才体系方面，重庆建立61家人才工作站，年引才超8 000人；四川成都将"动画制作员"纳入产业链培训目录，高新区发布860个数字文创岗位；重庆永川实训基地年接纳5 000名高校生见习。当前载体协同构建已成为推动数字内容产业融合发展的关键力量，有利于构建内外循环互促的数字内容产业生态体系。

二、西部地区数字内容产业发展挑战

（一）数字内容原创生产力不足

西部地区作为国家西部大开发战略和"一带一路"建设的前沿阵地，文化资源丰富，但与经济发达的东部地区相比，存在数字内容生产单位规模较小、数字内容产品存在数量少、精品少的问题。一是产业价值链低端锁定，西部地区数字内容企业多集中于技术代加工环节，以数字动漫产业为例，本土企业承接动画外包业务，包括原画设计、3D建模等环节，虽然能在承接项目中积累经验、回笼资金，但长期承担外包生产职能，缺乏项目主导权与IP运营能力。二是头部企业在西部办公、东部决策，如字节跳动、腾讯等互联网头部企业虽然在重庆、贵阳设立内容安全中心和运营基地，但核心创作团队与决策中枢依旧留在北京、上海等地；西部承接的主要是内容审核、数据标注、用户运营与维护等人力密集型业务。

（二）数字内容产业投融资活动较少

西部地区数字内容产业呈现投融资活跃度低、资本集聚能力弱的特征，与经济发达的东部地区具有一定差距。据报道，2024年投融资事件数量TOP10城市领域流向分布中，北京、上海、深圳等地数字创意产业投融资活动最为活跃，西部地区只有成都上榜，且主要集中于数字文化创意内容制作服务、数字文化创意软件开发和数字创意技术和设备中的关键底层技术。一是轻资产特性与传统融资体系错配，数字内容产业以文化价值为内核、数字载体为介质，其核心资产是IP版权、数据资源等，呈现显著的非物质化特征，天然缺乏土地、厂房、设备等传统固定资产支撑，导致文化企业难以通过传统信贷渠道获取资金。二是区域资本虹吸效应，2024年数字创意产业投融资活动北京综合活跃度高，已披露投融资金额、事件数量均超全国中位数水平。上海投融资事件数量位列第二，深圳紧随其后。

（三）数字内容产业人才分布失衡

西部地区面临数字内容产业人才总量不足与区域失衡的情况。据《中国数字经济人才发展报告（2024）》（以下简称《报告》）显示，全国数字经济人才仍高度集中在五大城市群，截至2023年年底，长三角、京津冀、粤港澳大湾区三极合计占69.5%；而成渝城市群虽被列为"第四极"，但占比仅6.2%，不足三大核心区域任一极的1/3。表明西部地区整体人才储备的薄弱性，与经济发达地区相比，人才总量不足。同时，《报告》显示西部地区十二省（市）数字经济人才分布中，四川人才占比最高，重庆、广西、陕西为第二梯队，内蒙古、贵州、甘肃、宁夏为第三梯队；新疆、云南、青海、西藏的数字经济人才占比较低，这也揭示了区域内部的人才失衡。

三、西部地区数字内容产业发展建议

（一）加快培育特色新质生产力

西部地区地域广阔，民族、民俗文化资源富饶，立足文化资源禀赋与战略区位优势，推动数字内容产业从"代工制造"向"原创智造"跃迁。一是发挥地域优势，充分挖掘西部资源，开发西部特色内容产品，建立秦文化/蜀文化/丝路文化/民族文化四大数字资源库，构建全国特色文化IP，创建特色资源品牌，如陕西针对兵马俑推出文创视频、AI互动体验游戏、大型文化演出《秦俑情》《尘封的帝国——秦始皇陵》XR大空间沉浸体验展、虚拟IP"唐小宝"。二是鼓励数字内容产业主体单位从代工制造向IP创作、技术研发等高端环节转变；每年以比赛的形式挖掘一批有潜力的创作者或创作团队，设置奖项对其进行帮扶；建设西部IP运营中心，提供版权登记、跨境交易、衍生开发全链条服务。三是积极引入或自主开发虚拟拍摄、AIGC生成等前沿技术，推动"工具应用"向"生产力重塑"转型，提升产品制作效率，让新兴技术在数字内容产业中得到创新运用，从而生成更多新产品。

（二）构建新通道吸引企业投融资

据报道，2024年，北京、上海、深圳数字创意产业投融资活动最为活跃。西部地区数字内容产业方面的投融资事件较少。一是建立资源资产化体系，鼓励西部地区建立相关联盟，制定《西部文化数据资产估值指引》，试点"文化数据银行"提供质押融资。二是促进数字内容产业的数据流通、交易，发挥数据效用，保障数据安全；建设区域性数据交易枢纽，在重庆、成都、贵阳试点"西部数字内容数据交易所"，实施孵化期费用减免与阶梯式供给激励，降低参与门槛并激活市场流动性。三是继续举办西部数字出版年会，为数字内容产业的相关优秀项目提供现场推介和展示的机会；加强西部数字内容产业联盟的合作交流，携手促进行业发展。

（三）高起点优化人才成长环境

人才作为数字内容产业发展的"源头活水"，只有让人才"愿意来、留得住、干得好"，西部数字内容产业才能持续升级。一是依托省区市的优势产业吸引人才聚集，如成都依托成都天府长岛数字文创园、重庆依托永川大数据产业园、贵阳算力基地等数字内容产业相关的特色产业平台吸引相关人才，建立产学研机制，让人才在项目实践中得到锻炼。二是为人才提供培养计划，开拓人才晋升渠道，打破人才晋升天花板。三是为人才提供宜居的生活条件，提供"3年人才公寓"免租期，配套就医绿色通道，试点"创作通勤定制巴士"，串联主要产业园区与居住区。除了在住房、交通、医疗等方面为人才提供便利，还可以在有条件的地区试点"数字游民部落"，为创作者提供创作空间。

（课题组成员：姚惠、巫国义、黄志贵、刘爱民）

中国出版业科技创新年度报告

孙晓翠　石　洋　王姿懿　胡家慧　司璟莼

一、出版业科技创新发展背景概述

2024年，我国出版业在政策、经济、社会和技术的多轮驱动下，加速推进数字化转型与智能化升级。在此背景下，出版业科技创新呈现出多层次、全方面的蓬勃发展：一方面，政府、产业和企业等协同创新的体系更加成熟；另一方面，新范式、可持续的创新生态未来可期。

（一）政策环境完善顶层设计

2024年3月，国家新闻出版署发布《关于实施2024年出版业科技与标准创新示范项目的通知》，明确将人工智能、区块链、虚拟现实等技术列为重点攻关领域，首次提出"技术—标准—应用"三位一体推进机制为出版业科技创新划定重点攻关领域。[1] 2024年，中宣部联合工信部发布《关于推进人工智能赋能出版业的指导意见》，推动AIGC技术在选题策划、翻译、有声化等环节的规模化落地。[2] 还有北京市发布的《制造业数字化转型实施方案（2024—2026年）》等地方性政策，为行业科技创新赋能。

---

[1] 国家新闻出版署. 国家新闻出版署关于实施2024年出版业科技与标准创新示范项目的通知［EB/OL］.（2024-03-11）［2025-06-11］. https://www.nppa.gov.cn/xxfb/tzgs/202403/t20240311_837037.html.

[2] 工信部. 关于推进人工智能赋能出版业的指导意见［EB/OL］.（2025-07-10）［2025-07-11］. https://www.miit.gov.cn/zcwj/wjfb/tz/art/2024/art_3c7f8a9a1a0b4e1d9c8d7e6f5a2b1c0d.html.

（二）技术经济特性助力出版创新

国家层面通过"文化产业数字化战略"和"人工智能+"行动提供政策牵引，① 科技层面以 AIGC 为代表的技术广泛应用与大力发展，推动出版业将科技创新作为核心生产力。2024 年，我国研发经费投入强度达 2.68%，比上年提高 0.1 个百分点。② 技术发展的经济特性要求出版业深耕数字创新与科技进步，为出版业提供未来发展方向。

（三）消费主力变化驱动出版服务升级

科技创新驱动下出版业创新产品与服务，受众在此环境下的消费偏好又进一步推动业态科技创新手段再升级、创新渠道再扩张。值得一提的是，"Z 世代"消费者及其对"深度阅读+文化社交+沉浸体验"的复合性需求爆发，推动出版业将传统内容与新型科技"融为一体、合二为一"，并以深度融合等实现相关服务提档升级。

（四）沉浸式技术开拓出版场景

沉浸式阅读等出版新型消费模式爆发，加快出版业基于科技创新优化产业链、价值链和产品链的场景。一方面是车载空间等出版实体场景的新发展，如华为 HarmonyOS 4.0 集成"全景声阅读"功能，2024 年车载数字阅读时长同比增长 53%。③ 另一方面是智慧图书馆等出版虚拟场景的新可能，如早在 2023 年上海临港科技智慧图书馆的启动，打开了现实与虚拟的"灵境之门"；这座数字化沉浸式图书馆，除了常规的电子图书等资料，还能够运用人工智能技术对约 20 亿条学术数据进行学科谱系化链接。④ 这一场景在 2024 年持续发展。

---

① 中国政府网. 国务院印发《"十四五"数字经济发展规划》［EB/OL］.（2022-01-12）［2025-07-11］. https://www.gov.cn/xinwen/2022-01/12/content_5667840.htm.
② 国家统计局. 中华人民共和国 2024 年国民经济和社会发展统计公报［EB/OL］.（2025-02-28）［2025-07-05］. https://www.stats.gov.cn/sj/zxfb/202502/t20250228_1958817.html.
③ 新浪网. 直击 HDC2024 开发者主题演讲 HarmonyOS NEXT 开发者解决方案全面升级［EB/OL］.（2024-06-23）［2025-07-02］. https://news.sina.com.cn/sx/2024-06-23/detail-inazsqku3533133.shtml.
④ 澎湃新闻. 没有一本纸质书的图书馆，打开现实与虚拟的"灵境之门"［EB/OL］.（2023-03-21）［2025-07-05］. https://www.toutiao.com/article/7213026259742229052/?wid=1754313939987.

二、出版业科技创新发展现状

2024—2025 年，出版业科技创新从国家层面的智库与实验室、科技工程和国际合作等，产业层面的全产业链模式变革，到企业层面的科技研发投入、业务创新等，实现了全方面、多层次的主要成就。

（一）国家层面的科技创新布局

1. 重点实验室与行业智库建设发挥平台效应

国家通过出版业重点实验室和智库建设等，构建出版业科技创新的"理论—技术—应用"转化链条。这些周期性、持续性的政产学研协同创新布局，为出版业科技创新带来十分重要的平台效应。2024 年 11 月，国家新闻出版署智慧出版与知识服务重点实验室在南京大学召开年度会议，发布《2025—2027 智慧出版技术路线图》，首次提出"知识图谱＋多模态交互"的出版业 AI 应用框架。[1]

2024 年 2 月启动的新一轮"出版智库高质量建设计划"，明确提出要着力打造一批机构实、成果好的专业化智库，推出一批能够服务管理决策、推动行业高质量发展的重要研究成果，培养一批政治能力强、研究水平高的出版智库专业人才，持续推进出版业理论实践研究和成果转化应用。[2]

2. 行业专项科技工程推动重大技术落地应用

国家通过实施专项的科技工程，实现出版业科技创新从单点突破向系统重构升级，尤其在推动重大技术落地应用上，科技工程发挥着重要的作用。如 2024 年 1 月启动的出版融合发展工程，首次将"元宇宙出版"纳入支持范围，资助长江少年儿童出版社"AR 科普绘本开发平台"等 16 个数字出版项目。[3]

---

[1] 国家新闻出版署. 智慧出版赋能实验室建设再"提速"［EB/OL］.（2024-11-14）［2025-06-11］. https://www.nppa.gov.cn/xxfb/ywdt/202411/t20241114_873538.html.

[2] 国家新闻出版署. 国家新闻出版署关于实施 2024 年度出版智库高质量建设计划的通知［EB/OL］.（2024-01-30）［2025-06-11］. https://www.nppa.gov.cn/xxfb/tzgs/202402/t20240221_833019.html.

[3] 国家新闻出版署. 国家新闻出版署关于组织实施 2024 年度出版融合发展工程的通知［EB/OL］.（2024-01-25）［2025-06-11］. https://www.nppa.gov.cn/xxfb/tzgs/202401/t20240125_830215.html.

2025年4月，中国新闻出版研究院牵头的国家重点研发计划项目"基于生成式人工智能的专业知识服务关键技术研发与应用"正式启动，这是出版领域首个国家级AI专项工程。① 该项目还涉及武汉理工大学等八家单位，预计三年内在人工智能专业知识服务系列国家标准、多方协同共建的知识数据池、百亿级参数垂直领域大模型等方面产出系列成果。目前，相关成果已在部分出版单位的专业图书领域实现了全流程的应用。

3. 创新链驱动出版业科技创新国际化新范式

2024年的中国出版业科技创新正依托上述国家级出版业重点实验室、科技工程项目等，积极探索"技术输出＋标准引领"式的国际化新范式，推动出版业科技创新"走出去"。如2024年6月，海豚出版社与国家新闻出版署出版融合发展（武汉）重点实验室达成战略合作。② 双方强强联合，共同推进新技术赋能国际传播，助力出版科技出海。

综上，国家战略布局形成了"平台支撑—工程落地—国际辐射"的完整创新链。以此加快推动出版业科技创新领域的高质量发展，为全面构建起具有中国特色的出版业科技创新生态体系打好基础。

（二）产业层面的科技创新融合

1. 出版业科技创新向全产业链融合

2024年，出版业科技创新从单点技术应用转向全产业链融合的广度和深度更加深刻。其具体表现为以人工智能技术为代表的数智化技术，进一步逐渐渗透至出版全流程。一是从选题策划环节开始，借助大数据分析读者兴趣偏好、市场趋势，精准定位选题方向；二是在编辑过程中，智能辅助工具可进行文字校对、语法检查，提升编辑效率与内容质量；三是在市场发行方面，大数据分析与人工智能算法，深度挖掘市场趋势和读者兴趣偏好。如中信出版自主研发的"夸父AI"数智出版平台，在"AI生成营销文案"环节提效50%以上。通过该平台生成的个性化营销文案，更贴合不同渠道和用户需求，有效提升了图

---

① 国家新闻出版署. 中国新闻出版研究院启动"文化科技与现代服务业"重点专项项目［EB/OL］.（2025-04-14）［2025-06-11］. https：//www.nppa.gov.cn/xxfb/ywdt/202504/t20250414_890566.html.

② 中国新闻出版广电网. 海豚出版社与国家新闻出版署出版融合发展（武汉）重点实验室达成战略合作［EB/OL］.（2025-08-04）［2025-08-4］. https：//www.chinaxwcb.com/2024/06/23/99844112.html.

书推广效果和销售转化率。① 部分企业还积极探索用 AI 生成内容,丰富出版资源,但也面临内容审核与版权界定等挑战。

2024 年,AIGC 重塑出版业内容生产链条。这一年,出版业 AIGC 应用完成从实验向规模化转型:AIGC 技术使单本图书开发周期缩短 40%。② 一方面,出版业 AIGC 垂类相关大模型赋能产业降本,如中文在线的"中文逍遥"大模型,实现从选题策划到营销文案的全流程自动化,单本书开发成本降低 60%。③ 另一方面,出版业利用 AIGC 相关技术促进产业增效,如读客文化用 AI 生成的封面设计,在年轻读者群体中接受度比人工设计高 25%。这些案例证明,生成式 AI 正在突破内容创作的产能瓶颈,重塑内容生产链条。④

2. 出版企业科技创新主体地位凸显

2024 年,出版业科技创新体系中,出版企业的主体地位继续凸显。以 28 家出版上市企业为例,其在科技创新研发投入、人员配备和成果产出等方面,体现出明显的结构化、创新性特征。

(1)研发投入结构

在出版业科技创新研发投入上,出版企业呈现出明显的不均衡特征,形成"头部集聚、腰部分化"的分布格局。如中文传媒 2024 年研发支出约达 2.19 亿元,占当年营业收入的 2.35%,处于行业领先地位;中南传媒、凤凰传媒 2024 年研发支出分别投入约 9.79 千万元与 4.22 千万元;与之相比,龙版传媒 2024 年研发支出约为 2.85 百万元,占当年营业收入的 0.17%。

在出版企业的科技创新研发费用构成中,人工成本依然为主导项。如中南传媒人工成本约达 6.24 千万元,占研发总费用的 63.78%;中文传媒约为 2.06 千万元,占研发总费用的 48.88%。与此同时,委托研发投入增长显著,反映出企业在技术升级过程中对外部技术资源的依赖程度日益提升。

---

① 深圳证券交易所. 中信出版 2024 年年度报告[EB/OL]. (2025 - 03 - 18)[2025 - 06 - 11]. http://www.szse.cn/disclosure/listed/bulletinDetail/index.html? 66c1ab65-4235-445b-a904-06621e690a68.
② 中研网. 2025 中国传统出版行业:从"纸媒黄昏"到"文化新物种"的进化[EB/OL]. (2025 - 07 - 23)[2025 - 08 - 01]. https://www.chinairn.com/hyzx/20250722/175131570.shtml.
③ 东方财富网. 中文在线:2024 年年度报告[EB/OL]. (2025 - 04 - 29)[2025 - 07 - 12]. http://guba.eastmoney.com/news,300364,1545010003.html.
④ 深圳证券交易所. 读客文化 2024 年年度报告[EB/OL]. (2025 - 04 - 29)[2025 - 07 - 12]. http://www.szse.cn/disclosure/listed/bulletinDetail/index.html? a137b574-aa5b-4845-b2bd-31234c9ac7dc.

（百万元）

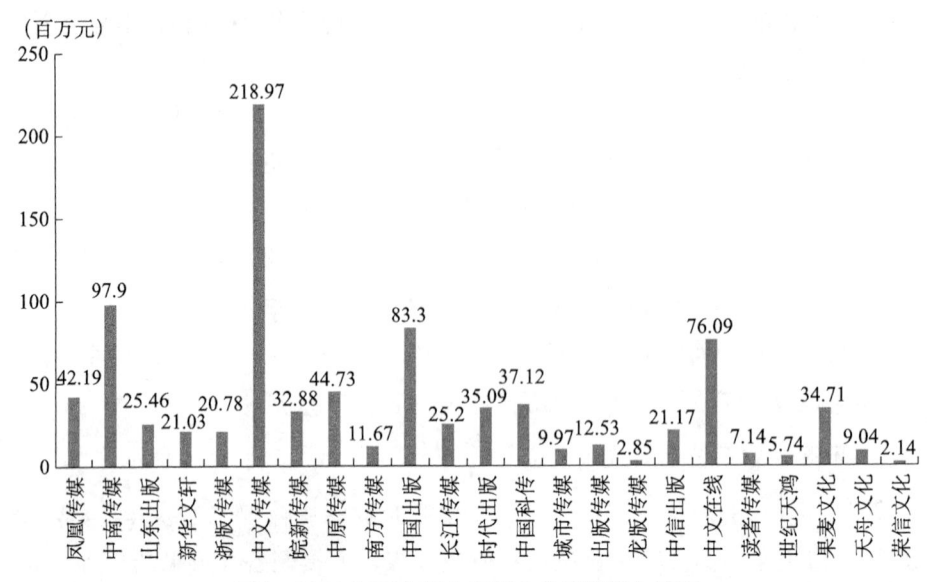

图1 2024年国内部分出版企业研发投入情况

数据来源：出版企业2024年度公开财年报告

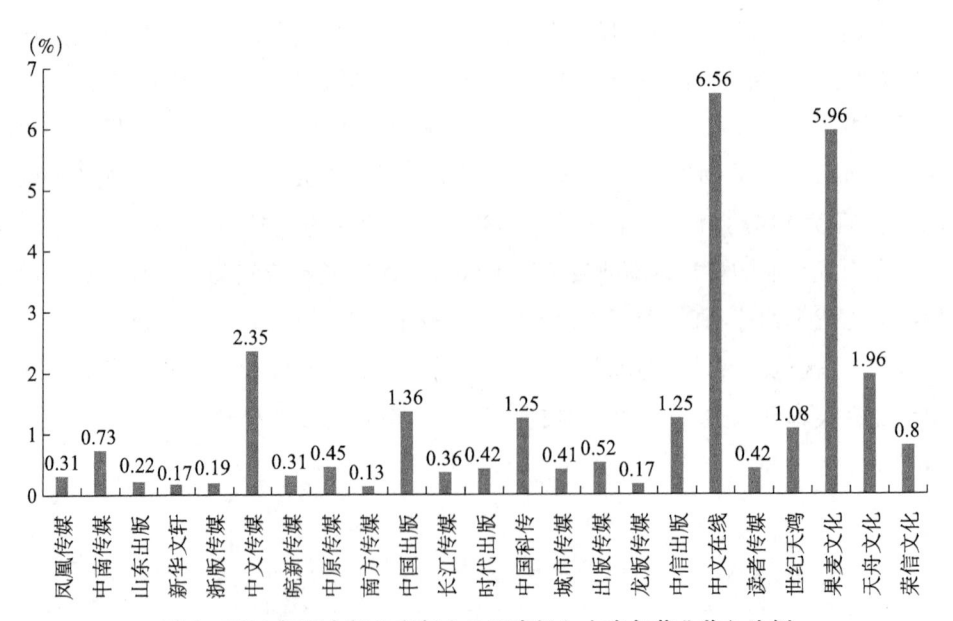

企业	研发投入（百万元）
凤凰传媒	42.19
中南传媒	97.9
山东出版	25.46
新华文轩	21.03
浙版传媒	20.78
中文传媒	218.97
皖新传媒	32.88
中原传媒	44.73
南方传媒	11.67
中国出版	83.3
长江传媒	25.2
时代出版	35.09
中国科传	37.12
城市传媒	9.97
出版传媒	12.53
龙版传媒	2.85
中信出版	21.17
中文在线	76.09
读者传媒	7.14
世纪天鸿	5.74
果麦文化	34.71
天舟文化	9.04
荣信文化	2.14

图2 2024年国内部分出版企业研发投入占当年营业收入比例

数据来源：出版企业2024年度公开财年报告

企业	占比（%）
凤凰传媒	0.31
中南传媒	0.73
山东出版	0.22
新华文轩	0.17
浙版传媒	0.19
中文传媒	2.35
皖新传媒	0.31
中原传媒	0.45
南方传媒	0.13
中国出版	1.36
长江传媒	0.36
时代出版	0.42
中国科传	1.25
城市传媒	0.41
出版传媒	0.52
龙版传媒	0.17
中信出版	1.25
中文在线	6.56
读者传媒	0.42
世纪天鸿	1.08
果麦文化	5.96
天舟文化	1.96
荣信文化	0.8

（2）研发人员结构

出版企业在研发团队的规模、学历与年龄结构方面，呈现出明显的差异特征。如中文传媒研发人员达 403 人，占总人数的 5.06%，为传统出版单位行业内最高；南方传媒研发人数 25 人，占总人数的 0.35%。多数企业研发规模集中在 50—200 人之间，整体呈中等规模格局。

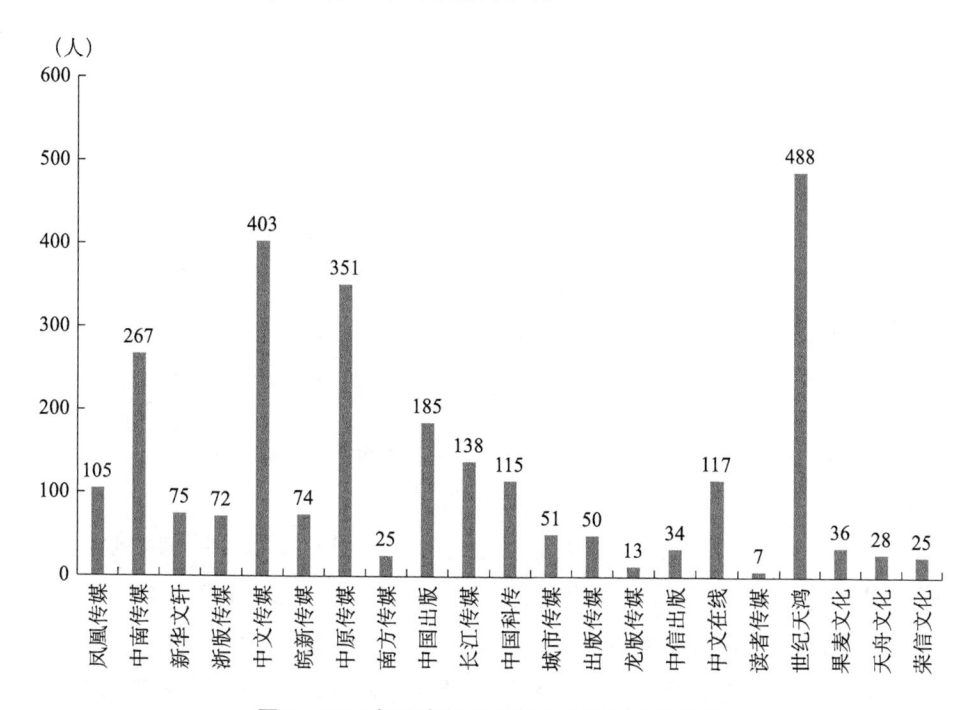

图 3　2024 年国内部分出版企业研发人员数量

数据来源：出版企业 2024 年度公开财年报告

从人才学历和年龄上看，出版企业研发团队呈高学历、年轻化特征。如新华文轩拥有本科及以上学历的研发人员占比达 90.67%，浙版传媒该数据为 91.67%。出版企业研发主力人员年龄主要集中在 30—40 岁之间，如凤凰传媒该年龄段人员占比 48.57%、新华文轩为 62.67%。此外，出版企业还积极通过与高校、科研机构合作，强化研发团队的外部延伸。

3. 成果产出绩效

出版企业的研发成果产出，在知识产权、经济效益等方面逐渐发挥着越来越重要的优势。一方面是知识产权与业务创新，如中南传媒 2024 年全年获授

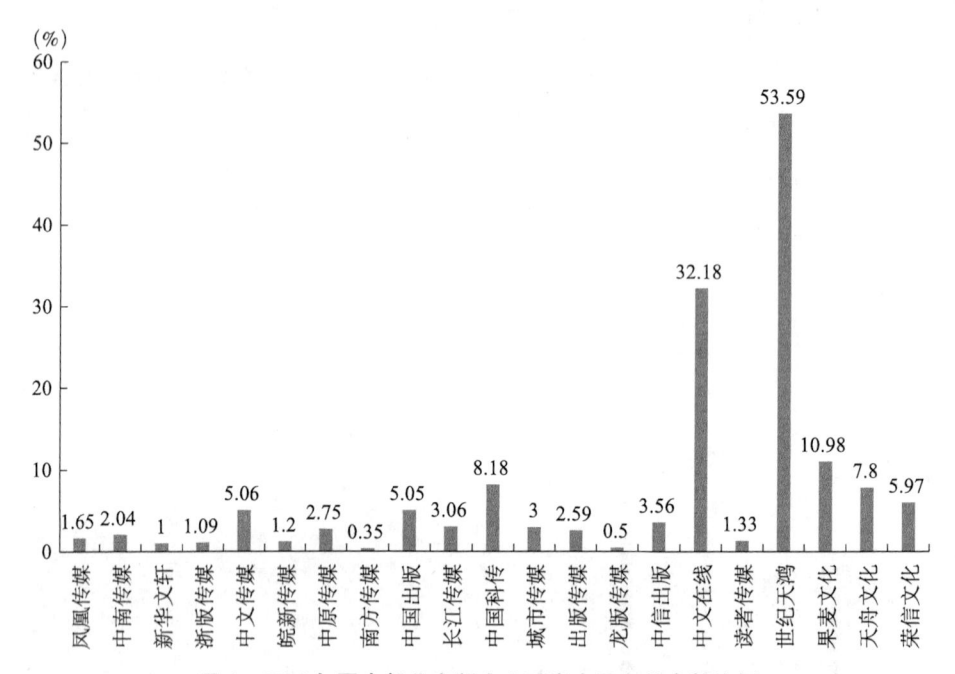

图4 2024年国内部分出版企业研发人员占总人数比例

数据来源：出版企业2024年度公开财年报告

（柱状图数据，从左至右）：凤凰传媒 1.65；中南传媒 2.04；新华文轩 1；浙版传媒 1.09；中文传媒 5.06；皖新传媒 1.2；中原传媒 2.75；南方传媒 0.35；中国出版 5.05；长江传媒 3.06；中国科传 8.18；城市传媒 3；出版传媒 2.59；龙版传媒 0.5；中信出版 3.56；中文在线 32.18；读者传媒 1.33；世纪天鸿 53.59；果麦文化 10.98；天舟文化 7.8；荣信文化 5.97

权专利10项（累计65项），其中发明专利4项；① 凤凰传媒的"凤凰智灵平台"荣获国家新闻出版署科技创新成果奖，具备较高的原创性和应用价值。② 另一方面是企业运营与业务拓展，如中文传媒物流系统智能化改造后，人工成本下降60%、作业效率提升90%；③ 皖新传媒电商系统升级后效率提升30%，并通过"元小鳌"IP项目带动电商GMV增长42.24%；④ 中文在线的短剧平台"Sereal＋"更是实现出海拓展，获得国际奖项认可，展示了研发成果在内容形

---

① 上海证券交易所. 中南传媒2024年年度报告［EB/OL］.（2025-04-26）［2025-06-12］.https：//static.sse.com.cn/disclosure/listedinfo/announcement/c/new/2025-04-26/601098_20250426_4XNW.pdf.

② 东方财富网. 凤凰传媒：凤凰传媒2024年年度报告［EB/OL］.（2025-04-22）［2025-06-12］.https：//data.eastmoney.com/notices/detail/601928/AN202504211660059815.html#.

③ 上海证券交易所. 中文传媒2024年年度报告［EB/OL］.（2025-04-19）［2025-06-12］.https：//static.sse.com.cn/disclosure/listedinfo/announcement/c/new/2025-04-19/600373_20250419_PPWE.pdf.

④ 上海证券交易所. 皖新传媒2024年年度报告［EB/OL］.（2025-04-12）［2025-06-12］.https：//static.sse.com.cn/disclosure/listedinfo/announcement/c/new/2025-04-12/601801_20250412_4BM3.pdf.

态创新方面的溢出效应。①

三、出版业科技创新发展趋势

2025年是"十四五"规划收官之年，也是全面开展"十五五"规划的谋篇布局之年。2025年4月，中宣部等十部门联合印发《网络出版科技创新引领计划》，首次将网络出版纳入国家科技创新体系，提出"3年建成5个国家级网络出版实验室""培育20家专精特新科技企业"等量化目标。② 在此背景下，伴随新一轮科技革命和产业变革进一步向纵深发展，出版业科技创新面临着很多挑战，未来需要因势因时科学发展。

（一）出版业科技创新面临的挑战

1. 制度改革需要进一步加深

在全球出版业加速数智化转型的背景下，制度与政策的系统性、全面性改革仍未完全匹配出版业科技创新发展的实际需求。目前，现有政策层面鼓励融合出版、国际出版与传播等，对于网络内容、数据流通、跨境业务等领域的监管力度也在不断增强。这种"鼓励+监管"并存的政策体系优化迭代的速度和程度，在一定程度上与出版业科技创新的灵活性与广度存在偏差。

出版业"走出去"亦存在制度国别差异化等问题。各国在出版业科技创新涉及的版权保护、文化表达、敏感内容处理等方面的监管差异显著，使中国出版业在全球化运营过程中面临着复杂的合规要求与潜在风险。这些在政策、行业标准等方面存在的问题，已经成为出版业科技创新及其国际化发展中绕不开的现实障碍。

2. 产业协同需要进一步加强

出版业科技创新不仅依赖单一主体的力量，更依赖政产学研各方面和产业

---

① 东方财富网. 中文在线：2024年年度报告 [EB/OL]. (2025-04-29) [2025-06-12]. http://guba.eastmoney.com/news, 300364, 1545610003.html.

② 中国政府网. 国家新闻出版署等关于印发《网络出版科技创新引领计划》的通知 [EB/OL]. (2025-04-18) [2025-05-30]. https://www.gov.cn/zhengce/zhengceku/202504/content_7019838.htm.

链各环节的协同推动。当前出版业从理论到实践、政产到学研、平台到企业等，缺乏不同程度的有效联动与技术共享机制。例如，在应对海外市场壁垒时，很多出版企业往往缺乏统一的行业指导或协作机制，导致资源重复投入、风险分散、成本抬升。

此外，在AI、区块链等前沿科技的研发与应用过程中，出版企业与技术企业、内容平台等市场主体之间的协作深度有限。这样，不利于建立出版业"内容—技术—用户"三方融合的良性生态，制约了行业整体的科技创新效率和效果。

3. 企业主体功能需要进一步明晰

数智技术的广泛应用，促进了出版业增效降本，同时也暴露了出版企业在创新实践中存在的定位模糊问题。部分企业将数智化技术视为提高生产效率的工具，却缺乏工具理性，尤其忽略了其内容质量与品牌价值的核心竞争力优势。2024年，出版业依赖技术而产生的"模板化""快餐式"产品和服务大量涌现，其因缺乏情感深度与文化温度而大大影响了用户黏性与行业公信力。

可见，部分出版企业在出版业科技创新体系建设中缺乏系统性思考：既未完全明确出版业科技创新的战略定位，也尚未建立起基于自身核心资源优势的创新竞争力。出版业科技创新与出版企业核心优势协同过程中的结构性"脱节"，不仅影响了前者的可持续性，更限制了后者的保值增值力。

（二）出版业科技创新未来的发展

1. 科技创新引领出版业范式革新

科技创新将进一步深刻改变出版业的生产方式和产业形态。部分出版企业正积极布局技术融合型产品和服务，引领着全行业的范式革新。如凤凰传媒构建的"凤凰智灵平台"已经实现了从选题策划到印刷发行的全流程智能化；这一系统性变革不仅提升了生产效率，更重塑了出版产业链的价值分配格局。中文在线研发的"中文逍遥"大模型，开创了人机协同创作的新模式，这一技术突破不仅提高了创作效率，更拓展了内容表现的维度。①

---

① 东方财富网. 中文在线：2024年年度报告［EB/OL］.（2025-04-29）［2025-06-12］. http：//guba.eastmoney.com/news,300364,1545010003.html.

在出版业各细分领域,科技创新的影响普遍展开。在专业出版领域,中国科传的SciEngine平台整合全球学术资源,构建起一个较为完整的学术出版生态系统;① 这种专业化平台不仅解决了学术传播效率问题,更通过输出技术标准,增强了中国在国际学术出版体系中的话语权。教育出版领域的数字化转型尤为深入,"粤教翔云"等平台实现了从内容提供商向教育服务商的转型;② 这不仅拓宽了出版业的服务边界,也提高了教育出版的商业价值——通过构建"纸质为基、数智为翼"的融合出版模式,教育出版正从单一产品向综合服务升级。

科技创新在新媒体营销生态的应用演进,尤其是在直播电商、社交传播等新型营销渠道的广泛兴起,促使出版业发行领域升级用户触达体系等。如岳麓书社通过直播数据中台分析用户弹幕、点赞等实时反馈,动态调整讲解内容。③ 这种基于数据驱动的营销模式,越来越要求出版企业构建用户画像智能系统,实现对需求侧的精准匹配。

2. 科技创新加速出版业产业升级与可持续发展

借助数智化工具对出版业资源进行的高效、精准开发与配置,出版业从较为单一的内容生产向依托技术的多元价值创造转变趋势逐渐加速和加强。尤其是依托出版业科技创新的跨圈层、跨界和跨域发展,不仅拓宽了现有出版业的商业空间,更探索出文化内容高价值化的新路径。在产业融合领域,科技创新成为凤凰传媒"出版+教育+文旅"模式的核心驱动力;④ 这种融合模式通过沉浸式体验、互动式学习等数字化形式,构建起出版业与社会教育的深度连接,使文化传播从单向输出升级为多维互动。在跨界发展方面,中文传媒以技术为纽带,通过资本运作布局数字营销和游戏领域,构建起"内容+科技+娱

---

① 上海证券交易所. 中国科技出版传媒股份有限公司2024年年度报告[EB/OL]. (2025-04-29)[2025-06-12]. https://static.sse.com.cn/disclosure/listedinfo/announcement/c/new/2025-04-29/601858_20250429_VMTH.pdf.
② 上海证券交易所. 南方传媒2024年年度报告[EB/OL]. (2025-04-26)[2025-06-12]. http://static.sse.com.cn/disclosure/listedinfo/announcement/c/new/2025-04-26/601900_20250426_9DXY.pdf.
③ 上海证券交易所. 中南传媒2024年年度报告[EB/OL]. (2025-04-26)[2025-06-26]. https://static.sse.com.cn/disclosure/listedinfo/announcement/c/new/2025-04-26/601098_20250426_4XNW.pdf.
④ 东方财富网. 凤凰传媒:凤凰传媒2024年年度报告[EB/OL]. (2025-04-22)[2025-06-26]. https://data.eastmoney.com/notices/detail/601928/AN202504211660059815.html#.

乐"的产业生态；① 其通过大数据分析用户偏好，实现 IP 内容在图书、游戏、数字营销等多领域的精准衍生开发。

出版业科技创新与绿色发展理念的深度融合，正在重塑出版业的可持续生产方式。如中信出版构建的全产业链环保标准体系，体现了出版业在生态文明建设中的责任担当；② 该体系从纸张采购到印刷工艺的全程绿色管控，不仅响应了国家可持续发展战略，也为行业树立了环保标杆。在绿色技术创新探索中，天闻印务投建太阳能电站，依托光伏技术转化清洁能源，配合能耗监测系统动态调配能源；③ 其从能源利用到污染治理，全流程融入绿色技术，响应"双碳"战略，为出版业低碳转型提供技术实践范例，彰显出版产业链在节能减排领域的创新突破。此外，在生产方式变革方面，按需印刷等新技术的推广会更加优化出版业"零库存"生产方式，符合绿色发展要求并适应市场个性化需求趋势，代表着未来出版业的发展方向。

总体来看，中国出版业正经历着以科技创新为核心驱动力的深刻变革，呈现出技术创新与产业升级深度融合、全球化与本土化协同推进、规范发展与伦理建设齐头并进的发展态势。这种全方位、多层次的转型发展，不仅提升了中国出版业的国际竞争力，也为文化强国建设提供了有力支撑。未来，随着科技创新研发与应用的不断深入和产业生态的持续优化，中国出版业必将迎来更加广阔的发展空间。

（孙晓翠单位：山东大学出版学院；石洋、胡家慧、司璟莼单位：山东大学新闻传播学院；王姿懿单位：山东大学政治学与公共管理学院）

---

① 上海证券交易所. 中文传媒 2024 年年度报告［EB/OL］.（2025－04－19）［2025－06－26］. https://static.sse.com.cn/disclosure/listedinfo/announcement/c/new/2025－04－19/600373_20250419_PP-WE.pdf.
② 深圳证券交易所. 中信出版 2024 年年度报告［EB/OL］.（2025－03－18）［2025－06－26］. http://www.szse.cn/disclosure/listed/bulletinDetail/index.html?66c1ab65-4235-445b-a904-06621e690a68.
③ 上海证券交易所. 中南传媒 2024 年年度报告［EB/OL］.（2025－04－26）［2025－06－22］. https://static.sse.com.cn/disclosure/listedinfo/announcement/c/new/2025－04－26/601098_20250426_4XNW.pdf.

国家智慧教育公共服务平台发展报告

袁华莉　李建红

当前，随着新一轮科技革命和产业变革迅猛发展，教育数字化已成为全球教育改革和发展的关键趋势。我国高度重视教育数字化发展，将其置于国家战略高度持续推进。2022年1月，教育部正式启动教育数字化战略行动。[①] 同年10月，党的二十大报告首次将"推进教育数字化"写入报告，在"办好人民满意的教育"中提出"推进教育数字化，建设全民终身学习的学习型社会、学习型大国"[②]，标志着推进教育数字化已经成为全党全国普遍共识和重要战略性目标任务。2023年2月，中共中央、国务院印发的《数字中国建设整体布局规划》提出"大力实施国家教育数字化战略行动，完善国家智慧教育平台"[③]，将教育数字化纳入国家战略高度进行统筹规划。同年5月，习近平总书记在主持中央政治局第五次集体学习时指出，"教育数字化是我国开辟教育发展新赛道和塑造教育发展新优势的重要突破口"[④]。2024年9月，习近平总书记在全国教育大会上进一步强调，"深入实施国家教育数字化战略，扩大优质教育资源受益面，提升终身学习公共服务水平"[⑤]，为新时代教育数字化工作指明了方向和路径。2025年1月，中共中央、国务院印发的《教育强国建设规划纲要

[①] 教育部. 加快教育高质量发展——2022年全国教育工作会议召开［EB/OL］.（2022-01-17）［2025-05-25］. http：//www.moe.gov.cn/jyb_xwfb/gzdt_gzdt/moe_1485/202201/t20220117_594937.html.

[②] 高举中国特色社会主义伟大旗帜　为全面建设社会主义现代化国家而团结奋斗——在中国共产党第二十次全国代表大会上的报告［EB/OL］.（2022-10-16）［2025-05-25］. http：//www.news.cn/politics/cpc20/2022-10/25/c_1129079429.htm.

[③] 中共中央　国务院印发《数字中国建设整体布局规划》［EB/OL］.（2023-02-27）［2025-05-25］. https：//www.gov.cn/zhengce/2023-02/27/content_5743484.htm.

[④] 习近平在中共中央政治局第五次集体学习时强调　加快建设教育强国　为中华民族伟大复兴提供有力支撑［N］. 人民日报，2023-05-30（01）.

[⑤] 习近平在全国教育大会上强调　紧紧围绕立德树人根本任务　朝着建成教育强国战略目标扎实迈进［N］. 人民日报，2024-09-11（01）.

（2024—2035 年）》对教育数字化进行专章部署，明确提出"建设学习型社会，以教育数字化开辟发展新赛道、塑造发展新优势"，强调"实施国家教育数字化战略"①，凸显教育数字化在教育强国建设中的核心定位和持续深化的必要性。这一系列政策举措层层递进，彰显了我国对教育数字化坚定不移的推进决心与持续深化的战略布局。三年来，我国教育数字化战略行动取得了突破性进展。

作为国家教育数字化战略的核心载体与重要抓手，国家智慧教育公共服务平台（以下简称"国家智慧教育平台"）自 2022 年上线以来，便肩负起推动教育公平、提升教育质量、促进教育现代化的时代使命。随着教育数字化战略的纵深推进，平台不断优化自身建设，迅速发展为全球规模最大、资源最丰富、品类最全、用户最多的智慧教育平台。2024—2025 年，平台锚定集成化（Integrated）、智能化（Intelligent）、国际化（International）的"3I"方向持续创新，在资源汇聚、架构升级、功能拓展、应用推广及国际合作等领域取得重要进展，成为引领我国教育数字化发展的核心引擎，其在教育强国建设中的关键支撑与战略枢纽作用日益凸显。

一、平台建设进展

（一）资源扩容与结构升级：构建四横五纵高质量资源格局

2024 年以来，国家智慧教育平台通过拓展资源覆盖广度、提升资源供给规模、深化特色资源建设等，构建起"四横五纵"的高质量资源格局，实现资源从广泛覆盖向精准服务的跃迁，为教育数字化战略提供核心支撑。

1. 资源覆盖范围不断拓展，实现横向贯通与关键领域突破

2024 年以来，平台陆续上线了"在线教研""法制教育""AI 学习""科研第一课""消防安全教育""数字素养与技能提升"等专题栏目资源，不断

---

① 中共中央 国务院印发《教育强国建设规划纲要（2024—2035 年）》[EB/OL]. (2025－01－19) [2025－05－25]. https: //www.gov.cn/zhengce/202501/content_6999913.htm.

整合领域专家、优秀学校和骨干教师资源，打造"永不落幕"课堂，为全国各地师生搭建了与专家和名师对话的平台。2024年12月，国家中小学智慧教育平台上线"特殊教育"板块，以"全学段、多角色、深融合、高质量"为建设目标，首期上线了"特教教材""融合教育""特教活动""教学资源"等七个专栏，汇集了千余条特殊教育优质数字资源，将优质数字教育资源的服务范围拓展至特殊教育领域。同月，国家终身教育智慧教育平台正式上线，该平台已设有"科学素养""文化素养""职场技能""兴趣爱好""继续教育""家庭教育""社会教育""银龄学堂"等，是建设"泛在可及的终身教育体系"的重要成果。至此，以基础教育、职业教育、高等教育、终身教育为"四横"，以德、智、体、美、劳为"五纵"的国家智慧教育平台"四横五纵"资源供给格局基本形成。[1]

2. 资源供给数量持续增加，专业化扩容稳步推进

国家智慧教育平台秉持让优质教育"人人可享、处处可达"的目标，持续汇聚优质数字资源，推进专业化、精品化、体系化的资源建设。截至2025年3月，各平台资源总量显著增长：中小学平台资源总量增加到11万余条，[2] 较2023年底的8.8万条大幅增加，覆盖德育、课程教学、体育、美育、劳动教育、课后服务、特殊教育、教师研修、家庭教育、人工智能教育等广泛内容；智慧职教平台提供在线精品课程1.13万余门、视频公开课2 424门，以及830万余条包括视频、动画、PPT等在内的多模态数字资源，其中2024年针对教、学、训、研等多元应用场景汇聚大量实训资源，上线与更新1 400多门省级在线精品课程，覆盖19个专业大类和公共基础课；[3] 智慧高教平台汇聚优质在线课程逾3.1万门、国家一流课程2 703门，通过整合各高校优势课程资源，打造了一批跨学科、综合性课程，有力促进了高校间的资源共享和协同创新；终身学习平台供给优质在线课程超2 000门。[4] 围绕2024年至2025年的关键节点，各平台以专题或模块形式实现资源的持续更新与集中扩容。如2024年5

---

[1] 科技与信息化司. 2024年12月教育信息化和网络安全工作月报 [EB/OL]. (2025-01-16) [2025-06-05]. http://www.moe.gov.cn/s78/A16/gongzuo/gzzl_yb/202501/t20250116_1175897.html.

[2] 开辟教育新赛道 塑造发展新优势——写在国家教育数字化战略实施三周年之际 [EB/OL]. (2025-04-18) [2025-06-05]. http://www.moe.gov.cn/jyb_xwfb/s5148/202504/t20250418_1187852.html.

[3] 张布和, 张浩, 聂伟, 宗诚. 2024职业教育改革与发展报告 [N]. 中国教育报, 2024-12-31 (05).

[4] 中华人民共和国教育部. 中国智慧教育白皮书 [Z]. 2025 (5): 12.

月，中国语言文字数字博物馆板块上线了一批多类型多模态的语言文化数字资源；同年12月，特殊教育板块上线千余条特教数字资源；2025年1月，国家终身教育智慧教育平台首批上线1 000门（个）课程；同年3月，国家智慧教育平台发布2.0智能版之际，集中上线3.3万节教学资源，其中中小学平台新增9 161节，智慧职教平台新增6 560节，智慧高教平台新增15 111节，终身教育平台新增1 925节；① 同年5月，国家智慧教育公共服务平台国际版在世界数字教育大会期间上线300余门课程，推出60余门来华留学生优质课程的"理解中国"专区，并计划后续分批次上线征集到的2 000余门多语种优质课程资源。②

3. 特色化与本地化资源建设积极推进，形成国家精准供给与地方创新互补生态

国家层面，紧扣人工智能普及、学生就业等热点领域和社会普遍关切问题，及时推出特色专栏，实现精准化资源供给。例如，2025年3月推出"高校学生就业能力提升'双千'计划"专题，以提升高校学生就业竞争力为目标，上线了33个实用紧缺专业的138门一流课程、高水平大学100门人工智能慕课和12门国产大模型应用公开课，以及1 100余门职业教育课程。③ 聚焦全学段、全领域人工智能素养提升，设立"AI学习"专题，推出AI精品通识课、大咖讲AI，以及针对中小学、职教、高教和终身学习不同类型教育的特色课程。为推进中小学人工智能教育普及，中小学平台上线"人工智能教育"模块，围绕"学AI、用AI、创AI、护AI"，集中上线一批课程教材资源及工具。

地方层面，建设本土区域特色资源，形成与国家平台的互补生态。例如，宁夏在国家平台资源基础上开发了历史文化数字研学、人工智能科普教育、虚拟仿真实训教学等本土化资源；④ 甘肃结合本地化需求推出"智教甘肃大模型"

---

① 高毅哲. 国家智慧教育平台2.0智能版上线 资源更丰富 操作更便捷［N］. 中国教育报，2025 - 03 - 29（01）.
② 中国青年报. 国家智慧教育公共服务平台国际版推出"理解中国"专区［EB/OL］.（2025 - 05 - 09）[2025 - 06 - 05]. http：//www.moe.gov.cn/fbh/live/2025/56916/mtbd/202505/t20250510_1190071.html.
③ 高毅哲. 上线系列专业课程群和职业能力培训课程 新开设"双千"计划专题［N］. 中国教育报，2025 - 03 - 29（01）.
④ 宁夏回族自治区教育厅. 宁夏深化国家智慧教育平台全域应用 赋能基础教育扩优提质——国家中小学智慧教育平台全域应用试点经验做法之五［EB/OL］.（2025 - 03 - 31）[2025 - 06 - 05]. http：//www.moe.gov.cn/jyb_xwfb/s6192/s222/moe_1762/202503/t20250331_1185653.html.

"AI心世界"等120余个辅助教学应用;① 新疆构建了适合本地学情的"铸牢锦绣苑""国通语标准说"等1.69万条特色资源,② 与国家平台形成有效互补;西藏在用好国家优质资源的基础上,充分打造西藏特色资源,上线"西藏地方与祖国关系史档案文献线上展"等八类大型文博档案优质资源,启动"2024年中小学藏语文精品课课程资源征集"等活动,深入本土适配资源库建设。③

(二)功能迭代与服务升级:推动平台核心能力持续进化

2024年至2025年,平台在体系架构、智能化水平、服务能力、标准话建设等方面取得显著进展,进入2.0智能发展时代,为国家教育数字化战略进入新阶段奠定了坚实基础。

1. 平台架构系统性升级,构建全域互联服务生态

平台门户体系历经多次迭代,从初期"三平台、一大厅、一专题、一专区"的基础架构扩展至2024年底的"四平台、一大厅、一专题、一专区"新格局,标志着架构完整性质的跃升。依托"智教中国"统一账号体系的构建,平台彻底打通国家中小学智慧教育平台与32个省级平台的认证通道,同步实现职业教育、高等教育平台与外链系统的互联互通,用户可通过单点登录无缝访问多级平台资源。该体系支持跨平台学习数据互通,实现了统一部署资源库并开通智能搜索功能,同步开发了多终端适配方案,支持手机端与电视端学习内容实时同步,④ 为用户带来更为便捷统一的登录和使用体验。

与此同时,平台同步深化国际化服务。2024年1月上线的国家智慧教育公共服务平台国际版经过多轮升级,已支持中文、英语、法语、俄语、西班牙

---

① 甘肃省教育厅. 甘肃省以智慧教育全域应用赋能教育高质量发展——国家中小学智慧教育平台全域应用试点经验做法之五[EB/OL]. (2025-05-13) [2025-06-05]. http://www.moe.gov.cn/jyb_xwfb/s6192/s222/moe_1760/202505/t20250514_1190459.html.

② 新疆维吾尔自治区教育厅. 新疆全力推动智慧教育全域应用 赋能基础教育优质均衡发展——国家中小学智慧教育平台全域应用试点经验做法之四[EB/OL]. (2025-05-13) [2025-06-05]. http://www.moe.gov.cn/jyb_xwfb/s6192/s222/moe_1763/202505/t20250513_1190352.html.

③ 普珍. 全面推进国家平台应用 以数字化助力西藏基础教育扩优提质[J]. 西藏教育, 2024 (11): 51-53.

④ 陈亮, 崔文灿, 何宁, 等. 抢先布局中小学AI教育, 广东放大招[N]. 羊城晚报. 2025-04-11 (A1).

语、阿拉伯语 6 种官方语言，覆盖全球 200 多个国家和地区的学习者，[①] 提供全天候学习支持，成为全球教育服务网络的关键节点。

2. 平台智能化水平体系化跃升，AI 深度赋能教育全场景

2025 年 3 月，国家智慧教育平台 2.0 智能版发布，标志着平台建设进入智能化服务新阶段。首先，平台构建了场景化智能服务矩阵。平台在教育教学的具体应用场景中融入人工智能技术，聚焦师生应用过程提供 AI 检索、AI 助手、AI 学伴等服务，全面优化平台应用体验。例如，国家中小学智慧教育平台上线的 AI 搜索不仅能够准确理解搜索提问，还能针对搜索主题智能生成"AI 教学建议"；智能学伴"小智小慧"可以根据学生学情检测分析自动调整学习计划，并在学习过程中提供有针对性的提示辅导和答疑解惑；平台助手"育小苗"支持语音唤醒，可协助完成找资源、找功能、提建议等工作。终身教育平台的"白泽智慧学伴"能够基于学生学习行为分析，提供针对性答疑、课程推荐等；AI 视频总结可以自动提炼课程核心内容生成摘要和知识导图；AI 视频导航可以根据知识点进行视频智能分段并提供视频切片。

图 1　AI 备课助手小慧

---

① 打造数字教育国际交流合作大舞台——写在 2025 世界数字教育大会召开之际［EB/OL］.（2025-05-14）［2025-05-25］. http://www.moe.gov.cn/jyb_xwfb/s5148/202505/t20250514_1190456.html.

同时，平台针对不同业务和领域集成了系列前瞻性实用 AI 工具，构建了垂直领域智能工具集群。例如，"AI 试验场"聚焦学生学习、教师教学、教育治理和科学研究四大方面，上线了 AI 课堂、AI 助教等 10 类工具和课程。"人工智能教学公共服务开放应用专区"接入了 DeepSeek、Kimi 等 9 个国产优质通用大模型，并集成了覆盖数学、物理学、化学、生物科学、基础医学、中医药学、人工智能、农学、土木工程、材料学、教育学等学科领域的 14 个学科垂直模型，有力构建了教育 AI 基础设施。

表 1 "AI 试验场"主要板块和工具

板块	工具名称	功能描述
学生学习	数学解题助手	支持题目编辑、图片识别、解题步骤提示、答案解析，并推荐类似题目
	代码纠错助手	帮助学生快速定位代码错误并提供解决方案，提供优化建议
	代码解答助手	详细讲解复杂代码片段，解析重点，详细注释，助力编程学习
教师教学	AI 课堂	全 AI 守护的自适应课堂，支持学生与多个 AI 角色实时互动，助力因材施教与教育普惠
	AI 助教	融合智能助教与 AI 导学，支撑个性化专题学，支持实时提问和互动
	智能出题助手	教师可设定知识点、题型和难度，批量生成题目，提升备课效率
教育治理	AI 求职助手	帮助大学生制作求职简历，提供职业规划建议
	"自在"心理健康大模型	"家庭亲子关系顾问""测评+咨询"式心理问题解析和共情式聊天
科学研究	伏羲大模型	提供全球未来 15 天逐小时的天气预测，服务防灾减灾、环境保护
	科技信息平台	大模型驱动的 AI 科技信息智能分析，发掘态势、洞察趋势

3. 教育公共服务能力在服务扩容与流程再造中显著增强

2024 年以来，基于平台提供的政务服务事项显著增多。2025 年 3 月，在已上线 39 项服务事项的基础上，集中新上线了国家奖学金查询等 12 项政务服务事项，形成了覆盖就业、考试、学历学位、留学、语言服务、教师服务等八大类共计 51 项政务服务体系,① 进一步丰富了平台的政务服务功能,显著提升了政务办理效率。自上线以来,平台已累计完成办件超 1.1 亿次。②

教育政府服务"一站通办"生态正在形成。据介绍,在招生入学方面,全国绝大部分区县依托统一平台开展工作,实现了政策发布、报名登记、信息采集、材料审核、招生录取、结果查询等的线上"一条龙"服务,③ 重构了传统教育政府服务办理模式。

表 2　2025 年新增教育政府服务事项

服务领域	服务项目	服务内容
学生专业规划与全面发展	同等学力申请硕士学位考试成绩查询	查询考试成绩
	国家奖学金证书查验	查验证书真伪
	学生（学校）体育竞赛成绩查询	查询体育竞赛成绩
	高等职业教育专科专业设置备案结果查询	查询备案结果
教师资质管理与职业发展	教师资格证书查询	查询教师资格证书
	国际中文教师证书查询服务	查询国际中文教师证书
	教师资格认定	认定教师资格
	教师培训查询	查询教师培训信息
	惠师服务	提供教师福利服务
社会公众文化服务	国家语言文字法律法规规章文件查询	查询相关法律法规文件
	普通话水平测试等级证书查询	查询普通话水平测试等级证书
	教育移动互联网应用程序备案查询	查询教育应用备案信息

4. 平台建设标准化工作取得新进展

智慧教育平台作为覆盖教学、管理、服务全场景的复杂生态,其可持续发展高度依赖标准化体系的支撑。平台自上线以来,就将标准化作为可持续发展的核心保障,陆续出台了平台基本功能要求、平台接入管理等侧重平台自身建

---

① 高毅哲. 让"数据多跑路、群众少跑腿"新上线 12 项教育政务服务 [N]. 中国教育报,2025 - 03 - 29（01）.
② 黄璐璐. 驶入"新赛道" 跑出"加速度"——我国教育数字化战略行动实施三年成效综述 [N]. 中国教育报,2025 - 04 - 17（01）.
③ 王峰. 教育数字化走过"三年之约",下一步全面推进智能化 [EB/OL].（2025 - 04 - 16）[2025 - 05 - 20]. https：//m.21jingji.com/article/20250416/herald/8b028583e3a5706bb105a07cf11f1178_zaker.html.

设的标准规范。2024年以来，平台进一步健全内容标准，推进标准管理机制建设。2024年6月，教育部办公厅分别印发《国家智慧教育平台数字教育资源内容审核规范》[1]和《国家智慧教育平台数字教育资源入库出库管理规范》[2]，构建了覆盖资源"准入—监管—退出"全生命周期的标准框架，有效提升了平台功效。2025年2月，教育部印发《教育信息化标准化工作管理办法》，为平台的体系化架构和资源汇聚等提供了制度保障。当前，教育部已将在线课程标准体系等建设[3]列入推进计划，未来，将持续完善教育数字化标准生态体系。

（三）应用深化与模式创新：实现从被动响应迈向主动创新

2024—2025年，国家智慧教育平台在持续提升服务能力、健全服务体系的同时，着力推进全面深化应用、提升应用效能和释放应用价值。平台用户规模显著增长，应用场景持续深化，重点领域应用取得突出进展。

1. 应用规模和覆盖范围不断扩大，影响力继续增强

平台上线以来，特别是试点工作启动以来，实现了用户规模的快速增长和覆盖范围的持续扩大。从平台注册人数和页面浏览量来看，2024至2025年的全域应用数据持续走高：2023年底，国家智慧教育平台累计注册用户突破1亿，浏览量超过367亿次；2024年5月，平台页面浏览总量已达405.40亿次；[4] 2024年底，平台注册人数达1.47亿，累计浏览量555亿次；[5] 截至2025年5月14日，国家智慧教育公共服务平台，注册用户已经突破1.64亿，浏览量613亿。[6] 以海南省为例，2024年全省范围内国家中小学智慧教育平台的访问人次较2022

---

[1] 教育部办公厅关于印发《国家智慧教育平台数字教育资源内容审核规范》的通知（教科信厅〔2024〕1号）[EB/OL].（2024-06-12）[2025-06-01]. http://www.moe.gov.cn/srcsite/A16/s3342/202407/t20240703_1139248.html.

[2] 教育部办公厅关于印发《国家智慧教育平台数字教育资源入库出库管理规范》的通知（教科信厅〔2024〕2号）[EB/OL].（2024-06-12）[2025-06-01]. http://www.moe.gov.cn/srcsite/A16/s3342/202407/t20240703_1139249.html.

[3] 中国青年报. 国家智慧教育公共服务平台国际版推出"理解中国"专区[EB/OL].（2025-05-09）[2025-06-05]. http://www.moe.gov.cn/fbh/live/2025/56916/mtbd/202505/t20250510_1190071.html.

[4] 服务领域和应用规模不断扩大 国家中小学智慧教育平台浏览量超400亿次[EB/OL].（2024-05-21）[2025-05-25]. http://www.moe.gov.cn/jyb_xwfb/s5147/202405/t20240521_1131711.html.

[5] 中国教育报. 速递！2024年全国十大教育新闻揭晓[EB/OL].（2025-01-08）[2025-05-20]. https://mp.weixin.qq.com/s/VJnZi4lDhtpizVQpIODgEQ.

[6] 打造数字教育国际交流合作大舞台——写在2025世界数字教育大会召开之际[EB/OL].（2025-05-14）[2025-05-25]. http://www.moe.gov.cn/jyb_xwfb/s5148/202505/t20250514_1190456.html.

年全年增长5倍以上。平台浏览数据的快速增长，显示出了平台影响力的持续扩大。当前，国家平台以日均8 000万人次的浏览量持续提供服务，用户覆盖增加到220多个国家和地区。①

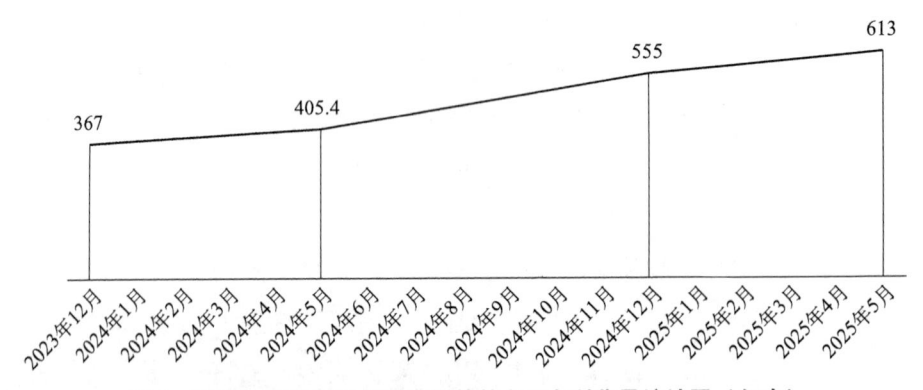

图2 2024—2025年期间国家智慧教育平台浏览量统计图（亿次）

平台应用呈现出用户多元化、场景泛在化等特征。以截至2024年5月的浏览量数据分析为例，从用户类型看，学生和教师是平台应用的主体，家长也是重要的用户类型。学生用户浏览量为125.70亿次，教师用户浏览量为112.08亿次，两者约占总浏览量的60%；以校外场景应用为主的家长用户浏览量为37.54亿次，占总浏览量的9.3%，成为不容忽视的用户群体。

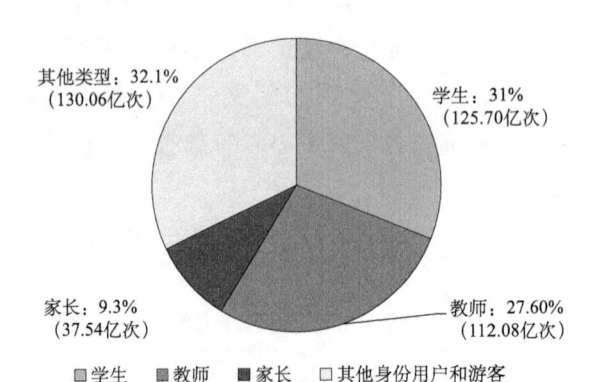

图3 国家中小学智慧教育平台不同类型用户浏览量及占比

从终端设备类型来看，手机终端App访问量遥遥领先，有66.8%的浏览量

---

① 新闻发布会：介绍2025世界数字教育大会有关情况［EB/OL］.（2025 - 05 - 09）［2025 - 05 - 25］. http：//www.moe.gov.cn/fbh/live/2025/56916/.

是通过手机 App 产生的；还有 32.5% 的浏览量通过电脑或手机浏览器直接访问平台产生，主课堂外的泛在化应用成为重要应用场景。

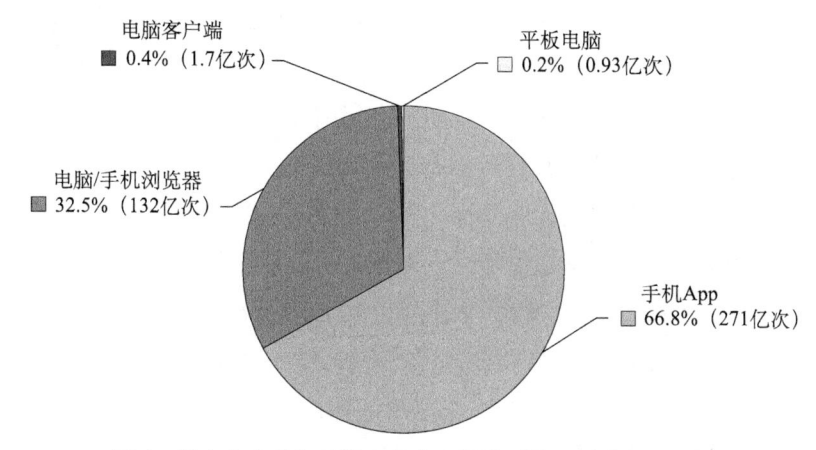

电脑客户端 0.4%（1.7亿次）
平板电脑 0.2%（0.93亿次）
电脑/手机浏览器 32.5%（132亿次）
手机App 66.8%（271亿次）

图 4　国家中小学智慧教育平台不同类型终端浏览量及占比

2. 应用场景持续深化，创新实践加速涌现

各地深入推进国家智慧教育平台创新应用，应用场景持续拓展和深化，新模式、新做法不断涌现。通过规模化推进新型混合教学、双师课堂、规模化网络研修等新模式，并以平台学习成果认证倒逼学制、学分等机制创新，平台应用正在从"有效赋能"迈向"融合创新"新阶段，① 赋能教育高质量发展。

常态化高频应用深入推进。2024 年以来，教育部启动并持续国家智慧教育公共服务平台试点工作，印发《国家教育数字化战略行动 2024 年工作要点》《教育部办公厅关于进一步推进国家中小学智慧教育平台应用工作的通知》② 等文件，引导和推动国家平台的全流程常态化应用。当前，各平台已深度融入到课堂教学、课前预习、课后复习、作业布置、家校沟通、课后服务等日常业务中，成为教师备课授课、学生自主学习、家校沟通、教育管理的重要支撑工具。例如，备课授课和习题组卷等功能自上线以来就成为许多教师离不开的教学助手，山东青岛小学教师张涛提到，"一周上课 5 天，我平均有 4 天用国家

---

① 曹培杰，来泉雄，周帆，等．基于标准的国家智慧教育平台调优：国际方位与发展路径 [J]．电化教育研究，2025，46（01）：40-46．
② 教育部办公厅关于进一步推进国家中小学智慧教育平台应用工作的通知（教办厅函〔2024〕35 号）[EB/OL]．（2024-06-07）[2025-06-10]．https：//edu.nc.gov.cn/ncjyj/xjzx/202406/831c26b6a67f424d97d9b5bfbdd036e3/files/fbfc07442aeb49adb0f4769475070345.pdf.

平台"①；截至 2024 年 7 月，西藏每百名学生平台访问量为 1.54 万次，并吸引了 4.84 万家长注册应用，②相当于每 4 名学生就有一位家长参与其中；山东大学构建起了"数智化生态教学场"，覆盖 2 506 个教学班。2024 暑假教师研修专题活动和 2025 寒假教师研修专题活动吸引数千万教师在线完成研修任务，构建了"名师主持选题＋团队集体教研＋直播引领交流"的研修新模式，形成了多级教研部门和多领域专家教师长周期协作机制。

不同地区和学校的本地化应用推动了平台应用模式的持续创新。广东作为国家中小学智慧教育平台全域应用试点省份，积极探索将国家平台融入常规课堂、课后服务、家校共育等场景，提炼出"国家平台名师微课＋本校教师引导"等多师课堂应用模式③，研发出《国家中小学智慧教育平台与人工智能融合应用指南（试行）》④，设计出 31 个应用场景，形成"广东方案"。江西省赣州市章贡区将平台上的"科学公开课"应用于课后服务环节，并基于公开课资源的知识提取开发题库，开展"我是最强大脑"实践活动。黑龙江农业经济职业学院通过平台第三方接口实现了多种类型资源推送和分享。⑤江西旅游商贸职业学院借助国家平台与省内对口职教构建起职业技能人才贯通培养协作网络。湖北唐家湾中小学借助国家平台实施"1 个核心校＋N 个成员校"的教师研修模式，辐射引领长江沿线兄弟城市同上一堂好课 1 500 余场次。⑥

平台在促进教育资源均衡和赋能教育公平方面的价值进一步彰显。多地利用国家智慧教育平台开展"双师课堂""1＋M＋N"（1 位主讲教师带动 M 位辅讲教师和 N 名学生）等创新教学模式。通过线上线下相结合的方式，让偏远地区的学生也能享受到优质的教育资源。宁夏回族自治区通过平台实施乡村小规模学校"同步/专递课堂"项目，保障了千余所乡村学校开齐开足英语、科

---

① 黄璐璐. 驶入"新赛道"跑出"加速度"——我国教育数字化战略行动实施三年成效综述［N］. 中国教育报，2025-04-17（01）.
② 普珍. 全面推进国家平台应用 以数字化助力西藏基础教育扩优提质［J］. 西藏教育，2024，(11)：51-53.
③ 国家中小学智慧教育平台深化应用管理方法与案例［EB/OL］.（2025-06-10）［2025-06-20］. https://jy.ljqpzx.com/uploads/allimg/20250415/1-250415212015340.pdf.
④ 国家中小学智慧教育平台与人工智能融合应用指南（试行）［EB/OL］（2025-05-20）［2025-06-20］. http://www.xinyi.gov.cn/attachment/0/175/175012/1468571.pdf.
⑤ 国家智慧教育公共服务平台应用典型案例分析：以创新应用引领数字教育变革［EB/OL］.（2024-04-03）［2025-04-20］. https://www.ictdedu.cn/html/special/2024/0403/4680.html.
⑥ 刘俊华. 宜昌这所学校创建不到三年，何以屡屡入选教育部优秀案例［EB/OL］（2024-06-07）［2025-06-10］. http://news.cjn.cn/hbpd_19912/yw_19915/202505/t5136393.htm.

学、音乐等课程，使近 25 万名学生受益。海南省文昌市通过"国家平台＋同步课堂"模式，累计推送城乡共享课程 1.2 万节，乡村教师下载使用率达 92%；全市乡镇学校音体美课程开课率从 58% 提升至 97%，城乡学校教学质量差距不断缩小。青海农牧区学生和教师每百人访问国家平台量分别为 8.03 万、27.9 万，环比高出 67.3%、19.7%。① 国家高教平台开展的"慕课西部行计划"累计向中西部高校提供了 20.7 万门慕课及在线课程服务，东西部高校携手开展了 936 万门次混合式教学，西部受益学生数量达 5.9 亿人次。

国家平台的应用实践正从经验积淀走向理论凝练。科研机构和广大一线教师积极探索平台赋能教学教研的路径，形成系列特色应用模式，并催生大量学术研究成果。例如，万芬等提出思政课的"三点五学"融合应用模式，② 刘雁玲构建了基于智慧职教和智慧高教平台的 STEAM 教育跨学段资源整合框架，③ 郑丽金设计了英语学科"线上名师授课＋线下教师引导"混合的双师课堂模式，④ 常咏梅团队创立了国家中小学智慧教育平台赋能乡村教师研修的"专家引领＋同伴互助＋自主反思"三轨模式，⑤ 苏建明等探索了基于国家中小学智慧教育平台的"校家社"三方协同机制。⑥ 这些研究不仅深化了平台应用的理论基础，也为教育数字化转型提供了方法论支撑。

二、平台发展的基本特征

国家智慧教育平台的建设和发展过程，本质上是一次深刻的教育生产关系

---

① 高毅哲. 服务根本 赋能变革——国家教育数字化战略行动 2025 年部署会透视 [N]. 中国教育报, 2025-03-29 (01).
② 万芬, 杨尚上. "三点五学"：国家中小学智慧教育平台融合应用策略 [J]. 中学政治教学参考, 2024 (43)：66-68.
③ 刘雁玲. 基于国家智慧教育公共平台实施 STEAM 教育的理念及策略 [J]. 甘肃教育研究, 2025 (04)：133-135.
④ 郑丽金. 面向深度学习的初中英语双师课堂模式设计研究 [D]. 南昌大学, 2024.
⑤ 常咏梅, 危齐敏, 李杰丽. 国家中小学智慧教育平台赋能乡村教师研修模式研究——数字技术促进乡村教育高质量发展 [J]. 中国远程教育, 2024, 44 (03)：56-67.
⑥ 苏建明, 刘小红, 陈蓉, 等. 基于国家中小学智慧教育平台的校家社协同育人机制构建 [J]. 教学与管理, 2024 (20)：5-8.

(包括管理体制、教学模式、评价体系、师资队伍)的重构。① 它以中国特色的"集中力量办大事"制度优势整合资源，以"应用为王"的需求导向牵引技术迭代，最终实现从"规模扩张"到"质量跃升"的转型，不仅为亿万师生提供了智能化、个性化的教育公共服务，更为全球教育数字化转型贡献了"中国方案"。

(一) 战略响应性：从"3C"到"3I"的递进跃迁

平台自上线以来，作为国家教育数字化战略实施的关键抓手，其建设与发展进程深刻体现了中国推进教育数字化战略的系统性脉络与实践逻辑，是国家教育数字化战略行动的核心成果与集中展现。2024—2025年，平台建设紧紧围绕国家战略顶层布局，完善平台服务体系、提升智能化水平、推进全域深度应用试点，为服务国家教育数字化战略纵深推进提供了有力支撑。

2024年世界数字教育大会提出，中国国家教育数字化战略要从联结为先、内容为本、合作为要的"3C"走向集成化、智能化、国际化的"3I"，突出应用服务导向，扩大优质资源共享，推动教育变革创新。②《教育强国建设规划纲要（2024—2035年）》进一步强调，要"建强用好国家智慧教育公共服务平台，建立横纵贯通、协同服务的数字教育体系"③。国家智慧教育云平台的建设历程清晰呈现了"3C"到"3I"的递进式发展路径。"3C"阶段是教育数字化转型的基础阶段，强调数字资源的建设与互联互通。这一阶段，国家平台着力推进各级各类平台的初步接入，构建起"三横三纵"的资源供给格局。"3I"阶段是教育数字化行动的深化阶段，强调"以教育数字化开辟发展新赛道、塑造发展新优势"。这一阶段，平台响应国家数字化战略的集成化、智能化和国际化要求，着力资源供给优化、服务效能提升和数字教育高水平对外开放推进，完成了32个省级平台的有序对接贯通，组织优质资源开发与汇聚，围绕高频办事场景进一步集成政务服务，深化"智教中国通行证应用"，积极融入

---

① 马月成，杨斐，张雄. 数字化时代的教育转型：挑战与应对策略[J]. 喀什大学学报，2025，46 (02): 113-120.
② 怀进鹏. 携手推动数字教育应用、共享与创新——在2024世界数字教育大会上的主旨演讲[J]. 中国教育信息化，2024，30 (02): 3-10.
③ 中共中央 国务院印发《教育强国建设规划纲要 (2024—2035年)》[EB/OL]. (2025-01-19) [2025-05-25]. https://www.gov.cn/zhengce/202501/content_6999913.htm.

人工智能技术并上线"智能学伴""AI 试验场",推出特殊教育模块、终身教育平台,发布平台智能2.0版,同时通过国际版平台输出全球数字教育的"中国范式"。

(二) 生态协同性:制度优势下的多元共建

平台的建设和发展过程,是部省区校联动、部际协同、政企校社多方参与的过程,从根本上彰显了中国"集中力量办大事"的制度优势和强大的生态协同能力,是中国特色教育治理体系优势的集中体现。

纵向层面,形成了"顶层设计—基层创新"的双向赋能机制。教育部通过主导的系列政策文件和重要会议等进行战略引领,建立部省共建专项机制。2024 年以来,教育部先后主导印发了《国家教育数字化战略年度工作要点》《教育部办公厅关于进一步推进国家中小学智慧教育平台应用工作的通知》《教育部等九部门关于加快推进教育数字化的意见》,并组织召开国家教育数字化战略行动部署会议等,对建强用好国家智慧教育平台做出统筹规划和部署。各省(市、直辖市)因地制宜制定本地化实施方案,统筹推进地区平台建设和应用工作。例如,广东省印发《国家中小学智慧教育平台广东省全域应用试点工作实施方案》《国家平台教研深度使用指南(广东)》①《广东省教育厅关于进一步规范国家中小学智慧教育平台深度应用有关工作的通知》②等文件进行统筹规划和部署,将国家平台深度应用纳入考核指标,建立多部门紧密配合的工作机制,在政策、资金、培训、案例遴选等方面给予优先倾斜。内蒙古自治区制定《内蒙古自治区国家中小学智慧教育平台深化应用试点工作方案》,深化部门协同机制,完善培训、激励等保障机制。基层区域和学校则发挥创新精神,探索出丰富多样的应用模式,如海南文昌的城乡课程共享模式、上海长宁的常态共享增值机制、湖南长沙将地方平台资源与国家资源深度整合的央地协同发展模式等。

横向层面,构建了政府主导、多元主体参与的"政策执行共同体"。通过

---

① 广东省深入推进国家中小学智慧教育平台 全域全员全流程应用——国家中小学智慧教育平台全域应用试点经验做法之二 [EB/OL]. (2025 – 04 – 01) [2025 – 06 – 05]. http://www.moe.gov.cn/jyb_xwfb/s6192/s222/moe_1751/202504/t20250401_1185764.html.
② 转发广东省教育厅关于进一步规范国家中小学智慧教育平台深度应用有关工作的通知 [EB/OL]. (2025 – 06 – 04) [2025 – 06 – 15]. https://wjjy.dgjy.net/info/1041/98353.htm.

部门协同，整合了语言文字博物馆、数字科技馆、院士讲堂等资源，集成了51项教育政务服务。通过政企合作，平台成功链接了"学堂在线"等企业的在线课程，上线了DeepSeek、AI求职助手等大模型和AI工具，完成了企业入驻和资源共建，有效构建了数字化教育服务供给生态。通过区际联动、校际联动，尤其是大规模教师在线研修、校际结对的双师课堂、"慕课西行计划"等，实现了优质资源的普惠共享。

此外，国家教育平台作为国家教育数字化战略的重要抓手，还构建了与其他措施协同推进的机制。通过宏观战略引领，平台体系建设与数字素养提升、教师与人才培养、人工智能应用、区域试点推进、综合服务提升、终身学习和国际合作等多方面形成合力，共同为开启教育数字化战略新三年奠定基础。如中小学人工智能教育推进工作以国家平台为依托，开设中小学人工智能教育栏目，广泛汇聚优质教育资源；数字中文建设强调其成果在国家平台上的推广和共享，助力大模型建设；中小学科学教育工作强调依托国家平台创新开展科学教学等。

（三）应用牵引性：需求驱动的平台迭代升级

国家智慧教育平台的建设与发展，始终坚持"应用为王、服务至上"的核心原则，将教育教学一线的实际需求作为平台迭代升级的核心驱动力。教育部明确提出，"离不开才叫真本事，用得好才是硬道理"。平台以解决教育改革发展中的真实痛点为原点，依托海量用户反馈、区域试点数据以及国家专项政策导向，精准识别应用核心需求，精准化应用场景，持续推进资源供给优化、平台功能拓展及平台架构迭代升级。

在常态化教学层面，平台资源已深度融入备课、授课、预习、复习、作业等全流程环节，成为支撑教师教学和学生自主学习的基础工具。在模式创新层面，基于平台涌现出双师课堂、多师课堂、"1+M+N"协同教学、虚拟仿真实训等突破时空与资源壁垒的新型教育组织形态，成为破解师资短缺难题的创新方案，有效促进了教育公平与质量提升。

在教师发展领域，平台已成为国家级和校本研修的核心载体。例如，2024年寒暑假研修超4 000万人次的规模以及"专家引领+同伴互助+自主反思"的乡村教师研修模式，在显著提升培训覆盖面与实效性的同时，也推动了平台架构、功能和性能的迭代升级。

教育改革的推进和制度的创新，也不断反哺与倒逼平台的功能和架构迭代。例如，当"学分银行"成为国家终身学习战略的核心载体，平台就需要打通各平台数据接口，使学习成果认证从构想落地为功能按钮；《关于加强中小学人工智能教育的通知》的发布，推动了AI学习、AI试验场等一大批人工智能课程和应用陆续上线。从服务于心理健康教育、科学教育等专项行动计划，到破解边疆及农村地区的资源短缺难题，平台始终以解决教育改革发展中的实际问题为导向，其建设与应用已成为深化教育综合改革、推动教育现代化的强大阵地和引擎。

三、发展趋势与展望

当前，我国教育数字化战略实施进入发展新阶段。国家智慧教育平台作为国家教育数字化建设的核心载体，已建成全球最大资源库，实现了面向助学、助教、助管、助研、助合作交流等全场景的初步赋能，但仍面临着资源结构性缺失、服务效率不高[1]、生态协同较弱[2]等问题。《教育强国建设规划纲要（2024—2025年）》《教育部等九部门关于加快推进教育数字化的意见》对国家教育数字化发展做出重要部署。未来，国家平台将朝着服务更加普惠、人工智能赋能更加深入、数字教育出海更加广泛的方向推进，推动教育系统性变革，重塑未来教育新形态，为教育强国建设提供核心支撑[3]。

（一）持续强化优质资源供给，实现精准个性化赋能

持续推进优质资源的结构性补充。针对德、体、美、劳等专题资源供给不足、强交互性和沉浸式资源匮乏等问题，进一步强化有组织的资源研发和资源

---

[1] 董同强，陈荣龙，徐振国. 国家中小学智慧教育平台使用满意度影响因素的组态路径[J]. 现代教育技术，2025（04）：119－128.
[2] 曹培杰，来棨雄，周帆，等. 基于标准的国家智慧教育平台调优：国际方位与发展路径[J]. 电化教育研究，2025（01）：40－46.
[3] 吴砥. 国家数字化战略行动 三年成效与未来展望[EB/OL].（2025－04－24）[2025－06－15]. http://www.moe.gov.cn/jyb_xwfb/s5147/202504/t20250424_1188476.html.

汇聚。首先，加强应用场景研究，完善适应不同应用需求的资源体系，建立资源动态化、情景化、多元化的组织形态，如基于虚拟现实等技术开发多模态融合的沉浸式学习材料，增加动态交互、智能生成、仿真实验等相关资源，不断提升资源的交互性、智能性和个性化水平。其次，进一步引导和吸纳更多机构、社会团体、企业支持参与资源建设，持续扩大专业化、特色化、精品化资源供给。

强化资源标注和个性化推荐服务。以资源的智能化、情景化和个性化服务为导向，细化资源开发粒度，建立统一的资源元数据标准，完善资源元数据标识和管理更新机制。优化资源推送机制，基于学习数据分析和挖掘，精细刻画用户画像，实现资源的精准化供给和推送，推动资源建设从规模化转向精准化。[①]

推进用户生成资源共享。激励教师、学生等用户将应用中生成的特色资源、二次创作资源等上传平台分享。关注群体协作，构建群体在线协作平台和共享库，促进师生应用过程中的知识共享、智慧碰撞与生成，形成资源共创共享的良好生态。同时依托教育大模型实现 AIGC 资源的实时生成与优化，如自动改编习题、按区域需求生成双语教案等。

（二）全面建强平台数字基座能力，推动平台体系多重赋能

三年来，国家智慧教育平台陆续完成了地方平台和第三方平台的接入，实现了智教中国通统一认证，形成了以国家平台为主干、地方和特色平台为补充的立体化、多层级贯通体系。未来，作为国家教育数字化战略的统一中枢，平台亟需从资源连接枢纽升级为智能教育引擎，这对其数字基座能力的强化提出了更高要求。一是要建强平台底层架构，提供全面可靠的平台支撑，包括构建统一的用户管理体系与技术架构，深化"智教中国通行证"应用，建立标准化接口规范，完善各平台间无缝协同机制。二是要建设贯通德、智、体、美、劳五育的知识图谱，建设学习模型库、教学模型库等专业知识库，丰富学生画像，构建和完善国家级数据中心，完善全过程伴随式数据采集、汇聚与分析，通过数据赋能、技术赋能等为各级地方平台和特色化应用提供坚实基础。三是

---

① 付卫东，张杉. 国家中小学智慧教育平台学生持续使用意愿影响因素研究——基于我国东中西部 7 省 10 674 名学生的调查［J］. 河北大学学报（哲学社会科学版），2025，50（04）：124-137.

要集中全国技术和专家优势，持续开发和完善各领域的垂直大模型，进一步丰富智能助教、智慧学伴、数字助理等智能体，赋能多元场景下的智能化应用。此外，要开展相关技术标准、内容标准、数据标准、服务标准、应用标准等的研制，建立健全资源管理机制与协作机制，为平台体系协同提供保障。在此过程中，还要加强平台运行监测，优化数据安全监管机制，构筑数据安全与隐私保护屏障。

（三）深化全流程深度赋能，实现从工具应用到生态重构

作为国家教育数字化战略行动的重要抓手，国家智慧教育平台必须回应新时代人才培养目标，以技术驱动革新理念、重组素养、再造流程、重构生态，全面创新教育教学实践和教育治理机制。未来，平台要聚焦全流程深度应用，通过教育场景重构、主体协同升级与生态机制创新等，支撑教育强国建设。

平台的生命力最终体现于教育场景的重构效能。平台需突破现有"助学、助教、助管、助研"的粗颗粒场景，致力于实现教育教学一线重难点问题的解决与突破，探索更多元、颗粒度更小的应用场景。将国家智慧教育平台嵌入到用户日常教育教学问题解决的流程中，与一线用户应用需求紧密相连，形成更加有效的应用模式，以场景创新驱动平台功能拓展，使平台更好适配多元化教育需求。例如，聚焦个性化学习路径推荐和支持，细化智适应学习功能；针对乡村校实验条件不足之痛点，深化"双师课堂"与VR/AR融合应用等。

打通"人—人"链接通道，构建多角色参与的共创网络。一是要将教师、学生、家长等用户的鲜活经验作为平台创新的重要智慧来源，鼓励用户生成性资源的上传与共享，支持用户的创新性应用。二是要做好平台应用经验、应用案例和应用模式的挖掘、凝练与辐射，并依托平台的持续应用和迭代，实现其动态进化。三是要推动平台从资源供给中枢向活动组织和智慧中枢转变，畅通"人—人"交互渠道，促进教师、学生、家长、专家、管理者等各主体间的互联，打破区域、学段壁垒，组建跨越时空和角色的虚拟科创空间、学习探究小组、教师工作坊、学习共同体、家校社协同空间等。

进一步加强应用机制和生态建设。通过典型案例示范、优秀经验分享、骨干教师引领、奖评机制驱动等方式，鼓励并推动深度应用；组织开展基于数字

教育平台的教学模式实践研究及教学效果实证研究，以研究引领平台功能改进；培育数字教育平台应用的专家教师团队；引导教育管理者成为共建共治的核心力量，推动教师和学生成为平台建设的关键信息节点。

（作者单位：人民教育出版社人教研究院）

重庆市数字出版业发展报告

重庆华略数字文化研究院

2024年,全国深入推进文化数字化战略,加快推进文化强国建设,重庆市持续深化数字重庆建设内涵,锚定建设新时代文化强市的目标,夯实数字文化底座,数字文化产业长足发展,一批数字文化应用先后上线,数字出版产业延续平稳发展态势,发展能力平稳提升,内容生产动能强劲、融合发展能力不断增强,行业影响力快速提升。

一、重庆数字出版产业运行情况

(一)数字出版产业发展能力整体稳定

主要指标增幅两升两降。总资产、总产出增幅下降,增加值和利润有所上升。2024年,全市数字出版产业总资产较上年增长-0.62%,首次出现负增长;总产出较上年增长4.30%,增幅放缓2.22个百分点;增加值较上年增长3.60%,增幅较上年多0.59个百分点;利润增长2.88%,增幅较上年增加1.64个百分点(图1)。

数字出版产业增加值小幅回升。全行业增加值2023年首次下降到个位数增长,2024年小幅回升。从产业分布看,三大产业体系和七个产业集群的增加值分布格局没有变化,纳入统计的22个小类活动中,10个增幅高于上一年度,增幅最快的是网络视频和互联网视听节目,分别增长32.72%和22.10%;有10个增加值小于上一年度。但2023年度增加值负增长的互联网接入服务和移动客户端增加值在2024年由负转正,分别增长0.35%和3.4%。本年度,互联

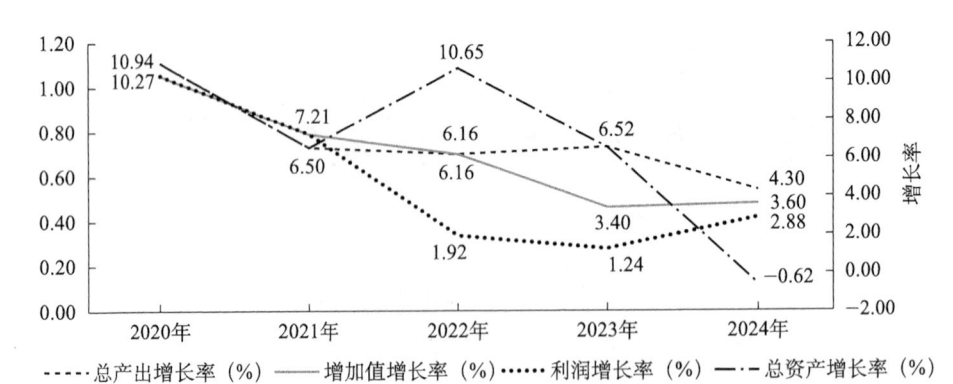

图 1　2020—2024 年重庆数字出版产业运行整体情况

网广告服务和数字报纸的增加值为负增长，其中数字报纸的增加值增幅为 -30.10%，主要原因是数字报纸的总产出和增加值率降低。回归到运行情况，数字报纸的生产量下降，导致总产出、增加值、利润下降。

地区生产总值贡献有所下降。数字出版产业增加值占地区生产总值的 0.49%，较上年减少 0.2 个百分点，占数字经济增加值的 1.86%，较上年增长 0.73 个百分点。[①] 增加值增幅连续两年低于地区生产总值。

全行业利润小幅增长。纳入统计的 22 个小类活动中，17 个小类呈正增长，5 个小类负增长；6 个小类利润增长由负转正；本年数字内容和网络新闻服务利润首次出现负增长；增幅较大的是数字出版平台运营，其次是网络视频和文献数据库出版服务，分别是 26.67%、19.33% 和 16.17%。2024 年利润分布情况，并不代表利润止负往正。数字出版产业发展态势呈现出数据化、智能化趋势，基础较好的地区和企业数据红利和智能化红利渐次释放，利润点发生变化，竞争模式也发生变化，数字出版传统的产业形态利润空间已被压缩。数字出版产业新一轮高投入已经开启，后入地区和企业在短期内难以实现重构红利，未来一段时间，基础薄弱地区和企业利润将持续低迷。

产业集群运行略有波动。按照重庆现行《数字出版及相关产业分类目录》，以产业活动主要特征，分为数字出版服务、数字出版支撑服务和数字出版设备制造三大产业体系、七个产业集群。整体看三大体系、七个集群的占比保持平衡，纵向看运行情况略显波动。总产出方面，两增五降。数字出版软件开发与

---

① 2023 年、2024 年统计口径不同。2023 年官方公布的是全市按数字经济核心产业增加值占地区生产总值的 45%，2024 年公布为数字经济增加值占地区生产总值的 26.7%。

数据接入、数字出版知识产权服务两个集群增幅较上年加大,幅度分别是 0.87 个百分点和 0.73 个百分点。数字出版设备制造、数字教育出版服务、互联网出版服务、网络游戏研发与运营、文献数据库出版服务均呈现增幅收窄情况。增加值方面,呈现三升四降,数字出版软件开发与数据接入、数字出版知识产权服务、文献数据库出版服务增幅较上年加大,分别是 1.22 个百分点、0.88 个百分点和 3.60 个百分点。

(二) 内容生产动力强劲

话语形式不断创新。《当代党员》杂志社策划的庆祝新中国成立 75 周年主题采访活动 "大巴山纪行" "武陵山纪行",推出系列报道 30 余篇;与重庆新华出版集团联合推出献礼图书《那年 那事 那人:重庆 1949—2024》。华龙网开设专题,重点做好 "青春红岩" 网上重大主题活动宣传,《谁寄锦书来》AI 系列访谈,让红岩家书穿越时空,引爆网络关注和讨论;《青春红岩丨1949 我与你并肩作战》采用 "实景拍摄+沉浸式互动" 技术,带用户重回 75 年前的重庆。

推动西部陆海新通道建设,《当代党员》杂志社推出专题报道《团结村纪事》,全网阅读量超过 1 亿次。上游新闻推出的《潮涌大通道 开放新格局——西部陆海新通道加速跑》被央办全网推送并置顶 4 轮播。《"新重庆 向前冲"——扛起新使命 区县谈落实系列报通》关注 41 个区县的新闻发布会,推出报道 339 篇,全网传播量突破 5.87 亿人次。

推动成渝地区双城经济圈建设和西部大开发,《当代党员》杂志社联合四川《党的建设》杂志社开展 "巴蜀文化旅游走廊纪行" 采访活动,部分稿件被新华社客户端、人民日报客户端转发。华龙网推出《渝友圈》栏目,加强 "环渝朋友圈" 的宣传力度,推出关于四川内江、自贡、德阳等地区的《"甜城"内江修炼内功 为 "双圈" 建设加点 "甜"》《跨界联动 "火" 出圈 自贡彩灯 "生命力" 观察》系列深度报道。上游新闻联动西部 12 省区市主流媒体推出《奋力谱写西部大开发新篇章》,展现出推进中国式现代化进程中的重庆力量。

地域特色文化题材渐次增加。《当代党员》杂志社携手 19 个省区市党刊社和高校联合创制全媒体作品《云从三峡起——读着诗词游长江》,制作 100 期,阅读量超过 6 000 万次。重庆电子音像出版社策划的《风物重庆》，切换视角，通过用户互动实现内容共创，策划了一系列围绕"绿色生活""传统文化复兴"等主题的短视频，进一步带动地方文化的宣传。重庆音像出版社与重庆档案馆深度合作，挖掘历史文化资源，制作《档案里的今天》短视频栏目，已经制作完成 44 期，影像记忆成为历史文化传播载体。《今日重庆》杂志社承办"爱·重庆"微电影大赛作品紧扣"爱重庆"的主题，将重庆的风土人情和社会热点结合起来，用高度集中的剧情展示生动的百姓故事。

数字教育资源渐次丰富。重庆出版社加快内容资源数据化力度，构建包含 130 余万条优质资源的文化和教育专题库。重庆大学出版社资源平台全年新增数字资源超过 2 万个，资源类型涵盖电子教案、电子课件、拓展阅读文档、习题/试题、音频、视频、动画、三维模型及案例范本等多种形式，全平台已汇聚 11.28 万个可阅读或下载的数字资源；全年新形态教材已建成 200 余本；可供使用的新形态教材 233 本。西南大学出版社在数字课程建设中，突出互动性、多样性、实用性，拓展图书和教材的价值，2024 年，上架大中专及职业教育数字课程 141 门新课程。基础教育数字服务平台强化数字内容迭代升级，更新数字内容近 2 000 条，目前平台共有 14 000 余条数字内容。

内容资源数据化开发力度增强。重庆出版社《中国音乐史·图典版（融媒体双语本）》入选 2024 中国出版"走出去"年度推荐获选名单。原创 IP 曲小奇音频课全网收听量突破 11 亿人次，喜马拉雅单月收听量增长超 3 000 万。重庆大学电子音像出版社自研运营的"迪帕特教"系列软件及资源平台，将特教相关专业图书的内容进行数据化和软件化开发，已在全国 1 000 余所学校及康复机构落地应用。西南大学出版社全年录制新版小学数学、音乐微课 112 节，录制并上传国家智慧教育平台课程 409 节，完成制作各类视频 69 个，重庆音像出版社自主研发的重庆数字影像库·资源共享平台为社会提供数字影像公共服务。项目成功入选重庆市属国企"四链"融合重点项目，成为重庆广电唯一入选项目。天健互联网全年完成电子书加工 50 本，生产心理健康培训课程视频 55 集约 2 300 分钟，引入"小扣子"青少年思政 4D 游戏互动课程 40 部。

人工智能技术融入出版。华龙网开发"芯问"大模型构建起 AI 智创平台，实现热点追踪、辅助撰写、智能审校全流程覆盖，其《AI 洋洋侃两会》系列报道实现自动化生产，单条视频生成时间缩短至 30 分钟。重庆大学电子音像出版社研发学科 RAG 智慧教材系统,利用多本教材构建知识库,教师可自动生成多模态内容,用户获得智能问答服务,有效防范 AI 幻觉问题。"维普论文检测系统"与"维普毕业设计管理系统"新增了 AIGC 检测功能,总检测文章 500 余万篇,为学术诚信筑起技术防线,科研助手利用 AI 技术提供智能选题、选题评测、AI 写作、主题综述、自动文摘等功能,辅助用户高效完成科研工作。

出版平台运行效能提升。维普资讯"(非晓)学术精准传播服务平台""基于开放获取的学术传播平台(CBOA)""基于开放获取的出版服务平台(大家 OA 出版服务平台)""产业科技创新数据服务平台"等产品和服务运行良好。漫科学数字融合科普平台以手机客户端、微信小程序和网站三端为载体,入驻了包含华为、苹果、微信等所有主流应用市场。开辟了百科、数字、前沿、健康等,以图文、视频等多种形式传播科普知识,独特、有趣的内容深受大家喜爱,养成了用户每日学科普的习惯。2024 年 9 月正式上线至 10 月底,App 的累计下载量为 11.5 万次;累计发布科普内容近 3 000 次;单篇内容的平均阅读量为 1 000 次。"华龙舆情实训演练体系"以"剧本杀"的形式,通过模拟互联网环境下真实的舆情事件,让参训人员沉浸式体验舆情风险环节,提高舆情感知和应对能力,提升媒介素养和网络治理水平,并于 2024 年 7 月获得专利。

标准化工作质效有升。重庆大学出版社研制的"数字教材技术标准建设"全面应用,实现了统一的数据格式标准教材,构建了初步的学科知识库,实现了对教材内容的自动分类与标注,为后续的知识图谱绘制和内容检索奠定了基础。维普资讯的"智慧图书馆数据服务系统"建立了数据标准和规范体系,并依托标准和规范,把文献数据、用户数据以及运行数据进行了有效收集、处理和管理;围绕读者需求,整合知识资源,建设精准高效的资源服务体系智慧图书馆,使图书馆庞大的资源检索形成了一套适合本校读者的"全开放、一框式"数字资源服务模式,整体资源服务满意度高达 95%。

(三)融合发展能力渐次增强

融合传播能力持续提升。上游 App 和三方矩阵用户年度增量突破 3 000 万,上游 App 下载量达到 8 800 万。微博用户数突破 1 045 万,月均阅读量突破 3

亿；小红书用户98万，连续数月位居全国创作榜影响力第三；今日头条、百度百家、腾讯三方号渠道粉丝年度增长超150万，全网月点击量超2亿。中电电子完成了"3+N"的融媒体格局。以电脑报平面传播资源、全新网站及小程序、电脑报媒体服务为主要载体，拓展电脑报内容传播平台，借助电脑报媒体矩阵、官网以及第三方平台等N个传播平台。电脑报官方微信全年累计产生1 000多万次阅读量；官方微博年原创博文阅读量高达3.9亿次，视频用户数近80万，单条最高播放量达5 448万次。重庆晨报、重庆商报头条号总浏览量21.5亿，重庆晨报头条号28篇稿件访问量"100万+"，重庆商报232篇稿件访问量"100万+"，最高浏览量为"2 600万+"。巴渝网推出原创短视频600余条，策划生产交互图文、海报长图、H5等融媒体产品60余件，开展客户端、微博、微信、抖音号同屏互动直播19场。

知识服务能力大幅提升。"维普智图成果服务平台"探索学术成果管理与学术成果数据治理服务，形成学术成果数据供给、学术成果管理工具提供、学术成果治理流程培训、学术成果应用支撑四个典型服务场景。以"数据型要素、算法型工具、服务型应用、工程型交付"为内核所构建的学术成果治理新形态，可充分彰显机构的数据服务能力，帮助高校轻松实现学术成果数据治理、流通和推广。经纶知识服务平台确保"知识保障与原文获取"的根本价值，解决图书馆"纸电一体、自主服务"的核心诉求，并为服务机构及读者带来轻松、高效、灵活的使用体验。重庆大学附属肿瘤医院期刊中心承办开发的药政云课堂医药继续教育平台，汇聚了重庆市及国内先进省市在医学、药学、护理学等领域的知名专家，以药学为核心，立足医、药、护多学科视角，系统深入地解析医院药学专业知识，并结合典型案例进行实践指导。

出版资源重构运营模式。"渝书坊企业慧采平台"以"线上服务平台+线下多元增值体验"的服务模式，精准对接各企事业单位的文化建设需求，实现对全市企业文化内容服务体系的全面覆盖。平台与500多家优质出版机构达成战略合作关系，可实现按需订书和定制服务，目前可向企事业职工提供超130万个品类的图书阅读资源。平台还推出了众多的周边生活用品、文创产品及特色数字服务产品。西南大学出版社"U云校"智慧课堂在西南4个省（市）34所学校开设50个"U云班"，产生良好社会反响；"天生数学"新媒体矩阵累计用户数突破260万，并为220余万册图书提供增值服务。课堂内外赛事活动平台创新服务生态,为学校、教育机构提供模块化定制服务,通过"云展厅""云讲堂"等模块实现优质内容数字化出版与长效传播,形成教育服务案例库;接入作文名师名编批改平台、自主研发 OCR 手写作文转文字功能模块,提升个性化服务能力,平台承载的活动覆盖到中西部等教育资源相对匮乏的县城、乡镇,有助于缩小当地与外界的教育资源差距。"先锋少年"青少年综合素质教育服务平台创新性将家、校、报结合在一起,整合《少年先锋报》的经营业务和社会公益服务职能,打通各项业务底层逻辑,垂直整合业务流、信息流,推出了"信息发布+在线订阅+在线投稿+赛事活动"的综合数字化平台(赛乐网+"先锋少年"小程序)。平台支撑了自然笔记大赛、重庆市青少年生物多样性大赛、读立未来青少年阅读大赛在内的各类赛事活动及研学服务参与人数百万人,线下活动百余场,收集在线提交作品 7 万多件。

（四）行业影响力持续提升

传播深度与广度并进。华龙网"高质量发展中国行活动"全网累计总阅读量超 5 亿次,其中"川渝篇"专题活动微博话题同城榜排行第四,全网总阅读量超 1.1 亿次,"青春红岩"主题宣传活动,传播量合计超 2.47 亿,相关稿件、融媒体重磅产品分别登上百度全国热搜榜第三,抖音热搜榜全国第五,微博热搜全国第八,持续占据各平台同城榜前五。上游新闻策划的《千万网红被指学历造假,诚信比人设更重要》登上全国热搜榜首位、全国要闻榜、全国体育榜,阅读量 5 588 万;《咖啡师与顾客"掰头",为何让人感叹"打工人的命比咖啡还苦"》登上微博全国热搜第 10;《迪士尼为何把"翻包"当"传统",骄傲与傲慢只是一字之差》登上微博全国热搜第 10、全国要闻榜,头条号最高总榜第 50。重庆晨报系列账号,年度浏览量"100 万+"稿件超过 100 件,"1 000 万+"稿件为 8 件,最高浏览量达"4 200 万+"。《改革》全年刊发论文 123 篇,单篇论文最高下载量超过 3 万次,下载超过 1 000 次的论文有 95 篇,占比 77.2%;改革公众号推送的 120 篇文章,平均阅读量 2 450 次,阅读量超过 1 000 次的文章 73 篇,总订户数 16 323;重庆社会科学公众号 104 篇文章,篇均阅读量 740 次,阅读量超过 1 000 次的文章数量达到 12 篇,总订户数5 022。中国药房网以及微信、微博访问量持续增长,总阅读数逾 500 万人次,微信公众号总阅读次数 300 万人次。

数字内容"走出去"探索创新。重庆出版社《中国音乐史·图典版（融媒体双语本）》入选 2024 中国出版"走出去"年度推荐获选名单；与爱尔兰新闻传媒集团签署合作协议，推动《英语街·少年》中英双语读物电子版全球发行。电脑报探索优质内容出海，2024 年 5 月在 Youtube 上开设了 CPCW LIVE 账号，发布纯英文原创科技科普长短视频近 200 条。中国药业微信公众号的关注粉丝已达 6.3 万人，用户地域属性覆盖全国所有省区市以及英国、美国、德国、新加坡等 20 多个国家或地区，全年共发布 864 篇内容，包括原创文章 211 篇，单篇最高阅读量 42.8 万次，年累计阅读量 471.4 万次。

全域影响力持续进位。《当代党员》杂志推出的《"胶鞋书记"的花田故事》等 12 件作品获得第 26 届重庆新闻奖；《夜宿巴山听雨声》等 24 件作品获得全国党刊优秀作品；《当代党员》《党员文摘》入选 2024 数字阅读影响力期刊 TOP100。华龙网上榜"全国成长性文化企业 30 强"，获得第一届重庆市改革创新奖提名奖；入选"2024 中国应用新闻传播十大创新案例"，在第 34 届中国新闻奖评选中获 4 个奖项，其中 1 个二等奖、3 个三等奖，华龙网已连续 12 年获得 20 个中国新闻奖，其中 8 个一等奖。《改革》入选"中国最具国际影响力学术期刊"，入选"2024 BIBF 精品期刊展入展期刊"，《重庆社会科学》获评"国家哲学社会科学文献中心 2023 年度综合性人文社会科学最受欢迎期刊"。

二、重庆数字出版产业面临的挑战

（一）发展驱动力整体不足

传统出版单位在转型变革中动力不足。一是传统出版单位主营业务较为稳定，既有的商业模式已经基本定型，对出版业的年度贡献和自身单位营收、利润的贡献变化不大，整体发展策略趋向于平稳。只要能守住现有的出版资源和市场资源，即可获得较为稳定的发展数据。二是数字出版技术迭代加快，投入产出周期长，产出不稳定，很容易成为影响营收、利润的不稳定因素，以及资产保值增值的风险点，在预期不确定的环境下，传统出版单位对数字出版产品和服务的研发意愿不高。

新兴出版单位对制度持观望态度。新兴出版单位是数字出版业重要的新生力量，重庆新兴出版单位中，持有网络出版服务资质的单位较少，大多数是纯粹的内容生产商和服务商，在发展过程中，它们积极寻求规范化、合法化的运行机制，发展路径主要表现为两条：一是依托大型内容传播平台合作获取收益；二是自建平台，在当前收益尚可的情况下，其转型升级的内在驱动力并不强烈。

资源融合瓶颈难以突破。无论是业内融合还是向社会化融合拓展，资源整合往往伴随较高的决策风险。以资源为核心要素的融合实践，因缺乏有效的决策容错机制，使得传统出版单位在与新兴出版单位的资源融合中犹豫徘徊。资源优势未得到有效释放，在数字出版发展中，难以出现强劲的"重庆军团"。

（二）缺乏核心产业聚集力

重庆数字出版业已经形成的三大体系七个集群中，有22个产业活动，软件开发与网络接入服务非数字出版核心业务，为软件行业边缘业务、电信运营商的常规业务；数字出版设备制造为重庆智能制造业的延展至数字出版业的产业形态，数字出版知识产权服务也是知识产权服务的业务内容之一，并非因数字出版业而兴起的业务活动。从2016—2024年运行情况看，核心业务中，互联网出版服务、文献数据库出版服务、教育数字出版服务、游戏研发与运营等均未成为重庆在全国有标识度和影响力的产业活动，非本土单位来渝兴业数量较少，入住协议期外迁出、渝籍单位外迁和被并购时有发生，对全国相关行业的集聚能力难以形成。

（三）产业支持系统效能亟需提升

产业链完善度不够。产业分类目录中的"大类"，是基于数字出版产业全产业链所构建的，现有目录共设5个大类13个中类，60个产业活动，而重庆现有产业活动为22个，尚有38个产业活动需要引进和培育相关市场主体。市场主体的不足和产业链不够完善，会导致产业间协同机制难以形成，或者协同成本过高，进而影响产业良性发展。

创新链尚未形成。数字出版产业发展对创新链要求极高：一是善于发现和捕捉、培育用户的消费偏好，及时研发新的产品和服务满足用户需求，构建新的商业模式；二是要积极捕捉新的技术及时转化应用，使产业发展能跟得上技术发展步伐，能与同业同频；三是及时预见技术发展趋势，通过技术预见研究，创造新的技术，引领产业发展。重庆数字出版业创新能力相对薄弱：一是出版企业缺乏自主的技术和产品研发团队，现有的产品和服务多依赖于对成熟技术的跟进应用以及对成熟运营模式的借鉴，在技术应用和商业模式上，以跟进为主，缺乏原创性；二是重庆缺乏适宜数字出版业发展的技术和产品研发平台，以出版单位为主体的研发，始终局限于传统出版商业模式和产品模式，难以形成关键性突破；三是缺乏专业的技术市场，新技术的转化应用依赖于出版单位的主动搜索，容易被信息茧房束缚，进入信息盲区。

人才链丰富程度不够。数字出版技术和产品研发人才、生产运营人才是人才链的重要环节，打造丰富完整的人才链的重要手段是引、育、培、留，也是人才工作的重要内容。当前重庆数字出版业高层次人才引进难度较大，学校专业设置缺乏数字出版核心专业人才本科培养和博士培养的层次，专业硕士培养尚处在起步阶段，人才供给能力非常有限。小微型企业岗位职数决定了全面而缺乏精深的人才集聚，大型企业一线人员多岗历练机制尚未完全建立产业规模和发展阶段，容易造成高层次人才的流失。行业间有序有效的人才交流模式尚需建立和进一步加强。

除此之外，重庆数字出版业资金链面临来源单一，体量较小的困境；政策的发散分布、出版单位的行业属性，导致出版单位对政策的研究和应用停留在垂直领域，而无法全面整合融通；数字化消费特性决定了市场的开放性，存在市域用户消费外溢的现象，进一步加剧了本地市场的竞争压力。

三、重庆数字出版产业发展建议

（一）强化产业发展驱动力

一是加大力度锻造传统出版单位数字出版能力。传统出版单位向数字出版单位转化具有天然资源优势和生产能力优势，要在守住既有市场的同时，全力推进数字出版,一方面,要加大投入力度,强化数字出版技术转化应用,研发更多数字出版产品和服务,确保每年都有新的数字出版产品和服务上线运营;另一方面,要积极开展新技术研发,特别是技术预见投入,通过对技术预见的研究,全面洞悉技术发展态势,及时调整投入强度,优化产品结构,能从容面对新的技术、市场、运营模式转变的冲击。二是充分释放新兴出版单位的创新动力。新兴出版单位要发挥体制机制优势,敏捷响应技术、市场和用户变化,对新的市场机会能接得住、兜得起,及时转化产品形态,优化商业模式,达到扩大市场占有率的效果。三是建立为创新护航兜底的制度体系。要全力推进制度创新,建立面向支持数字出版产业安全发展的容错机制;建立以出版资源融合为导向的体制机制,构建与产业发展安全密切相关,为创新护航兜底的制度体系。

(二)强化产业要素集聚力

一是培育和引进具有生态再造能力的出版单位。对标文化数字化战略和数字中国战略,数字重庆和新时代文化强市目标,构建重庆数字出版产业生态图,加大本土企业培育力度,加快国内知名企业引进力度,全力建链、强链、延链,打造中国中西部地区数字出版产业链最完善地区。二是确保足够产业发展资金。探索建立政府主导、市场参与的产业发展基金,聚集更多社会资本参与数字出版技术研发、内容策创,破解数字出版产业发展的资本困境。三是建立数字出版人才引育用留机制。重点是用好各类人才,以用促留,探索引进人才和自有人才成长机制并轨,规避"外来和尚好念经",造成同才不同待遇,影响高层次人才的职业忠诚度。

(三)强化支持系统支撑力

一是打造全国和地区性数字出版公共服务平台。一方面,建设数字出版公共研发平台,由政府主导企业运营的内容生产算力中心,突出数据要素驱动、人工智能技术转化应用,聚集国内外技术企业和团队支撑数字出版产品研发、概念验证;另一方面,建设数字出版成果转化平台,支持研发企业、团队就地创业转化;做好信息对接,辅助研发、生产交流,做好技术作价、作股等技术服务,缩短技术转化周期。二是完善数字出版产业扶持激励机制。探索扶持能力建设，构建激励市场绩效的奖扶制度体系，对服务全行业生产能力提升的项目作为基础设施采用事前资助，每年集中资助3—5项，重点项目采用一次立项滚动资助模式，建立资金杠杆；每年遴选奖励3—5项"双效"突出的数字出版产品和服务，引导数字出版单位沉心静气做优品精品。三是持续办好西部数字出版年会。以西部数字出版年会为平台，向国内外展示西部地区数字出版产业发展成效，吸引国内外用户关注西部地区数字出版产业，实现推介数字出版产品和服务，促进国内外数字出版业交流沟通合作，从而形成重庆出版产业的影响力和集聚能力。

（课题组成员：吴江文、吴子鑫、陈正伟、巫国义、董康）

附 录

2024年中国数字出版大事记

石　昆　辑录

一、电子图书

《人民代表大会制度纪实》丛书及3 200万字数据库发布

2024年1月11日,《中国特色社会主义根本政治制度——人民代表大会制度纪实》丛书暨数据库出版宣推活动在京举行。丛书共计20册,分为理论编和实践编,理论编着眼于回答"人民代表大会是什么",实践编着眼于回答"人民代表大会干什么"。在此基础上,同步建立拥有3 200万字的"人民代表大会制度纪实"数据库。

东巴文史诗《创世纪》知识库上线

2024年1月26日,东巴文史诗《创世纪》知识库专题网页在"中华古籍资源库""识典古籍"平台上线,并免费对公众开放。该知识库以目前世界上"唯一活着的图画象形文字"——古老神秘的东巴文为切入点,围绕《创世纪》进行设计与开发,利用多媒体动画、交互、视听体验方式,尝试对少数民族文字古籍知识进行挖掘与立体呈现。此次知识库收录的《创世纪》是国家图书馆馆藏版本,由纳西族学者周汝诚于1950年手写,全书每面上端为东巴文,下端为汉文翻译。

《辞海》网络版3.0在沪发布

2024年3月1日,《辞海》网络版3.0发布会在上海世纪出版园举行。《辞海》网络版3.0在内容增补、技术提升、服务升级等方面进一步优化,增补百科词条和汉语语词共5万条,新增条目数量创《辞海》历版修订纪录;词条增补全学科同步推进，涵盖45个大学科，并根据用户查询落空数据，专门增补了700条高频词条；对界面进行更新设计，同时引入"智能搜索"和"千人千面"智能推荐，实现用户界面个性化，提升用户体验。《辞海》网络版3.0形象展示《辞海》集字典、词典、百科词典主要功能于一体、各类知识综合汇聚的产品特色，以及知识挖掘重组、延伸拓展的数字辞书特点，标志着百年《辞海》这一国家重大文化工程数字化转型与智能化应用进入崭新阶段，在发挥文化品牌影响力传播力、打造国家文化数字化资源库方面迈出全新步伐。

中国古籍图典资源库正式上线

2024年4月18日，古籍图典数字化与活化利用研讨会在国家图书馆举行。会上，国家图书馆出版社宣布中国古籍图典资源库正式上线。学者们从海量的传统文化典籍中搜集整理出具有中国传统文化特色的图像素材，通过著录、标引、分类，解析出传统纹样图像并再创作，形成新的图像素材，为文化创意产业提供新的创作资源。截至目前，"中国古籍图典资源库"项目已完成深度标引传统文化图像10.5万张，传统纹样元素矢量图2 600多个。同时，为加工完成的1 000余个纹样素材申领了国际标准关联标识符（ISLI）编码，并将资源上传至深圳文化产权交易所和江苏文化产权交易所交易平台"数据超市"，提供给客户利用，推动文化产品和文化服务的创新性发展。

国家图书馆组织第九次古籍数字资源联合发布会

2024年9月6日，国家图书馆（国家古籍保护中心）在京举办第九次古籍数字资源联合发布会，本次发布由国家图书馆、山东大学图书馆、云南省少数民族古籍整理出版规划办公室等12家单位新增发布古籍资源7 085部（件）。全国累计发布古籍及特藏文献影像资源达到13.9万部（件）。

2024年数字阅读作品（项目）推荐结果发布

2024年10月28日，中国音像与数字出版协会公布"2024年数字阅读推荐作品"和"2024年数字阅读推荐项目"的推荐结果。其中，《中国为什么能》等23部作品入围"2024年数字阅读推荐作品"，"学习党的二十大精神主题有声书"专辑等14个项目入围"2024年数字阅读推荐项目"。

中华古壮字古籍数字化实验室在南宁成立

2025年10月29日，中华古壮字古籍数字化实验室在广西教育出版社揭牌成立，标志着全国首个古壮字古籍数字化实验室正式运行。该实验室致力于研究制定《古壮字文字编码标准》《古壮字文本数字化标准》等古壮字团体标准，同时探索人工智能、数字人、大数据及虚拟现实与增强现实等数字技术在古壮字古籍挖掘、整理、研究、出版、数字化及宣传推广等方面的应用。

二、互联网期刊

"大模型技术对科技期刊的影响"研讨会在京举办

2024年3月20日，以"大模型技术对科技期刊的影响"为主题的学术研讨会在京举办。本次研讨会共同探索在人工智能时代科技出版的新思维和新模式。设置了走进方正、学者沙龙、自由讨论等环节，专题讨论了生成式人工智能对科技期刊的影响、人工智能赋能科研诚信与学术不端治理等重要议题。

期刊数字化发展论坛在海口举办

2024年9月22日，期刊数字化发展论坛在海口举办。以"办好一流学术期刊·加强学术平台建设"为主题，与会嘉宾围绕期刊技术创新与合规建设等议题，为期刊数字化转型与高质量发展建言献策。论坛上发布了"期刊数字化发展研究TOP100高影响力论文"，通过对入选期刊论文关键词分析，明晰了期刊数字化关注的焦点，包括学术期刊的数字出版、媒体融合、新媒体运营，科技期刊的知识服务、增强出版、数字化发展、开放获取、视频运营，期刊微信公众号服务与运营模式、传播效果等方面。

科技期刊创新与高质量发展研讨会在武汉举办

2024年11月2日，科技期刊创新与高质量发展研讨会在武汉举办。来自国内外知名科研院所及多家科技期刊社的嘉宾代表参会，在出版模式创新、国际化程度提升和数字化转型等方面展开探讨，探索科技期刊高质量发展新路径。与会嘉宾以《维护诚信、促进开放：科技期刊出版的新挑战与新机遇》《国际出版业务概览和期刊发展》《信息类国际期刊主编的实践与挑战：策略与经验分享》等为题，发表主旨演讲，分享宝贵的经验和见解。

三、数字报纸

广东省报协网络技术委员会年会召开

2024年6月13日,广东省报业协会网络技术委员会2024年年会暨"以新质生产力促媒体融合,以AIGC赋能传媒发展"媒体融合技术研讨会在广东肇庆召开。会上,与会专家、代表围绕"新质生产力赋能媒体转型升级""轻量化视频制作体系""智能存储,智慧融媒"等内容作主题演讲和交流互动。

第四届中国报业深度融合发展创新案例发布

2024年7月1日,国家新闻出版署公布第四届中国报业深度融合发展创新案例。经评审,共遴选出60个创新案例,其中全媒体传播建设类17个,内容供给创新类21个,运营服务模式创新类12个,数字技术应用类7个,体制机制创新类3个。

第三届中国报业创新发展大会在南宁召开

2024年9月2日,由国家新闻出版署主办,以"深化改革创新 勇担时代使命"为主题的第三届中国报业创新发展大会在广西南宁召开。会上发布了第四届中国报业深度融合发展创新案例和《中国报业创新发展报告(2023年度)》。与会嘉宾还聚焦"深化内容供给侧改革,强化主流价值引领""技术赋能生产力发展,推动全媒体传播""改革创新体制机制,提升公共文化服务能力""改革完善监管体系,优化创新管理模式"4个主题进行深入探讨。2024年中国报业创新发展案例展在大会期间同时举办。

世界中文报业协会第57届年会在京举行

2024年10月30日,世界中文报业协会第57届年会在北京举行。本届年会主题为"人工智能与世界中文报业发展"。与会嘉宾结合各自实践经历,围绕中文报业在中华文化传播中的地位与作用、人工智能在媒体融合中的应用与挑战等主题,从唱响"中国经济光明论"、人工智能赋能报业新发展、新闻媒体与科技平台的关系等角度出发,表达观点、展开讨论。本届年会发布了《世界中文报业全球传播共识》。世界中文报业协会会员单位达成如下共识:智媒引领，重塑报业发展生态格局；创新发展，增强中文报道传播效能；合作共享，提升中文传播整体合力；不忘初心，向世界讲好华人故事；开放包容，促进人类文明交流互鉴。

2024 中国报业技术年会在西安举办

2024 年 11 月 6 日，2024 中国报业技术年会在陕西西安开幕。来自中央、省、地市级党报及行业性媒体的代表齐聚一堂，探索差异化特色化的媒体融合发展路径，助力主流媒体系统性变革。本次年会以"技术引领转型，AI 赋能融合"为主题，聚焦人工智能、大模型和大数据技术的创新应用，分享人才培养与队伍建设的成功经验，研讨管理创新和体制机制改革的新举措，展示深度融合、"新闻＋服务"、全媒体传播及新媒体运营的新技术、新产品。

四、网络游戏

中国音数协游戏博物馆在沪开馆

2024 年 7 月 25 日，中国音像与数字出版协会正式公布中国音数协游戏博物馆落户上海，开馆试运营。中国音数协游戏博物馆为国内首家专业电子游戏博物馆。游戏博物馆位于上海市徐汇区，占地面积 2 000 平方米，分为常设展区、临时展区等多个区域。其中，常设展览面积约 1 000 平方米，划分为四大展区，分别是"早期电子游戏""主机大战""电脑游戏的发展"和"中国游戏"，展出超过 1 000 件核心展品。在常设展览之外，中国音数协游戏博物馆收藏了超过 5 000 件游戏藏品。这些藏品将通过不同主题的展览、活动与互动体验，面向公众开放参观、游玩和学习研究。

第二十一届中国国际数字娱乐产业大会（CDEC）在沪举办

2024 年 7 月 25 日，第二十一届中国国际数字娱乐产业大会（CDEC）高峰论坛在上海浦东新区举办。大会以"聚焦当下 探寻未来"为主题，分为"科技前瞻：起点与拐点"和"产业洞察：变与不变"两大板块。会上发布了《2024 年 1—6 月中国游戏产业报告》。报告显示，2024 年 1 月至 6 月，国内游戏市场实际销售收入 1 472.67 亿元，同比增长 2.08%，增长趋势较为平稳。游戏用户规模 6.74 亿，同比增长 0.88%，再创新高。

2024 全球电竞大会在沪举办

2024 年 7 月 26 日，2024 全球电竞大会在上海举办。本次大会以"竞技无界 共创未来"为主题，聚焦电竞全球化话题，连接国内外电竞产业，助力中国电竞与世界牵手，实现全球共赢。会上，各方在产业研究、数据应用、人才培养、标准推广、品牌活动实施等方面展开合作，共铸全球电竞产业合作链，共同构建开放、包容、共赢的产业生态。上海市委宣传部牵头印发了《上海市支持电竞游戏产业健康发展三年行动方案》。大会还发布了 2024 年上半年中国电子竞技产业报告。2024 年 1 月至 6 月，中国电竞产业（不包含电竞游戏）收入为 120.27 亿元，同比增长 4.43%。

第四届中国游戏创新大赛颁奖典礼在沪举行

2024 年 7 月 27 日，第四届中国游戏创新大赛颁奖典礼在上海举行。评审专家团队根据参赛作品的导向性、创新性和专业性三大评选标准，经过多轮评议，最终评选出 18 项获奖作品、4 个创新团队以及 4 位创新个人。米哈游的《绝区零》和莉莉丝的《剑与远征：启程》获"最佳创新游戏大奖"。

2024 网络游戏产业融合发展研讨交流会在武汉举办

2024 年 9 月 6 日，"2024 网络游戏产业融合发展研讨交流会"在武汉华中科技大学出版社举办。与会嘉宾围绕"网络游戏融合发展""太崆动漫发展心路历程""南天门计划——航空科幻 IP""人工智能时代下的文旅资源与共享与生态共建""创新驱动助力融合出版""文化如何转化为游戏"等主题展开交流。会上，各参会代表共同发起了"网络游戏产业融合发展合作"倡议，还提出了"网络游戏产业融合发展合作倡议书"。

2024 年度中国游戏产业年会在京举办

2024 年 12 月 12 日至 13 日，以"扬文化之帆，共创游戏出海新篇章"为主题的 2024 年度中国游戏产业年会在京举办。大会发布了《2024 年中国游戏产业报告》和北京市网络游戏精品出版工程入选名单。对北京地区入选精品游戏出版工程的游戏作品及企业，实施五项支撑机制，即优先推荐、全流程孵化、版权保护、平台服务、人才保障机制，加大对精品游戏创新创作的支持力度。来自全国 10 家游戏企业的负责人围绕《美美与共，久久为功》《匠心铸就精品 循道方能远行——探寻游戏可持续成长之路》《中国故事全球舞台——

数字浪潮中的文化新生》《展文化全球新视野，树游戏企业新担当》《游戏：中国文化国际传播的新桥梁》《文化领航　启程出海》《与世界共振：让文化成为游戏出海的重要基因》《技术赋能原生游戏，鸿蒙生态盎然向新》《中国轻游戏，全球大市场》等多个议题进行主题发言。

五、网络动漫

《中国动画国际传播报告（2023）》发布

2024年3月29日，在成都召开的第十一届中国网络视听大会"动漫IP全球传播论坛"上，国家广播电视总局发展研究中心发布《中国动画国际传播报告（2023）》。《报告》显示，动画已成为中国视听出口重要形态，2023年电视动画出口时长占中国出口节目总时长的12.15%。全年出口额前十的企业中，9个为民营动画制作企业，中国动画正以全产业链的形态进入国际市场。《报告》还显示，民营机构已成为动画出口主力军，网络视听平台成为新主体。其中，华强方特、原创动力、咏声动漫、熊小米等一批民营企业成为中国电视动画走出去的主力军。目前，国内出口活跃的动画企业主要集中在华东、华北和华南地区。2023年出口额前十的企业中，有9个是民营动画制作企业。爱奇艺、优酷、腾讯视频等网络视听机构打造的国产动画在国际上有较高热度，TikTok上的品牌话题播放量排名前十的中国动画中，有5个是网络视听机构出品。

第十七届中国国际漫画节在穗举办

2024年10月2—5日，第十七届中国国际漫画节在广州举办。本届漫画节主题为"新中式，新国潮，新业态"。本次漫画节开幕式首次以动漫游戏狂欢嘉年华的形式进行，6万平方米的活动面积和480分钟的盛典时长，创下国内同类活动开幕式新纪录。大会设置了一个主舞台和三个分会场，同期举办第21届中国动漫金龙奖颁奖大会、中国漫画家大会、首届全国IP年会、动漫游戏展、"大美中国"及优秀IP主题展等活动，同时举办"动漫黄金周"。

第二届中国（吉林）动漫大会在长春举办

2024年11月13—15日，第二届中国（吉林）动漫大会在长春举办。本届大会以"精彩动漫，新质未来"为主题，共征集各类动漫作品和论文400余部。大会期间，举办了优秀动漫作品推介、创孵投招商推介会、学术研讨会、艺术家进校园、优秀动漫作品展览展演、"炫动动漫之夜"晚会等主题活动。本届2024动漫高质量发展研讨会的主题是"传承与创新的交响——激发动漫市场新浪潮"，北京电影学院、腾讯视频动画内容制作部欧罗巴工作室、北京广播电视台动画频道中心、北京卡酷传媒有限公司、吉林动画学院、中国新闻出版研究院数字出版研究所等的领导和专家，分别作了高质量主旨发言。其间，还举办了纹样数字化运营及产业转化经验交流会。大会期间发布了《吉林省支持动漫产业高质量发展的若干举措》。

六、视 频

第四届中国短视频大会在京举办

2024年1月13—14日，第四届中国短视频大会在京举办。本届大会以"融合 活力 共建"为主题，聚焦行业课题、产业发展、合作等内容，通过主旨演讲、跨界对话、交流研讨等形式，吸引了全国短视频领域大咖齐聚北京门头沟，共同探讨短视频行业的发展前景，推动短视频行业蓬勃发展。国家广播电视总局发布了《2023年度广电主流媒体短视频发展数据分析报告》及2023短视频行业蓝皮书理论成果及趋势思考。同时，中广联合会微视频短片委员会与北京市门头沟区文化和旅游局微短剧摄制基地签订了战略合作协议。

首届"大湾区之光"青（少）年短视频大赛颁奖

2024年1月25日，首届"大湾区之光"青（少）年短视频大赛荣誉盛典在广州举办。以"奋进新征程 逐梦大湾区"为主题，首届"大湾区之光"青（少）年短视频大赛聚焦大湾区经济、社会、文化、发展等领域，征集短视频作品，用镜头记录大湾区故事，展现大湾区人文魅力。本次大赛共征集短视频作品2 319部，经专家组评选，80部作品获得推优。在荣誉盛典上，一批具有中国气派、湾区情怀、岭南风韵的短视频佳作获得表彰。粤港澳大湾区网络视听创新论坛、湾区影像创作论坛等系列活动同时在广州举办。

七、数字版权

中国版权协会聚焦生成式人工智能版权问题

2024年1月13日,由中国版权协会主办的远集坊第六十一期活动以"生成式人工智能内容研讨思享会"为主题,邀请了中国计算机用户协会副理事长顾炳中、金山办公首席执行官章庆元、对外经济贸易大学法学院教授卢海君、腾讯研究院高级工程师王鹏等嘉宾,共同探讨生成式人工智能业态下版权保护的新路径、新对策。

人工智能挑战与著作权法变革论坛在京举办

2024年4月13日,在由北京知识产权法研究会主办的人工智能挑战与著作权法变革论坛上,与会专家就人工智能挑战与著作权法变革展开对话交流,围绕AI文生图著作权案件的审判思路、人工智能模型训练算法推荐的技术应用相关版权主体确立问题,以及权利内容的定性、避风港原则的审视以及法律责任的划分等多个焦点主题,结合国内外前沿案例和研究成果,力求寻找出一种适应时代发展的变革之路。

2023年中国版权十件大事发布

2024年4月19日,在2024年全国知识产权宣传周版权主题活动暨京津冀版权协同发展论坛上,中国版权协会发布了"2023年中国版权十件大事"。十件大事包括中国与世界知识产权组织合作50周年、国务院办公厅印发《知识产权领域中央与地方财政事权和支出责任划分改革方案》、全国著作权登记量增幅显著、亚运版权保护工作取得显著成效、生成式人工智能引发版权热议、《军用计算机软件著作权登记工作暂行办法》发布施行、中国被授权实体首次加入无障碍图书联合会全球图书服务、著作权集体管理制度在中国施行30周年、第九届中国国际版权博览会暨2023国际版权论坛成功举办、民间文艺版权保护与促进工作稳步推进。

第四届可信数字版权生态大会(春季)在京召开

2024年4月28日,第四届可信数字版权生态大会(春季)在人民日报社新媒体大厦召开。本次会议主题是"创造创新与数字版权和正版产品"。现场发布了《人民领读者计划》《景德镇数字陶瓷示范项目》《文化数据要素交易系统解决方案》《西甲数字商品项目》《舞台剧数字版权资产入表项目》等可信版权链重点示范项目，完成了可信版权链游戏超级节点签约。

2024 知识产权南湖论坛分论坛举办

2024 年 4 月 20—21 日，2024 年知识产权南湖论坛国际研讨会在长沙举行。本次研讨会的主题聚焦"支持全面创新的知识产权法治保障"。论坛设"支持全面创新的版权保护""支持全面创新的专利保护""新质生产力与知识产权法治保障""典型互联网不正当竞争行为司法探讨""人工智能与数据知识产权保护"等 6 个分论坛，分别围绕"民间文艺版权保护制度构建""新质生产力与版权法的新发展""标准必要专利许可问题""知识产权强国战略实施"等相关主题进行讨论。

第十一届"深圳版权金奖"颁奖典礼举行

2024 年 4 月 26 日，第十一届"深圳版权金奖"颁奖典礼在深圳会展中心（福田）举行。本届"深圳版权金奖"共颁发五大类 27 个奖项，其中版权作品金奖 10 个，华强方特（深圳）动漫有限公司出品的《熊出没·伴我"熊芯"》、深圳市普渡科技有限公司研发的送餐机器人 BellaBot（一）等作品荣获版权作品金奖，获奖作品包含动画、漫画、音乐、文字、电视节目、机器人等多元形式，展现了深圳在文化创意领域的卓越水平，推动了深圳文化创意产业蓬勃发展。活动现场还对在版权领域具有卓越成就和创新精神的单位和个人进行了表彰，包括版权运用金奖 5 个，版权保护金奖 5 个，优秀版权经理人奖 5 个，年度版权登记领衔奖 2 个。

中国版权协会与韩国著作权委员会在京签署战略合作协议

2024 年 7 月 17 日，中国版权协会与韩国著作权委员会在京签署战略合作协议，双方在版权领域加强交流与合作，利用各方在版权行业的优势与影响力，促进两国之间的版权内容交流、合作，加强中韩间版权内容的传播与保护。双方在优质版权内容分发方面开展交流与合作，包括音乐、影视、动漫、文学、游戏、艺术等相关内容，探索建立顺畅的分发合作渠道，促进中韩正版内容资源的相互传播与合作。双方均以推动版权行业健康发展为己任，共同应对新挑战，推动保护版权内容的正版化工作，努力预防侵权。双方还建立了交流合作机制，包括互派高级别的版权代表团，与对方的版权行政机关、行业协会、版权相关企业、研究学术机构开展交流等。

2024 国际版权论坛在景德镇举办

2024 年 9 月 9—10 日，2024 国际版权论坛在江西景德镇举办。此次论坛以"版权与创意产业推动可持续发展"为主题，旨在贯彻落实创新驱动发展战略，推动版权产业高质量发展，在新的历史起点上继续建设文化强国，以版权助力文明交流互鉴，推动全球文化繁荣。论坛包括 5 个主题论坛，分别为"版权保护促进传统文化传承创新：政策与措施""人工智能在内容创作中的应用：机遇与挑战""版权制度保障文化获得感和参与度：保护与限制""知识经济时代的版权集体管理：现状与展望""版权在创意产业可持续发展中的作用：举措与成效"。

涉大模型著作权法问题研讨会在京举办

2024 年 9 月 25 日，涉大模型著作权法问题研讨会暨人工智能相关案件的司法应对研究课题开题会在京举办。本次会议以"涉大模型著作权法问题"为主题，共设三个专题研讨，分别为"人工智能生成物的作品认定及权利归属问题""大模型训练中的作品使用问题""大模型生成内容的侵权责任问题"。同时举办了"人工智能相关案件的司法应对研究课题"的开题会。

我国首办 AIPPI 世界知识产权大会

2024 年 10 月 19—22 日，2024 年 AIPPI 世界知识产权大会在浙江省杭州市举办。大会主题为"知识产权的平衡保护与创新发展"。大会对专利、商标、著作权、知识产权行使四个专题研究决议草案进行深入讨论。大会的四个知识产权专题研究分别涉及专利领域现有技术的披露要求以及未按要求披露的后果、商标领域非显著性表述对商标保护的影响、著作权领域的戏仿以及知识产权行使中的权利滥用。

中欧数字环境下版权保护研讨会在西安举办

2024 年 11 月 19 日，中欧数字环境下版权保护研讨会在陕西西安举办。研讨会重点讨论数字环境下的版权保护话题，交流中欧双方为适应数字技术发展在版权立法和执法方面的最新举措和经验。研讨会分为三个主题，分别是中欧版权法律制度最新进展、国际版权管理实践热点问题、网络版权执法。会上，中方代表介绍了中国著作权保护及法律制度新进展，并阐述了《中华人民共和国著作权法实施条例》修订的背景。欧委会代表用视频形式，重点介绍了欧委会关于打击体育和其他现场直播活动在线盗播的建议书、文本和数据挖掘例外规定以及《人工智能法案》中与版权有关的规定等。

第八届中国网络版权保护与发展大会在贵阳举办

2024年11月28—29日，第八届中国网络版权保护与发展大会在贵阳举办。本届大会以"加强版权法治保障 护航新质生产力发展"为主题，围绕"强化版权执法保护""探索AIGC版权问题""持续推动重点行业软件正版化工作""网络环境下广播组织权利保护与创新发展""微短剧行业版权保护与发展""科技赋能数字音乐产业发展""网站平台版权共治共建""文博文创版权保护与创新发展""版权纠纷多元化解新机制"举办系列分组讨论和专题研讨。会上发布了第一批版权强国建设典型案例、2023年度全国打击侵权盗版十大案件以及重点行业软件正版化工作文件。

第四届著作权集体管理论坛在京举行

2024年12月4日，第四届著作权集体管理论坛在京举办。论坛围绕"著作权集体管理制度的发展与完善""人工智能发展对著作权法律体系的影响""集体管理的法律与司法实践问题"等议题展开讨论。与会嘉宾分别从国际行业组织视角、权利人机构和媒体角度分享了各自对人工智能的看法，并以"人工智能发展对著作权法律体系的影响""人工智能生成内容的法律性质及集体管理组织的作用""AI时代版权集体管理的作用与作为""集体管理的立法建议""泰国著作权集体管理工作的开展情况""集体管理进行司法实践时遇到的问题"，以及"集体管理组织作出的应对""传播录音制品获酬权规则的法律适用问题的见解"等为题进行深入探讨。

第二届中国版权文化学术研讨会在京举行

2024年12月17日，第二届中国版权文化学术研讨会在中国版权保护中心新址举行。与会专家围绕中外版权历史文化、版权文化学术理论、版权文化的未来发展等方向展开讨论，分别以"两大法系背景下的作品保护制度""AI训练数据版权合法性之困及解决路径探讨""生成式人工智能内容与数据治理模式""我国生成式人工智能的风险与治理"为主题进行深入探讨。

2024 中国版权年会在海口举行

2024 年 12 月 21 日，2024 中国版权年会在海南海口举行。中国版权协会在年会上主办了"远集坊：版权助力——文化高质量发展论坛"和"人工智能赋能文化产业高质量发展圆桌论坛"。在远集坊论坛上，8 位嘉宾围绕论坛主题发表了演讲。在圆桌论坛上，与会嘉宾就人工智能在版权创作、管理和应用中出现的问题进行了热烈讨论。年会发布了《2023 年中国网络版权产业报告》。

八、综　合

读者出版集团（青年）创新创意论坛在兰州举办

2024 年 1 月 5 日，读者出版集团（青年）创新创意论坛在兰州举办。论坛以"未来已来·融合新生"为主题，分为创未来、悦生活、共成长 3 个篇章，通过创新案例分享、创新项目提案、创意灵感表达等方式交流碰撞思想，激发该集团广大青年职工共同思考与探讨未来发展的无限可能。论坛期间，发布了读者出版集团创新创意智库。目前，智库已遴选文化创意产业、融合出版、全民阅读、文化与科技融合等领域的优秀专家学者 100 余名。

南京全媒体传播实验室揭牌

2024 年 1 月 8 日，南京全媒体传播实验室揭牌成立。该实验室以现有的市级新型智库南京政务舆情研究院、全媒体传播协调小组为依托，围绕构筑主流舆论新态势、全媒体传播体系建设、国际传播力提升、优秀传统文化保护与传承等重点研究方向，展开一系列调研实践和学术研讨。通过与各领域名家的长期联动、推广、传播，深度嫁接全国各地的全媒体传播资源，推进媒体融合，不断赋能南京城市形象建设，提升南京的城市影响力。

2024 北京图书订货会首次设立数字出版展区

2024 年 1 月 11—13 日，2024 北京图书订货会在北京中国国际展览中心（朝阳馆）举办。本届订货会集中展示图书 40 余万种，展览面积超 5 万平方米，设置展台数量 2 898 个，参展展商数量 700 余家，并首次设立了数字出版展区。本届订货会以"坚定文化自信，铸就出版新辉煌"为主题，大会论坛着重探讨了 AI 大模型浪潮下的出版产业价值重构；第二届儿童阅读论坛旨在分享数字化时代少儿出版的成功经验，为出版单位建立合作机会搭建桥梁。首次设立的数字出版展区集中展示了最新的数字产品、融合发展新技术、数字出版创新案例以及各类前沿探索。

国博出版中心揭牌成立

2024 年 1 月 13 日，中国出版集团与中国国家博物馆战略合作框架协议签署仪式在京举行，双方共同创设的国博出版中心现场揭牌。双方以此次战略合作签约为契机，围绕出版合作、学术交流、展览展示、对外交流等 9 个重点领域和关键环节积极展开探索。国博出版中心由东方出版中心具体承担运营，东方出版中心以新成立的北京分社为主要班底，组织专门队伍负责国博出版中心的联络、出版、运营和品牌推广等工作，力争将国博出版中心打造成国内文博出版的引领品牌和传统文化传承与教育的知名机构，以及深化文博出版"引进来、走出去"的成功范例。会上，《中国国家博物馆国际博物馆学译丛》（第一辑）揭幕。这部由国家博物馆领衔打造的国内首套大规模国际博物馆学译丛，凝聚了文博界老中青三代学者的心血与智慧，由东方出版中心承担出版发行工作。

第二届"知识资源平台版权合规建设与产业发展"座谈会在京举办

2024 年 1 月 23 日，第二届"知识资源平台版权合规建设与产业发展"座谈会在京举办。会上，来自知识资源平台相关上下游的 20 多家机构代表及版权界专家、学者对《知识资源平台使用文字作品付酬办法》中规定的三种付酬方式，即版税标准、"保底稿酬＋版税标准"和一次性付酬标准及其实施计划进行了商讨。同时，围绕作者与知识资源平台、作者与期刊之间的版权授权许可协议示范文本（条款），以及国家有关政策法规动向等议题展开研讨。与会嘉宾还对文著协如何高效、便捷地向作者转付稿酬，采用区块链等新技术手段提升服务能力和水平，提出了建设性建议，同时希望共同体在新的一年针对数据大模型、生成式人工智能等新技术带来的版权保护问题进行专题调研。

2024 世界数字教育大会在沪举办

2024 年 1 月 29—31 日，2024 世界数字教育大会在上海举办。大会以"数字教育：应用、共享、创新"为主题，围绕教师数字素养与胜任力提升、数字化与学习型社会建设、数字教育评价、人工智能与数字伦理、数字变革对基础教育的挑战与机遇、教育治理数字化与数字教育治理等议题展开讨论。大会期间举办了"数智未来"教育展，重点展示中国发展数字教育的理念和做法，包括信息化历程、数字化转型、智能化发展、数字化教育装备四个篇章。大会成立了世界数字教育联盟，上线国家智慧教育公共服务平台国际版，展示中国与有关国家数字教育合作成果，发布了国际数字教育案例汇编、全球数字教育发展指数和《中国智慧教育发展报告2023》，并发布创刊《数字教育前沿》。大会还发布了成果文件《数字教育合作上海倡议》。

中央网信办等四部门印发《2024年提升全民数字素养与技能工作要点》

2024年2月21日，中央网信办、教育部、工业和信息化部、人力资源和社会保障部联合印发《2024年提升全民数字素养与技能工作要点》（以下简称"《工作要点》"）。《工作要点》部署了6个方面17项重点任务：培育高水平复合型数字人才，包括全面提升师生数字素养与技能、提高领导干部和公务员数字化履职能力、培育高水平数字工匠、培育乡村数字人才、壮大行业数字人才队伍；加快弥合数字鸿沟，包括建设数字无障碍环境、提供普惠包容的公益服务；支撑做强做优做大数字经济，包括加快企业数字化转型升级、扩展数字消费需求空间；拓展智慧便捷的数字生活场景，包括推动数字公共服务普惠高效、提升重点生活领域数字化水平；打造积极健康有序的网络空间，包括营造共建共享社会氛围、构建数字法治道德规范、维护安全有序数字环境；强化支撑保障和协调联动，包括完善协同支撑体系、加大优质数字资源供给、积极参与国际交流合作。

中国首部文生视频AI系列动画片启播 中央广播电视总台人工智能工作室揭牌

2024年2月23日，中国首部文生视频AI系列动画片《千秋诗颂》启播暨中央广播电视总台人工智能工作室揭牌仪式在京举行。中央广播电视总台综合频道牵头策划的系列动画片《千秋诗颂》，聚焦国家统编语文教材200多首诗词，依托总台"央视听媒体大模型"，运用人工智能技术将国家统编语文教材中的诗词转化制作为唯美的国风动画。活动上，总台还牵头发起成立"央视听媒体大模型"研发共同体，通过开放平台与国内一流的科研机构、高校和企业在科研攻关、需求应用、安全发展、产业生态等方面加强合作，联动产业链上下游，运用生成式人工智能技术为视听媒体科研创新提供支持，打造新质生产力，助力总台高质量发展。活动还举行了中央广播电视总台人工智能工作室正式揭牌仪式，该工作室整合总台广播电视和新媒体媒资平台资源，按照节目制作需求对"央视听媒体大模型"进行训练，使之快速形成针对特定业务的能力，打造视听节目创新创作的大平台。

京师大模型传播应用系统发布第一期暨智能传播工程创新研讨会在京举行

2024年3月1日，京师大模型传播应用系统发布第一期暨智能传播工程创新研讨会在北京师范大学举行。研讨会上，北京师范大学新媒体传播研究中心团队发布了"大模型驱动多模态文本分析系统（XBL507）"。发布会介绍了XBL507系统在情感分析、图像分析和内容分析编码方面的三种关键功能特征，并实际演示了系统使用与结果解读。

2024年少年儿童分级阅读标准应用成果发布

2024年3月15日，2024年少年儿童分级阅读标准应用成果发布会在首届武汉（国际）童书展期间举办。围绕少年儿童分级阅读标准研发的分级阅读推荐书目、阅读能力评估、分级阅读课程、分级阅读指导师培训、分级阅读体验中心、分级阅读平台六大产品集中亮相。发布会上，中国书刊发行业协会少年儿童分级阅读标准研制与应用实验室有关负责同志，以及实验室合作方分别作了产品演示和解读分享。实验室坚持以儿童为中心，以阅读为手段，汇集多方优质资源，推动实验室成果的有效转化，打造"人工智能+阅读"生态链，助力中国儿童核心素养全面提升。活动由中国书刊发行业协会主办。

智能校对大模型文修2.0发布

2024年3月22日，智能校对大模型文修2.0在天津发布。来自语言智能领域的专家、各大媒体机构及合作伙伴代表围绕大模型技术在新闻媒体、出版等行业的应用，以及相关领域的标准化进程展开深入交流。文修是国内首个专为智能校对领域打造的垂直大语言模型，此次由天津蜜度文修智能科技有限公司研发的文修2.0相较于前代版本，训练参数规模已扩增至70亿，基础预训练模型的数据量超过1万亿词符，校对任务的训练数据也超过5 000亿词符。发布会解读了文修2.0在行业应用的突破点，并分享了文修在图书出版、公文校对与排版、媒体稿件审校等场景的应用案例。

粤港澳携手成立澳门综合型出版企业

2024年3月27日，粤港澳三家机构在澳门成立启文出版传媒有限公司，推动粤港澳文化与教育出版交流合作，打造澳门综合型的文化与教育出版企业。启文出版由紫荆文化集团旗下的香港联合出版（集团）有限公司、大同出版传媒有限公司、香港教育图书有限公司与澳门惠风出版集团有限公司携手合作成立。启文出版传媒有限公司以教材出版、教育培训、文旅研学、文化传播为四大业务板块，增强澳门青少年的国家认同感和民族自豪感，发挥文化旗舰作用，深入推进粤港澳大湾区文化建设，向世界讲好中国故事、澳门故事。揭牌仪式上发布了多项出版及文化教育项目。启文出版的首本图书《19—20世纪明信片中的澳门》正式发布，该书以影像记录了澳门的城市发展和人文风貌。

2024中国网络媒体论坛在昆明举行

2024年3月30—31日，以"奋进新征程　担负新使命"为主题的2024中国网络媒体论坛在云南昆明开幕。各方代表围绕当前网络内容建设面临的新形势新任务、未来发展的新思路新方向等展开交流探讨。开幕式上发布了2023中国正能量网络精品，启动了中央网信办2024年网上重大主题宣传和重大议题设置项目暨"万千气象看中国"网络传播活动。论坛期间，举办了中国正能量网络精品案例分享会、网络文化精品建设主题论坛、"八点见"创新项目发布会等7场主题活动。

第三届出版融合发展创新论坛举办

2024年4月21—22日，第三届出版融合发展创新论坛在云南昆明举办。在专题报告环节，与会嘉宾分别介绍了人教社在人工智能技术方面的应用实践，以及在AI时代，出版业仍应以提升生产效率为核心，构建多模态大模型下的数据支撑体系，实现载体融合、生产系统和业务的融合。与会专家还介绍了人工智能技术如何更好赋能编校工作，交流了有声AIGC平台赋能出版融合创新实践，以及利用"内容+"推动文化产业深度融合的实践探索等经验。论坛还就大数据、人工智能等新兴技术与教育出版、知识服务以及出版业务流程的深度融合等方面进行探讨。

第十届数字阅读年会在昆明举行

2024年4月24日,第三届全民阅读大会数字阅读论坛暨第十数字阅读年会在云南昆明举行。大会以"数实融合·阅享未来"为主题,旨在提升数字阅读内容质量,改善数字阅读消费服务方式,推进数字阅读的线上线下互动融合,服务全民阅读工作。大会发布了《2023年度中国数字阅读报告》。报告指出,2023年,我国数字阅读市场总体营收规模为567.02亿元,同比增长22.33%;我国数字阅读用户规模为5.70亿,增长率为7.53%。"数智赋能融合出版,创新助力全民阅读"倡议发布仪式同时举行。

全国新闻出版单位国际出版合作工作交流会在雄安召开

2024年5月15—17日,2024全国新闻出版单位国际出版合作工作交流会暨国际部、版权部、总编室主任工作论坛与全国出版学科共建工作研讨会在河北雄安召开。本次会议"以新时代 新目标 新发展"为主题,与会人士就增强版权的国际视野和规则意识、把握版权的国际新动向、提升国际版权运营能力、促进新闻出版行业高质量发展进行深入交流。会议期间,相关科技公司代表还就中国平台的全球学术资源整合传播、文化视野下印度出版与教育领域业务、生成式人工智能带给国际出版业的挑战与机遇等话题作了分析和介绍。

第三届青少年互联网大会在京召开

2024年5月30日,"2024数智未来:开放、共享、创新"第三届青少年互联网大会在北京师范大学召开。大会以"网络数字生态与青少年数字素养提升"为主题,设立"互联网平台治理与数字公益""数智+助力建设美好未来家""互联网与青少年发展学者论坛"三个平行论坛。大会还开展了青少年网络素养教育周展示活动,展演青少年数字素养教育成果,开展"青少年数字素养教育创新实践"对话讨论。发布了《中国青少年网络素养调查报告(2024)》《互联网平台青少年保护与发展报告(2023)》《生成式人工智能与未成年人数字行为发展报告》。

2024高等教育数字教材创新发展会议在京召开

2024年6月1日,2024高等教育数字教材创新发展会议在京召开。该会议延续2024世界数字教育大会"数字教育:应用、共享、创新"的方向,以"数字教材:应用、共享、创新"为主题,就数字教材如何满足我国教育数字化需求展开深入交流，数字教材使用者、出版者、研究者形成了推动教材数字化转型是大势所趋、发展所需、改革所向的共识。

2024 人工智能出版融合发展研讨会在京举办

2024 年 6 月 18 日，以"数实融合·智领未来"为主题的 2024 人工智能出版融合发展研讨会在京举办。与会代表共同探讨新形势下出版融合面临的挑战与机遇，共同谋划出版业数智化转型升级的具体路径，展望新发展格局下的出版业态未来之路。会上发布了数传集团最新推出的 AIGC 产品——AI 编辑工作室以及 RAYS 出版融合云平台 7.0 版本。与会嘉宾围绕"'十四五'新发展格局下的出版业生态重构""新质生产力下出版行业高质量发展的机遇与挑战""全产业链的跨界与深度融合——出版业态新使命""科技创新助力出版业转型升级"四大议题进行了深入探讨。

2024 出版与技术创新大会在京举办

2024 年 6 月 19 日，由中国图书进出口（集团）有限公司举办的 2024 出版与技术创新大会在北京国家会议中心召开。与会嘉宾围绕"AI 赋能下的出版未来"主题，共同探讨和分享了人工智能与出版业深度融合的新策略、新思路。来自北京大学、知识产权出版社、爱思唯尔、上海数据交易所和华为阅读的代表们，从人工智能的算力、算法到出版内容生产的全产业链，进行了深入的交流和研讨。大会期间，中图科信数智技术（北京）有限公司发布了"思瓜"LUFFAAI——一款为科研人员量身定制的自主训练大模型。同时，施普林格·自然集团宣布在中国启动"Artificial Pen Project"AI 生成式写书计划，携手中科院何满潮团队及中图科信，共同开启科学出版的新篇章。高校期刊研究会和 MPS 分别分享了 AI 在提升科研诚信和科研写作上的新探索。来自中国图书进出口（集团）有限公司、施普林格·自然集团等机构的领军人物，围绕"人工智能在学术出版中的应用场景探索"及"学术数据跨境流通交易政策与实践对策"进行了专题对话，共谋产业发展趋势。上海数据交易所联合武汉大学数字出版研究所、中国图书进出口（集团）有限公司共同发布了《学术数据跨境流通交易政策与实践对策研究报告》，为全球数据的安全自由流动提出了明确的主张，强调了技术手段在促进跨境数据安全有序流动中的重要性。

首届"新时代出版走出去与编辑创新"论坛在京举行

2024年6月19日,由中国编辑学会主办的首届"新时代出版走出去与编辑创新"论坛在京举行。与会专家学者关注我国数字文化走出去的创新和探索、我国出版走出去的实践新进展、AI(人工智能)与华文阅读全球传播、古籍数字化编辑加工整理与中华文化海外传播等议题,一同探讨新时代出版"走出去"的发展现状,以及数字出版传播的新方法与新进展。

第十五届中国图书馆馆长与国际出版社高层对话论坛在京举行

2024年6月20日,第十五届中国图书馆馆长与国际出版社高层对话论坛在京举行。本届论坛以"面向AI FOR SCIENCE:图书馆和出版社的战略和举措"为主题,积极关注AI4S背景下的科技文献知识底座建设、大模型助力科学研究新的应用方向和方法、知识服务发展路径和新趋势、人工智能与学术出版、出版业人工智能应用与科学研究、出版业技术创新与新质生产力的展望等领域的探索。围绕论坛主题,6位中外人士从不同角度分享了理论思考和实践经验,聚焦AI4S背景下科技文献知识服务和学术出版的新机遇、新需求、新举措,就细分领域的话题进行了充分的研讨。

第四届新阅读内容产业联盟大会在京举行

2024年6月20日,以"新技术 新内容 新传播"为主题的第四届新阅读内容产业联盟大会在京举行。大会发布了基于自主研发文化科技创新融合平台——图壤引擎最新打造的VR《版画中轴》、MR《觉醒年代》、AI数字人马可·波罗等多项XR内容与人工智能技术应用取得的阶段性成果。

第二届出版教育国际高峰论坛在京举行

2024年6月22日,第二届出版教育国际高峰论坛在京举行。论坛以"人工智能应用与国际出版教育"为主题,汇聚中外出版学界、业界专家,聚焦人工智能时代高质量出版人才培养,集中交流探讨人工智能技术在出版业和出版教育领域的应用,凝聚创新国际出版教育共识,助力出版业更好地传播人类思想文化成果。论坛还发布了首届出版教育国际高峰论坛优秀论文集《融媒体环境下的出版教育与人才培养》上下册和首届出版教育国际高峰论坛画册。大会还举办了"人工智能时代国际出版人才培养路径与实践"和"青年学者论人工智能时代的全球出版变革"分论坛。

第五届世界学术图书馆未来论坛在京举办

2024年6月24—25日，第五届世界学术图书馆未来论坛在北京举办。本次论坛主题为"数智赋能、开放互联的未来图书馆"。与会嘉宾围绕"图书馆的未来发展趋势""未来图书馆的多元化发展""图书馆战略转型的最佳实践""面向未来的图书馆能力建设""数智时代下图书馆的价值变革"5个话题，共同探讨分享丰富的研究成果和实践经验，为学术图书馆的未来发展提供宝贵的参考和启示。平行分论坛还设置了"人工智能在图书馆的应用与挑战""开放科学与图书馆实践""图书馆智慧空间建设与服务转型""未来学习中心建设与图书馆创新服务"等热点议题。

2024（第二十三届）中国互联网大会在京召开

2024年7月9—11日，由中国互联网协会主办的2024（第二十三届）中国互联网大会在京召开。本届大会以"会、展、赛、特色活动"为主线，聚焦人工智能、工业互联网、数据要素、算力、数字政府、智慧教育、数据安全等热点，以论坛会议、展览展示和首届"金灵光"杯中国互联网创新大赛为载体，"未来嘉年华"打造感受人工智能无尽魅力、零距离触摸未来科技的梦幻场景，"法官讲案例"讲述耐人寻味的互联网法治故事，"数字话会客厅"邀请各界专业人士共同讨论热点话题。中国互联网协会在大会上发布了《中国互联网发展报告（2024）》。中国互联网协会、中国信息通信研究院共同发布《互联网信息服务算法推荐合规自律公约》。

中国儿童文学研究会青少年数字阅读教育基地成立

2024年8月19日，中国儿童文学研究会青少年数字阅读教育基地授牌仪式在2024南国书香节暨羊城书展主会场举行。基地要充分发挥阅读的纽带作用，顺应数字化发展的趋势，推动儿童文学与数字技术深度融合，推动青少年数字阅读的理论研究和实践创新，提高青少年阅读的创作质量和学术水平，努力打造一批具有示范性和引领性的阅读项目和活动。

2024古籍数字化与活化利用会议在南京召开

2024年8月21—23日，2024古籍数字化与活化利用会议在江苏南京举行。会议以"数字化赋能古籍新生"为主题，与会嘉宾围绕古籍活化利用、普及推广方面的创新做法、特色亮点和阶段性成果等话题展开研讨，共同推动古籍数字化与活化利用事业走深走实。本次会议发布了古籍数字化与活化利用典型案例入选名单。

第一届人工智能教育应用论坛在京举办

2024年8月23日，第一届人工智能教育应用论坛暨AI教育科技成果展在北京召开。论坛以"AI强校大时代，用新质生产力打造金钥匙强校"为主题，旨在加强教育信息化领域的产学研用合作，加快推进基础教育领域人工智能的应用和推广，用科技赋能教育发展。1 000多位来自全国各地的人工智能教育专家学者、校长、一线教师以及教育科技企业代表齐聚北京理工大学文博中心共襄盛会。与会专家学者分别以《人工智能与教育深度融合，是建设社会主义现代化强国的重要举措》《探索AI时代人才培养新模式》《人工智能教育的双翼：AI赋能教育与AI人才培养》《人工智能重塑个性化学习新范式》《新教育学视野中AI技术的角色与作用》《面向中小学阶段的生成式人工智能教育》《北理工实验融合人工智能实践落地经验分享》《辽阳教育在AI时代的新机遇与挑战》《双向赋能：生成式AI在教学中的高效应用》《人工智能教学应用的区域案例》为题目进行主旨演讲。

敦煌学研究文献库发布

2024年8月27日，敦煌学研究文献库发布会在敦煌研究院举行。敦煌学研究文献库由敦煌研究院与超星集团联合打造，汇集了全球范围内的敦煌学研究成果与一手资料，将为全球敦煌学者提供统一、便捷、高效的敦煌学学术资源服务。敦煌学研究文献库搭建了29个模块，提供了敦煌学相关研究文献的统一检索、新书推荐、敦煌学特色资源等服务，内容涵盖敦煌研究院馆藏手稿、敦煌旧影、敦煌学特色电子图书等珍贵资料和近现代以来国内外学者在敦煌学研究领域发表的成果，是一个具有自主性、智慧性、开放性、安全性与可生长性的平台。

第37届全国古籍出版社社长年会在沈阳召开

2024年8月28—29日，第37届全国古籍出版社社长年会在沈阳召开。会议围绕重大古籍整理项目出版、古籍数字资源开发、古籍人才队伍建设等话题展开交流讨论，达成广泛共识。会议评选出2023年度百佳古籍图书。肖启明代表古工委41家成员单位向辽宁省图书馆捐赠了302种包括《明文海》、点校本《南史》修订本等在内的精品图书。

2024 中国数字音乐产业大会在厦门召开

2024 年 9 月 11—13 日，2024 中国数字音乐产业大会在福建厦门举办。大会以"音数和鸣，创享未来"为主题，举办了"数字音乐传播与影响力论坛"和"数字音乐版权市场良性竞争与可持续发展论坛"，发布了《2023 年度数字音乐传播与影响力报告》和《促进数字音乐市场良性竞争与可持续发展倡议书》。"数字音乐商业场景授权与付酬创新机制研究与实践项目"启动仪式同时举行。大会围绕数字音乐版权市场如何良性竞争、人工智能为数字音乐带来的机遇与挑战、短视频与直播音乐如何高质量发展等主题进行研讨。大会上还发布了《中国数字音乐产业报告（2023）》。

第十四届中国国际数字出版博览会在海口举办

2024 年 9 月 21—23 日，第十四届中国国际数字出版博览会在海南省海口国际会展中心举办。本届数博会以"创新提质　数赢未来"为主题，聚焦内容创新、技术创新、渠道创新、业态创新，围绕发展出版业新质生产力、打造数字出版内容精品、促进数字出版国际合作等话题深入探讨，推动数字出版产业高质量发展。展区设有中央部委所属出版单位数字出版展区、地方出版单位数字出版展区、数字出版技术展区和数字出版国际合作展区。数博会期间，举办开幕式暨主论坛，四个分论坛分别为：数字出版国际合作论坛、数字出版创新发展论坛、数字出版内容资源建设论坛、期刊数字化发展论坛。500 多家出版企业、文化科技企业参展，展示交流数字出版的新产品、新模式、新业态以及数字出版国际合作的新项目、新成果、新突破。中国新闻出版研究院在大会上发布了《2023—2024 年中国数字出版产业年度报告》。数据显示，2023 年我国数字出版产业整体规模达到 16 179.68 亿元，比上年增加 19.08%。其中，互联网广告、网络游戏、在线教育、数字音乐依然排在收入榜前四位。大会还举办了"生态共创·向数图强"海南国际数字出版产业生态论坛和海南数字内容产业出海发展论坛，与会者围绕数字出版生态企业在海南自由贸易港的发展机会、数字出版生态产业聚集海南创新发展的可行性、版权经营的产业生态跨界融合发展，及"自贸港政策优势与机遇解读""产业出海的优势与挑战""产业协同与合作出海""海南自贸港未来展望与建议"展开交流与深入探讨。

"人工智能与数据要素共促出版高质量发展"研讨会在海口举办

2024年9月22日,"人工智能与数据要素共促出版高质量发展"研讨会在海南省海口市举行。与会嘉宾分别以《出版新质生产力的实践前沿》《人工智能大模型助力出版高质量发展》为题目,分享了各自的最新研究成果和行业经验。同方知网发布了《2024中国最具学术影响力出版社(2014—2023)》。

中国出版协会2024年外语出版年会在京举办

2024年9月26日,以"数智融合,创新发展:人工智能背景下的外语出版"为主题的中国出版协会2024年外语出版年会暨第二届外语出版学术研讨会在京举办。与会嘉宾围绕出版社数字化转型、AIGC、数字教育与教材出版服务、国际传播路径等出版融合业务开展交流,探讨应对教材自主征订、盗版与折扣战的新思路,以"大众外语出版的机遇与挑战""国际传播与教育服务出海新路径"等为主题,交流加强对外传播能力建设的新方法,共同应对人工智能背景下出版融合发展所面临的新机遇与新挑战,推进和发展出版业新质生产力,助力外语出版高质量发展。人文社科多语种国际出版平台HSS Online发布,该平台由外语教学与研究出版社研发。

首届中国—东盟知识服务创新与国际交流发展大会在桂林召开

2024年9月26—27日,首届中国—东盟知识服务创新与国际交流发展大会暨第五届中国出版业知识服务大会在桂林召开。大会以"AI时代出版业的数字创新与国际服务"为主题,围绕中国与东盟国家在出版业数字创新和知识服务等方向的现状与未来路径,聚焦中国—东盟数字内容产业的发展与交流,共同探讨数字内容出海、版权贸易和人工智能等前沿话题。圆桌会谈环节,与会嘉宾围绕人工智能赋能知识服务展开交流。

有声读物领域首个国家标准正式实施

2024年10月1日,在全国新闻出版标准化技术委员会的指导下,由中国音像与数字出版协会牵头,有声读物专业委员会组织,广东大音音像出版社、中国盲文出版社、人民教育电子音像出版社有限公司、中国新闻出版研究院、高等教育出版社、上海喜马拉雅科技有限公司等28家机构、有声阅读平台、科研机构和技术企业共同编写的《有声读物》国家标准正式实施。这是有声读物领域的第一个国家标准,对完善标准体系、促进有声读物精品创作和传播以及行业高质量发展具有重要意义。

中国编辑学会教育编辑专业委员会 2024 年研讨会在成都举行

2024 年 10 月 12 日，中国编辑学会教育编辑专业委员会 2024 年研讨会在四川成都举行。研讨会以"新质生产力赋能教育出版高质量发展"为主题，围绕新质生产力与教育出版可持续发展等关键话题展开深入研讨。与会者结合研讨会主题，思考教育出版如何担当作为和运用新质生产力推动教育出版高质量发展的内在要求、着力点。会上，北京大学出版研究院院长张久珍、腾讯云教育行业解决方案高级专家吴飞燕，分别以《数智教育视角下的教育出版：思考与探索》和《数智融合　创新提质——人工智能与教育出版》为题作主题演讲。在教育出版专题研讨环节，出版社相关负责人、教育出版界的专家学者和优秀编辑开展交流。

2024 中国新媒体大会在长沙举办

2024 年 10 月 15—16 日，2024 中国新媒体大会在湖南长沙举办。与会嘉宾聚焦"新使命　新机制　新变革"主题，共话推进主流媒体系统性变革良策，共谋媒体深度融合发展举措。大会设立了"推动全媒体生产　促进全媒体传播"内容创新论坛、"构建更有效力的国际传播体系"国际传播论坛、"共筑数字时代的新媒体责任"社会责任论坛、"融合创新　智慧传播"技术应用论坛、"媒体融合赋能社会治理""媒体＋"论坛、"文博新生态　数智新表达"数字文博论坛等 6 场平行论坛，同时安排了"文化和科技融合　催生文化新业态"马栏山时间文创活动、"科文相融　新智相生"2024 中国新媒体技术展等 4 场主题活动。大会现场启动了"锚定现代化　改革再深化"融创精品案例征集展示活动、"我的工作室"优秀案例征集展示活动、2024 中国新媒体联合公益行动暨优秀案例征集活动、"文化中国行·长江之歌"专题报道活动，集中呈现媒体融合发展等成果。中国传媒大学新媒体研究院发布了《大模型深度赋能媒体智创融合——中国智能媒体创新发展报告（2023—2024）》。

2024 网行者大会在渝举办

2024 年 10 月 17 日，以"网行天下　更绿色更精彩"为主题的 2024 网行者大会在重庆举行。大会旨在加强网络出版行业交流，以网络出版赋能网络文化生态绿色健康发展。大会发布了《网络文化产业生态指数（2024）》报告。

该报告指出了当前网络文化产业生态面临的挑战，包括生产系统结构优化、消费系统效能提升和支持系统牵引力增强等方面，并提出了相应的建议，以促进网络文化产业生态的持续优化和发展。会上还发布了《我国网络出版行业发展情况》主旨报告，并举行《网行者》杂志创刊首发仪式。

2024 媒体融合发展论坛在京举行

2024 年 10 月 25 日，2024 媒体融合发展论坛在北京举行。本届论坛主题为"加强全媒体传播体系建设　塑造主流舆论新格局"。除主论坛外，同时设置"新域新质、塑造深融格局""数据驱动、创新智媒业态"两个平行分论坛。

出版学交叉学科平台建设论坛在京举行

2024 年 11 月 1 日，北京高校新兴交叉学科平台研讨会暨出版学交叉学科平台建设论坛在北京印刷学院举办。会上，北京印刷学院出版学交叉学科研究院揭牌。这是北京印刷学院首个以"学科特区""人才特区"为定位的新体制二级机构。研究院以出版学交叉学科建设为核心，开展前沿性、创新性应用基础研究，加快构建中国特色出版学科专业自主知识体系，产出一流交叉学术成果。北京市属高校新兴交叉学科平台论坛暨工作推进会、出版人工智能及内容风控论坛暨成果发布会、版权保护及运营论坛暨技术发布会、数字喷墨技术论坛、出版美学视域下设计创新论坛、出版高层次人才培养论坛同期举行。

第十三届韬奋出版人才发展论坛在杭州举办

2024 年 11 月 5 日，第十三届韬奋出版人才发展论坛在浙江杭州举办，主题为"建强出版人才队伍，担负新的文化使命"。论坛聚焦出版人才培养与行业新生态。大会举办了"文化新使命与出版人才培养""出版新生态与出版人才培养"为主题的两场平行论坛。现场还举行了"建强出版人才队伍，担负新的文化使命"主题征文颁奖仪式。

首届世界古典学大会在京举办

2024 年 11 月 6—8 日，首届世界古典学大会在京举行。11 月 7 日，中共中央政治局委员、中宣部部长李书磊出席开幕式，宣读中国国家主席习近平的贺信并致辞。希腊驻华大使埃夫耶尼奥斯·卡尔佩里斯宣读希腊总统卡特里娜·萨克拉罗普卢的贺信。联合国教科文组织总干事奥德蕾·阿祖莱发来书面致辞。首届世界古典学大会主题为"古典文明与现代世界"，由中国社会科学院、中国教育部、中国文化和旅游部、希腊文化部、希腊雅典科学院共同主办。中希双方有关部门单位负责人，以及来自世界各国古典学研究领域的专家学者、文化名家、青年代表和媒体人士等 600 余人参会。大会上，中国古典文明研究院正式成立。

国家新闻出版署智慧出版与知识服务重点实验室 2024 年会暨智慧出版与出版业新质生产力研讨会在南京大学举行

2024 年 11 月 7—9 日，国家新闻出版署智慧出版与知识服务重点实验室 2024 年会暨智慧出版与出版业新质生产力研讨会在南京大学顺利举行。与会者围绕出版业科技前沿和标准研制、智慧出版理论体系构建及出版业知识服务等主题发表见解。会议期间还举行了 5 场主旨报告会。北京理工大学光电学院教授、光电信息技术与颜色工程研究所所长刘越介绍了高逼真数字人创建流程，展示了研究所最新科技成果。中国期刊协会副会长、全国党刊研究会会长杨树弘从版权保护、数据安全、用户服务、社会责任等方面，分享了 AI 时代智慧出版面临的挑战与机遇。中国新闻出版研究院数字出版研究所所长王飚表示，以 AIGC 为代表的技术创新正进一步赋能产业转型升级和内容生态变革，出版融合发展与走出去路径日益清晰。同方知网互联网平台事业部总经理刘艳军分享了人工智能在行业发展和产业变革中的重要作用，介绍了知网旗下华知大模型和 AI 学术研究助手等产品的应用情况。江苏凤凰出版传媒股份有限公司总经理宋吉述从认识数字技术的深远影响、打造出版新质生产力的思考等方面，阐述了出版技术与出版新质生产力的关系和前沿思考。暨南大学新闻传播学院副院长曾一果，《传媒》杂志社社长、总编辑杨驰原等 20 余位专家也分享了前沿理论和创新实践成果。

2024 年出版学科专业共建工作交流会在京召开

2024 年 11 月 18 日，2024 年出版学科专业共建工作交流会在中国人民大学召开。中宣部分管日常工作的副部长胡和平、教育部副部长熊四皓出席会议并讲话。与会嘉宾立足当下实践，展望未来发展趋势，为创新出版学科专业共建机制提出了诸多具有前瞻性与可行性的思路与方案。

2024 年世界互联网大会乌镇峰会在浙举行

2024 年 11 月 19—22 日，2024 年世界互联网大会乌镇峰会在浙江省桐乡市乌镇举办，本届大会主题为"拥抱以人为本、智能向善的数字未来——携手构建网络空间命运共同体"。主论坛期间举行了全球青年领军者计划入选者颁证仪式、世界互联网大会数字研修院启动仪式、世界互联网大会智库合作计划启动仪式等活动。本次峰会还围绕全球发展倡议、数字经济、人工智能技术创新与治理等议题举办 24 场分论坛。同时聚焦峰会主题，设立世界互联网大会领先科技奖、世界互联网大会杰出贡献奖，成立世界互联网大会人工智能专业委员会，启动世界互联网大会智库合作计划，设立世界互联网大会数字研修院，开展"携手构建网络空间命运共同体精品案例"发布展示活动、"互联网之光"博览会、"直通乌镇"全球互联网大赛等乌镇峰会系列品牌活动。

全国省级党报总编辑年会在福州召开

2024 年 11 月 19 日，第 28 届全国省级党报总编辑年会在福建福州召开。本届年会以"推进主流媒体系统性变革，提升党媒传播力"为主题，旨在深入践行习近平文化思想，贯彻落实党的二十届三中全会精神，增进全国省级党报之间的交流与合作，共商新时代主流媒体系统性变革良策，推动党报事业改革创新、繁荣发展。会上，中国报业协会有关负责人介绍了报业发展面临的机遇与挑战，并提出了改革建议。《宁夏日报》《陕西日报》《四川日报》《新华日报》《浙江日报》《湖南日报》《福建日报》等省级党报负责同志先后作主旨发言，聚焦年会主题，立足各自发展实际，研讨巩固壮大主流舆论、推动媒体深度融合发展的思路举措。此外，福建、西藏、新疆、宁夏四省（区）党媒签署了战略合作框架协议，四省（区）党媒共同探索不同区域媒体资源整合共享路径，加强内容、技术应用、人才培养等方面的交流合作。

《中国互联网发展报告 2024》和《世界互联网发展报告 2024》蓝皮书发布

2024 年 11 月 21 日，由中国网络空间研究院编写、国内互联网领域高端智库和研究机构支持参与的《中国互联网发展报告 2024》和《世界互联网发展报告 2024》蓝皮书在 2024 年世界互联网大会乌镇峰会上正式发布。

第二届中国期刊高质量发展论坛在长沙举办

2024 年 11 月 21—22 日，第二届中国期刊高质量发展论坛在湖南长沙举办。来自《哲学研究》《人民文学》《新湘评论》《探索与争鸣》《三联生活周刊》《知识就是力量》和中国科协科技创新部、中南大学等单位的代表在主论坛作交流发言。与会嘉宾认为，哲学社会科学期刊应致力于中国特色哲学社会科学自主知识体系的构建，守正创新，以期刊的高质量发展服务于新时代文化建设。论坛还围绕"哲学社会科学期刊的文化使命与担当""科技期刊服务创新型国家和科技强国建设""期刊特色化发展""提升学术期刊质量""期刊人才队伍建设""期刊深度融合发展与集群化建设"等主题举办6个分论坛，其间同步举办精品期刊展示。

第九届中小学数字化教学研讨会在郑州召开

2024年11月22—23日，第九届中小学数字化教学研讨会在河南郑州召开。会议以"深化智教融合·强化教学应用"为主题，来自全国各地的教育专家、校长和一线教师近1 000名代表参会。与会嘉宾分别发表以《建设教育强国，人工智能赋能教育创新》《落实核心素养培养，突出学科育人功能——义务教育新教材的编写理念与实践》《生成式人工智能对课堂教学的变革影响》《信息技术融入初中数学教科书的原则、方式与应用》《数字教材如何赋能教学变革与创新》《运用数字技术，提升学生体育与健康素养——人教版第十二套体育与健康教材数字化教学设计的实践与设想》为题作了报告。

2024中国编辑学会科技出版强国建设研讨会在宁举办

2024年11月28日，2024中国编辑学会科技出版强国建设研讨会在江苏南京举办。会议深入学习贯彻习近平文化思想，与会人员聚焦科技编辑人才队伍与科技出版强国建设等话题展开深入讨论。会上公布了2024年科技出版强国建设研讨会优秀论文名单，并向获奖作者颁发证书。来自22家出版社的45篇论文被确定为中国编辑学会科技出版强国建设研讨会优秀论文。此外，杭州电子科技大学主题出版与融媒体研究院院长、主题出版发展研究院院长韩建民，人民邮电出版社副总经理曾斌，科学出版社副总编辑刘俊来，湖南科学技术出版社总编辑胡艳红，江苏凤凰科学技术出版社图文出版中心副主任李莹肖等嘉宾结合"科技出版强国建设"主题展开交流分享，展现了各出版单位积极推进科技出版的实践与成果。

第十八届全国网络编辑年会在广州召开

2024年11月29日—12月1日，第十八届全国网络编辑年会暨第七届全国大学生网络编辑创新大赛全国赛在广州举行。年会以"人工智能与大数据时代的数字出版编辑创新及社会责任"为主题展开探讨，聚焦数字出版编辑的理论和实践创新、人才培养，出版传媒业数字化、智能化高质量发展等议题。本届年会就数字化期刊发展、"三农"新媒体、AI 大模型技术及应用、大湾区网络传播与社会治理等议题分设八大分论坛。第七届全国大学生网络编辑创新大赛以"内容＋技术＋创意"为特色，设有视听新媒体、数据多媒体、数字编辑策划、数字系统设计、算法模型及新技术应用五大类，特设"三农"专题赛道。

"出版改革与发展研讨会 2024"在沪举办

2024 年 11 月 29 日—12 月 2 日，"出版改革与发展研讨会 2024"在上海举办。与会嘉宾围绕国家出版基金项目的策划申报实施与管理、严把内容质量关、守牢意识形态主阵地、AIGC 发展背景下出版的机遇与挑战、大学出版的人才队伍建设以及 AI 赋能传统教材向数字教材融合发展、主题出版等方面，展开了深入交流研讨。

数智化背景下出版业发展形势研讨会在京举办

2024 年 12 月 12 日，数智化背景下出版业发展形势研讨会暨《2023—2024 中国出版业发展报告》发布会在京举办。与会者就出版业当前面临的问题和挑战作了深入分析。包括出版融合深度不够、价格折扣战的问题仍然存在、实体书店发展举步维艰、提高我国出版业国际影响力迫在眉睫、出版业整体经营面临较大挑战等。中国新闻出版研究院党委书记、院长冯士新提出七方面建议：牢固树立精品意识，把优质内容建设放在首位；积极应对渠道变革，持续探索营销新模式；主动拥抱新技术，与大数据、人工智能、虚拟仿真等技术深度融合，探索数智化的多元出版形态；加强人才培养，着力打造一支坚持正确政治方向、具有过硬专业素养、适应融合发展需要的人才队伍；构建中国出版学自主知识体系和理论体系；加大对实体书店的政策支持，引领实体书店转型升级；鼓励出版智库聚焦出版业的重大理论和现实问题，形成有用的研究成果，为出版业高质量发展提供有力支撑。《2023—2024 中国出版业发展报告》在会上发布。

第六届成都数博会在蓉城举办

2024 年 12 月 13—14 日，第六届成都数字版权交易博览会在中国西部国际博览城举办。本届数博会以"版权数字化　数字资产化"为主题。会上，来自政府、行业协会、学术界、产业界的嘉宾与专家学者聚集一堂，探索数字版权、数据资产发展的新路径、新模式，推动数字经济创新发展。数博会围绕新质生产力、游戏动漫、民间文艺、影视、音乐、出版等八大产业赛道，搭建起从内容创作到价值实现再到资本运作的完善版权产业链桥梁。西南版权服务平台和"国音智联"全国音乐产业服务平台在会上启动。《西部首个文旅数据资产运营服务案例》同期发布。

第三届上海国际网络文学周在沪举办

2024年12月16—18日，汇聚全球16个国家网络文学作家和业界人士的第三届上海国际网络文学周活动在上海举办。本届网文周以"绘文学璀璨星河，助文化交融互鉴"为主题。大会发布了《2024中国网络文学出海趋势报告》和《中国网络文学IP国际传播影响力报告》，本届网文周还组织了中外作家圆桌会、2024起点国际年度征文大赛颁奖典礼、"阅游上海"采风等活动。

中国编辑学会2024年年会在海口举办

2024年12月18—19日，中国编辑学会2024年年会暨"名编辑培养与新质生产力"学术论坛在海南海口举办。会议围绕"以新质生产力提升编辑力""新质生产力背景下编辑思维重构""名编辑培养与新质生产力互促"等话题展开研讨。会议授予山西省图书编辑工作者协会和湖北省编辑学会，中国编辑学会教育编辑专委会、工具书和百科全书编辑专委会、科技读物编辑专委会、少儿读物编辑专委会、城市编辑专委会7家单位2024年度先进单位，对中国编辑学会电子网络读物编辑专委会、融合发展编辑专委会予以年度表扬。会议还为优秀征文作者以及从事编辑工作满30年编审代表颁发纪念证书。

《中国科技期刊发展蓝皮书（2024）》发布

2024年12月20日，中国科协发布的《中国科技期刊发展蓝皮书（2024）》显示，我国英文科技期刊的学术影响力指标上升明显：2022年刊均总被引频次为617.34，同比增长10.37%；刊均影响因子为0.717，同比增长15.83%。截至2023年底，我国科技期刊总量达5 211种，文种分布以4 556种中文科技期刊占绝大多数，英文科技期刊479种，中英文科技期刊176种。2023年新增加的48种科技期刊主要是英文期刊。蓝皮书针对中文科技期刊发展面临的困难与挑战，提出了对策建议：提升编辑出版服务能力，吸引优质稿源首发于中文科技期刊；借鉴国际出版机构成功经验，引导中文科技期刊集群化发展；在开放获取出版、新技术应用、科研诚信协同治理等方面积极采取有效措施；建立具有中国特色的、高质量的多元评价指标体系等。

吉林省图书馆古籍数字资源库发布

2024年12月27日，吉林省古籍保护中心举办"见字如面——吉林省图书馆藏稿抄校本珍籍展"开幕式、吉林省图书馆古籍数字资源库发布仪式暨2024年吉林省古籍工作座谈会。"见字如面——吉林省图书馆藏稿抄校本珍籍展"共展出105册（件）馆藏珍品，包含版本珍稀、校勘精湛、抄写精美的稿本、手札、批校题跋本、四库全书和抄本，全面展示馆藏稿抄校本的历史、学术和艺术价值。吉林省图书馆古籍数字资源库集中展示了馆藏古籍数字化资源86种804册205 711页，其中48种入选国家珍贵古籍名录。平台中的古籍资源可实现全文检索、繁简字转换以及文字的复制、粘贴、检索等功能，读者可通过互联网免费阅览和使用发布的数字化古籍资源，通过古籍图像和OCR识别文字相对照的浏览方式，提高对古籍阅读和研究的效率，既面向专家学者和古籍从业人员提供专业服务，也可以满足更广泛的大众需求，满足读者阅览的便捷性要求。

第十届中国国际音乐产业大会在京召开

2024年12月26—27日，第十届中国国际音乐产业大会在京举办。大会以"十年乐章，共奏新声"为主题，推动音乐产业向更高质量、更可持续发展迈进。大会现场举行荣誉颁布仪式，颁发2024音乐产业年度贡献荣誉和音乐产业十年贡献荣誉，表彰在音乐制作、发行、平台、演艺等领域表现卓越的企业和团队，激励从业者不断进取。与会嘉宾分别以《音乐产业十年发展趋势与机遇》《浅谈数字音乐市场的结构性问题》《音乐平台与原创音乐人共同成长的十年》《美丽健康与音乐国际化的几点思考》《文化演艺产业的机遇与挑战》《以数字化全景解决方案，拥抱文化澳门·演艺之都》《We Work中国：共享无界，创新无限》为题目发表演讲。大会现场，启动了青年音乐人扶持行动，将为青年音乐人提供包括音乐创作指导、作品展示推广、校园巡演演出机会对接等多方面的扶持，为音乐产业的发展注入新的活力与创造力。同时，国家音乐产业基地、无限星空音乐集团、新华网、咪咕音乐、微博音乐、中国广告协会等单位，共同启动了"新声音乐"项目，旨在通过一系列创新举措与广泛合作，为音乐产业发展注入新活力。

（根据国家新闻出版署网站、国家版权局、人民网、新华网、光明网、央视网、北青网、中国新闻网、中国出版网、人民日报、澎湃新闻、中国社会科学网、中国音像与数字出版协会、中国期刊协会、中国新闻出版广电报、光明日报、解放日报等报道内容搜集整理）